法考精神体系

考点覆盖　知识精讲

刑诉法 74 专题

体系贯通　强化应试

向高甲 ◎ 编著 ｜ 厚大出品

中国政法大学出版社

积久而成学

厚大在线

- **硬核干货**：八大学科学习方法、新旧大纲对比及增删减总结、考前三页纸等你解锁。

- **定期直播**：备考阶段计划、心理疏导、答疑解惑，专业讲师与你相约"法考星期天"直播间。

- **免费课堂**：图书各阶段配套名师课程的听课方式，课程更新时间获取，法考必备通关神器。

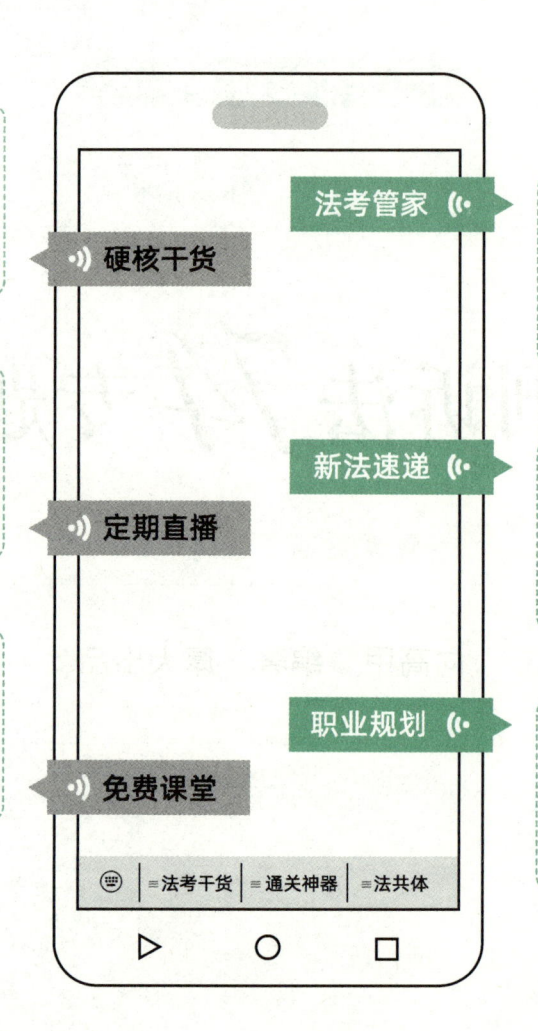

- **法考管家**：法考公告发布、大纲出台、主客观报名时间、准考证打印等,法考大事及时提醒。

- **新法速递**：新修法律法规、司法解释实时推送，最高院指导案例分享;牢牢把握法考命题热点。

- **职业规划**：了解各地实习律师申请材料、流程,律师执业手册等,分享法律职业规划信息。

法考干货　通关神器　法共体

更多信息
关注厚大在线

HOUDA

代总序

做法治之光

——致亲爱的考生朋友

如果问哪个群体会真正认真地学习法律,我想答案可能是备战法考的考生。

当厚大的老总力邀我们全力投入法考的培训事业,他最打动我们的一句话就是:这是一个远比象牙塔更大的舞台,我们可以向那些真正愿意去学习法律的同学普及法治的观念。

应试化的法律教育当然要帮助同学们以最便捷的方式通过法考,但它同时也可以承载法治信念的传承。

一直以来,人们习惯将应试化教育和大学教育对立开来,认为前者不登大雅之堂,充满填鸭与铜臭。然而,没有应试的导向,很少有人能够真正自律到系统地学习法律。在许多大学校园,田园牧歌式的自由放任也许能够培养出少数的精英,但不少学生却是在游戏、逃课、昏睡中浪费生命。人类所有的成就靠的其实都是艰辛的训练;法治建设所需的人才必须接受应试的锤炼。

应试化教育并不希望培养出类拔萃的精英,我们只希望为法治建设输送合格的人才,提升所有愿意学习法律的同学整体性的法律知识水平,培育真正的法治情怀。

厚大教育在全行业中率先推出了免费视频的教育模式,让优质的教育从此可以遍及每一个有网络的地方,经济问题不会再成为学生享受这些教育资源的壁垒。

最好的东西其实都是免费的,阳光、空气、无私的爱,越是弥足珍贵，越是免费的。我们希望厚大的免费课堂能够提供最优质的法律教育，一如阳光遍洒四方，带给每一位同学以法律的温暖。

没有哪一种职业资格考试像法考一样，科目之多、强度之大令人咂舌，这也是为什么通过法律职业资格考试是每一个法律人的梦想。

法考之路，并不好走。有沮丧、有压力、有疲倦，但愿你能坚持。

坚持就是胜利，法律职业资格考试如此，法治道路更是如此。

当你成为法官、检察官、律师或者其他法律工作者，你一定会面对更多的挑战、更多的压力，但是我们请你持守当初的梦想，永远不要放弃。

人生短暂，不过区区三万多天。我们每天都在走向人生的终点，对于每个人而言，我们最宝贵的财富就是时间。

感谢所有参加法考的朋友，感谢你愿意用你宝贵的时间去助力中国的法治建设。

我们都在借来的时间中生活。无论你是基于何种目的参加法考，你都被一只无形的大手抛进了法治的熔炉，要成为中国法治建设的血液，要让这个国家在法治中走向复兴。

数以万计的法条，盈千累万的试题，反反复复的训练。我们相信，这种貌似枯燥机械的复习正是对你性格的锤炼，让你迎接法治使命中更大的挑战。

亲爱的朋友，愿你在考试的复习中能够加倍地细心。因为将来的法律生涯，需要你心思格外的缜密，你要在纷繁芜杂的证据中不断搜索，发现疑点，去制止冤案。

亲爱的朋友，愿你在考试的复习中懂得放弃。你不可能学会所有的知识，抓住大头即可。将来的法律生涯，同样需要你在坚持原则的前提下有所为、有所不为。

亲爱的朋友，愿你在考试的复习中沉着冷静。不要为难题乱了阵脚，实在不会，那就绕道而行。法律生涯，道阻且长，唯有怀抱从容淡定的心才能笑到最后。

法律职业资格考试不仅仅是一次考试，它更是你法律生涯的一次预表。

我们祝你顺利地通过考试。

不仅仅在考试中，也在今后的法治使命中——

不悲伤、不犹豫、不彷徨。

但求理解。

厚大®全体老师　谨识

序 言
——如何学好刑事诉讼法

亲爱的同学，当你打开这本书的时候，你将开启一门让人"又爱又恨"的法学核心课程——刑事诉讼法学。

你"恨它"可能是因为受到司法实践"重实体，轻程序"错误观念的影响，忽略了程序的特有价值，也可能是因这门课程的法条和司法解释之多冠绝法学所有科目，抑或是因其所规范的程序操作极为琐碎，记忆难度巨大。因此，很多同学认为刑事诉讼法是一门让人"伤心欲绝"的课程，更有甚者产生了要放弃它的念头。

你会"爱它"是因为它是我们通过法考的绝对重点学科，从考查分值上看，刑事诉讼法不愧是法律职业资格考试中的"四大天王"之一，其重要地位不可小觑。头顶着"小宪法""活动中的宪法"的光环，刑事诉讼法相较于其他部门法，与宪法之间的关系更为紧密。宪法的核心目标在于控制公权力、保护私权利，而这两大目标的实现与刑事诉讼法联系颇为紧密。宪法当中诸多制度、原则与规则都依赖于其他部门法，尤其是刑事诉讼法才能实现。脱离了刑事诉讼法，宪法的精神与内容将无法得到有效实现。另外，刑法中的"罪"与"罚"也只有通过刑事诉讼才能得以实现，刑事诉讼法对保障刑法的实施有着工具价值。脱离了刑事诉讼法，刑法的所有条文演绎都仅是"纸上谈兵"。刑事诉讼法除了作为实现刑法的工具外，还有着自己的独立价值。"正义不仅应得到实现,而且要以人们看得见的方式加以实现",案件不仅要判得正确、公平,符合刑法的规定和精神,而且还应当使人感受到判决过程的公平性和合理性。所谓的"看得见的正义",实质上就是指裁判过程和法律程序的正义。在未来的备考学习中,我会逐步带领你发现程序的独特魅力,并让你"爱上"刑事诉讼法这门学科。

一、刑事诉讼法分值历年分布

	单项选择	多项选择	不定项选择	主观题	共 计
2023	10	16	4	30	60
2022	10	16	4	30	60
2021	10	16	4	30	60
2020	10	16	4	30	60
2019	10	20	4	27	61
2018	13	18	4	30	65
2017	21	24	10	21	76
2016	21	24	10	22	77
2015	21	24	10	26	81
2014	21	24	10	22	77
2013	21	24	10	22	77
2012	21	24	10	28	83

二、刑事诉讼法的考查特点及备考策略

(一)重者恒重

所有考试都有重点,法考也不例外。命题者每年都会在重点范围内搜寻考点,结合案例情节进行命题设计。所以,你会发现有些边缘考点从未被考查,有些高频黄金考点年年考试都有它,如管辖制度、辩护制度、强制措施、证据制度、侦查措施、起诉制度、简易程序、上诉不加刑制度、死刑核准程序、特别程序等。针对这一特点,建议考生要善于从历年真题分布中发现命题规律,凡是过去常考的内容,就是未来复习的重点。另外,凡是我在本书中举一反三的例子,就是大家备考的重点。

(二)案例化考查

法律职业资格考试的内容从过去的司法考试以知识考查为主,向以能力考查为主转变,在考查考生应知应会的宪法法律知识基础上,重点考查考生分析问题、解决问

题的能力。法考改革后，将以案例考查为主，每年更新相当比例的案例，大幅度提高案例题分值。命题者把法治实践中一些具有典型性、指导性的"活生生"的案例拿来，根据命题技术规范进行加工改造，作为法考试题来进行考查，从而将具有一定事实认定和法律适用能力、符合法治实务部门用人需要的法治人才选拔出来，提高法律职业资格考试的科学性和公信力。针对这一规律，建议考生对身边发生的热门案例加以法律分析，注重训练阅读案情、寻找焦点、解决问题的能力。

（三）侧重法条

法考有85%的题目都以法条作为命题依据，这就要求大家对法条的内容不仅要做到准确记忆，还要熟练应用。另外，为了提高命题难度，命题者在考查法条的路上越走越远，法条考查得越来越细，这就要求大家在记忆法条的过程中，要做到更加精准和仔细。在备考中，建议大家重点掌握以下法律法规：《刑事诉讼法》，最高人民法院《关于适用〈中华人民共和国刑事诉讼法〉的解释》（以下简称《刑诉解释》），最高人民检察院《人民检察院刑事诉讼规则》（以下简称《高检规则》），公安部《公安机关办理刑事案件程序规定》（以下简称《公安部规定》），最高人民法院、最高人民检察院、公安部、国家安全部、司法部、全国人大常委会法制工作委员会《关于实施刑事诉讼法若干问题的规定》（以下简称《六机关规定》），最高人民法院、最高人民检察院、公安部、国家安全部、司法部《关于办理刑事案件严格排除非法证据若干问题的规定》（以下简称《严格排除非法证据规定》）以及最高人民法院、最高人民检察院、公安部、国家安全部、司法部《关于适用认罪认罚从宽制度的指导意见》（以下简称《认罪认罚意见》）。

（四）新法必考

凡是当年大纲中新出现的条文，必然会成为当年命题的热点。2021年，同学们迎来了《刑诉解释》的修订，其修改之处在客观题、主观题中均进行了大量考查。2023年，大纲新增了《关于取保候审若干问题的规定》（以下简称《取保候审规定》）以及最高人民法院、最高人民检察院、公安部《关于办理信息网络犯罪案件适用刑事诉讼程序若干问题的意见》（以下简称《网络犯罪程序意见》）。在2023年的客观题中，考到了网络犯罪的管辖确定、证据的审查以及取保候审的相关考点。展望2024年，大纲新增条文也将成为2024年法考的命题亮点。请同学们放心，大纲新增亮点我将会在2024年6月出版的背诵卷中为大家进行专项更新和讲解。

（五）热点必考

近几年的法考命题都紧扣时政热点，紧密结合司法实践中的真实案例，以当年发

生的具有影响力的真实案例作为命题素材。同时，同学们还要关注我国司法改革的动向，比如以审判为中心的诉讼制度改革、控辩式审判模式的改革、认罪认罚从宽制度的改革以及缺席审判程序的改革等，这些改革的信号，基本上会在法考试题中体现。

三、本书的写作特点

（一）全覆盖

本书作为备战法考第一轮的基础教材，全面覆盖最新大纲范围是该书的首要功能。建议大家在7月之前将本书阅读完毕，为后期的背诵冲刺奠定坚实的基础。这个阶段，无需过度关注重点，而是应当全面系统地将刑事诉讼的制度流程进行无死角、全方位地初次梳理。

（二）应试性

这是一本专门针对法考的应试教材，它有别于大学本科生使用的高校教材。在知识点的讲述中，我会适时加入［考点提示］，将该考点的命题方向进行归纳，让考生在阅读中可以迅速找到题眼。另外，通过［小试牛刀］，让同学们能在阅读的同时通过试题演练，达到学以致用的效果。

（三）案例化

为了让考生在阅读中，能将所学的法条内容与身边的案例相结合，适应法考案例化的特点，我在每个重要的知识点后面加入了［举案说法］，让同学们通过生动的案例，理解具体法律条文的适用方法。

（四）法条化

刑事诉讼法作为一个法条型学科，侧重对法条的细节考查，因此在一些知识点后面我会加入［关联法条］，让考生可以索引到该知识点对应的法条原文。另外，针对新增、新修条文也专门通过［新增法条］［新修法条］专栏来进行要点提示，让考生可以迅速锁定考试重点。

（五）重点化

在保证本书全覆盖的基础上，本书通过下划波浪线对重点内容进行了标记，让考生在阅读中迅速捕捉重点信息。

（六）时效性

本书每年都会进行修订，加入最新法律条文，结合最新法考试题，以适应法考不断变化的特点。

(七) 可视性

这是一本配有同步视频讲解的图书，书中的每个考点、每个试题都由我亲自为大家讲解。通过高清无码带字幕的同步免费视频课程，让徒儿们可以完全读懂这本书。届时我会在"厚大法考APP"中为大家进行同步讲解，请徒儿们记得收看。

最后，祝愿大家在2024年秋天，可以收获法考胜利的果实。加油，徒弟们！

向高甲
2023年11月1日

刑事诉讼法

全局架构

龙头 —— 理论与制度
- 第 1 讲　刑事诉讼法概述 ★★★
- 第 2 讲　刑事诉讼法的基本原则 ★★★
- 第 3 讲　刑事诉讼中的专门机关和诉讼参与人 ★★
- 第 4 讲　管辖 ★★★
- 第 5 讲　回避 ★★
- 第 6 讲　辩护与代理 ★★★★
- 第 7 讲　刑事证据 ★★★★★
- 第 8 讲　强制措施 ★★★★
- 第 9 讲　附带民事诉讼 ★★★
- 第 10 讲　期间与送达 ★

龙身 —— 阶段与流程
- 第 11 讲　立案 ★
- 第 12 讲　侦查 ★★★★
- 第 13 讲　起诉 ★★
- 审判
  - 第 14 讲　刑事审判概述 ★★
  - 第 15 讲　第一审程序 ★★★★★
  - 第 16 讲　第二审程序 ★★★★
  - 第 17 讲　死刑复核程序 ★★★
  - 第 18 讲　审判监督程序 ★★★
- 第 19 讲　执行 ★★

龙尾 —— 特别与涉外
- 第 20 讲　未成年人刑事案件诉讼程序 ★★★★★
- 第 21 讲　当事人和解的公诉案件诉讼程序 ★★★
- 第 22 讲　缺席审判程序 ★★★★
- 第 23 讲　违法所得的没收程序 ★★★
- 第 24 讲　精神病人的强制医疗程序 ★★
- 第 25 讲　涉外刑事诉讼程序与刑事司法协助制度 ★

CONTENTS 目录

第 1 讲　刑事诉讼法概述 …………………………………… 001
　　专题 1　刑事诉讼法概说 ………………………………… 002
　　专题 2　刑事诉讼的基本理念 …………………………… 006
　　专题 3　刑事诉讼的基本范畴 …………………………… 009

第 2 讲　刑事诉讼法的基本原则 …………………………… 015
　　专题 4　基本原则概述 …………………………………… 016
　　专题 5　基本原则的内容 ………………………………… 017

第 3 讲　刑事诉讼中的专门机关和诉讼参与人 …………… 042
　　专题 6　刑事诉讼中的专门机关 ………………………… 043
　　专题 7　当事人 …………………………………………… 048
　　专题 8　其他诉讼参与人 ………………………………… 055

第 4 讲　管　辖 ……………………………………………… 062
　　专题 9　立案管辖 ………………………………………… 063
　　专题 10　审判管辖 ……………………………………… 073
　　专题 11　特殊案件的管辖 ……………………………… 078

第 5 讲　回　避 ……………………………………………… 081
　　专题 12　回避概述 ……………………………………… 082
　　专题 13　回避的程序 …………………………………… 085

第6讲 辩护与代理 ········· 089

- 专题 14　辩护制度概述 ········· 090
- 专题 15　辩护制度的具体内容 ········· 091
- 专题 16　刑事代理制度 ········· 107

第7讲 刑事证据 ········· 111

- 专题 17　刑事证据概述 ········· 112
- 专题 18　刑事证据的种类 ········· 114
- 专题 19　刑事证据的理论分类 ········· 128
- 专题 20　刑事证据规则 ········· 131
- 专题 21　刑事诉讼证明 ········· 140

第8讲 强制措施 ········· 146

- 专题 22　强制措施概述 ········· 147
- 专题 23　拘　传 ········· 149
- 专题 24　取保候审 ········· 151
- 专题 25　监视居住 ········· 156
- 专题 26　拘　留 ········· 161
- 专题 27　逮　捕 ········· 165

第9讲 附带民事诉讼 ········· 176

- 专题 28　附带民事诉讼概述 ········· 177
- 专题 29　附带民事诉讼当事人 ········· 180
- 专题 30　附带民事诉讼的提起 ········· 182
- 专题 31　附带民事诉讼的审理程序 ········· 184

第10讲 期间与送达 ········· 187

- 专题 32　期　间 ········· 188
- 专题 33　送　达 ········· 191

第11讲 立　案 ········· 193

- 专题 34　立案概述 ········· 194
- 专题 35　立案程序与立案监督 ········· 196

第 12 讲　侦　查 ·· 202
　　专题 36　侦查概述 ·· 203
　　专题 37　侦查行为 ·· 205
　　专题 38　侦查终结、侦查羁押期限与补充侦查 ··· 215

第 13 讲　起　诉 ·· 221
　　专题 39　起诉概述 ·· 222
　　专题 40　提起公诉的程序 ······································ 223
　　专题 41　提起自诉的程序 ······································ 231

第 14 讲　刑事审判概述 ·· 233
　　专题 42　刑事审判概说 ·· 234
　　专题 43　刑事审判的模式和原则 ·························· 235
　　专题 44　刑事审判的基本制度 ······························ 238

第 15 讲　第一审程序 ·· 247
　　专题 45　公诉案件第一审程序 ······························ 248
　　专题 46　自诉案件第一审程序 ······························ 269
　　专题 47　简易程序与速裁程序 ······························ 273
　　专题 48　判决、裁定与决定 ·································· 279

第 16 讲　第二审程序 ·· 281
　　专题 49　二审程序的提起 ······································ 282
　　专题 50　二审程序的审理 ······································ 286
　　专题 51　涉案财物的处理（了解）······················· 295
　　专题 52　在法定刑以下判处刑罚的核准程序······· 297

第 17 讲　死刑复核程序 ·· 299
　　专题 53　死刑复核程序概述 ·································· 300
　　专题 54　死刑立即执行案件的复核程序·············· 300
　　专题 55　死刑缓期二年执行案件的复核程序······ 305

第 18 讲　审判监督程序 ·· 308
　　专题 56　审判监督程序概述 ·································· 309
　　专题 57　审判监督程序的提起 ······························ 310

专题 58　依照审判监督程序对案件的重新审判 ⋯ 314

第 19 讲　执　行 ⋯⋯⋯⋯⋯⋯⋯⋯⋯⋯⋯⋯⋯⋯⋯ 319

专题 59　执行概述 ⋯⋯⋯⋯⋯⋯⋯⋯⋯⋯⋯ 320
专题 60　各种判决、裁定的执行程序 ⋯⋯⋯ 321
专题 61　执行的变更程序 ⋯⋯⋯⋯⋯⋯⋯⋯ 325

第 20 讲　未成年人刑事案件诉讼程序 ⋯⋯⋯⋯⋯⋯⋯ 332

专题 62　未成年人刑事案件诉讼程序概述 ⋯ 333
专题 63　未成年人刑事案件诉讼程序的
　　　　 方针和原则 ⋯⋯⋯⋯⋯⋯⋯⋯⋯⋯ 334
专题 64　未成年人刑事案件诉讼程序的
　　　　 具体规定 ⋯⋯⋯⋯⋯⋯⋯⋯⋯⋯⋯ 336

第 21 讲　当事人和解的公诉案件诉讼程序 ⋯⋯⋯⋯⋯ 346

专题 65　刑事和解概述 ⋯⋯⋯⋯⋯⋯⋯⋯⋯ 347
专题 66　刑事和解诉讼程序的具体规定 ⋯⋯ 348

第 22 讲　缺席审判程序 ⋯⋯⋯⋯⋯⋯⋯⋯⋯⋯⋯⋯⋯ 352

专题 67　缺席审判程序概述 ⋯⋯⋯⋯⋯⋯⋯ 353
专题 68　缺席审判程序的具体规定 ⋯⋯⋯⋯ 354

第 23 讲　违法所得的没收程序 ⋯⋯⋯⋯⋯⋯⋯⋯⋯⋯ 358

专题 69　犯罪嫌疑人、被告人逃匿、死亡案件
　　　　 违法所得没收程序概述 ⋯⋯⋯⋯⋯ 359
专题 70　犯罪嫌疑人、被告人逃匿、死亡案件
　　　　 违法所得没收程序的具体规定 ⋯⋯ 360

第 24 讲　精神病人的强制医疗程序 ⋯⋯⋯⋯⋯⋯⋯⋯ 365

专题 71　依法不负刑事责任的精神病人的强制
　　　　 医疗程序概述 ⋯⋯⋯⋯⋯⋯⋯⋯⋯ 366
专题 72　依法不负刑事责任的精神病人的强制
　　　　 医疗程序具体规定 ⋯⋯⋯⋯⋯⋯⋯ 367

第 25 讲　涉外刑事诉讼程序与刑事司法协助制度 ⋯⋯ 372

专题 73　涉外刑事诉讼程序 ⋯⋯⋯⋯⋯⋯⋯ 373
专题 74　刑事司法协助 ⋯⋯⋯⋯⋯⋯⋯⋯⋯ 377

第1讲 刑事诉讼法概述

本讲导读

复习提要

近些年的命题越来越侧重理论问题考查，因此，本讲理论试题的出现频率也越来越高。本讲的内容比较抽象，基本没有具体条文与之对应，但是学好本讲有助于为后面的刑事诉讼基本制度和基本程序的学习奠定坚实的基础。重点掌握以下内容：刑事诉讼法与刑法的关系、刑事诉讼法与宪法的关系；刑事诉讼的基本理念（包括惩罚犯罪与保障人权、实体公正与程序公正、诉讼效率与司法公正）；刑事诉讼的基本范畴（包括刑事诉讼目的、刑事诉讼价值、刑事诉讼主体、刑事诉讼职能、刑事诉讼构造、刑事诉讼阶段）；等等。

知识框架

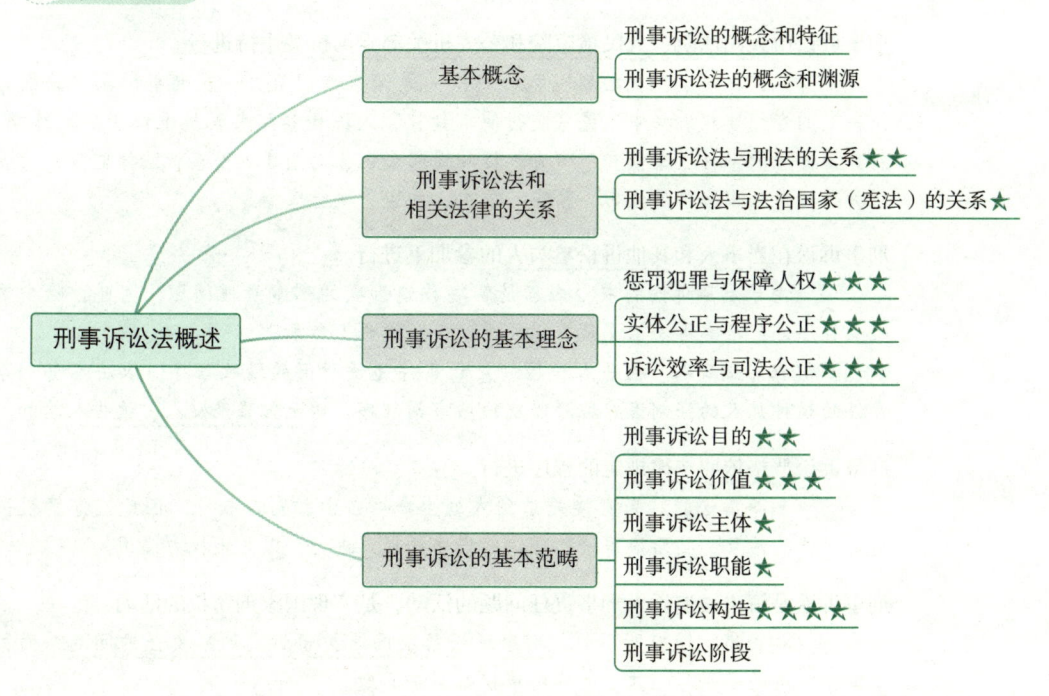

刑事诉讼法概述
- 基本概念
  - 刑事诉讼的概念和特征
  - 刑事诉讼法的概念和渊源
- 刑事诉讼法和相关法律的关系
  - 刑事诉讼法与刑法的关系 ★★
  - 刑事诉讼法与法治国家（宪法）的关系 ★
- 刑事诉讼的基本理念
  - 惩罚犯罪与保障人权 ★★★
  - 实体公正与程序公正 ★★★
  - 诉讼效率与司法公正 ★★★
- 刑事诉讼的基本范畴
  - 刑事诉讼目的 ★★
  - 刑事诉讼价值 ★★★
  - 刑事诉讼主体 ★
  - 刑事诉讼职能 ★
  - 刑事诉讼构造 ★★★★
  - 刑事诉讼阶段

专题 01 刑事诉讼法概说

一、基本概念

（一）刑事诉讼的概念和特征

1. 刑事诉讼的概念

诉讼	即原告对被告提出告诉，由裁判者解决双方争议的活动。 **名师点睛** 根据解决的纠纷的性质不同，现代诉讼可分为民事诉讼、刑事诉讼和行政诉讼。简单来说，民事诉讼就是"民告民"，刑事诉讼主要是"官告民"，行政诉讼是"民告官"。 **举案说法** 著名民诉专家刘鹏黑因嫖娼被公安机关行政拘留，若刘鹏黑不服，可以向法院提起行政诉讼。如果刘鹏黑的妻子殷某听闻此事，欲和刘鹏黑离婚，可以向法院提起民事诉讼。如果刘鹏黑一怒之下打掉了殷某8颗门牙，检察院可以针对刘鹏黑向法院提起刑事诉讼。
刑事诉讼	即人民法院、人民检察院和公安机关（含国家安全机关等其他侦查机关）在当事人及其他诉讼参与人的参加下，依照法律规定的程序，解决被追诉人刑事责任问题的活动。

2. 刑事诉讼的特征

上述概念可以体现出刑事诉讼的四个基本特征：

（1）哪些机关主持	刑事诉讼由人民法院、人民检察院和公安机关等专门机关主持进行。 **名师点睛** 人民法院、人民检察院和公安机关是国家专门机关，在刑事诉讼中分别行使一定的专门职权。其中人民法院行使审判权，人民检察院负责批准或者决定逮捕、对直接受理的案件立案侦查、审查起诉和提起公诉、对刑事诉讼实行法律监督，公安机关负责对刑事案件的立案、预审、侦查、拘留、执行逮捕等。
（2）哪些人物参加	刑事诉讼在当事人和其他诉讼参与人的参加下进行。 **名师点睛** 由于刑事诉讼的中心内容是解决被追诉人的刑事责任问题，因此，除少数特别程序外，刑事诉讼都必须有犯罪嫌疑人、被告人参加。 **考点提示** 犯罪嫌疑人、被告人逃匿、死亡案件违法所得的没收程序，依法不负刑事责任的精神病人的强制医疗程序以及缺席审判程序，均无犯罪嫌疑人、被告人参加。
（3）依照哪些程序	刑事诉讼严格依照法律规定的程序进行。 **名师点睛** 刑事诉讼的结果直接关系到人的生命、自由和财产权利。因此，办案机关追诉犯罪的活动，必须依照法律规定的程序和规则进行，以防止权力滥用。
（4）解决哪些问题	刑事诉讼是解决被追诉人刑事责任问题的活动，是实现国家刑罚权的活动。 **名师点睛** 和民事诉讼有所不同，刑事诉讼解决的是被追诉人刑事责任的问题，而民事诉讼解决的是平等主体之间的民事权益纠纷问题。

(二) 刑事诉讼法的概念和渊源

1. 刑事诉讼法的概念

刑事诉讼法,是指国家制定或认可的调整刑事诉讼活动的法律规范的总称。刑事诉讼法有狭义和广义之分。

狭　义	单指刑事诉讼法典,在我国即《刑事诉讼法》。
广　义	即一切调整刑事诉讼活动的法律规范的总称。

2. 刑事诉讼法的渊源

刑事诉讼法的渊源,又可以称为刑事诉讼法的表现形式,指的是刑事诉讼法律规范的存在形式或者存在载体。刑事诉讼法包括以下几种表现形式:

(1)《宪法》	刑事诉讼法是根据《宪法》制定的。《宪法》规定了许多与刑事诉讼直接相关的原则和制度,这些规定是刑事诉讼法的重要渊源。 **名师点睛**《宪法》第37条第2款规定,任何公民,非经人民检察院批准或者决定或者人民法院决定,并由公安机关执行,不受逮捕。该条文就体现了《宪法》中有重要的刑事诉讼条款,说明《宪法》是刑事诉讼法的重要渊源。
(2) 刑事诉讼法典	即1979年7月1日通过并经过1996年3月17日、2012年3月14日、2018年10月26日三次修正的《刑事诉讼法》,它是我国刑事诉讼法的主要法律渊源。
(3) 有关的法律和立法解释	即全国人民代表大会及其常务委员会制定的有关刑事诉讼的法律文件。 ①法律。如《刑法》《人民法院组织法》《人民检察院组织法》《国家安全法》《监狱法》《法官法》《检察官法》《律师法》《未成年人保护法》《预防未成年人犯罪法》等。 ②立法解释。例如,2014年4月24日第十二届全国人大常委会第八次会议通过的关于《刑事诉讼法》四个条文的三个立法解释。
(4) 有关法律解释和规定	如《六机关规定》《刑诉解释》《高检规则》。
(5) 行政法规和部门规章	国务院制定的法规和国务院部门制定的规章中有关刑事诉讼的规定,其中最为重要的就是公安部发布的《公安部规定》。
(6) 地方性法规	即地方人民代表大会及其常务委员会颁布的地方性法规中关于刑事诉讼程序的规定。
(7) 有关国际条约、公约	这些公约、条约须为我国批准或者加入,但保留条款除外。例如,我国签署、批准加入的《联合国打击跨国有组织犯罪公约》和《联合国反腐败公约》,均涉及诸多刑事程序与证据问题。

考点提示 判断一个法律文件是否属于刑事诉讼法的渊源,关键要看是否满足:形式相符、内容相通。

📖 小试牛刀

刑事诉讼法的渊源,是指刑事诉讼法律规范的存在形式。下列关于刑事诉讼法渊源的

表述，正确的是：[1]

A. 刑事诉讼法的渊源仅指我国的刑事诉讼法典，即《中华人民共和国刑事诉讼法》
B. 全国人民代表大会制定的《监察法》，也是刑事诉讼法的渊源
C. 2020年最新修正的《公安部规定》，也是刑事诉讼法的渊源
D. 湖南省高级人民法院《关于贯彻〈最高人民法院关于常见犯罪的量刑指导意见〉的实施细则》，也属于刑事诉讼法的渊源

二、刑事诉讼法和相关法律的关系

（一）刑事诉讼法与刑法的关系

刑事诉讼法是<u>程序法</u>，解决的是以何种程序追究刑事责任的问题；刑法是<u>实体法</u>，解决的是犯罪与刑罚的问题。

• 举案说法 法外狂徒罗小翔因爱生恨，深夜在小树林将其情人张大翔杀害。罗小翔的行为构成何罪、该行为应受到何种惩罚，这些问题均由刑法（实体法）加以规定。但是，本案该如何立案、如何侦查、如何起诉、如何审判、如何执行，这一系列问题均由刑事诉讼法（程序法）加以规定。

考点提示 考生需要掌握刑事诉讼法相对于刑法而言有何种价值。刑事诉讼法既具有保障刑法正确适用的工具价值，也有自己的独立价值。

工具价值	**名师点睛** 刑事诉讼法的工具价值简单概括就是为刑法的实现提供了各种保障。 (1) 通过明确对刑事案件行使侦查权、起诉权、审判权的专门机关，为查明案件事实、适用刑事实体法提供了组织上的保障。 (2) 通过明确行使侦查权、起诉权、审判权主体的权力与职责及诉讼参与人的权利与义务，为查明案件事实及适用刑事实体法的活动提供了基本构架；同时，由于有明确的活动方式和程序，也为刑事实体法适用的有序性提供了保障。 (3) 规定了收集证据的方法与运用证据的规则，既为获取证据、明确案件事实提供了手段，又为收集证据、运用证据提供了程序规范。 (4) 规定了证明责任和证明标准，为规范和准确进行定罪量刑提供了标准和保障。 (5) 关于程序系统的设计，可以在相当程度上避免、减少案件实体上的误差。 (6) 针对不同案件或不同情况设计不同的具有针对性的程序，使得案件处理简繁有别，保证处理案件的效率。
独立价值	**名师点睛** 刑事诉讼法除了有保障刑法实现的功能外，还有自身独立的品格和精神。 (1) 刑事诉讼法的诸多规定，体现着程序本身的民主、法治、人权精神，也反映出一国刑事司法制度的进步、文明程度，是衡量社会公正的一个极为重要的指标。 **举案说法** 南昌中院一审判决被告人劳荣枝犯故意杀人罪、抢劫罪、绑架罪，数罪并罚，决

---

[1] BC。注意：《监察法》不是《刑事诉讼法》，监察委员会的调查不是侦查；监察委员会的调查不受检察机关的监督；监察委员会的调查阶段，律师不得介入；监察委员会调查结束后，才移交检察机关审查起诉，这时才适用《刑事诉讼法》。但是，《监察法》中也有涉及刑事诉讼活动的相关规定，所以《监察法》也属于刑事诉讼法的渊源。

续表

独立价值	定执行死刑。虽然劳荣枝最终被判处死刑，但是假如诉讼程序中出现刑讯逼供、秘密审判等违法行为，即使案件在实体处理上没有错误，也会因为程序不公让当事人和社会公众对实体处理是否公正产生怀疑，即会通过程序这个窗口对社会公正产生怀疑。这从反面体现出刑事诉讼法本身具有的独立价值。 （2）具有弥补刑事实体法之不足并"创制"刑事实体法的功能。 **举案说法** "南医大"女生被杀一案，真凶于案发28年后落网。根据《刑法》第87条的规定，该案已过追诉时效，原则上不能再追究刑事责任。如果20年以后认为必须追诉，须报请最高人民检察院核准。至于如何报请核准，《刑法》并未作出详细规定，但是《高检规则》第321条作出了详细的补充规定。这就体现了刑事诉讼法具有弥补刑事实体法之不足并"创制"刑事实体法的功能。 （3）具有影响刑事实体法实现的功能。 **举案说法** 吴某凡强奸、聚众淫乱一案，一审法院判决吴某凡有期徒刑13年，附加驱逐出境。如果只有吴某凡上诉，二审法院不得加重吴某凡的刑罚。但是如果检察院认为量刑过轻，提出抗诉，此时，二审法院不受上诉不加刑原则的限制，可以加重吴某凡的刑罚。这就体现了刑事诉讼法具有影响刑事实体法实现的功能，程序不同，结果可能有所不同。

考点提示 对于刑事诉讼法和刑法的关系，重点要掌握刑事诉讼法的工具价值和独立价值。注意有两个方面，不要以偏概全。另外还要掌握工具价值和独立价值分别体现在哪些方面，不要混淆工具价值和独立价值。该内容曾经在2012年主观题试卷中出现过，试题要求考生结合案情，谈谈刑事诉讼法对保障刑法实施的价值。

小试牛刀

刑事诉讼法既有保障刑法实施的工具价值，又具有自己的独立价值。关于刑事诉讼法的独立价值，下列表述正确的是：[1]

A. 通过明确对刑事案件行使侦查权、起诉权、审判权的专门机关，为查明案件事实、适用刑事实体法提供了组织上的保障
B. 通过明确行使侦查权、起诉权、审判权主体的权力与职责及诉讼参与人的权利与义务，为查明案件事实及适用刑事实体法的活动提供了基本构架
C. 刑事诉讼法具有影响刑事实体法实现的功能，在启动或终结实施刑事实体法活动方面扮演着十分积极的角色
D. 刑事诉讼法具有弥补刑事实体法之不足并"创制"刑事实体法的功能

（二）刑事诉讼法与法治国家（宪法）的关系

刑事诉讼法在实现法治国家方面的作用，集中体现在与宪法的关系之中。刑事诉讼法与宪法的关系，一方面体现为刑事诉讼法在宪法中的重要地位，以至于宪法中关于程序性条款的规定成为法治国家的基本标志；另一方面体现为其在维护宪法制度方面发挥的重要作用。

---

[1] CD。选项AB体现的是刑诉法的工具价值，不当选。

1. 宪法是静态的刑事诉讼法	刑事诉讼法的程序性条款在宪法条文中占据重要地位，这些体现法治主义的有关刑事诉讼的程序性条款，构成了各国宪法关于人权保障条款的核心。
2. 刑事诉讼法是动态的宪法	刑事诉讼法在维护宪法制度方面发挥了重要的作用。宪法规定要保障公民的基本权利，非依法律规定不得侵犯，而刑事诉讼直接涉及公民的权利和自由，所以，必须对国家在刑事诉讼中的权力加以限制。各国刑事诉讼规范中有关强制措施的适用权限、条件、程序、羁押期限、辩护、侦查、审判的原则与程序等规定，都直接体现了宪法关于公民人身、住宅、财产不受非法逮捕、搜查、扣押的精神。

考点提示 宪法的许多规定，一方面要通过刑事诉讼法保证刑法的实施来实现，另一方面要通过刑事诉讼法本身的实施来实现。注意，两个方面不能以偏概全。

小试牛刀

关于"宪法是静态的刑事诉讼法、刑事诉讼法是动态的宪法"，下列哪些选项是正确的？[1]

A. 有关刑事诉讼的程序性条款，构成各国宪法中关于人权保障条款的核心
B. 刑事诉讼法关于强制措施的适用权限、条件、程序与辩护等规定，都直接体现了宪法关于公民人身、住宅、财产不受非法逮捕、搜查、扣押以及被告人有权获得辩护等规定的精神
C. 刑事诉讼法规范和限制了国家权力，保障了公民享有宪法规定的基本人权和自由
D. 宪法关于人权保障的条款，都要通过刑事诉讼法保证刑法的实施来实现

专题 02 刑事诉讼的基本理念

一、惩罚犯罪与保障人权

1. 惩罚犯罪	通过刑事诉讼程序，在准确、及时查明案件事实真相的基础上，对构成犯罪的被告人公正地适用刑法，从而打击犯罪。 **举案说法** 罗小翔涉嫌重大贩毒一案，允许侦查机关在侦查中采用技术手段监听罗小翔的通信，采用卧底侦查等方式侦破本案，这就体现了刑事诉讼惩罚犯罪的理念。
2. 保障人权	在通过刑事诉讼惩罚犯罪的过程中，保障公民合法权益不受非法侵犯。其具体包括：①无辜的人不受追究；②有罪的人受到公正处罚；③诉讼权利得到充分保障和行使。 **举案说法** 罗小翔涉嫌组织卖淫一案，侦查机关通过刑讯逼供等非法手段获取了罗小翔的供述，该供述即使真实也不能作为定案依据，这就体现了刑事诉讼保障人权的理念。

---

[1] ABC。选项D犯了以偏概全的错误，宪法关于保障人权的条款，不仅仅通过刑事诉讼法保障刑法的实施来实现，也可以通过刑事诉讼法本身的实施来实现。

考点提示 此内容适合作为主观题素材储备。惩罚犯罪与保障人权既对立又统一。一方面，惩罚犯罪不能忽视保障人权。如果在刑事诉讼中违反宪法、刑事诉讼法有关权利保障的规范，滥用司法权力，甚至刑讯逼供、诱供等，往往容易造成冤假错案，这样不仅践踏了人权，也达不到惩罚犯罪的目的。另一方面，保障人权也不能脱离惩罚犯罪。如果不去查明案件事实便惩罚犯罪，不仅被害人的实体权利得不到维护，犯罪嫌疑人、被告人的实体权利易受侵犯，而且诉讼参与人的程序性权利保障也会失去原本的含义。因此，惩罚犯罪与保障人权是密切联系、同等重要的两个方面。当惩罚犯罪与保障人权发生冲突时，应当采取权衡原则，综合考虑国家利益、社会利益和个人利益，权衡利弊得失，作出有利于实现刑事诉讼根本目的的选择。当然，在不同国家的不同时期，因社会经济发展和犯罪状况不同，往往对惩罚犯罪与保障人权有所侧重，二者总体上是一种动态平衡关系。

二、实体公正与程序公正

司法公正，也称诉讼公正，是维护社会正义的最后一道屏障，是体现社会正义的窗口，是诉讼的灵魂和生命。司法公正，包括实体公正和程序公正两个方面。

1. 实体公正	实体公正，就是结果公正，是指案件实体的结局处理所体现的公正。 考点提示 实体公正的具体要求有： （1）据以定罪量刑的犯罪事实的认定，应当做到证据确实充分； （2）正确适用刑法，准确认定犯罪嫌疑人、被告人是否有罪及其罪名； （3）按照罪刑相适应原则，依法适度判定刑罚； （4）涉案财物得到公正合法的处理； （5）对于错误处理的案件，采取救济方法及时纠正、及时赔偿或者补偿。
2. 程序公正	程序公正，是指诉讼过程中所体现的公正。 考点提示 程序公正的具体要求有： （1）严格遵守刑事诉讼法的规定； （2）认真保障当事人和其他诉讼参与人的诉讼权利； （3）适用强制措施应当适当，必须符合法定条件并经过适当的事前审查； （4）严禁刑讯逼供和以其他非法手段取证； （5）司法机关依法独立行使职权； （6）保障诉讼程序公开和透明； （7）控辩平等对抗，控审分离，审判者居中裁判，不偏倚任何一方； （8）按法定期限办案、结案。

考点提示 此内容适合作为主观题素材储备。在我国，长期存在着"重实体、轻程序"的做法，应当着重予以纠正。程序公正和实体公正具有内在的一致性，其终极目的都在于追求纠纷的公正解决。程序公正具有保障实体公正的工具价值；程序公正相对于实体公正又具有独立价值。因为程序公正具有不同于实体公正的评判标准。如果一个案件连必要程序都没有遵循，公众完全有理由对其结果的公正性产生合理怀疑。我们要坚持实体公正和程序公正并重原则，但当二者出现价值冲突的时候，同样需要根据利益权衡的原则作出选择。

• **举案说法** 鄢小萱拐卖妇女一案，二审法院经审理认为一审判决事实清楚，证据充分，定罪准确，量刑适当，但是一审审理程序严重违法（审理应当公开未公开，法官应当回避不回避），二审法院应当裁定撤销原判，发回重审。这说明，当实体公正和程序公正的理念发生冲突时，优先考虑程序公正的理念。

三、诉讼效率与司法公正

公正和效率是诉讼中的两大价值目标。公正是首要价值目标。然而，在当代社会，犯罪率呈上升趋势，这使刑事司法系统面临的压力越来越大。因而除了司法公正以外，诉讼效率也成为衡量一个国家刑事诉讼是否科学与文明的一个重要的尺度。《刑事诉讼法》规定了"准确、及时地查明犯罪事实"的内容，而且还从诉讼期限、轻罪不起诉和简易程序等多方面体现了诉讼效率的理念。

近年来，随着社会和经济的发展，我国刑事案件处于高发状态，刑事诉讼程序为了体现效率理念进行了相应的优化，集中体现在对不同的案件进行了程序分流，对简单轻微的案件采用了简化的程序。2018年修正的《刑事诉讼法》规定了认罪认罚从宽制度、速裁程序以及缺席审判程序，这些都体现了对诉讼效率的追求。

考点提示 在刑事司法中，应当是在保证司法公正的前提下追求效率，而不能草率办案，损害实体公正和程序公正。如果只讲"从快"而违背诉讼规律，虽然结案率很高，但错案往往也会增多，冤枉了无辜，放纵了犯罪，不仅做不到公正，也难以真正实现效率。因此，刑事诉讼应当遵循"公正优先、兼顾效率"的原则。

• **举案说法** 罗小翔强制猥亵同事张大翔一案，由于被告人罗小翔认罪认罚，法院适用了速裁程序审理本案。法院用了大约3分钟审理完毕，不仅没有让被告人罗小翔作最后陈述，还要求被告人罗小翔当庭放弃上诉权。本案虽然体现了效率理念，但是严重牺牲了诉讼公正的理念，剥夺了当事人最基本的诉讼权利。

小试牛刀

关于刑事诉讼的基本理念，下列表述正确的是：[1]

A. 缺席审判程序中，体现了保障犯罪嫌疑人、被告人人权至上的理念
B. 二审法院审理只有被告人一方上诉的案件不得加重被告人的刑罚，体现了公正优先、兼顾效率的理念
C. 通过刑讯逼供获取的口供不能作为定案依据，体现了刑事诉讼法追求实体公正的理念
D. 刑事诉讼法允许在侦查中使用技术手段，同时又规定了严格的限制条件，体现了惩罚犯罪与保障人权并重的理念

---

[1] D。选项A，缺席审判程序也体现了及时打击犯罪的理念，"人权至上"属于观点表述错误。选项B，上诉不加刑原则体现了保障人权、程序公正的理念，该选项答非所问。选项C，非法证据排除体现了程序公正而非实体公正。

专题 03 刑事诉讼的基本范畴

一、刑事诉讼目的

1. 概念

刑事诉讼目的，是指国家制定刑事诉讼法和进行刑事诉讼活动所期望达到的结果。

2. 根本目的

刑事诉讼的根本目的，与法律的一般目的是一致的。任何国家进行刑事诉讼，均期望达到维护社会秩序的目的。

3. 直接目的

惩罚犯罪	国家通过刑事诉讼活动，要在准确、及时地查明案件事实真相的基础上对构成犯罪的被告人正确适用刑法，惩罚犯罪，实现国家刑罚权。
保障人权	国家在进行刑事诉讼过程中保障诉讼参与人的合法权益不受侵犯，特别是保障与案件结果有直接利害关系的犯罪嫌疑人、被告人和被害人的诉讼权利得到充分行使。

举案说法 罗小翔投毒一案，侦查人员在没有出示搜查证的情况下收集到一罐案发现场的毒药。该物证收集过程虽然违法，但是经过补正或者作出合理解释，还是可以作为认定罗小翔犯罪的证据，这体现了刑事诉讼惩罚犯罪的目的。但是，如果侦查人员采用刑讯逼供的手段取得了罗小翔的供述，该供述即使真实，也坚决不能作为定案依据，这就体现了刑事诉讼保障人权的目的。

4. 理论分类

关于刑事诉讼目的的理论分类，主要包括以下几种学说：

（1）犯罪控制模式和正当程序模式

犯罪控制模式	犯罪控制模式的理论基点是：控制犯罪绝对为刑事诉讼程序最主要的机能，刑事程序运作的方式与取向，应循此"控制犯罪"之目标进行。该模式的基本价值理念是：刑事诉讼以惩罚犯罪的"效率"为目标与评价标准。 **考点提示** 犯罪控制模式强调惩罚犯罪。
正当程序模式	正当程序模式的理论基础是自然法的学说，认为人类拥有某些与生俱来的基本权利，如果统治者侵犯了这些权利，人民将不信任政府，并撤回授予统治者的权力。因此，该模式主张刑事诉讼目的不单是发现实体真实，更重要的是以公平与合乎正义的程序来保护被告人的人权。 **考点提示** 正当程序模式强调通过公正的程序来保障人权。

（2）家庭模式

该模式以家庭中父母与子女关系为喻，强调国家与个人间的和谐关系，并以此为出发点，提出解决问题的途径，强调刑事司法的教育功能。

考点提示 处理未成年人违法犯罪的少年司法接近于这种家庭模式。

（3）实体真实主义和正当程序主义

实体真实主义	概 念	实体真实主义认为，刑事诉讼旨在追求案件实体真实。它将刑事诉讼法视为为发现实体真实服务的实现刑法的手段，它认为那些违反程序造成侵犯公民权利的后果应由有关部门给予个别处理，而不影响其后的诉讼行为。
	子分类	积极实体真实主义：积极实体真实主义认为凡出现了犯罪就应该毫无遗漏地去加以发现和处罚，不使一个犯罪者脱逃。
		消极实体真实主义：消极实体真实主义将发现真实和保障无辜相联系，认为刑事诉讼目的在于发现实体真实，本身应当包含力求避免处罚无罪者的意思，而不是单纯毫无遗漏地处罚任何一个犯罪者。
正当程序主义		正当程序主义认为，刑事诉讼的目的重在维护正当的程序；刑事诉讼中的真实只是有限的真实，人们只能通过诉讼程序的内在活动去接近这种真实。

小试牛刀

在刑事司法实践中坚持不偏不倚、不枉不纵、秉公执法原则，反映了我国刑事诉讼"惩罚犯罪与保障人权并重"的理论观点。如果有观点认为"司法机关注重发现案件真相的立足点是防止无辜者被错误定罪"，该观点属于下列哪一种学说？[1]

A. 正当程序主义
B. 形式真实发现主义
C. 积极实体真实主义
D. 消极实体真实主义

二、刑事诉讼价值

刑事诉讼价值，是指刑事诉讼立法及其实施对国家、社会及其一般成员具有的效用和意义。刑事诉讼价值包括秩序、公正、效益诸项内容，其中每项内容又包含着非常丰富的内涵。

公 正	公正在刑事诉讼价值中居于核心的地位。刑事诉讼的公正价值包括实体公正和程序公正两个方面：①实体公正既包括通过惩治犯罪实现社会正义，也包括对犯罪惩罚本身的公正性。②程序公正是指程序本身符合特定的公正标准。例如，近现代刑事诉讼理论所主张的裁判者中立，诉讼参与人尤其是当事人权利的充分保障，在法律关系上最大限度实现权利、义务的平等及在诉讼中各方当事人机会对等，强制措施适用应当适度等。
秩 序	刑事诉讼的秩序价值包括两方面含义：①通过惩治犯罪，维护社会秩序，即恢复被犯罪破坏的社会秩序以及预防社会秩序被犯罪所破坏。②追究犯罪的活动是有序的。国家刑事司法权的行使，必须受到刑事程序的规范。
效 益	刑事诉讼的效益价值既包括效率，也包括在保证社会生产方面所产生的效益，即刑事诉讼对推动社会经济发展方面的效益。

---

[1] D

考点提示

❶ 刑事诉讼的秩序、公正、效益诸项价值相互依存、相互作用、相互制约，不可偏废。如果不适当地追求高效率处罚而忽视程序的有序性和公正性，就会造成处罚不公乃至大量冤狱，导致更尖锐的社会矛盾和更多新的犯罪，不仅损害了秩序和公正，而且也没有真正实现效益；反之，同样会造成恶果。

❷ 刑事诉讼的秩序、公正、效益价值是通过刑事诉讼法的制定和实施来实现的。一方面，刑事诉讼法保证刑法的正确实施，以实现秩序、公正、效益价值，这称为刑事诉讼法的工具价值；另一方面，刑事诉讼法的制定和适用本身也在实现着秩序、公正、效益价值，这称为刑事诉讼法的独立价值。因此，只有严格执行刑事诉讼法，才能实现刑事诉讼价值。

小试牛刀

关于刑事诉讼价值的理解，下列哪一选项是错误的？[1]
A. 公正在刑事诉讼价值中居于核心的地位
B. 通过刑事程序规范国家刑事司法权的行使，是秩序价值的重要内容
C. 效益价值属于刑事诉讼法的工具价值，而不属于刑事诉讼法的独立价值
D. 适用强制措施遵循比例原则是公正价值的应有之义

三、刑事诉讼主体

刑事诉讼主体，是指所有参与刑事诉讼活动，在刑事诉讼中享有一定权利、承担一定义务的国家专门机关和诉讼参与人。

专门机关	公安机关（国家安全机关、监狱、军队保卫部门、中国海警局）		
	人民检察院		
	人民法院		
诉讼参与人	当事人	公诉案件	被害人 VS 犯罪嫌疑人、被告人
		自诉案件	自诉人 VS 被告人
		附带民事诉讼	原告人 VS 被告人
	其他参与人	法定代理人、诉讼代理人、辩护人、证人、鉴定人和翻译人员	

考点提示

❶ 诉讼参与人，是指在刑事诉讼过程中享有一定诉讼权利，承担一定诉讼义务的除国家专门机关工作人员以外的人。诉讼参与人一般可分为两大类：①当事人；②其他诉讼参与人。诉讼当事人是直接影响诉讼进程并且与诉讼结果有直接利害关系的人，包括犯罪嫌疑人、被告人、被害人、自诉人、附带民事诉讼的原告人和被告人。其他诉讼参与人是协助国家专门机关和诉讼当事人进行诉讼活动的人，包括法定代理人、诉讼代理人、辩护人、证人、鉴定人和翻译人员。

---

[1] C。选项C错误，忽视了刑事诉讼法的独立价值，当选。

❷专门机关和诉讼参与人之间没有交集，诉讼参与人是指专门机关之外的那些参与刑事诉讼的人。法官、检察官、书记员、侦查人员都不属于诉讼参与人。

•**举案说法** 张三盗窃了李四的汽车，用欺骗的手段出卖给王五。张三被人民检察院以盗窃罪诉至法院。在该盗窃案中，张三是犯罪嫌疑人、被告人，李四是被害人，王五是证人。

四、刑事诉讼职能

刑事诉讼职能，是指根据法律规定，国家专门机关和诉讼参与人在刑事诉讼中所承担的职责、具有的作用和功能。刑事诉讼有三种基本职能，即控诉、辩护和审判。

控诉职能	即提出控诉，要求追究犯罪嫌疑人、被告人的刑事责任。 **考点提示** 行使控诉职能的主要有检察机关、自诉人和被害人及其法定代理人、诉讼代理人等。 **名师点睛** 由于侦查是公诉的必要准备，是追诉活动的组成部分，因而从广义上可以将侦查视为行使控诉职能。
辩护职能	即提出对被控诉人有利的事实和理由，维护被控诉人的合法权益。（辩护职能相对于控诉职能） **考点提示** 行使辩护职能的主要有犯罪嫌疑人、被告人和辩护人等。
审判职能	即通过审理确定被告人是否犯有被指控的罪行和应否处以刑罚以及处以何种刑罚。 **考点提示** 行使审判职能的只有人民法院。

名师点睛 不是所有诉讼参与人都会承担刑事诉讼的职能，如证人、鉴定人、翻译人员不承担控诉、辩护、审判职能。

🗒小试牛刀

下列承担控诉职能的诉讼参与人是：[1]
A. 公诉人　　　　　　　　　　　B. 自诉人
C. 附带民诉原告人　　　　　　　D. 控方证人

五、刑事诉讼构造

刑事诉讼构造，是指刑事诉讼法所确立的进行刑事诉讼的基本方式以及专门机关、诉讼参与人在刑事诉讼中形成的法律关系的基本格局，它集中体现为控诉、辩护、审判三方在刑事诉讼中的地位及其相互间的法律关系。

一方面，立法者总是基于实现一定刑事诉讼目的的需要，设计适用于该目的实现的诉讼构造。但另一方面，刑事诉讼目的的提出与实现，也必须以刑事诉讼构造本身所具有的功能为前提。一个国家特定时期的刑事诉讼目的与构造具有内在的一致性，它们都受到当

---

[1] B。选项A，公诉人不属于诉讼参与人。选项C，附带民诉原告人不承担控诉职能。选项D，控方证人不承担控诉职能。

时占主导地位的关于刑事诉讼的法律价值观的深刻影响。一般而言，现代刑事诉讼构造的设计需要遵循下图图示中的基本原理：

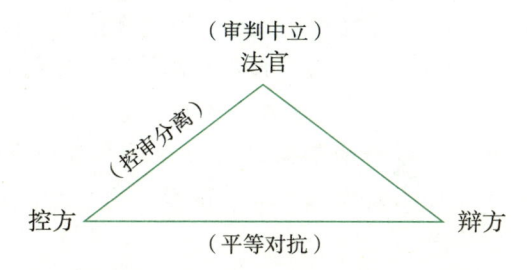

```
                （审判中立）
                  法官
              ╱        ╲
      （控审分离）        ╲
          ╱                ╲
      控方 ———————————————— 辩方
              （平等对抗）
```

现代西方国家刑事诉讼构造类型大致分为两类，即大陆法系国家采职权主义，英美法系国家采当事人主义。日本"二战"后在职权主义背景下大量吸收当事人主义因素，从而形成了以当事人主义为主、以职权主义为补充的混合式诉讼构造。

当事人主义	(1) 基本含义	将开始和推动诉讼的主动权委于当事人，控诉、辩护双方当事人在诉讼中居于主导地位。
	(2) 典型代表	英美法系国家。
	(3) 诉讼目的	适用于程序上保障人权的诉讼目的。
职权主义	(1) 基本含义	将诉讼的主动权委于国家专门机关。
	(2) 典型代表	大陆法系国家。
	(3) 诉讼目的	适用于实体真实的诉讼目的。
混合式诉讼构造		日本在职权主义背景下大量吸收当事人主义因素，从而形成了以当事人主义为主、以职权主义为补充的混合式诉讼构造。

名师点睛 没有绝对的当事人主义，也没有绝对的职权主义，两类诉讼构造均已吸收了对方的一些特点，逐步相互融合。

考点提示 重点掌握每一种诉讼构造的特征及各自代表的法系以及各自适用的诉讼目的。

六、刑事诉讼阶段

在刑事诉讼中，按照一定顺序进行的相互连接的一系列行为过程，可以划分为若干相对独立的单元，即为刑事诉讼阶段。每一个诉讼阶段作为一个相对独立和完整的程序，都有其自身的直接任务和形式。

划分刑事诉讼阶段的标准是：直接任务、参加诉讼的机关和个人的构成、诉讼行为的方式、诉讼法律关系、诉讼的总结性文书。

公诉案件	立案—侦查—审查起诉—审判（一审、二审、复核、再审）—执行
监察案件	立案—调查—审查起诉—审判（一审、二审、复核、再审）—执行
自诉案件	起诉—审判（一审、二审、复核、再审）—执行

考点提示

1 程序有先后。 诉讼程序按照先后顺序进行，不可颠倒顺序，实践中存在的先破案再立案的做法是错误的。

2 程序可跳跃。刑事诉讼可能会跳过某个阶段，直接进入下一个诉讼阶段。例如，一审程序后，如果没有上诉、抗诉，待裁判生效后，可能直接进入再审程序或执行程序。

3 程序可回转。诉讼程序进行中，由于出现特殊情况，可能会折返到上一个程序。例如，二审程序中，法院以一审程序违法为由发回重审，案件将再次回到一审程序。

4 程序可"夭折"。并不是每个刑事案件都会经历所有刑事诉讼阶段，在程序进行中，遇到特殊情况，诉讼程序可能会出现终止的情形。例如，侦查阶段犯罪嫌疑人死亡，侦查机关将作出撤销案件的决定。

第 2 讲 刑事诉讼法的基本原则

本讲导读

复习提要

基本原则是理解法律制度、程序和运行的关键。我们既要通过对我国刑事诉讼法自身纵向发展的比较，又要通过与国外相关原则的横向比较，来深刻理解我国刑事诉讼法基本原则的内涵。基本原则看似抽象，但是具有可考性，每年至少都会有 1 道考查基本原则的试题出现。备考的关键是掌握每一个原则的基本含义，同时还需要掌握基本原则的应用以及在制度中的体现。《刑事诉讼法》第 15 条规定的认罪认罚从宽原则是近几年备考的重点原则。其他比较重要的原则包括：具有法定情形不予追究刑事责任；人民检察院依法对刑事诉讼实行法律监督；未经人民法院依法判决，对任何人都不得确定有罪；人民法院、人民检察院依法独立行使职权。

知识框架

刑事诉讼法的基本原则
- 侦查权、检察权、审判权由专门机关依法行使 ★
- 严格遵守法律程序 ★★
- 人民法院、人民检察院依法独立行使职权 ★★★
- 分工负责、互相配合、互相制约 ★
- 人民检察院依法对刑事诉讼实行法律监督 ★★★
- 各民族公民有权使用本民族语言文字进行诉讼 ★
- 犯罪嫌疑人、被告人有权获得辩护 ★★
- 未经人民法院依法判决，对任何人都不得确定有罪 ★★★
- 保障诉讼参与人的诉讼权利 ★
- 认罪认罚从宽 ★★★★
- 具有法定情形不予追究刑事责任 ★★★★
- 追究外国人刑事责任适用我国刑事诉讼法

专题 04 基本原则概述

一、概念

刑事诉讼法的基本原则，是指反映刑事诉讼理念和目的的要求，贯穿于刑事诉讼的全过程或者主要诉讼阶段，对刑事诉讼过程具有普遍或者重大指导意义和规范作用，是国家专门机关和诉讼参与人参与刑事诉讼必须遵循的基本行为准则。

二、特征

刑事诉讼法的基本原则，一般具有以下特点：

1. 体现刑事诉讼活动的基本规律。

刑事诉讼法的基本原则有着深厚的法律理论基础和丰富的思想内涵。例如，未经人民法院依法判决，对任何人都不得确定有罪原则要求确定被告人有罪的权力由人民法院统一行使，其他任何机关、团体和个人都无权行使。这一原则所体现的理念和内涵为法治国家所普遍采纳，体现了刑事审判活动的基本规律。

2. 必须由法律明确规定。

刑事诉讼"法"的基本原则必须由法律作出明确规定。但是，刑事诉讼原则既可以由法律明文规定，包括《宪法》或者宪法性文件、《刑事诉讼法》及其他相关法律、联合国文件、某些区域性组织的文件等，也可以体现于刑事诉讼法的指导思想、目的、任务、具体制度和程序之中。

名师点睛 刑事诉讼法规定的基本原则包括两大类：

（1）一般原则（刑事诉讼和其他性质的诉讼必须共同遵守的原则）。例如，以事实为根据，以法律为准绳原则；公民在法律面前一律平等原则；各民族公民有权使用本民族语言文字进行诉讼原则；审判公开原则；保障诉讼参与人的诉讼权利原则；等等。

（2）刑事诉讼所独有的基本原则。例如，侦查权、检察权、审判权由专门机关依法行使原则；人民法院、人民检察院依法独立行使职权原则；分工负责、互相配合、互相制约原则；犯罪嫌疑人、被告人有权获得辩护原则；等等。

3. 一般贯穿于刑事诉讼全过程或主要诉讼阶段，具有较普遍的指导意义。

刑事诉讼法的基本原则是规范和调整整个刑事诉讼程序的原则，适用于刑事诉讼的全过程或主要阶段，国家专门机关及其工作人员以及各诉讼参与人都应当遵守。

4. 具有法律约束力。

虽然基本原则较为抽象和概括，但各项具体的诉讼制度和程序都必须与之相符合。而且，在具体诉讼制度没有作出详细规定的时候，可以直接适用刑事诉讼法的基本原则，即刑事诉讼法的基本原则具有弥补法律规定不足和填补法律漏洞的功能。

专题 05 基本原则的内容

一、侦查权、检察权、审判权由专门机关依法行使原则

《刑事诉讼法》第3条第1款规定，对刑事案件的侦查、拘留、执行逮捕、预审，由公安机关负责。检察、批准逮捕、检察机关直接受理的案件的侦查、提起公诉，由人民检察院负责。审判由人民法院负责。除法律特别规定的以外，其他任何机关、团体和个人都无权行使这些权力。该条文包含了以下几层含义：

1. 权力有分工。公安机关、人民检察院和人民法院分别行使侦查权、检察权和审判权，不能相互代替和混淆，不能相互越权。

• 举案说法 加拿大人罗伯特·翔涉嫌强奸、聚众淫乱一案，本案的侦查权只能由公安机关行使。侦查中如果要逮捕罗伯特·翔，应当报请人民检察院批捕。本案只能由人民检察院提起公诉，而审判权只能由人民法院统一行使。

2. 权力要专属。侦查权、检察权、审判权具有专属性，其行使主体只能是公安机关、人民检察院和人民法院等国家专门机关，其他任何机关、社会团体及单位、公民都无权行使这些职权。这是为了避免其他主体滥用这些专有的权力侵犯公民的合法权利。

• 举案说法 张某贪污一案，监察机关虽然可以调查本案，但是无权审理本案，审判权专属于法院，其他任何机关均无权行使。

3. 权力要依法。公安机关、人民检察院和人民法院在行使职权时，还必须严格遵守刑法、刑事诉讼法及其他有关法律的规定。

4. 权力有例外。"法律特别规定"主要体现为：除公安机关享有侦查权外，人民检察院、国家安全机关、军队保卫部门、监狱、中国海警局也享有侦查权。

考点提示 我国享有侦查权的机关有六个：公安机关、人民检察院、国家安全机关、军队保卫部门、监狱、中国海警局。（注意：人民法院没有侦查权）

公安机关	对普通刑事案件享有侦查权。
人民检察院	对自侦案件享有侦查权。（具体参见管辖部分）
国家安全机关	对立案侦查的危害国家安全犯罪案件享有侦查权。 **考点提示**《刑事诉讼法》第4条规定，国家安全机关依照法律规定，办理危害国家安全的刑事案件，行使与公安机关相同的职权。
军队保卫部门	负责侦查军队内部发生的刑事案件。
监狱	对立案侦查的罪犯在监狱内犯罪的案件享有侦查权。
中国海警局	中国海警局履行海上维权执法职责，对海上发生的刑事案件行使侦查权。 **考点提示** 海上发生的刑事案件并不等于走私犯罪，走私犯罪由海关缉私部门（属于公安机关）立案侦查。

•**举案说法** 罗伯特·翔强奸一案应当由公安机关立案侦查。在服刑期间，如果狱友们强制猥亵罗伯特·翔，该案就应当由监狱侦查。但是，如果狱警虐待了罗伯特·翔，则该案可以由人民检察院立案侦查。

二、严格遵守法律程序原则

《刑事诉讼法》第3条第2款规定，人民法院、人民检察院和公安机关进行刑事诉讼，必须严格遵守《刑事诉讼法》和其他法律的有关规定。该原则的基本含义是：

1. 公、检、法机关进行刑事诉讼活动时，必须严格遵守《刑事诉讼法》和有关法律的规定。

2. 严重违反法律程序的，应当依法承担相应的法律后果。

考点提示 考生需要掌握不同诉讼阶段违反法律程序的相应后果，这是考试的命题点。

收集证据程序违法	**关联法条**《刑事诉讼法》第56条：采用刑讯逼供等非法方法收集的犯罪嫌疑人、被告人供述和采用暴力、威胁等非法方法收集的证人证言、被害人陈述，应当予以排除。收集物证、书证不符合法定程序，可能严重影响司法公正的，应当予以补正或者作出合理解释；不能补正或者作出合理解释的，对该证据应当予以排除。 　　在侦查、审查起诉、审判时发现有应当排除的证据的，应当依法予以排除，不得作为起诉意见、起诉决定和判决的依据。 **考点提示** 非法证据也并非绝对排除，有些证据（如物证、书证）收集程序违法，依然可以补正或作出合理解释。
一审程序违法	二审应当裁定撤销原判，发回重审。 **关联法条**《刑事诉讼法》第238条：第二审人民法院发现第一审人民法院的审理有下列违反法律规定的诉讼程序的情形之一的，应当裁定撤销原判，发回原审人民法院重新审判： （一）违反本法有关公开审判的规定的； （二）违反回避制度的； （三）剥夺或者限制了当事人的法定诉讼权利，可能影响公正审判的； （四）审判组织的组成不合法的； （五）其他违反法律规定的诉讼程序，可能影响公正审判的。
死缓复核程序违法	高级人民法院应当裁定不予核准，并撤销原判，发回重审。 **关联法条**《刑诉解释》第428条第1款：高级人民法院复核死刑缓期执行案件，应当按照下列情形分别处理： …… （六）原审违反法定诉讼程序，可能影响公正审判的，应当裁定不予核准，并撤销原判，发回重新审判。
死刑复核程序违法	最高人民法院应当裁定不予核准，并撤销原判，发回重审。 **关联法条**《刑诉解释》第429条：最高人民法院复核死刑案件，应当按照下列情形分别处理： …… （六）原审违反法定诉讼程序，可能影响公正审判的，应当裁定不予核准，并撤销原判，发回重新审判。

生效裁判程序违法	人民法院应当启动再审进行纠正。 **关联法条**《刑诉解释》第457条第2款：经审查，具有下列情形之一的，应当根据刑事诉讼法第253条的规定，决定重新审判： …… （九）违反法定诉讼程序，可能影响公正裁判的； ……

小试牛刀

人民法院、人民检察院和公安机关进行刑事诉讼，必须严格遵守刑事诉讼法的有关规定。下列关于程序违法的情形，处理正确的是：[1]

A. 二审人民法院发现一审程序公开审理了张三强奸案，应当撤销原判，发回重审

B. 最高人民法院在核准死刑时，发现该案二审人民法院未开庭审理，但是死刑判决没有错误，于是予以核准死刑

C. 人民法院发现公诉机关提供的指控被告人杀人的凶器的收集违反法定程序，应当直接对该证据予以排除

D. 生效判决违反法律规定的诉讼程序，可能影响公正审判，人民法院应当再审

拓展阅读

程序法定原则是现代刑事诉讼的基本要求。

对于程序法定原则，应当掌握以下内容：

基本含义	立法方面的要求	刑事诉讼程序应当由法律事先明确规定。
	司法方面的要求	刑事诉讼活动应当依据国家法律规定的程序来进行。
具体体现	大陆法系国家	程序法定原则与罪刑法定原则共同构成法定原则的内容。也就是说，法定原则既包括实体上的罪刑法定原则，也包括程序上的程序法定原则。
	英美法系国家	刑事程序法定原则具体表现为正当程序原则。
	我国刑事诉讼	从我国宪法和刑事诉讼法"以法律为准绳"等规定来看，可以说，我国法律已基本确立了刑事程序法定原则。

三、人民法院、人民检察院依法独立行使职权原则

《刑事诉讼法》第5条规定，人民法院依照法律规定独立行使审判权，人民检察院依照法律规定独立行使检察权，不受行政机关、社会团体和个人的干涉。该条文包含了以下几层含义：

---

[1] AD

1. 谁要独立	人民法院行使审判权、人民检察院行使检察权，各自在法定职责范围内独立。
2. 独立于谁	不受行政机关、社会团体和个人的干涉。 **名师点睛** 不受"行政机关"干涉，不能表述成不受"任何机关"干涉。因为其仍然需要接受党的领导，接受各级人民代表大会的监督，并应当自觉接受人民群众、社会舆论的监督。
3. 独立的前提	人民法院行使审判权和人民检察院行使检察权，必须严格遵守宪法和法律的各项规定。
4. 独立的特点	人民法院和人民检察院作为一个组织整体，集体对审判权和检察权的行使负责。在我国，独立行使审判权和检察权的主体是人民法院、人民检察院，而不是某个审判员或者检察员。 **名师点睛** 需要注意的是，党的十八大以来的司法体制改革以"司法责任制"为核心，要求实现"让审理者裁判，让裁判者负责"，强调了承办案件的法官和检察官在办理案件中履行职权与承担责任方面的独立性。这种强调承办案件的法官和检察官在办理具体案件过程中独立性的改革措施关注的是人民法院、人民检察院内部职权的合理分配，并未改变我国人民法院、人民检察院作为一个组织整体对审判权、检察权行使负责的定位。

考点提示 虽然人民法院、人民检察院对外都不受行政机关、社会团体和个人的干涉，但是二者在内部独立上有所差异。人民法院独立既包括外部独立也包括内部独立，而人民检察院独立仅限外部独立。这是因为人民法院和人民检察院在上下级关系上有所不同。

人民法院	人民法院的独立是单个法院的独立。人民法院上下级之间是监督与被监督的关系，各具体人民法院在具体案件的审判过程中独立行使审判权，包括上级人民法院在内的其他人民法院无权干涉。 **名师点睛** 上级人民法院对下级人民法院的监督必须通过法定的程序进行，如改变管辖、在第二审程序中撤销错误的判决等。
人民检察院	人民检察院的独立是整个系统的独立。独立行使检察权，实质上是指整个检察系统作为一个整体独立行使检察权。人民检察院上下级之间是领导与被领导的关系，上级人民检察院有权就具体案件对下级人民检察院作出命令、指示。

举案说法 劳荣枝经江西省南昌市中级法院一审判决后引起社会的广泛关注。为回应社会关注和保证办案质量，在案件由江西省高级法院作出二审判决前，基于我国法院和检察院的组织体系与上下级关系，最高法院不可听取高级法院对该案的汇报并就如何审理提出意见，因为法院上下级之间只是监督而非领导关系；但是最高检察院就可听取省检察院的汇报并对案件事实、证据进行审查，可决定检察机关在二审程序中如何发表意见，因为上下级检察院是领导关系。

拓展阅读

在国外，与人民法院、人民检察院依法独立行使职权原则相对应的是司法独立原则。

司法独立原则作为现代法治的一项基本原则，源于资产阶级启蒙思想中的三权分立学说，即国家权力分为立法权、行政权、司法权，由议会、总统（或内阁）、法院分别独立行使，彼此分立，互相制约。

	我　　国	西方国家
原则内容不同	人民法院、人民检察院依法独立行使职权原则	司法独立原则
政治体制不同	人民代表大会制度	三权分立的政治制度
司法机关不同	人民法院、人民检察院	法　院
独立主体不同	整体独立	法官个人独立

四、分工负责、互相配合、互相制约原则

《刑事诉讼法》第7条规定，人民法院、人民检察院和公安机关进行刑事诉讼，应当分工负责，互相配合，互相制约，以保证准确有效地执行法律。

分工负责	公安机关	刑事案件的侦查、拘留、执行逮捕、预审，由公安机关负责。
	检察院	检察、批准逮捕、检察机关直接受理的案件的侦查、提起公诉，由人民检察院负责。
	法　院	审判由人民法院负责。
互相配合		公、检、法进行刑事诉讼，应当在分工负责的基础上，相互支持，通力合作，使案件处理能上下衔接，协调一致，共同完成查明案件事实，追究、惩罚犯罪的任务。 **举案说法** 罗伯特·翔涉嫌强奸、聚众淫乱一案，审判阶段，人民检察院对于需要补充提供法庭审判所必需的证据或者补充侦查的，必要时可以要求公安机关提供协助，体现了相互配合。
互相制约		公、检、法进行刑事诉讼，应当按照职能分工和程序上的设置，相互约束，相互制衡，防止发生错误及及时纠正错误，保证准确执行法律，做到不错不漏，不枉不纵。 **举案说法** 罗伯特·翔涉嫌强奸、聚众淫乱一案，在是否适用认罪认罚从宽制度这一问题中，公安机关侦查终结时建议对罗伯特·翔适用认罪认罚从宽制度，检察机关审查起诉时认为不适用认罪认罚从宽制度而未向法院提出相应的建议，体现了互相制约。

五、人民检察院依法对刑事诉讼实行法律监督原则

《刑事诉讼法》第8条规定，人民检察院依法对刑事诉讼实行法律监督。可见，人民检察院是我国专门的法律监督机关。在刑事诉讼活动中，人民检察院有权对公安机关的立案侦查、人民法院的审判和执行机关的执行活动是否合法进行监督。这种监督贯穿于刑事诉讼活动的始终。

（一）一般规定

根据《高检规则》第552条第1款的规定，人民检察院发现刑事诉讼活动中的违法行为，对于情节较轻的，由检察人员以口头方式提出纠正意见；对于情节较重的，经检察长决定，发出纠正违法通知书。对于带有普遍性的违法情形，经检察长决定，向相关机关提出检察建议。构成犯罪的，移送有关机关、部门依法追究刑事责任。

考点提示 人民检察院针对不同的违法程度，行使不同的监督方法：①口头纠正意见；②发出纠正违法通知书；③向相关机关提出检察建议；④追究刑事责任。

（二）立案监督

1. 人民检察院认为公安机关应当立案而不立案的，有权要求公安机关 7 日内说明不立案的理由。人民检察院认为公安机关不立案的理由不能成立的，经检察长决定，应当通知公安机关立案，公安机关接到通知后 15 日内应当立案。

考点提示 此处立案监督有先后步骤（先要求说理，后通知立案），如果选项未强调先后顺序，直接通知公安机关立案，则为错误选项。

小试牛刀

著名刑法专家罗某遭法外狂徒张三性侵一案，公安机关以男人强奸男人不构成强奸罪为由，不予立案。罗某不服，向人民检察院请求立案监督。人民检察院可否直接撤销公安机关的不立案决定？如果不能，人民检察院可否直接通知公安机关立案？

参考答案：公安机关针对报案应当立案却不立案，人民检察院不能直接撤销公安机关不立案的决定，而是应当要求公安机关说明不立案理由，理由不成立的，通知公安机关立案。

2. 对于有证据证明公安机关可能存在违法动用刑事手段插手民事、经济纠纷，或者利用立案实施报复陷害、敲诈勒索以及谋取其他非法利益等违法立案情形，尚未提请批准逮捕或者移送起诉的，人民检察院应当要求公安机关书面说明立案理由。公安机关说明立案的理由后，人民检察院应当进行审查。认为公安机关立案理由不能成立的，经检察长决定，应当通知公安机关撤销案件。

小试牛刀

足疗大亨鄢某，因涉嫌组织罗某、张某、魏某、高某等人卖淫一案，被公安机关立案侦查。人民检察院发现，鄢某经营的其实是一家绿色足疗店，并没有任何违法犯罪事实。人民检察院能否直接通知公安机关撤销案件？

参考答案：不能。人民检察院应当先要求公安机关书面说明立案理由，认为公安机关立案理由不能成立的，经检察长决定，应当通知公安机关撤销案件。

（三）侦查阶段监督

1. 对侦查、调查活动的监督

根据《高检规则》第 256 条的规定，经公安机关商请或者人民检察院认为确有必要时，可以派员适时介入重大、疑难、复杂案件的侦查活动，参加公安机关对于重大案件的讨论，对案件性质、收集证据、适用法律等提出意见，监督侦查活动是否合法。经监察机关商请，人民检察院可以派员介入监察机关办理的职务犯罪案件。

小试牛刀

人民检察院接到报案称监察机关在调查殷某贪污受贿一案中，调查人员以非法方法收集证据，人民检察院认为确有必要时，可否派员介入重大、疑难、复杂案件的侦查活动？

参考答案：不能。经监察机关商请，人民检察院才可以派员介入监察机关办理的职务犯罪案件。

2. 对提请批捕的监督

《高检规则》第288条规定，人民检察院办理公安机关提请批准逮捕的案件，发现遗漏应当逮捕的犯罪嫌疑人的，应当经检察长批准，要求公安机关提请批准逮捕。公安机关不提请批准逮捕或者说明的不提请批准逮捕的理由不成立的，人民检察院可以直接作出逮捕决定，送达公安机关执行。（先"求"报，后自决）

《高检规则》第300条规定，对应当逮捕而本院负责侦查的部门未移送审查逮捕的犯罪嫌疑人，负责捕诉的部门应当向负责侦查的部门提出移送审查逮捕犯罪嫌疑人的建议。建议不被采纳的，应当报请检察长决定。（先建议，后决定）

> **小试牛刀**
>
> 高甲、高乙两兄弟共同犯罪，公安机关只对高甲报请检察院批捕，但检察院认为高乙也需要报捕，该如何处理？
>
> 参考答案：检察院应要求公安机关对高乙提请批准逮捕；如果公安机关仍不提请批准逮捕或者不提请批准逮捕的理由不能成立，检察院也可以直接作出逮捕高乙的决定。

3. 对漏罪、漏人的监督

《高检规则》第356条规定，人民检察院在办理公安机关移送起诉的案件中，发现遗漏罪行或者有依法应当移送起诉的同案犯罪嫌疑人未移送起诉的，应当要求公安机关补充侦查或者补充移送起诉。对于犯罪事实清楚，证据确实、充分的，也可以直接提起公诉。

> **举案说法** 人民检察院审查罗伯特·翔聚众淫乱一案时，发现还遗漏了其强奸罪行。如果强奸罪犯罪事实清楚，证据确实、充分，人民检察院也可以直接对强奸罪提起公诉。

（四）审判阶段监督

1. 对庭审活动的监督

《高检规则》第572条规定，人民检察院在审判活动监督中，发现人民法院或者审判人员审理案件违反法律规定的诉讼程序，应当向人民法院提出纠正意见。人民检察院对违反程序的庭审活动提出纠正意见，应当由人民检察院在庭审后提出。出席法庭的检察人员发现法庭审判违反法律规定的诉讼程序，应当在休庭后及时向检察长报告。

> **小试牛刀**
>
> 张法官一边审理罗某故意杀人一案，一边用手机观看热播剧《狂飙》，公诉人向某能否直接当庭拍桌子教训张法官，向其提出纠正意见？
>
> 参考答案：不能。人民检察院对违反法定程序的庭审活动提出纠正意见，应当在庭审后以检察机关的名义提出。

2. 对刑事判决、裁定的监督

（1）对一审尚未生效裁判的监督。（一审法院同级）地方人民检察院认为本级人民法院第一审未生效的判决、裁定确有错误的时候，应当向上一级人民法院提出抗诉，即二审抗诉。

> **举案说法** 湖南省怀化市中级人民法院一审罗某故意杀人一案，判决被告人罗某无罪，本案在抗诉期内，应当由怀化市人民检察院向湖南省高级人民法院提起二审抗诉。

（2）对生效裁判的监督。上级人民检察院对于下级人民法院已经发生法律效力的判决和裁定，最高人民检察院对各级人民法院已经发生法律效力的判决和裁定，如果发现确有错误，有权按照审判监督程序向同级人民法院提出抗诉，即再审抗诉。

• 举案说法　湖南省怀化市中级人民法院一审罗某故意杀人案，判决被告人罗某无罪，本案在抗诉期满后，应当由湖南省人民检察院或者最高人民检察院向相应的同级人民法院提起再审抗诉。

3. 对死刑复核程序的监督

在复核死刑案件过程中，最高人民检察院可以向最高人民法院提出意见。最高人民法院应当将死刑复核结果通报最高人民检察院。

4. 对特别程序的监督

（1）对没收违法所得或者驳回申请的裁定，人民检察院可以提出抗诉；

（2）人民检察院认为强制医疗决定或者解除强制医疗决定不当，可以提出书面纠正意见；

（3）对缺席审判程序的判决，可以向人民法院提出抗诉。

（五）执行阶段监督

1. 对死刑执行的监督

人民法院在交付执行死刑前，应当通知同级人民检察院派员临场监督。

2. 对监外执行的监督

（1）事前监督。监狱、看守所提出暂予监外执行的书面意见的，应当将书面意见的副本抄送人民检察院。人民检察院可以向决定或者批准机关提出书面意见。

（2）事后监督。决定或者批准暂予监外执行的机关应当将暂予监外执行决定抄送人民检察院。人民检察院认为暂予监外执行不当的，应当自接到通知之日起1个月以内将书面意见送交决定或者批准机关，该机关接到人民检察院的书面意见后，应当立即对该决定进行重新核查。

3. 对减刑、假释的监督

（1）事前监督。应当依法予以减刑、假释时，由执行机关提出建议书，报请人民法院审核裁定，并将建议书副本抄送人民检察院。人民检察院可以向人民法院提出书面意见。

（2）事后监督。人民检察院认为人民法院减刑、假释的裁定不当，有权在收到裁定书副本后20日以内，向人民法院提出书面纠正意见。人民法院应当在收到纠正意见后1个月内重新组成合议庭进行审理，作出最终裁定。

▶ 小试牛刀

关于检察院的法律监督活动，下列说法正确的是：[1]

A. 对于公安机关应当立案而不立案的情形，检察院有权直接撤销公安机关不立案的决定

B. 对于一审法院的错误判决，同级检察院有权在抗诉期内向其上一级法院提起二审抗诉

C. 对于二审法院的错误判决，各级检察院均有权向其同级法院提起再审抗诉

D. 认为强制医疗决定不当，检察院有权在收到决定书后5日内提出抗诉

---

[1] B

六、各民族公民有权使用本民族语言文字进行诉讼原则

《刑事诉讼法》第 9 条规定，各民族公民都有用本民族语言文字进行诉讼的权利。人民法院、人民检察院和公安机关对于不通晓当地通用的语言文字的诉讼参与人，应当为他们翻译。在少数民族聚居或者多民族杂居的地区，应当用当地通用的语言进行审讯，用当地通用的文字发布判决书、布告和其他文件。该条文包括以下几层含义：

1. 谁有权	各民族公民都有权使用本民族的语言进行陈述、辩论，有权使用本民族文字书写有关诉讼文书。 **名师点睛** 对于当事人、辩护人、证人、鉴定人，这是他们的一种权利。
2. 谁有责	公、检、法机关在少数民族聚居或者多民族杂居的地区，应当使用当地通用的语言进行侦查、起诉和审判，用当地通用的文字发布判决书、公告、布告和其他文件。 **名师点睛** 对于公、检、法机关，这是一种义务而非权利。
3. 应当翻译	如果诉讼参与人不通晓当地通用的语言文字，公、检、法机关应当为其指定或者聘请翻译人员进行翻译。 **名师点睛** 公、检、法机关有提供翻译的义务。

举案说法 苗族的向法官，在西藏藏族聚居地区审理新疆维吾尔族被告人鄢某某组织傣族大学生罗某向汉族男性张某等人卖淫一案。向法官应当使用当地通用语言藏语审理本案，同时应当为维吾尔族被告人鄢某某提供维语翻译，为证人罗某提供傣语翻译，为证人张某提供汉语翻译。

七、犯罪嫌疑人、被告人有权获得辩护原则

《刑事诉讼法》第 11 条规定，人民法院审判案件，除《刑事诉讼法》另有规定的以外，一律公开进行。被告人有权获得辩护，人民法院有义务保证被告人获得辩护。这一原则的基本含义是：

1. 谁有权	辩护权是犯罪嫌疑人、被告人最基本的诉讼权利，我国法律赋予犯罪嫌疑人、被告人辩护权，并在制度和程序上充分保障犯罪嫌疑人、被告人行使辩护权。在任何情况下，对任何犯罪嫌疑人、被告人都不得以任何理由限制或剥夺其辩护权。 **举案说法** 劳荣枝犯故意杀人罪、抢劫罪、绑架罪，社会影响极其恶劣，办案机关亦不能剥夺劳荣枝的辩护权。
2. 谁有责	为保障犯罪嫌疑人、被告人的辩护权，公、检、法机关负有以下义务： （1）告知义务。在刑事诉讼活动中，应当及时告知犯罪嫌疑人、被告人享有辩护权以及法律赋予的其他诉讼权利，如聘请辩护人的权利、委托辩护人的权利、申请回避的权利、上诉权等。 **关联法条**《刑事诉讼法》第 34 条第 2 款：侦查机关在第一次讯问犯罪嫌疑人或者对犯罪嫌疑人采取强制措施的时候，应当告知犯罪嫌疑人有权委托辩护人。人民检察院自收到移送审查起诉的案件材料之日起 3 日以内，应当告知犯罪嫌疑人有权委托辩护人。人民法院自受理案件之日起 3 日以内，应当告知被告人有权委托辩护人。犯罪嫌疑人、被告人在押期

续表

2. 谁有责	间要求委托辩护人的，人民法院、人民检察院和公安机关应当及时转达其要求。 （2）**为犯罪嫌疑人、被告人提供进行辩护的条件**，如为符合法定情形的被告人指定承担法律援助义务的律师担任辩护人。辩护应当是实质意义上的，而不应当仅是形式上的，这是有效辩护原则的要求。 [举案说法] 加拿大人罗伯特·翔涉嫌强奸一案，如果罗伯特·翔因经济困难未委托辩护人，办案机关并非必须为罗伯特·翔提供法律援助辩护。保障辩护权，并不等于需要为每一个犯罪嫌疑人、被告人免费提供法律援助辩护，法律援助辩护是需要符合法定条件的。

八、未经人民法院依法判决，对任何人都不得确定有罪原则

《刑事诉讼法》第12条规定，未经人民法院依法判决，对任何人都不得确定有罪。

（一）基本含义

1. 明确规定了确定被告人有罪的权力由人民法院统一行使，其他任何机关、团体和个人都无权行使。定罪权是刑事审判权的核心；人民法院作为我国唯一的审判机关，代表国家统一独立行使刑事审判权。

[小试牛刀]

人民检察院认为罗某强制猥亵张某一案犯罪情节轻微，能否在宣告罗某有罪的同时作出不起诉的决定？

参考答案：不能。确定被告人有罪的权力由人民法院统一行使，其他任何机关、团体和个人都无权行使。人民检察院不管出于何种原因不起诉罗某，均不能确定罗某有罪。

2. 人民法院判决被告人有罪，必须严格依照法定程序。

[名师点睛] 该原则虽明确规定只有人民法院享有定罪权，但并不等于无罪推定原则。我国在一定程度上吸收了无罪推定原则的精神，但是尚未达到无罪推定的高度。

[拓展阅读]

此内容适合作为主观题素材储备。无罪推定原则的基本含义是，任何人，在未经依法确定有罪以前，应假定其无罪。无罪推定原则作为宪法原则和刑事诉讼法的基本原则，已为世界多数国家的刑事程序所采用。最早完整阐述无罪推定思想的，是意大利启蒙法学家贝卡利亚，他说："在法官判决之前，一个人是不能被称为罪犯的，只要还不能断定他已侵犯了给予他公共保护的契约，社会就不能取消对他的公共保护。"后来，无罪推定原则逐渐为资产阶级革命后的许多国家所接受。我国现行刑事诉讼法虽然吸收了无罪推定原则的基本精神，但与完整意义上的无罪推定原则仍存在一定的差距，正是这样的差异使得我国刑事诉讼中的一些具体制度并没有体现甚至违背了无罪推定原则的要求。在刑事诉讼法改革的背景下，无论是从完善我国刑事诉讼制度、改善我国国际形象的方面来看，还是从贯彻"国家尊重和保障人权"的《宪法》条文，落实我国已经签署并待批准的《公民权利和政治权利国际公约》的角度出发，我们都应当从立法上确立完整意义上的无罪推定原则。

（二）该原则在刑事诉讼法中的相应体现

1. 区分犯罪嫌疑人与被告人

公诉案件在提起公诉前将被追究者称为犯罪嫌疑人，提起公诉后始称为被告人。

考点提示 区分犯罪嫌疑人和被告人的时间界限为提起公诉之日。命题者可能通过当事人的身份来暗示案件所处的阶段。

小试牛刀

罗某贩毒一案，"被告人"罗某咬舌自尽。本案程序应当如何处理？

参考答案：本案既然称罗某为"被告人"，说明案件已经进入审判阶段。人民法院应当裁定终止审理；但有证据证明罗某无罪，经缺席审理确认无罪的，应当判决宣告被告人罗某无罪。

2. 控诉方承担举证责任

被告人不负证明自己无罪的义务，不得因被告人不能证明自己无罪便推定其有罪。

举案说法 罗伯特·翔涉嫌强奸一案，被告人罗伯特·翔主张自己没有强奸被害人。罗伯特·翔对该主张并不承担证明责任，应当由人民检察院承担罗伯特·翔强奸罪成立的证明责任。

3. 疑罪从无处理

在审判阶段，对于证据不足、不能认定被告人有罪的，人民法院应当作出证据不足、指控罪名不能成立的无罪判决。

举案说法 罗伯特·翔涉嫌强奸一案，如果人民检察院不能提供充分证据证明罗伯特·翔有罪，那么一审法院应当根据疑罪从无的原理，作出无罪判决。

九、保障诉讼参与人的诉讼权利原则

《刑事诉讼法》第14条规定，人民法院、人民检察院和公安机关应当保障犯罪嫌疑人、被告人和其他诉讼参与人依法享有的辩护权和其他诉讼权利。诉讼参与人对于审判人员、检察人员和侦查人员侵犯公民诉讼权利和人身侮辱的行为，有权提出控告。这项原则的基本含义是：

1. 保障谁的权利	诉讼权利是诉讼参与人享有的法定权利，法律予以保护，公安司法机关不得以任何方式加以剥夺。 考点提示 注意，保障诉讼参与人的权利，首先要明确诉讼参与人的范围。诉讼参与人包括当事人和其他参与人。其中，当事人包括被害人、自诉人、犯罪嫌疑人、被告人、附带民事诉讼的原告人和被告人，其他参与人包括法定代理人、诉讼代理人、辩护人、证人、鉴定人和翻译人员。 举案说法 向警官作为侦查人员，并不属于该原则的保护对象，但是如果向警官作为刑讯逼供案的当事人或者作为某案的目击证人，他就是本原则的保护对象。
2. 谁有义务保障	公安司法机关有义务保障诉讼参与人充分行使诉讼权利，对于刑事诉讼中妨碍诉讼参与人行使诉讼权利的各种行为，公安司法机关有义务采取措施予以制止。

续表

3. 权利义务并存	诉讼参与人在享有诉讼权利的同时，还应当承担法律规定的诉讼义务。公安司法机关有义务保障诉讼参与人的诉讼权利，也有权力要求诉讼参与人履行相应的诉讼义务。

十、认罪认罚从宽原则

《刑事诉讼法》第15条规定，犯罪嫌疑人、被告人自愿如实供述自己的罪行，承认指控的犯罪事实，愿意接受处罚的，可以依法从宽处理。该原则为2018年修正的《刑事诉讼法》新增的原则，也是刑事诉讼的改革热点之一，是近几年法考命题的重中之重。

（一）基本含义

认罪认罚从宽原则的基本含义是，对于自愿认罪认罚并自愿接受司法机关给予的刑罚处罚的，可以从宽处理。

1. 何为认罪

即犯罪嫌疑人、被告人如实供述自己的罪行，或者对侦查机关已经掌握的犯罪事实，明确表示承认。

考点提示 根据《认罪认罚意见》第6条的规定，承认指控的主要犯罪事实，仅对个别事实情节提出异议，或者虽然对行为性质提出辩解但表示接受司法机关认定意见的，不影响"认罪"的认定。犯罪嫌疑人、被告人犯数罪，仅如实供述其中一罪或部分罪名事实的，全案不作"认罪"的认定，不适用认罪认罚从宽制度，但对如实供述的部分，人民检察院可以提出从宽处罚的建议，人民法院可以从宽处罚。

• 举案说法

❶ 罗小翔涉嫌强奸张大翔一案，如果罗小翔对指控强奸张大翔的事实没有异议，但是认为其涉嫌的罪名并非强奸罪而是强制猥亵罪，本案能适用认罪认罚从宽原则。认罪不要求犯罪分子对罪名的认可，犯罪分子对指控的犯罪事实认可，但对罪名不认可，这是犯罪分子对自己行为性质的辩解，不影响自愿认罪的认定。

❷ 罗小翔涉嫌强奸罪和故意杀人罪，如果罗小翔仅如实供述故意杀人的犯罪事实，对强奸一案拒绝认罪，本案则不能适用认罪认罚从宽原则。罗小翔仅如实供述其中一罪或部分罪名事实的，全案不作"认罪"的认定，不适用认罪认罚从宽制度。

2. 何为认罚

（1）在实体上，犯罪嫌疑人、被告人在认罪的基础上自愿接受所认之罪在实体法上带来的刑罚后果，包括接受人民检察院提出的量刑建议；

（2）在程序上，包含对诉讼程序简化的认可，同意通过适用克减部分诉讼权利来对自己定罪量刑。

考点提示 根据《认罪认罚意见》第7条的规定：①"认罚"，在侦查阶段表现为表示愿意接受处罚；在审查起诉阶段表现为接受人民检察院拟作出的起诉或不起诉决定，认可人民检察院的量刑建议，签署认罪认罚具结书；在审判阶段表现为当庭确认自愿签署具结书，愿意接受刑罚处罚。②"认罚"考查的重点是犯罪嫌疑人、被告人的悔罪态度和悔罪表现，应当结合退赃退赔、赔偿损失、赔礼道歉等因素来考量。犯罪嫌疑人、被告人虽然表示"认罪"，却暗中串供、干扰证人作证、毁灭、伪造证据或者隐匿、转移财产，有赔偿能力而不赔偿损失，则不能适用认罪认罚从宽制度。③犯罪嫌疑人、被告人享有程序选择权，不同意适用速裁程序、简易程序的，不影响"认罪"的认定。

• **举案说法**

❶罗小翔涉嫌故意伤害一案，罗小翔虽认罪认罚，但是由于其家徒四壁，无力赔偿。本案罗小翔自愿接受所认之罪在实体法上带来的刑罚后果，包括接受人民检察院提出的量刑建议，即可视为认罚，只要不属于有赔偿能力而不赔偿损失的，依然可以适用认罪认罚从宽制度。

❷罗小翔涉嫌组织卖淫一案，如果罗小翔不同意法院适用简易程序审理本案，不影响"认罚"的认定。因为犯罪嫌疑人、被告人享有程序选择权，不同意适用速裁程序、简易程序的，不影响"认罚"的认定。

3. 何为从宽

（1）实体法上的从宽，是指在犯罪嫌疑人、被告人本身所具有的实体法上的自首、坦白等量刑情节基础上，在遵循罪责刑相适应原则的前提下，给予相对更大程度上的从宽的幅度，以示对其认罪认罚的鼓励；

（2）程序法上的从宽，即对犯罪嫌疑人、被告人适用限制人身自由程度更轻的强制措施，作出轻缓的程序性处理或者适用更为便利和减少诉累的诉讼程序。

考点提示 根据《认罪认罚意见》第8条第1款和第9条第1、2款的规定：①可以从宽不是一律从宽，对犯罪性质和危害后果特别严重、犯罪手段特别残忍、社会影响特别恶劣的犯罪嫌疑人、被告人，认罪认罚不足以从轻处罚的，依法不予从宽处罚。②在刑罚评价上，主动认罪优于被动认罪，早认罪优于晚认罪，彻底认罪优于不彻底认罪，稳定认罪优于不稳定认罪。③认罪认罚的从宽幅度一般应当大于仅有坦白，或者虽认罪但不认罚的从宽幅度。对犯罪嫌疑人、被告人具有自首、坦白情节，同时认罪认罚的，应当在法定刑幅度内给予相对更大的从宽幅度。认罪认罚与自首、坦白不作重复评价。

• **举案说法**

❶杭州保姆纵火一案，即使被告人莫某认罪认罚，由于本案属于危害后果特别严重、社会影响特别恶劣的情形，如果认罪认罚不足以从轻处罚，司法机关也可以依法不予从宽处罚。

❷罗小翔和张大翔共同实施抢劫一案，由于罗小翔在侦查阶段就自愿认罪认罚，张大翔在审判阶段才被迫认罪认罚，所以罗小翔的从宽幅度要大于张大翔。

（二）制度价值

1. 公正基础上的效率观

"公正优先，兼顾效率"应当是认罪认罚制度改革的核心价值取向。在这一制度下，大多数被告人认罪的案件，有望通过被告人的认罪认罚，实现审查起诉与法庭审理的简易化，缩减办案期限。

2. 承载现代司法宽容精神

随着人类文明的发展，法治国家早已逐渐摒弃残酷复仇的司法理念，转而彰显司法的公正与人道。认罪认罚制度通过调动犯罪嫌疑人、被告人主动认罪认罚的积极性，使其获得宽大处理的司法判决后果，既能够体现对犯罪嫌疑人、被告人权益的充分尊重，也利于

彰显刑事追诉的人文关怀。

3. 探索形成非对抗的诉讼格局

诉讼的直接目的在于解决纠纷，而纠纷引发的诉讼通常是对抗式的。认罪认罚制度中，由于被追诉人认罪，控方与其协商协议，控辩双方形成了刑事诉讼的非对抗格局。一方面，这种格局使得刑事诉讼的部分环节得以简化或者省略，必将有效提升诉讼效率；另一方面，通过此种方式形成的刑事判决能够获得被告人及其家属的认同，降低刑事案件的信访申诉发生概率，从而有利于恢复被犯罪所破坏的社会关系。

4. 实现司法资源的优化配置

推行法官、检察官员额制改革举措促成司法机关办案力量趋向精简干练，但案多人少的办案压力在一定程度上有增无减。依据案件复杂程度设置与之相适应的处理程序，推动案件繁简分流，解决案多人少的矛盾，对于缓解司法资源的有限性与日渐增长的案件数量之间的紧张关系有特殊意义。

（三）具体制度规定

认罪认罚从宽既是刑事诉讼的一项基本原则，同时还是一项具体的诉讼制度。刑事诉讼法通过在侦查、审查起诉、审判等一系列诉讼阶段中的具体规定，保障了认罪认罚从宽原则的实现。

1. 适用阶段与案件范围

根据《认罪认罚意见》第5条的规定，认罪认罚从宽制度贯穿刑事诉讼全过程，适用于侦查、起诉、审判各个阶段。认罪认罚从宽制度没有适用罪名和可能判处刑罚的限定，所有刑事案件都可以适用，不能因罪轻、罪重或者罪名特殊等原因而剥夺犯罪嫌疑人、被告人自愿认罪认罚获得从宽处理的机会。但"可以"适用不是一律适用，犯罪嫌疑人、被告人认罪认罚后是否从宽，由司法机关根据案件具体情况决定。

> **小试牛刀**
>
> 杭州许某杀人碎尸一案，许某开庭前一直不认罪，庭审中突然认罪，本案还能不能适用认罪认罚制度？
>
> **参考答案：** 可以。认罪认罚从宽原则无"禁区"，在任何案件侦查、起诉、审判的各个阶段均可适用。

2. 犯罪嫌疑人、被告人获得法律帮助权

根据《认罪认罚意见》第10条第1、2款的规定，人民法院、人民检察院、公安机关办理认罪认罚案件，应当保障犯罪嫌疑人、被告人获得有效法律帮助，确保其了解认罪认罚的性质和法律后果，自愿认罪认罚。犯罪嫌疑人、被告人自愿认罪认罚，没有辩护人的，人民法院、人民检察院、公安机关（看守所）应当通知值班律师为其提供法律咨询、程序选择建议、申请变更强制措施等法律帮助。符合通知辩护条件的，应当依法通知法律援助机构指派律师为其提供辩护。

3. 被害方权益保障

（1）听取意见。根据《认罪认罚意见》第16条的规定，办理认罪认罚案件，应当听取被害人及其诉讼代理人的意见，并将犯罪嫌疑人、被告人是否与被害方达成和解协议、

调解协议或者赔偿被害方损失,取得被害方谅解,作为从宽处罚的**重要考虑因素**。人民检察院、公安机关听取意见情况**应当记录在案并随案移送**。

(2) 促进和解谅解。根据《认罪认罚意见》第 17 条第 1 款的规定,对符合当事人和解程序适用条件的公诉案件,犯罪嫌疑人、被告人认罪认罚的,人民法院、人民检察院、公安机关应当积极促进当事人自愿达成和解。对其他认罪认罚案件,人民法院、人民检察院、公安机关可以促进犯罪嫌疑人、被告人通过向被害方赔偿损失、赔礼道歉等方式获得谅解,被害方出具的谅解意见应当随案移送。

(3) 被害方异议的处理。根据《认罪认罚意见》第 18 条的规定,被害人及其诉讼代理人不同意对认罪认罚的犯罪嫌疑人、被告人从宽处理的,不影响认罪认罚从宽制度的适用。犯罪嫌疑人、被告人认罪认罚,但没有退赃退赔、赔偿损失,未能与被害方达成调解或者和解协议的,从宽时应当予以酌减。犯罪嫌疑人、被告人自愿认罪并且愿意积极赔偿损失,但由于被害方赔偿请求明显不合理,未能达成调解或者和解协议的,一般不影响对犯罪嫌疑人、被告人从宽处理。

> 【小试牛刀】
>
> 罗小翔猥亵张大翔一案,罗小翔认罪认罚,但被害人张大翔要求赔偿其名誉损失费 1000 万元,双方未能达成和解协议。本案还能否对罗小翔从宽处理?
>
> **参考答案**:能。本案如果罗小翔自愿认罪并且愿意积极赔偿损失,但由于被害方赔偿请求明显不合理,未能达成和解协议,一般不影响对罗小翔从宽处理。

4. 强制措施

《刑事诉讼法》第 81 条第 2 款规定,批准或者决定逮捕,应当将犯罪嫌疑人、被告人涉嫌犯罪的性质、情节、认罪认罚等情况,作为是否可能发生社会危险性的考虑因素。

【关联法条】《认罪认罚意见》第 20 条:逮捕的适用。犯罪嫌疑人认罪认罚,公安机关认为罪行较轻、没有社会危险性的,应当不再提请人民检察院审查逮捕。对提请逮捕的,人民检察院认为没有社会危险性不需要逮捕的,应当作出不批准逮捕的决定。

【名师点睛】犯罪嫌疑人、被告人认罪认罚案件并非一律采取非羁押性强制措施,需要满足罪行较轻,采用非羁押性强制措施足以防止发生社会危险性的条件。

5. 特殊条件免予刑事处罚

《刑事诉讼法》第 182 条规定,犯罪嫌疑人自愿如实供述涉嫌犯罪的事实,有重大立功或者案件涉及国家重大利益的,经最高人民检察院核准,公安机关可以撤销案件,人民检察院可以作出不起诉决定,也可以对涉嫌数罪中的一项或者多项不起诉。根据前述规定不起诉或者撤销案件的,人民检察院、公安机关应当及时对查封、扣押、冻结的财物及其孳息作出处理。

> 【小试牛刀】
>
> 罗小翔拐卖妇女一案,在侦查阶段,罗小翔自愿认罪认罚,也取得了被拐卖女子的谅解。本案公安机关能否撤销案件?
>
> **参考答案**:不能。认罪认罚并不等于免予处罚。犯罪嫌疑人除了自愿如实供述涉嫌犯罪的事实之外,还需要有重大立功或者案件涉及国家重大利益,且经最高人民检察院核

准，公安机关才可以撤销案件。

（四）不同阶段认罪认罚制度的适用

1. 侦查阶段的认罪认罚

《刑事诉讼法》第 120 条第 2 款规定，侦查人员在讯问犯罪嫌疑人的时候，应当告知犯罪嫌疑人享有的诉讼权利，如实供述自己罪行可以从宽处理和认罪认罚的法律规定。

《刑事诉讼法》第 162 条第 2 款规定，犯罪嫌疑人自愿认罪的，应当记录在案，随案移送，并在起诉意见书中写明有关情况。

[名师点睛]侦查阶段的认罪认罚注意两个"应当"：①讯问犯罪嫌疑人的时候，应当告知犯罪嫌疑人享有的诉讼权利，如实供述自己罪行可以从宽处理和认罪认罚的法律规定；②应当记录在案，随案移送，并在起诉意见书中写明有关情况。

2. 审查起诉阶段的认罪认罚

（1）权利告知与意见听取

《刑事诉讼法》第 173 条第 2 款规定，犯罪嫌疑人认罪认罚的，人民检察院应当告知其享有的诉讼权利和认罪认罚的法律规定，听取犯罪嫌疑人、辩护人或者值班律师、被害人及其诉讼代理人对下列事项的意见，并记录在案：①涉嫌的犯罪事实、罪名及适用的法律规定；②从轻、减轻或者免除处罚等从宽处罚的建议；③认罪认罚后案件审理适用的程序；④其他需要听取意见的事项。

[名师点睛]此处也要注意两个"应当"：①"应当"告知其享有的诉讼权利和认罪认罚的法律规定；②"应当"听取有关人员的意见，并记录在案。

（2）自愿性、合法性审查

根据《认罪认罚意见》第 28 条的规定，对侦查阶段认罪认罚的案件，人民检察院应当重点审查以下内容：①犯罪嫌疑人是否自愿认罪认罚，有无因受到暴力、威胁、引诱而违背意愿认罪认罚；②犯罪嫌疑人认罪认罚时的认知能力和精神状态是否正常；③犯罪嫌疑人是否理解认罪认罚的性质和可能导致的法律后果；④侦查机关是否告知犯罪嫌疑人享有的诉讼权利，如实供述自己罪行可以从宽处理和认罪认罚的法律规定，并听取意见；⑤起诉意见书中是否写明犯罪嫌疑人认罪认罚情况；⑥犯罪嫌疑人是否真诚悔罪，是否向被害人赔礼道歉。经审查，犯罪嫌疑人违背意愿认罪认罚的，人民检察院可以重新开展认罪认罚工作。存在刑讯逼供等非法取证行为的，依照法律规定处理。

[名师点睛]此条文可以用口诀概括记忆："愿""常""理"；"告""明""诚"；"违意愿""可重来"。

（3）签署具结书

❶犯罪嫌疑人自愿认罪认罚，同意量刑建议和程序适用的，应当在辩护人或者值班律师在场的情况下签署认罪认罚具结书。具结书应当包括犯罪嫌疑人如实供述罪行、同意量刑建议和程序适用等内容，由犯罪嫌疑人及其辩护人、值班律师签名。

[名师点睛]犯罪嫌疑人有辩护人的，应当由辩护人在场见证具结并签字，不得绕开辩护人安排值班律师代为见证具结。辩护人确因客观原因无法到场的，可以通过远程视频方式见证具结。没有委托辩护人，拒绝值班律师帮助的，签署具结书时，应当通知值班律师到场见证，并在具结书上注明。

❷ 未成年犯罪嫌疑人签署具结书时，其法定代理人应当到场并签字确认。法定代理人无法到场的，合适成年人应当到场签字确认。

❸ 犯罪嫌疑人具有下列情形之一的，不需要签署认罪认罚具结书：a. 犯罪嫌疑人是盲、聋、哑人，或者是尚未完全丧失辨认或者控制自己行为能力的精神病人的；b. 未成年犯罪嫌疑人的法定代理人、辩护人对未成年人认罪认罚有异议的；c. 其他不需要签署认罪认罚具结书的情形。

名师点睛 上述不需要签署具结书的情形，可以概括为：**盲聋哑、半疯傻，小孩法辩不认罚**。另外，上述情形中，犯罪嫌疑人未签署认罪认罚具结书的，不影响认罪认罚从宽制度的适用。

小试牛刀

罗某（17岁）涉嫌强奸张某一案，罗某认罪又认罚，但是辩护人向某坚持作无罪辩护，辩护人对罗某认罪认罚有异议。本案能否对罗某适用认罪认罚制度？如果适用认罪认罚制度，可否不签署认罪认罚具结书？

参考答案：本案只要罗某认罪认罚，即使辩护人有异议，依然可以适用认罪认罚从宽制度，但是可以不签署认罪认罚具结书。

❹ 具结书签署的效力。"具结书"不仅是犯罪嫌疑人、被告人表明其认罪认罚的法律文书，也具备控辩双方的辩诉协议等法律属性。

举案说法 罗伯特·翔涉嫌强奸一案，如果罗伯特·翔认罪认罚并签署具结书后，没有新的事实和证据，且罗伯特·翔未反悔，人民检察院不得撤销具结书、变更量刑建议。除发现罗伯特·翔认罪悔罪不真实、认罪认罚后又反悔或者不履行具结书中需要履行的赔偿损失、退赃退赔等情形外，不得提出加重罗伯特·翔刑罚的量刑建议。

（4）提起公诉与量刑建议

《刑事诉讼法》第176条第2款规定，犯罪嫌疑人认罪认罚的，人民检察院应当就主刑、附加刑、是否适用缓刑等提出量刑建议，并随案移送认罪认罚具结书等材料。

考点提示 普通案件人民检察院"可以"提量刑建议，认罪认罚案件"应当"提量刑建议。

关联法条《人民检察院办理认罪认罚案件开展量刑建议工作的指导意见》[1]

第3条：人民检察院对认罪认罚案件提出量刑建议，应当符合以下条件：

（一）犯罪事实清楚，证据确实、充分；

（二）提出量刑建议所依据的法定从重、从轻、减轻或者免除处罚等量刑情节已查清；

（三）提出量刑建议所依据的酌定从重、从轻处罚等量刑情节已查清。

第4条：办理认罪认罚案件，人民检察院一般应当提出确定刑量刑建议。对新类型、不常见犯罪案件，量刑情节复杂的重罪案件等，也可以提出幅度刑量刑建议，但应严格控制所提量刑建议的幅度。

第31条：人民检察院提出量刑建议，一般应当制作量刑建议书，与起诉书一并移送人民法院。对于案情简单、量刑情节简单，适用速裁程序的案件，也可以在起诉书中载明量刑建议。

量刑建议书中应当写明建议对犯罪嫌疑人科处的主刑、附加刑、是否适用缓刑等及其理由和依据，必要时可以单独出具量刑建议理由说明书。适用速裁程序审理的案件，通过起诉书载

---

[1] 以下简称《认罪认罚量刑指导意见》。

明量刑建议的，可以在起诉书中简化说理。

3. 审判阶段的认罪认罚

（1）审查认罪认罚的真实性和合法性

《刑事诉讼法》第190条第2款规定，被告人认罪认罚的，审判长应当告知被告人享有的诉讼权利和认罪认罚的法律规定，审查认罪认罚的自愿性和认罪认罚具结书内容的真实性、合法性。

（2）量刑建议的采纳与调整

根据《刑事诉讼法》第201条第1款的规定，对于认罪认罚案件，人民法院依法作出判决时，一般应当采纳人民检察院指控的罪名和量刑建议，但有下列情形的除外：①被告人的行为不构成犯罪或者不应当追究其刑事责任的；②被告人违背意愿认罪认罚的；③被告人否认指控的犯罪事实的；④起诉指控的罪名与审理认定的罪名不一致的；⑤其他可能影响公正审判的情形。

根据《刑事诉讼法》第201条第2款的规定，人民法院经审理认为量刑建议明显不当，或者被告人、辩护人对量刑建议提出异议的，人民检察院可以调整量刑建议。人民检察院不调整量刑建议或者调整量刑建议后仍然明显不当的，人民法院应当依法作出判决。

【考点提示】以上规定包含两层意思：①如无《刑事诉讼法》第201条规定的例外情形，人民法院就应当采纳人民检察院指控的罪名和量刑建议。否则，如果控辩协商、律师见证、犯罪嫌疑人具结等工作依法做了老半天，协商的成果又根本不被当回事，那上述协商程序就会失去意义，认罪认罚从宽制度就无法有效运行。②如有《刑事诉讼法》第201条规定的例外情形，人民法院有权不采纳人民检察院指控的罪名和量刑建议。从例外情形的规定来看，"以审判为中心"所要求的"案件事实查明在法庭、裁判结果产生于法庭"，"使庭审在查明事实、认定证据、保护诉权、公正裁判上，发挥决定性的作用"，仍然没有发生根本的变化；有所变化的只是审判权裁量的空间有所缩减以及程序有所简化。

【名师点睛】以上例外情形可以用口诀概述为：①无罪无责违意愿，否认不一或其他，量刑建议不采纳；②量刑建议显不当，应当建议其调整，仍然不当依法判。

【举案说法】

❶罗小翔强奸一案，被告人罗小翔认罪认罚，但是人民法院认为被告人涉嫌的罪名并非强奸罪而是强制猥亵罪，此情形属于《刑事诉讼法》第201条第1款第4项规定的例外情形，人民法院并不会直接采纳人民检察院指控的罪名和量刑建议。

❷张大翔组织卖淫一案，人民法院经审理认为量刑建议明显不当，此情形属于《刑事诉讼法》第201条第2款规定的例外情形。根据《认罪认罚意见》第41条第1款的规定，人民法院经审理，认为量刑建议明显不当，或者被告人、辩护人对量刑建议有异议且有理有据的，人民法院应当告知人民检察院，人民检察院可以调整量刑建议。人民法院认为调整后的量刑建议适当的，应当予以采纳；人民检察院不调整量刑建议或者调整后仍然明显不当的，人民法院应当依法作出判决。

【关联法条】《认罪认罚量刑指导意见》

第37条：人民法院违反刑事诉讼法第201条第2款规定，未告知人民检察院调整量刑建议而直接作出判决的，人民检察院一般应当以违反法定程序为由依法提出抗诉。

第 38 条：认罪认罚案件审理中，人民法院认为量刑建议明显不当建议人民检察院调整，人民检察院不予调整或者调整后人民法院不予采纳，人民检察院认为判决、裁定量刑确有错误的，应当依法提出抗诉，或者根据案件情况，通过提出检察建议或者发出纠正违法通知书等进行监督。

小试牛刀

1. 北京余某某交通肇事一案，被告人余某某认罪认罚。人民检察院向人民法院提出了判三缓四的量刑建议，一审人民法院认为该量刑建议明显不当，直接判处余某某有期徒刑2年的做法是否正确？人民检察院该如何监督？

   参考答案：一审人民法院直接改判的做法不正确。人民法院应当告知人民检察院，人民检察院可以调整量刑建议。根据《认罪认罚量刑指导意见》第37条的规定，人民法院违反《刑事诉讼法》第201条第2款规定，未告知人民检察院调整量刑建议而直接作出判决的，人民检察院一般应当以违反法定程序为由依法提出抗诉。

2. 北京余某某交通肇事一案，被告人余某某认罪认罚。人民检察院向人民法院提出了判三缓四的量刑建议，一审人民法院认为该量刑建议明显不当，建议检察院调整，检察院拒绝调整，于是人民法院判处余某某有期徒刑2年。该程序是否合法？人民检察院又该如何监督？

   参考答案：一审人民法院的做法程序合法。根据《认罪认罚量刑指导意见》第38条的规定，认罪认罚案件审理中，人民法院认为量刑建议明显不当建议人民检察院调整，人民检察院不予调整，认为判决量刑确有错误的，应当依法提出抗诉，或者根据案件情况，通过提出检察建议或者发出纠正违法通知书等进行监督。

（3）速裁程序的适用

《刑事诉讼法》第222条规定，基层人民法院管辖的可能判处3年有期徒刑以下刑罚的案件，案件事实清楚，证据确实、充分，被告人认罪认罚并同意适用速裁程序的，可以适用速裁程序，由审判员1人独任审判。人民检察院在提起公诉的时候，可以建议人民法院适用速裁程序。

考点提示 认罪认罚只是适用速裁程序的前提条件之一，并非必然适用速裁程序。根据《刑诉解释》第348条的规定，对认罪认罚案件，应当根据案件情况，依法适用速裁程序、简易程序或者普通程序审理。

名师点睛 速裁程序的适用条件可以概括为："轻微、清楚、认罪、同意"。

（4）简易程序的适用

根据《认罪认罚意见》第46条第1款的规定，基层人民法院管辖的被告人认罪认罚案件，事实清楚、证据充分，被告人对适用简易程序没有异议的，可以适用简易程序审判。

考点提示 简易程序和速裁程序共同的前提条件就是要被告人认罪，如果被告人不认罪则只能适用普通程序审理。

名师点睛 简易程序的适用条件可以概括为："清楚、认罪、同意"。

（5）普通程序简化审

根据《认罪认罚意见》第47条的规定，适用普通程序办理认罪认罚案件，可以适当简化法庭调查、辩论程序。……公诉人、辩护人、审判人员对被告人的讯问、发问可以简化。对控辩双方无异议的证据，可以仅就证据名称及证明内容进行说明；对控辩双方有异议，或者法庭认为有必要调查核实的证据，应当出示并进行质证。法庭辩论主要围绕有争议的问题进行，裁判文书可以适当简化。

（6）当庭认罪认罚的处理

根据《认罪认罚意见》第 49 条的规定，被告人在侦查、审查起诉阶段没有认罪认罚，但当庭认罪，愿意接受处罚的，人民法院应当根据审理查明的事实，就定罪和量刑听取控辩双方意见，依法作出裁判。

【关联法条】《刑诉解释》第 356 条：被告人在人民检察院提起公诉前未认罪认罚，在审判阶段认罪认罚的，人民法院可以不再通知人民检察院提出或者调整量刑建议。

对前款规定的案件，人民法院应当就定罪量刑听取控辩双方意见，根据刑事诉讼法第 15 条和本解释第 355 条的规定作出判决。

小试牛刀

罗小翔拐卖妇女一案，在侦查阶段和审查起诉阶段罗小翔坚决不认罪，庭审中当庭认罪，法院还能否对罗小翔从宽处理？如果当庭认罪认罚，是否需要再通知检察院调整量刑建议？

参考答案：认罪认罚从宽制度贯穿刑事诉讼全过程，适用于侦查、起诉、审判各个阶段。当庭认罪，愿意接受处罚的，法院应当根据审理查明的事实，就定罪和量刑听取控辩双方意见，依法作出裁判。法院可以不再通知检察院提出或者调整量刑建议。

（7）二审中认罪认罚的处理

根据《认罪认罚意见》第 50 条的规定，被告人在第一审程序中未认罪认罚，在第二审程序中认罪认罚的，审理程序依照刑事诉讼法规定的第二审程序进行。第二审人民法院应当根据其认罪认罚的价值、作用决定是否从宽，并依法作出裁判。确定从宽幅度时应当与第一审程序认罪认罚有所区别。

（五）认罪认罚后反悔的处理

1. 起诉前反悔

根据《认罪认罚意见》第 52 条的规定，犯罪嫌疑人认罪认罚，签署认罪认罚具结书，在人民检察院提起公诉前反悔的，具结书失效，人民检察院应当在全面审查事实证据的基础上，依法提起公诉。

2. 不起诉后反悔

根据《高检规则》第 278 条的规定，犯罪嫌疑人认罪认罚，人民检察院依照《刑事诉讼法》第 177 条第 2 款作出不起诉决定后，犯罪嫌疑人反悔的，人民检察院应当进行审查，并区分下列情形依法作出处理：①发现犯罪嫌疑人没有犯罪事实，或者符合《刑事诉讼法》第 16 条规定的情形之一的，应当撤销原不起诉决定，依照《刑事诉讼法》第 177 条第 1 款的规定重新作出不起诉决定（法定不起诉）；②犯罪嫌疑人犯罪情节轻微，依照《刑法》不需要判处刑罚或者免除刑罚的，可以维持原不起诉决定（酌定不起诉）；③排除认罪认罚因素后，符合起诉条件的，应当根据案件具体情况撤销原不起诉决定，依法提起公诉（起诉）。

3. 审判中反悔

根据《刑诉解释》第 358 条的规定，案件审理过程中，被告人不再认罪认罚的，人民法院应当根据审理查明的事实，依法作出裁判。需要转换程序的，依照《刑诉解释》的相关规定处理。

关联法条《认罪认罚量刑指导意见》

第34条：被告人签署认罪认罚具结书后，庭审中反悔不再认罪认罚的，人民检察院应当了解反悔的原因，被告人明确不再认罪认罚的，人民检察院应当建议人民法院不再适用认罪认罚从宽制度，撤回从宽量刑建议，并建议法院在量刑时考虑相应情况。依法需要转为普通程序或者简易程序审理的，人民检察院应当向人民法院提出建议。

第35条：被告人认罪认罚而庭审中辩护人作无罪辩护的，人民检察院应当核实被告人认罪认罚的真实性、自愿性。被告人仍然认罪认罚的，可以继续适用认罪认罚从宽制度，被告人反悔不再认罪认罚的，按照本意见第34条的规定处理。

4. 裁判后反悔

根据《认罪认罚量刑指导意见》第39条的规定，认罪认罚案件中，人民法院采纳人民检察院提出的量刑建议作出判决、裁定，被告人仅以量刑过重为由提出上诉，因被告人反悔不再认罪认罚致从宽量刑明显不当的，人民检察院应当依法提出抗诉。

小试牛刀

罗小翔（聋哑人）因强奸一案，被海淀区公安机关立案侦查，犯罪嫌疑人罗小翔主动供述犯罪事实。如果本案要适用认罪认罚程序，下列表述错误的是：[1]

A. 由于强奸罪是重罪，本案不能适用认罪认罚从宽原则
B. 本案罗小翔如果在侦查阶段、审查起诉阶段不认罪认罚，审判阶段不能再适用认罪认罚从宽原则
C. 罗小翔自愿认罪，同意量刑建议和程序适用的，应当签署认罪认罚具结书
D. 罗小翔认罪认罚，人民法院依法作出判决时，应当采纳人民检察院指控的罪名和量刑建议

总结梳理

刑事案例中认罪认罚制度的分析步骤如下：

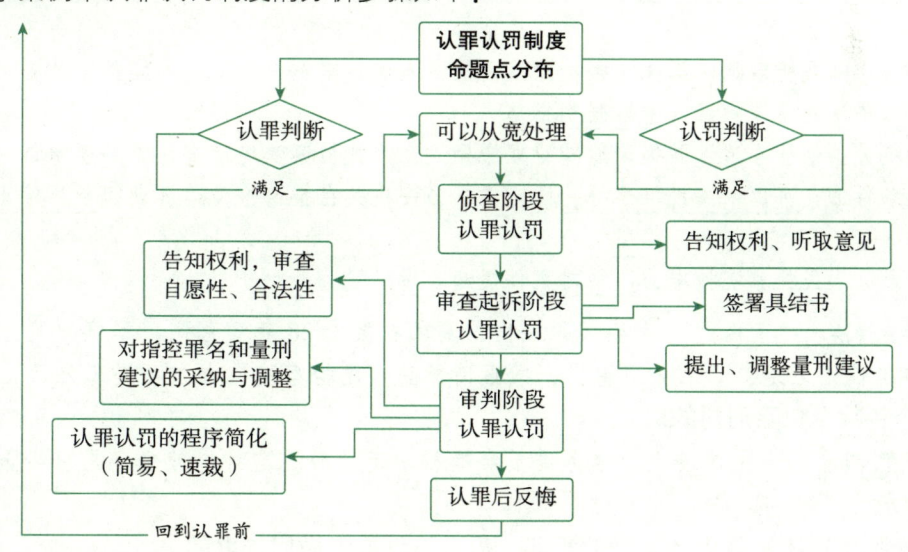

```
                    ┌─────────────────┐
                    │ 认罪认罚制度    │
                    │ 命题点分布      │
                    └─────────────────┘
        ┌──────────────┬──────────────┐
    ┌───┴───┐    ┌─────┴─────┐   ┌────┴────┐
    │认罪判断│    │可以从宽处理│   │认罚判断 │
    └───┬───┘    └─────┬─────┘   └────┬────┘
      满足              │              满足
                   ┌────┴────┐
                   │侦查阶段  │
                   │认罪认罚  │
                   └────┬────┘
   告知权利，审查         │         告知权利、听取意见
   自愿性、合法性 ──→ ┌────┴────┐ ←── 
                   │审查起诉阶段│        签署具结书
                   │认罪认罚   │ ←──
   对指控罪名和量刑      └────┬────┘        提出、调整量刑建议
   建议的采纳与调整 ──→    │
                        ┌────┴────┐
   认罪认罚的程序简化 ──→│审判阶段  │
   （简易、速裁）        │认罪认罚  │
                        └────┬────┘
                         ┌───┴────┐
                         │认罪后反悔│
                         └───┬────┘
                     回到认罪前
```

---

[1] ABCD

十一、具有法定情形不予追究刑事责任原则

《刑事诉讼法》第16条规定，有下列情形之一的，不追究刑事责任，已经追究的，应当撤销案件，或者不起诉，或者终止审理，或者宣告无罪：①情节显著轻微、危害不大，不认为是犯罪的；②犯罪已过追诉时效期限的；③经特赦令免除刑罚的；④依照《刑法》告诉才处理的犯罪，没有告诉或者撤回告诉的；⑤犯罪嫌疑人、被告人死亡的；⑥其他法律规定免予追究刑事责任的。

考点提示 该考点是刑事诉讼法的高频考点，每年试题都会有所涉及。考生首先需要掌握的问题是哪些属于法定不予追究刑事责任的情形。

（一）不予追究刑事责任的法定情形

1. 情节显著轻微、危害不大，不认为是犯罪的。

考点提示 "情节显著轻微"不同于"犯罪情节轻微"，前者法律不认为是犯罪，后者已经构成了犯罪。

举案说法 罗小翔故意伤害张大翔一案，如果经鉴定，张大翔为轻微伤，就是"显著轻微"，不认为是犯罪；但是如果经鉴定，张大翔为轻伤，就构成犯罪了。前者属于法定不予追究刑事责任的情形，后者如果认为犯罪情节轻微，只能是酌情考虑不追究的情形。

2. 犯罪已过追诉时效期限的。

名师点睛 《刑法》第87条规定了对于刑事犯罪的追诉期限：犯罪经过下列期限不再追诉：①法定最高刑为不满5年有期徒刑的，经过5年。②法定最高刑为5年以上不满10年有期徒刑的，经过10年。③法定最高刑为10年以上有期徒刑的，经过15年。④法定最高刑为无期徒刑、死刑的，经过20年。20年以后认为必须追诉的，须报请最高人民检察院核准。

考点提示 超出上述追诉时效的，一般不再追究刑事责任。法定最高刑为无期徒刑、死刑的犯罪，已过20年追诉期限的，不再追诉。如果认为必须追诉，须报请最高人民检察院核准。

关联法条 《高检规则》第321条：须报请最高人民检察院核准追诉的案件，公安机关在核准之前可以依法对犯罪嫌疑人采取强制措施。

公安机关报请核准追诉并提请逮捕犯罪嫌疑人，人民检察院经审查认为必须追诉而且符合法定逮捕条件的，可以依法批准逮捕，同时要求公安机关在报请核准追诉期间不得停止对案件的侦查。

未经最高人民检察院核准，不得对案件提起公诉。

举案说法 "南医大"女生被杀一案，真凶在案发28年后落网，本案原则上不能再追究刑事责任，但是，如果必须追诉，须报请最高人民检察院核准方可提起公诉。

3. 经特赦令免除刑罚的。

名师点睛 全国人民代表大会常务委员会有权决定特赦。这种特赦命令具有终止刑事追究的法律效力。

4. 依照《刑法》告诉才处理的犯罪，没有告诉或者撤回告诉的。

考点提示 这样的犯罪需要自诉人自己去起诉，如果自诉人没有起诉，是不追究刑事责任的。告诉才处理的犯罪包括侮辱、诽谤、暴力干涉婚姻自由、虐待、侵占案件。

5. 犯罪嫌疑人、被告人死亡的。

考点提示 刑事责任不同于民事责任，刑事责任不具有替代性和继承性，如果犯罪嫌疑人、被告人死亡，其刑事责任将随之消亡。但是民事责任并不会因为责任人的死亡而消亡，如果民事被告死亡，其责任将由继承人在遗产范围内继续承担。

举案说法 罗小翔绑架张大翔后，畏罪自杀。本案由于罗小翔已经死亡，不再追究其刑事责任。

6. 其他法律规定免予追究刑事责任的。

名师点睛 上述情形可以概括为："显著轻、过时效、特赦、告诉和死掉"。

考点提示 上述情形并不包括没有犯罪发生的情形，也不包括证据不足的情形。如果没有犯罪发生，当然不能追究责任，但是其并非法定的基本原则；证据不足也不能追究刑事责任，但是其也不属于法定的基本原则。

小试牛刀

社会主义法治要通过法治的一系列原则加以体现。具有法定情形不予追究刑事责任是《刑事诉讼法》确立的一项基本原则，下列哪一案件的处理体现了这一原则？[1]

A. 甲涉嫌盗窃，立案后发现涉案金额为 400 余元，公安机关决定撤销案件
B. 乙涉嫌抢夺，检察院审查起诉后认为犯罪情节轻微，不需要判处刑罚，决定不起诉
C. 丙涉嫌诈骗，法院审理后认为其主观上不具有非法占有他人财物的目的，作出无罪判决
D. 丁涉嫌抢劫，检察院审查起诉后认为证据不足，决定不起诉

（二）不予追究刑事责任的处理方式

1. 立案阶段：不立案

如果在刑事诉讼开始前，就已经发现具有上述六种情形之一，公安机关或检察机关应当决定不予立案。

举案说法 某县公安机关收到孙某控告何某对其强奸的材料，审查后发现犯罪嫌疑人自杀了，公安机关应当决定不予立案。

2. 侦查阶段：撤销案件

如果在侦查阶段发现案件具有上述六种情形之一，侦查机关应当作出撤销案件的决定。

举案说法 某人民检察院立案侦查该市公安局长利用职权非法拘禁他人一案，侦查中发现犯罪已过追诉时效期限。由于本案处于侦查阶段，因此，应由人民检察院作出撤销案件的决定。

---

[1] A。选项 A，盗窃金额 400 余元，属于显著轻微的情节，所以不能追究刑事责任，选项 A 当选。选项 B 的情况是"犯罪情节轻微"，这与法定的"情节显著轻微"有着本质的区别，既然是犯罪情节轻微，说明已经构成犯罪了，那么检察院决定不起诉就不是法定的情形，只是检察院的裁量权，属于酌定不起诉的情形，选项 B 不当选。选项 C，丙根本就没有犯罪故意，不符合犯罪的基本构成要件，而没有犯罪事实并不属于法定不追究刑事责任的原则范围，选项 C 不当选。选项 D，属于证据不足的存疑不起诉，并不是法定不追究刑事责任的情形，选项 D 不当选。

3. 审查起诉阶段：不起诉

如果在审查起诉阶段发现案件具有上述六种情形之一，人民检察院"应当"作出不起诉决定。

• **举案说法** 某人民检察院审查殷某盗窃一案，在审查起诉阶段发现该行为符合侵占罪的犯罪构成。由于侵占罪属于告诉才处理的犯罪，被害人没有告诉的属于法定不予追究刑事责任的情形之一，因此应由人民检察院作出不起诉的决定。

4. 审判阶段：终止审理或宣告无罪

终止审理	如果在审判阶段发现被告人的行为虽然构成犯罪，但具有《刑事诉讼法》第16条第2~6项规定情形，人民法院应当裁定终止审理。 **举案说法** 检察院以涉嫌诈骗罪为由对甲提起公诉。经法庭审理，法院认定，甲的行为属于《刑法》第270条第1款规定的"将代为保管的他人财物非法占为己有，数额较大，拒不退还"的侵占行为。对于本案，检察院拒不撤回起诉，法院应当"裁定"终止审理。
宣告无罪	（1）如果在审判阶段发现具有《刑事诉讼法》第16条第1项规定的情节显著轻微、危害不大，不认为是犯罪的情形，人民法院应当作出判决，宣告被告人无罪。 （2）对于被告人死亡的，一般应当裁定终止审理；但有证据证明被告人无罪，经缺席审理确认无罪的，应当判决宣告被告人无罪。 **举案说法** ❶某法院决定开庭审理张某贪污一案，被告人张某在庭审中突发心脏病死亡。法院应当"裁定"终止审理。如果根据现有证据证明张某其实根本不构成贪污罪，则法院应当"判决"宣告无罪。 ❷张三、李四共同抢劫一案，一审判决后，张三上诉，李四不上诉。二审中，上诉人张三死亡的，二审法院应当裁定对死亡的张三终止审理；但有证据证明张三无罪，经缺席审理确认无罪的，应当判决宣告张三无罪。二审法院仍应对全案进行审查，对李四依法作出裁判。

📝 总结梳理

案例分析中具有法定情形不予追究刑事责任的判断步骤如下：

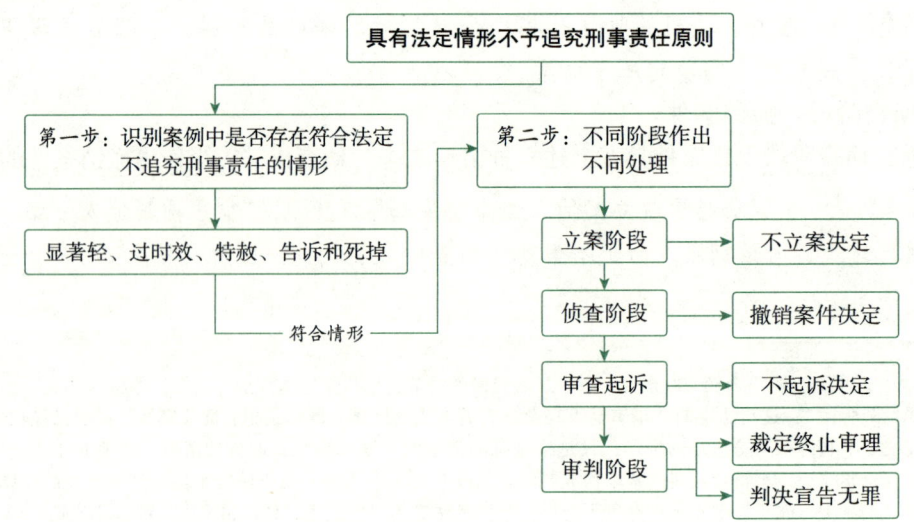

```
            具有法定情形不予追究刑事责任原则
            ┌───────────────┴───────────────┐
   第一步：识别案例中是否存在符合法定      第二步：不同阶段作出
        不追究刑事责任的情形                   不同处理
            │                           ┌───────┴───────┐
   显著轻、过时效、特赦、告诉和死掉      立案阶段 ──→ 不立案决定
            │                               │
            └──符合情形──→                 侦查阶段 ──→ 撤销案件决定
                                            │
                                         审查起诉 ──→ 不起诉决定
                                            │
                                         审判阶段 ──┬→ 裁定终止审理
                                                   └→ 判决宣告无罪
```

十二、追究外国人刑事责任适用我国刑事诉讼法原则

《刑事诉讼法》第 17 条规定，对于外国人犯罪应当追究刑事责任的，适用《刑事诉讼法》的规定。对于享有外交特权和豁免权的外国人犯罪应当追究刑事责任的，通过外交途径解决。该原则的具体含义包括以下两个方面：

1. 外国人、无国籍人犯罪，一般应当按照《刑事诉讼法》规定的诉讼程序进行追诉。

[名师点睛] 这是国家主权原则在刑事诉讼中的体现。

2. 享有外交特权和豁免权的外国人犯罪应当追究刑事责任的，通过外交途径解决。

[名师点睛] 所谓"通过外交途径解决"，一般是指建议派遣国依法处理、宣布为不受欢迎的人、责令限期出境、宣布驱逐出境等。

•举案说法 加拿大人罗伯特·翔涉嫌强奸一案，如果要追究罗伯特·翔的刑事责任，那么应当适用我国《刑事诉讼法》，除非罗伯特·翔享有外交特权和豁免权，得通过外交途径解决。

第3讲 刑事诉讼中的专门机关和诉讼参与人

本讲导读

复习提要

我国刑事诉讼主体包括两大类：①国家专门机关；②诉讼参与人。其中，诉讼参与人又分为当事人和其他诉讼参与人。本讲需要掌握的内容主要是专门机关的"权力"和诉讼参与人的"权利"。在刑事诉讼中，公、检、法各自职能不同，备考需要弄清各机关的"权力"分工。例如，公安机关是主要的侦查机关，检察院是专门的法律监督机关，法院是唯一的审判机关。同时，我们还要搞清楚每一种诉讼参与人在刑事诉讼中各自享有的诉讼"权利"。例如，被害人在刑事诉讼各个阶段如何行使自己的权利，自诉人如何行使自己的权利，犯罪嫌疑人又如何行使自己的权利等。其中，被害人、证人、鉴定人的考查次数最多。

知识框架

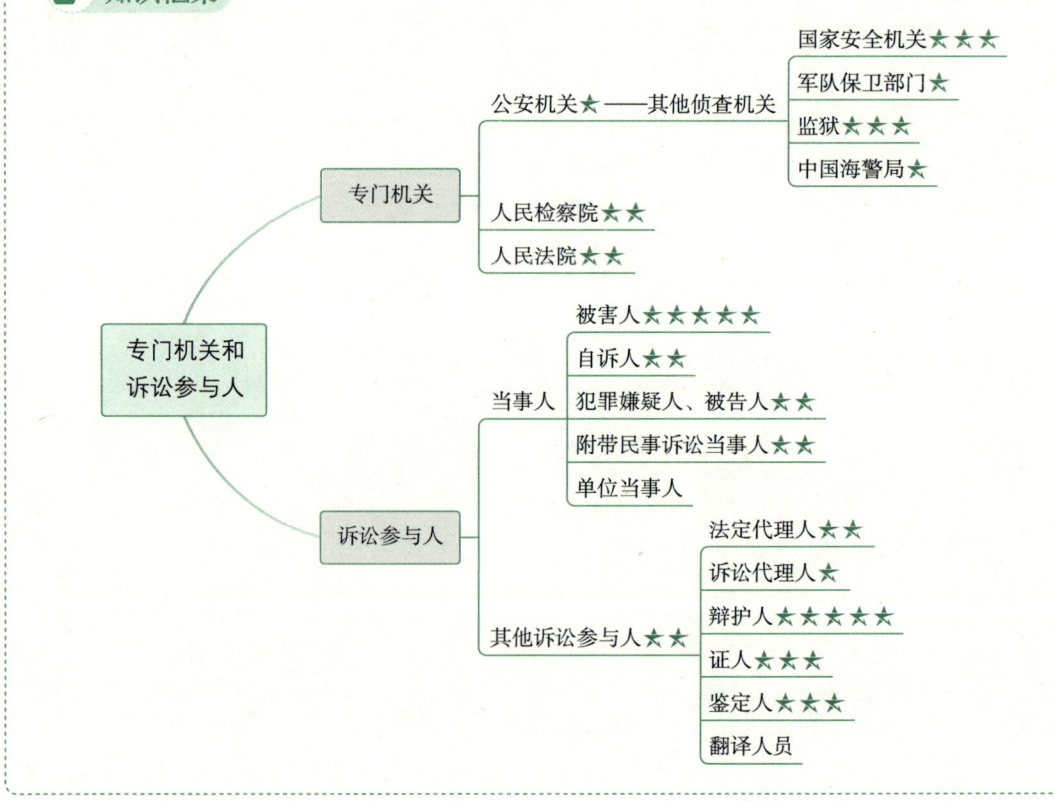

- 专门机关和诉讼参与人
  - 专门机关
    - 公安机关★——其他侦查机关
      - 国家安全机关★★★
      - 军队保卫部门★
      - 监狱★★★
      - 中国海警局★
    - 人民检察院★★
    - 人民法院★★
  - 诉讼参与人
    - 当事人
      - 被害人★★★★★
      - 自诉人★★
      - 犯罪嫌疑人、被告人★★
      - 附带民事诉讼当事人★★
      - 单位当事人
    - 其他诉讼参与人★★
      - 法定代理人★★
      - 诉讼代理人★
      - 辩护人★★★★★
      - 证人★★★
      - 鉴定人★★★
      - 翻译人员

专题 06 刑事诉讼中的专门机关

一、公安机关

（一）性质

公安机关在性质上属于行政机关，是国家的治安保卫机关，是各级人民政府即国家行政部门的组成部分。从性质上看，公安机关与人民检察院和人民法院是不同的。人民检察院和人民法院在性质上属于司法机关；公安机关属于同级人民政府的一个职能部门，在性质上属于行政机关。

（二）组织体系

公安机关设置在各级人民政府中。其中，国务院设立公安部，是全国公安机关的领导机关；地方各级设立公安厅、公安局、公安分局。

名师点睛 派出所是基层公安机关的派出机构，并不是一级公安机关。

公安部和地方公安机关根据工作需要，经国务院批准，可以在一些特殊的部门或单位设立专门公安机关。我国设立的专门公安机关，主要有在国家海关总署设立的海关总署缉私局和在各直属海关设立的缉私局，还有在铁路、交通、林业、民航等系统设立的公安机关。

考点提示 海关缉私部门属于公安机关。

（三）上下级关系

公安机关上下级之间是领导与被领导的关系。上级公安机关发现下级公安机关作出的决定或者办理的案件有错误的，有权予以撤销或者变更，也可以指令下级公安机关予以纠正。

（四）职权范围

刑事案件的侦查由公安机关进行，法律另有规定的除外。在刑事诉讼中，公安机关的主要职权有：

1. 立案权		公安机关是我国主要的侦查机关，一般刑事案件都是由公安机关来负责立案。
2. 侦查权	（1）侦查手段	在侦查过程中，公安机关有权依法讯问犯罪嫌疑人、询问证人，有权进行勘验、检查、搜查，有权扣押物证、书证、视听资料、电子数据等证据，查询、冻结存款、汇款、债券、股票、基金份额等财产，组织鉴定、辨认和侦查实验，采取技术侦查措施，实施通缉。
	（2）强制措施	有权对犯罪嫌疑人采取拘传、取保候审、监视居住等强制措施。对现行犯或重大嫌疑分子，有权先行拘留。对符合逮捕条件的犯罪嫌疑人，有权申请检察机关批准逮捕；对经人民检察院批准逮捕或人民检察院、人民法院决定逮捕的犯罪嫌疑人，有权执行逮捕。对符合法定条件的案件，有权作出侦查终结的决定。

		续表
2. 侦查权	（3）特别程序	在特别程序中，公安机关还具有一些职权。例如，通知法律援助机构指派律师为没有委托辩护人的未成年犯罪嫌疑人提供辩护；审查刑事和解的自愿性、合法性，并主持制作和解协议书；制作没收财产意见书、强制医疗意见书，并移送人民检察院；等等。
3. 执行权	刑罚	在执行阶段，被判处拘役、剥夺政治权利、余刑不满3个月的有期徒刑罪犯的执行由公安机关负责。
	强制措施	在刑事诉讼过程中的强制措施，如取保候审、监视居住、拘留、逮捕，应当由公安机关来负责执行。

（五）其他侦查机关的职权

根据《刑诉解释》第 654 条的规定，《刑诉解释》有关公安机关的规定，依照《刑事诉讼法》的有关规定，适用于国家安全机关、军队保卫部门、监狱和中国海警局。

除了公安机关作为主要侦查机关之外，考生还需要掌握法律规定的其他几种行使侦查权的机关。其他侦查机关及其职权如下：

1. 国家安全机关

对危害国家安全的刑事案件，行使与公安机关相同的职权。国家安全机关是国家的安全保卫机关，是各级人民政府的组成部分。

• 举案说法 某市政府机关职员段某因涉嫌间谍罪被有关部门立案侦查，后被依法采取强制措施。本案应由国家安全机关立案侦查，对段某的取保候审应当由国家安全机关执行。因为间谍罪属于危害国家安全的犯罪，所以应当由国家安全机关行使与公安机关相同的职权。这里的"行使与公安机关相同的职权"，不仅仅限于侦查权上，在相应的强制措施的执行上，国家安全机关也行使与公安机关相同的权力。

2. 军队保卫部门

对军队内部发生的刑事案件行使侦查权。军队保卫部门是中国人民解放军的政治安全保卫机关，不是公安机关的组成部分。它在行政、业务上自成体系，不受公安机关的领导。军队保卫部门在刑事诉讼中，可以行使宪法和法律规定的公安机关的侦查、拘留、预审和执行逮捕等职权。

3. 监狱

对罪犯在监狱内犯罪的案件由监狱进行侦查。

拓展阅读

监狱的职权主要包括：①监狱是国家的刑罚执行机关。依据法律有关规定，被判处死刑缓期二年执行、无期徒刑、有期徒刑的罪犯，在监狱内执行刑罚。②监狱不仅有执行权，监狱对罪犯在监狱内的犯罪还可以行使侦查权。在刑事诉讼过程中，监狱享有公安机关侦查案件的职权，如讯问犯罪嫌疑人、询问证人、勘验、检查、搜查、扣押、鉴定等。侦查终结后，监狱认为应当追究犯罪嫌疑人刑事责任的，制作起诉意见书，连同案卷材料、证据一并移送人民检察院审查起诉。③罪犯服刑期间，发现在判决时所没有发现的新罪行，监狱有权移送人民检察院处理。④对罪犯应予监外执行的，有权提出书面意见，报省、自治区、直辖市监狱管理机关批准。⑤对被判处死缓的罪犯，如果在执行期间没有故意犯罪，2 年后有权提出减刑建议，报省、自治区、直辖市监狱管理机关审核后，报请相应的高级人民法院裁定。⑥对罪犯在执行期间具备法定的减刑、假释条件的，有权提出减刑或假释建议，报人民法院审核裁定。⑦在刑罚执行过程中，如果认为判决确有错误或罪犯提出申诉，有权转交人民检察院或人民法院处理。

举案说法 罗伯特·翔涉嫌强奸一案，应当由公安机关侦查。罗伯特·翔入狱后，被同监人员轮番强奸，则应当由监狱侦查。

4. 人民检察院（详见"立案管辖"专题）

随着《监察法》的实施，原本由人民检察院负责侦查的职务犯罪大部分改由监察委员会进行立案调查，人民检察院仅对以下二类案件继续行使侦查权：

（1）人民检察院在对诉讼活动实行法律监督中发现的司法工作人员利用职权实施的非法拘禁、刑讯逼供、非法搜查等侵犯公民权利、损害司法公正的犯罪，可以由人民检察院立案侦查；

（2）对于公安机关管辖的国家机关工作人员利用职权实施的重大犯罪案件，需要由人民检察院直接受理的时候，经省级以上人民检察院决定，可以由人民检察院立案侦查。

5. 中国海警局

中国海警局履行海上维权执法职责，对海上发生的刑事案件行使侦查权。对于在海上发生的包括危害国家安全犯罪、恐怖活动犯罪、走私、毒品、偷越国（边）境、非法捕捞、破坏海洋资源等刑事案件，海警机关行使与公安机关相同的侦查权。侦查终结后，海警机关认为应当追究犯罪嫌疑人刑事责任的，应当移送人民检察院审查起诉。

举案说法 殷某、鄢某、高某通过海运走私淫秽物品一案，由中国海警局负责侦查。

二、人民检察院

（一）性质和立场

检察机关是国家的法律监督机关，代表国家行使检察权。人民检察院办理刑事案件，以事实为根据，以法律为准绳，秉持客观公正的立场。检察官既是犯罪的追诉者，也是无辜的保护者。

名师点睛 在刑事诉讼中，检察机关既是公诉机关，又是诉讼活动的监督机关。

（二）组织体系

人民检察院的组织体系包括最高人民检察院、地方各级人民检察院和专门人民检察院。

1. 最高人民检察院	领导地方各级人民检察院和专门人民检察院的工作。
2. 地方各级人民检察院	（1）省、自治区、直辖市人民检察院； （2）省、自治区、直辖市人民检察院分院，自治州和省辖市人民检察院； （3）县、市、自治县和市辖区人民检察院。
3. 专门人民检察院	我国的专门人民检察院包括中国人民解放军军事检察院等。

人民检察院由检察长统一领导日常工作，检察官在检察长的领导下开展工作。根据《高检规则》第7条的规定，检察长不同意检察官处理意见的，可以要求检察官复核，也可以直接作出决定，或者提请检察委员会讨论决定。检察官执行检察长决定时，认为决定错误的，应当书面提出意见。检察长不改变原决定的，检察官应当执行。

另外，根据《高检规则》第8条的规定，对同一刑事案件的审查逮捕、审查起诉、出庭支持公诉和立案监督、侦查监督、审判监督等工作，由同一检察官或者检察官办案组负责，但是审查逮捕、审查起诉由不同人民检察院管辖，或者依照法律、有关规定应当另行指派检察官或者检察官办案组办理的除外。人民检察院履行审查逮捕和审查起诉职责的办案部门，《高检规则》中统称为负责捕诉的部门。

【名师点睛】本条是关于捕诉合一的规定，审查逮捕和审查起诉部门，统称捕诉部门。另外，"一人办案办到底"的规定，提升了办案效率，增强了检察官办案责任。

小试牛刀

1. 罗法官涉嫌利用职权枉法裁判一案，能否由检察院的向检察官从侦查到起诉一人办案办到底？

   参考答案：不能。检察院是"捕、诉"部门"合一"，而非"侦、诉"部门"合一"，在检察院内部，侦查和起诉依然由不同的部门来分别完成，如果向检察官参加过本案的侦查程序，在后续程序中，向检察官需要依法回避。

2. 向某是罗某涉嫌强奸一案负责审查逮捕的检察官，本案是否只能由检察官向某出庭支持公诉？

   参考答案：不是。虽然《高检规则》作出了捕诉合一的规定，但是如果本案审查逮捕、审查起诉由不同的检察院管辖，或者依照法律、有关规定应当另行指派检察官或者检察官办案组办理，则可能出现由不同检察官办理的情况。

（三）上下级关系

最高人民检察院领导地方各级人民检察院和专门人民检察院的工作，上级人民检察院领导下级人民检察院的工作。上级人民检察院对下级人民检察院作出的决定，有权予以撤销或者变更；发现下级人民检察院办理的案件有错误的，有权指令下级人民检察院予以纠正。

【关联法条】《高检规则》第9条第2款：上级人民检察院可以依法统一调用辖区的检察人员办理案件，调用的决定应当以书面形式作出。被调用的检察官可以代表办理案件的人民检察院履行出庭支持公诉等各项检察职责。

【举案说法】北京市人民检察院在必要的时候，可以调用朝阳区的检察官代表海淀区人民检察院出庭支持公诉，因为检察院上下级是领导关系。北京市人民检察院不能调用上海市长宁区的检察官代表海淀区人民检察院提起公诉，因为二者没有领导关系。

（四）职权范围

1. 立案、侦查权	人民检察院对自侦案件有权立案、侦查，同时也有权决定对犯罪嫌疑人进行拘传、取保候审、监视居住、拘留和逮捕。

续表

2. 公诉权	检察机关是国家唯一的公诉机关，代表国家行使公诉案件的控诉权。 考点提示 检察院是唯一的公诉机关，但并不是唯一的起诉主体，不要忘了自诉案件是由自诉人提起诉讼。
3. 法律监督权	检察机关有权对立案、侦查、审判活动和执行活动进行监督。

三、人民法院

（一）性质

人民法院是国家的审判机关。《刑事诉讼法》第12条规定，未经人民法院依法判决，对任何人都不得确定有罪。可见，人民法院是刑事诉讼中唯一有权审理和判决有罪的专门机关。

（二）组织体系

人民法院的组织体系包括最高人民法院、地方各级人民法院和专门人民法院。

1. 最高人民法院	最高人民法院是国家最高审判机关。
2. 地方各级人民法院	（1）高级人民法院； （2）中级人民法院； （3）基层人民法院。
3. 专门人民法院	专门人民法院包括军事法院、海事法院、知识产权法院、金融法院等。

（三）上下级关系

人民法院上下级之间是监督与被监督的关系。上级人民法院通过二审程序、审判监督程序、死刑复核程序维持下级人民法院正确的裁判，纠正错误的裁判来实现监督。人民法院的监督不是通过对具体案件的指导实现的，各级人民法院依照职权独立地进行审判。上级人民法院不应对下级人民法院正在审理的案件作出决定，指令下级人民法院执行；下级人民法院也不应将案件在判决之前报送上级人民法院，请求审查批示。而检察院系统上下级之间是领导与被领导的关系。

小试牛刀

轰动全国的"于欢案"，经山东聊城中级法院一审判决后引起社会的广泛关注。为回应社会关注和保证办案质量，山东省高级法院作出二审判决前，能否就该案如何裁判向最高院请示汇报，最高院能否就该案如何裁判提出具体意见？

参考答案：不能。法院上下级之间是监督与被监督的关系。上级法院只能通过二审程序、审判监督程序、死刑复核程序等法定程序维持下级法院正确的裁判，纠正错误的裁判来实现监督。

（四）职权范围（了解即可）

人民法院的职权可以分为审判权以及为保障审判权的实施而享有的其他职权两类。

1. 人民法院的审判权	(1) 直接受理自诉案件； (2) 有权对人民检察院提起公诉的案件进行审查，对符合起诉条件的，开庭审判； (3) 有权作出有罪或者无罪、罪重或者罪轻、处罚或者免刑的判决； (4) 有权对诉讼程序问题和部分实体问题作出裁定或者决定； (5) 有权对适用没收程序、强制医疗程序等特别程序案件进行审理并进行裁决。
2. 人民法院为保障审判权的实施而享有的其他职权	(1) 对被告人决定拘传、取保候审、监视居住、逮捕等强制措施；（不能决定拘留） (2) 在法庭审理过程中，对证据进行调查核实，必要时可以进行勘验、检查、扣押、查封、鉴定和查询、冻结； (3) 对证人的强制出庭及处罚权； (4) 对违反法庭秩序的诉讼参与人和旁听人员进行必要的处罚； (5) 收缴和处理赃款、赃物及其孳息，执行某些判决和裁定，并对执行中的某些问题进行审核、裁决； (6) 向有关单位提出司法建议。

考点提示 对于公、检、法机关的考点，重点要抓住三机关在组织体系上的差别，以及职权上的分工。

小试牛刀

关于公、检、法机关的组织体系及其在刑事诉讼中的职权，下列哪些选项是正确的？[1]

A. 公安机关统一领导、分级管理，对超出自己管辖的地区发布通缉令，应报有权的上级公安机关发布

B. 基于检察一体化，检察院独立行使职权是指检察系统整体独立行使职权

C. 检察院上下级之间是领导关系，上级检察院认为下级检察院二审抗诉不当的，在听取下级检察院的意见后，仍然认为抗诉不当的，可向同级法院撤回抗诉

D. 法院上下级之间是监督指导关系，上级法院如认为下级法院审理更适宜，可将自己管辖的案件交由下级法院审理

专题 07 当事人

一、概述

1. 概念

当事人，是指与案件的结局有着直接利害关系，对刑事诉讼进程发挥着较大影响作用的诉讼参与人。

---

[1] ABC。在改变管辖的情形下，上级法院有权审理下级法院管辖的案件，但是上级法院无权将本属于自己管辖的案件交给下级法院审理，选项 D 错误。

2. 范围

(1) 被害人；

(2) 自诉人；

(3) 犯罪嫌疑人；

(4) 被告人；

(5) 附带民事诉讼的原告人；

(6) 附带民事诉讼的被告人。

• 举案说法 罗伯特·翔涉嫌强奸都某某一案，罗伯特·翔是本案的犯罪嫌疑人、被告人，都某某是本案的被害人，二者都属于本案的当事人。而目击证人向某和辩护人张某，就不是本案的当事人，他们属于其他诉讼参与人。

3. 当事人共有的诉讼权利

(1) 有权用本民族语言文字进行诉讼。

(2) 申请回避权。

(3) 控告权。对于侦查人员、检察人员、审判人员侵犯其诉讼权利或者对其人身进行侮辱的行为，有权提出控告。

(4) 有权参加法庭调查和法庭辩论。可以向证人发问并质证，辨认物证和其他证据，并就证据发表意见，申请通知新的证人到庭和调取新的物证，申请重新勘验或者鉴定，互相辩论等。

(5) 申诉权。对已经发生法律效力的判决、裁定不服的，有权向人民法院或者人民检察院提出申诉。

考点提示 当事人共有的诉讼权利本身不重要，关键要掌握哪些权利是某些当事人没有的或者特有的。

小试牛刀

下列哪些权利是刑事诉讼中当事人所共有的权利？[1]

A. 都有权申请回避

B. 都有权委托诉讼代理人

C. 对一审未生效判决不服都可以上诉

D. 都有权使用本民族语言进行诉讼

二、被害人

(一) 概念

被害人，是指人身、财产或者其他权益遭受犯罪行为直接侵害的人。

广 义	包括以下三种： (1) 公诉案件中的被害人；

---

[1] AD。刑事被告人委托的是辩护人，其不能委托诉讼代理人，选项 B 不当选。公诉案件的被害人没有上诉权，只能请求检察院抗诉，选项 C 不当选。

续表

广 义	(2) 在自诉案件中提起刑事诉讼的被害人，即<u>自诉人</u>； (3) 由于被告人的犯罪行为而遭受物质损失的被害人，即<u>附带民事诉讼原告人</u>。
狭 义	作为当事人之一的被害人，即本讲所讨论的被害人，是<u>狭义的被害人</u>，仅指上述第一类人，即在人民检察院代表国家提起公诉的刑事案件中，以个人身份参与诉讼，并与人民检察院共同行使控诉职能的人。

• 举案说法 张三诽谤李四，又顺手拿着王五的手机打残了麻六，王五的手机受损。本案中，麻六就是被害人，李四是自诉人，王五是附带民事诉讼的原告人。从广义上讲，李四、王五、麻六均属于本案的被害人。

（二）被害人的诉讼权利

被害人在刑事诉讼中除享有诉讼参与人共有的诉讼权利以外，还享有以下诉讼权利：

1. 报案、控告权	(1)《刑事诉讼法》第110条第2款规定，被害人对侵犯其人身、财产权利的犯罪事实或者犯罪嫌疑人，有权向公安机关、人民检察院或者人民法院报案或者控告。 举案说法 罗小翔被张大翔强制猥亵一案，罗小翔作为本案的被害人，有权向公、检、法机关报案或者控告。 (2)《刑事诉讼法》第110条第3款规定，公安机关、人民检察院或者人民法院对于报案、控告、举报，都应当接受。对于不属于自己管辖的，应当移送主管机关处理，并且通知报案人、控告人、举报人；对于不属于自己管辖而又必须采取紧急措施的，应当先采取紧急措施，然后移送主管机关。 考点提示 报案、控告作为被害人的一项诉讼权利，法律并<u>不要求被害人找对管辖的机关，被害人找公、检、法任何一个机关报案、控告都是他的权利</u>。
2. 对公安机关不立案的救济权	(1) 被害人作为控告人对公安机关不立案的决定不服的，<u>可以向原公安机关申请复议</u>；对复议决定不服的，可以在收到复议决定书后7日以内向上一级公安机关申请复核。 (2) 被害人认为公安机关对应当立案侦查的案件而不立案侦查，有权向人民检察院提出申诉。 (3) 被害人有证据证明对被告人侵犯自己人身、财产权利的行为应当依法追究刑事责任，且有证据证明曾经提出控告，而公安机关不予立案的案件，被害人有权向人民法院提起自诉。 举案说法 罗小翔被张大翔强制猥亵一案，公安机关认为该行为只是同事之间发生的恶作剧，不构成犯罪，于是决定不予立案，被害人罗小翔不服该不立案决定的，可以分别向公安机关申请复议、向检察院申诉、向法院自诉。这三个救济途径没有先后顺序要求。
3. 对检察院不起诉的救济权	(1) 被害人对人民检察院作出的不起诉决定不服的，有权向<u>上一级人民检察院</u>提出申诉。 (2) 被害人有证据证明对被告人侵犯自己人身、财产权利的行为应当依法追究刑事责任，且有证据证明曾经提出控告，而检察院决定不起诉的案件，被害人<u>有权向人民法院提起自诉</u>。

续表

3. 对检察院不起诉的救济权	**举案说法** 罗小翔被张大翔强制猥亵一案，如果检察院决定不起诉，罗小翔不服该不起诉决定，有权向上一级检察院申诉，也有权向法院自诉。这两个救济途径没有先后顺序要求。
4. 对法院裁判不服的救济权	(1) 被害人不服地方各级人民法院的第一审未生效判决的，有权请求人民检察院抗诉。 **举案说法** 罗小翔被张大翔强制猥亵一案，如果法院认为本案证据不足，于是判决张大翔无罪，罗小翔不能提起上诉。因为公诉案件被害人没有上诉权，只能请求检察院抗诉，其他的当事人对于一审法院裁判不服皆可上诉。 (2) 被害人不服地方各级人民法院的生效裁判的，有权提出申诉。
5. 委托诉讼代理人的权利	自刑事案件移送审查起诉之日起，被害人有权委托诉讼代理人。 **举案说法** 罗小翔被张大翔强制猥亵一案，被害人罗小翔在侦查阶段无权委托向律师担任其诉讼代理人。公诉案件的被害人自案件移送审查起诉之日起，方可有权委托诉讼代理人。

[考点提示] 由于公诉案件的起诉权、撤诉权和抗诉权由检察机关行使，因此被害人不享有公诉案件的起诉权、撤诉权和抗诉权。

小试牛刀

关于刑事诉讼当事人中的被害人的诉讼权利，下列哪些选项是正确的？[1]

A. 撤回起诉、申请回避
B. 委托诉讼代理人、提起自诉
C. 申请复议、提起上诉
D. 申请抗诉、提出申诉

三、自诉人

（一）概念

自诉人，是指在自诉案件中，以自己的名义直接向人民法院提起诉讼的人。自诉人相当于自诉案件的原告，通常是该案件的被害人。

（二）自诉人的诉讼权利

1. 有权直接向人民法院提起自诉。自诉案件中，自诉人承担控诉职能，向人民法院直接提起刑事诉讼。

[名师点睛] 公诉案件的被害人针对犯罪行为不能直接起诉，只能公诉转自诉。

2. 有权随时委托诉讼代理人。

[名师点睛] 公诉案件的被害人自案件移送审查起诉之日起才能委托诉讼代理人。

3. 和解、撤诉权。自诉人有权同被告人自行和解或者撤回自诉。

[名师点睛] 公诉案件的被害人是不能撤诉的。公诉案件可以和解的范围也有严格限制。

4. 调解权。告诉才处理的案件和被害人有证据证明的轻微刑事案件的自诉人有权在人民法院的主持下与被告人达成调解协议。

---

[1] BD。公诉案件的被害人无权撤回起诉，因为公诉案件只有检察院才享有撤回起诉的权力，选项A错误。公诉案件的被害人不服地方各级人民法院的第一审判决的，有权请求人民检察院抗诉，无权提起上诉，选项C错误。

名师点睛 自诉案件有三类，其中第三类即公诉转自诉案件不能调解。公诉转自诉案件是由于国家消极行使公诉权，被害人通过自诉方式追诉犯罪的案件。这些案件本质上是公诉案件，不可以调解。

小试牛刀

张某强奸罗某一案，人民检察院决定不起诉，罗某于是向人民法院提起了自诉。本案能否调解？

参考答案：不可以。本案属于公诉转自诉案件，不能调解。

5. 申请法院调查取证权。根据《刑诉解释》第325条第1款的规定，自诉案件当事人因客观原因不能取得的证据，申请人民法院调取的，应当说明理由，并提供相关线索或者材料。人民法院认为有必要的，应当及时调取。

考点提示 对通过信息网络实施的侮辱、诽谤行为，被害人向人民法院告诉，但提供证据确有困难的，人民法院可以要求公安机关提供协助。

6. 上诉权。自诉人有权对第一审人民法院尚未发生法律效力的判决、裁定提出上诉。

名师点睛 虽然自诉人属于广义上的被害人，但是自诉人是可以上诉的，而公诉案件的被害人没有上诉权。

举案说法 罗某被张某强奸，如果人民检察院向人民法院提起公诉，则被害人罗某不服一审判决无上诉权，只能请求人民检察院抗诉。如果本案被人民检察院决定不起诉后，罗某向人民法院提起了自诉，则罗某作为本案的自诉人对一审判决不服，有上诉权。

7. 申诉权。自诉人有权对人民法院已经发生法律效力的判决、裁定提出申诉。

小试牛刀

关于自诉人和公诉案件被害人的诉讼权利，下列哪些说法是正确的？[1]

A. 都有权申请回避
B. 都有权对生效裁判申诉
C. 都有权对一审未生效判决上诉
D. 都有权自案件移送审查起诉之日起委托诉讼代理人

四、犯罪嫌疑人、被告人

犯罪嫌疑人和被告人是对因涉嫌犯罪而受到刑事追诉的人的两种称谓。公诉案件中，受刑事追诉者在检察机关向人民法院提起公诉以前，称为"犯罪嫌疑人"，在检察机关正式提起公诉以后，则称为"被告人"。

1. 防御性权利	所谓防御性权利，是指犯罪嫌疑人、被告人针对控方指控的一种对抗性的权利，包括以下内容： （1）辩护权。

---

[1] AB。选项C错误，因为被害人不能上诉，只能请求检察院抗诉。选项D错误，因为自诉人可以随时委托诉讼代理人。自诉案件直接进入法院，既没有侦查阶段，也没有审查起诉阶段。

续表

1. 防御性权利	**考点提示** 公诉案件中，犯罪嫌疑人自被侦查机关第一次讯问或者采取强制措施之日起，有权委托辩护人；在侦查期间，只能委托律师作为辩护人。自诉案件中，被告人有权随时委托辩护人。 (2) 拒绝回答权。犯罪嫌疑人有权拒绝回答侦查人员提出的与本案无关的问题。 (3) 被告人有权在开庭前 10 日内收到起诉书副本。 (4) 参加法庭调查权。 (5) 参加法庭辩论权。 (6) 最后陈述权。被告人有权向法庭作最后陈述。 **考点提示** 最后陈述权不能替代，也不能省略。即使是未成年被告人，也不能由法定代理人来替代陈述，但可以待其陈述完毕后，由法定代理人进行补充陈述。 (7) 反诉权。自诉案件的被告人有权对自诉人提出反诉。 **考点提示** 公诉转自诉案件不能反诉。公诉转自诉案件是由于国家消极行使公诉权，被害人通过自诉方式追诉犯罪的案件。这些案件本质上是公诉案件，不可以反诉。
2. 救济性权利	所谓救济性权利，是指犯罪嫌疑人、被告人对国家机关所作的对其不利的行为、决定或裁判，要求予以审查并作出改变或撤销的诉讼权利。其包括以下内容： (1) 申请复议权。例如，对驳回申请回避的决定不服的，有权申请复议。 (2) 控告权。例如，对审判人员、检察人员和侦查人员侵犯公民诉讼权利和人身侮辱的行为，有权提出控告。 (3) 申请变更强制措施权。例如，对于人民法院、人民检察院和公安机关采取的强制措施法定期限届满的，有权要求解除。 (4) 申诉权。①对人民检察院作出的酌定不起诉决定，有权向该人民检察院申诉；②对已经发生法律效力的裁判，有权向人民法院、人民检察院提出申诉。 (5) 上诉权。对一审未生效的裁判，有权向上一级人民法院上诉。 (6) 缺席审判异议权。例如，罪犯对缺席审判的生效裁判提出异议的，人民法院应当重新审理。
3. 程序保障权	(1) 在未经人民法院依法判决的情况下，不得被确定有罪； (2) 获得人民法院的公开、独立、公正的审判； (3) 在刑事诉讼过程中，不受审判人员、检察人员、侦查人员以刑讯逼供、威胁、引诱、欺骗及其他非法方法进行的讯问； (4) 不受侦查人员实施的非法逮捕、拘留、取保候审、监视居住等强制措施； (5) 不受侦查人员的非法搜查、扣押等侦查行为； (6) 在只有被告人一方提出上诉时不得被加重刑罚；等等。

小试牛刀

犯罪嫌疑人、被告人在刑事诉讼中享有的诉讼权利可分为防御性权利和救济性权利。下列哪些选项属于犯罪嫌疑人、被告人享有的救济性权利？[1]

A. 侦查机关讯问时，犯罪嫌疑人有申辩自己无罪的权利

---

[1] BCD。选项 A 为防御性权利。

B. 对办案人员人身侮辱的行为，犯罪嫌疑人有提出控告的权利
C. 对办案机关应退还取保候审保证金而不退还的，犯罪嫌疑人有申诉的权利
D. 被告人认为一审判决量刑畸重，有提出上诉的权利

五、附带民事诉讼当事人

1. 概念

附带民事诉讼当事人，包括附带民事诉讼原告人和附带民事诉讼被告人。（关于附带民事诉讼当事人的范围详见第9讲"附带民事诉讼"）

2. 诉讼权利

（1）双方当事人均有权委托诉讼代理人。

考点提示 委托时间视公诉、自诉而定，如果是公诉案件，自移送审查起诉之日起可以委托代理人，自诉案件则随时可以委托代理人。

（2）被告人有权提起反诉。

（3）双方当事人均有权申请回避。

（4）双方当事人均有权参加附带民事部分的法庭调查和法庭辩论。

考点提示 只能参加附带民事部分，如果要求参加刑事部分的法庭调查和法庭辩论，即为错误选项。

（5）双方当事人均有权要求人民法院主持调解或者附带民事诉讼双方当事人自行和解。

（6）对于一审尚未发生法律效力的附带民事部分判决、裁定不服的，双方当事人均有权提出上诉。

考点提示 只能对民事部分上诉，对刑事部分不能上诉。

（7）对于地方各级人民法院已经发生法律效力的判决、裁定的附带民事部分不服的，双方当事人均有权提出申诉。

小试牛刀

关于附带民事诉讼当事人的诉讼权利，下列说法正确的是：[1]

A. 附带民事诉讼双方当事人可以随时委托诉讼代理人
B. 附带民事诉讼原告人认为法院对被告人在法定刑以下量刑不当，有权在上诉期内向上一级法院提出上诉
C. 附带民事诉讼双方当事人之间可以就民事赔偿部分进行和解
D. 附带民事诉讼原告人在起诉前可以向法院申请财产保全，但应当提供担保

六、单位当事人（详见单位犯罪的诉讼程序部分）

1. 单位犯罪嫌疑人、被告人	在单位犯罪的情况下，单位可以独立成为犯罪嫌疑人、被告人，与作为自然人的直接负责的主管人员和其他直接责任人员一起参与刑事诉讼。

---

[1] CD。附带民事诉讼当事人委托代理人的时间视公诉、自诉而定，如果是公诉案件，自移送审查起诉之日起可以委托代理人，自诉案件则随时可以委托代理人，选项A错误。附带民事诉讼当事人享有的权利只能及于附带民事诉讼范围内，超出民事部分范围则无权享有该权利，选项B错误。

1. 单位犯罪嫌疑人、被告人	**考点提示** 为维护被告单位的合法权益，刑事诉讼法规定由被告单位的诉讼代表人代表单位参加刑事诉讼活动，在诉讼中行使诉讼权利、履行诉讼义务。被告单位的诉讼代表人享有刑事诉讼法规定的有关被告人的诉讼权利。
2. 单位被害人	被害人一般是指自然人，但单位也可以成为被害人。单位被害人参与刑事诉讼时，应由其法定代表人作为代表参加刑事诉讼。单位被害人在刑事诉讼中的诉讼权利和诉讼义务，与自然人作为被害人时大体相同。

专题08 其他诉讼参与人

其他诉讼参与人，是指除公安司法人员以及当事人之外，参与诉讼活动并在诉讼中享有一定的诉讼权利、承担一定的诉讼义务的人。根据《刑事诉讼法》第108条第4项的规定，其他诉讼参与人是指法定代理人、诉讼代理人、辩护人、证人、鉴定人和翻译人员。

举案说法 向警官作为某故意杀人案的侦查人员，不属于其他诉讼参与人；向警官如果目击故意杀人的犯罪发生，作为目击证人，属于其他诉讼参与人；向警官如果涉嫌刑讯逼供罪，作为犯罪嫌疑人、被告人，属于当事人，而不属于其他诉讼参与人。

一、法定代理人

法定代理人，是指由法律规定的对被代理人负有专门保护义务并代其进行诉讼的人。

对 象	无行为能力人或者限制行为能力人。
范 围	被代理人的父母、养父母、监护人和负有保护责任的机关、团体的代表。
产 生	依据法律的规定，而不是基于委托关系。
权 限	有广泛的与被代理人相同的诉讼权利。 **考点提示** 法定代理人不能代替被代理人作陈述，也不能代替被代理人承担与人身相关联的义务，如服刑等。
地 位	具有独立的法律地位，在行使代理权时无须经过被代理人同意。

名师点睛 法定代理人的权限和地位可以概括为："法代权限似本人，地位很独立"。

小试牛刀

1. 15岁的罗某被强奸，检察院对犯罪嫌疑人提起了公诉。在诉讼程序中，罗某的父亲老罗有没有权利申请回避？

   参考答案：有。因为罗某15岁，老罗作为法定代理人享有和当事人一样的诉讼权利。

2. 15岁的张某涉嫌强奸，在审判阶段，张某的父亲老张有没有最后陈述的权利？

参考答案：没有。因为该权利具有专属性，不可替代。老张可对张某的陈述进行补充陈述。

3. 15岁的罗某被15岁的张某强奸，检察院对张某提起了公诉。一审法院判决后，双方当事人的父亲均不服一审判决，能否提起上诉？如果能上诉，是否需要当事人本人同意？

参考答案：罗某的父亲没有上诉权。因为罗某作为被害人，本身就没有上诉权，所以他的法定代理人也没有上诉权。张某的父亲有上诉权。因为张某作为刑事被告人有上诉权，所以他的法定代理人也有上诉权。法定代理人具有独立的法律地位，在行使代理权时无须经过被代理人同意。

二、诉讼代理人

诉讼代理人，是指基于被代理人的委托而代表被代理人参与刑事诉讼的人。

对　象	被害人、自诉人、附带民事诉讼当事人及其法定代理人均有权委托诉讼代理人。另外，被害人的近亲属也可以委托诉讼代理人。 **考点提示** ❶刑事被告人委托的是辩护人，其他的当事人委托的是诉讼代理人。 ❷只有公诉案件的被害人的近亲属可以委托诉讼代理人，其他几类主体的近亲属不可以委托诉讼代理人。 ❸所谓近亲属，是指夫、妻、父、母、子、女、同胞兄弟姐妹。这与民法规定的范围不同。
范　围	律师；人民团体或者被代理人所在单位推荐的人；被代理人的监护人、亲友。
产　生	基于被代理人的委托而代表被代理人参与刑事诉讼的人。
权　限	只能在被代理人授权范围内进行诉讼活动，既不得超越代理范围，也不能违背被代理人的意志。
地　位	不具有独立的诉讼地位，仅仅是被代理人的代言人。

名师点睛 诉讼代理人的权限和地位可以概括为："诉代权限看授权，地位仅代言"。

三、辩护人（详见第6讲"辩护与代理"）

辩护人，是指在刑事诉讼中接受犯罪嫌疑人、被告人及其法定代理人的委托，或者受法律援助机构指派，依法为犯罪嫌疑人、被告人辩护，以维护其合法权益的人。

四、证人

（一）概念

证人，是指在诉讼外了解案件情况的当事人以外的自然人。

（二）特点

1. 证人必须是了解案件情况的人。这是证人的首要条件。
2. 证人必须是当事人以外的人。被告人、被害人等虽然通常也了解案件情况，但由于其与案件裁判结果存在切身利害关系，因而只能作为当事人，不能作为证人。

小试牛刀

罗小翔被张大翔强奸时，罗小翔的丈夫殷某目睹了这一切。罗小翔和殷某能否作为本案的证人?

参考答案:罗小翔是本案的当事人,不能作为证人。殷某是本案的证人。

3. 证人必须是在诉讼之外了解案件情况的人。

名师点睛 参与案件办理的侦查、审查起诉、审判人员以及辩护人、诉讼代理人、鉴定人等在诉讼过程中也了解了案件情况,但其对案件情况的了解是在诉讼开始后的诉讼过程中形成的,因而不属于证人。如果这些人员在诉讼开始之前就了解了案件情况,则应当优先作为证人,一般不得参与案件的办理。

举案说法 向警官在侦查张某强奸罗某一案中,虽然了解该案件的情况,但是向警官不属于本案的证人,因为其了解案件的时间是在侦查过程中。假如向警官是在执行职务时目击了犯罪情况需要作证,则其应当作为证人出庭作证。

名师点睛 证人也不同于见证人,证人是指在诉讼外了解案件情况的当事人以外的人,而见证人是指司法机关根据办案需要邀请到场观察监督某项诉讼行为的实施,必要时可以作证的与本案无利害关系的人。

4. 证人只能是自然人。国家机关、企业、事业单位或者人民团体,不能成为证人,因为它们不能像自然人一样感知案件事实,无法享有证人的诉讼权利或者承担证人的诉讼义务。

名师点睛 此处要区别于《民事诉讼法》的相关规定。在刑事诉讼中,证人只能是自然人,单位不能作为证人;但是在民事诉讼中,证人包括单位和个人。

5. 生理上、精神上有缺陷或者年幼,并且不能辨别是非、不能正确表达的人,不得作为证人。

名师点睛 生理上、精神上有缺陷或者年幼,只有达到不能辨别是非或者不能正确表达的程度,才不能作为证人。换句话说,生理上、精神上虽然有缺陷或者年幼,但是还没有达到不能辨别是非或者不能正确表达的程度,仍然可以作为证人。

小试牛刀

罗某带着8岁的女儿殷某买肉时,与摊主发生争执,继而互殴。罗某被摊主用刀背打击,造成面部骨折,脑体受损。如该案进入刑事诉讼程序,罗某的女儿殷某能否作为本案的证人?

参考答案:能。虽然本案罗某的女儿殷某只有8岁,但是只要她能够辨别和表达,就可以担任本案的证人。

6. 证人具有优先性和不可替代性。证人对案件事实的感知是其可以证明案件事实的根据,这种感知具有亲历性,是不可能由他人替代的。证人的不可替代性,必然得出证人作证优先规则。当证人的身份与其他诉讼主体的身份发生冲突时,只能优先作为证人。

小试牛刀

1. 某公安机关法医鉴定室的法医向某一天下班途中,目睹了罗某故意伤害案的经过。请问本案中该法医可否作为鉴定人?

参考答案:不能。证人具有优先性,当证人的身份与其他身份产生冲突时,其只能选择作为证人。

2. 向法官在上班路上目睹自己的妻子杀害了他人。请问向法官能否作为本案的证人？

参考答案： 能。无论证人与案件当事人有无利害关系，都不需要回避，因为证人具有不可替代性。只不过，与本案有利害关系的证人证言相对于与本案无利害关系的证人证言，一般来说，证明力相对较弱。

（三）证人的权利

1. 有权用本民族语言文字进行诉讼。

2. 有权查阅证言笔录，并在发现笔录的内容与作证的内容不符时要求予以补充或者修改。

3. 对于公安司法机关工作人员侵犯其诉讼权利或者对其有人身侮辱的行为，有权提出控告。

4. 对于其因作证而支出的交通、住宿、就餐等费用，有权要求补助，并且在单位的福利待遇不被克扣。

[关联法条]《刑事诉讼法》第65条：证人因履行作证义务而支出的交通、住宿、就餐等费用，应当给予补助。证人作证的补助列入司法机关业务经费，由同级政府财政予以保障。

有工作单位的证人作证，所在单位不得克扣或者变相克扣其工资、奖金及其他福利待遇。

[考点提示] 刑事诉讼中，证人作证的费用由同级政府财政补助；而民事诉讼中，证人作证的费用由败诉方承担。刑事诉讼中，证人的经济补助并不包括误工费，此处也区别于民事诉讼。

5. 有权要求公安司法机关保证本人以及其近亲属的安全，防止因作证而遭受不法侵害。

[关联法条]《刑事诉讼法》第64条：对于危害国家安全犯罪、恐怖活动犯罪、黑社会性质的组织犯罪、毒品犯罪等案件，证人、鉴定人、被害人因在诉讼中作证，本人或者其近亲属的人身安全面临危险的，人民法院、人民检察院和公安机关应当采取以下一项或者多项保护措施：

（一）不公开真实姓名、住址和工作单位等个人信息；

（二）采取不暴露外貌、真实声音等出庭作证措施；

（三）禁止特定的人员接触证人、鉴定人、被害人及其近亲属；

（四）对人身和住宅采取专门性保护措施；

（五）其他必要的保护措施。

证人、鉴定人、被害人认为因在诉讼中作证，本人或者其近亲属的人身安全面临危险的，可以向人民法院、人民检察院、公安机关请求予以保护。

人民法院、人民检察院、公安机关依法采取保护措施，有关单位和个人应当配合。

[名师点睛] 证人的安全保障措施可以概括为："危、恐、黑、毒要保护，信息、音、容、接、住、他"。

（四）证人的出庭义务

证人应当出庭的条件	《刑事诉讼法》第192条第1款规定，公诉人、当事人或者辩护人、诉讼代理人对证人证言有异议，且该证人证言对案件定罪量刑有重大影响，人民法院认为证人有必要出庭作证的，证人应当出庭作证。 **[名师点睛]** 证人应当出庭作证的条件可以概括为："有异议" + "有影响" + "有必要"。

	续表
证人出庭的例外	《刑诉解释》第253条规定，证人具有下列情形之一，无法出庭作证的，人民法院可以准许其不出庭：①庭审期间身患严重疾病或者行动极为不便的；②居所远离开庭地点且交通极为不便的；③身处国外短期无法回国的；④有其他客观原因，确实无法出庭的。具有前述规定情形的，可以通过视频等方式作证。 【关联法条】《刑诉解释》第558条：开庭审理涉及未成年人的刑事案件，未成年被害人、证人一般不出庭作证；必须出庭的，应当采取保护其隐私的技术手段和心理干预等保护措施。 【名师点睛】证人出庭的例外可以概括为："小孩、有病、太远、在国外"。
证人拒绝作证的后果	（1）经人民法院通知，证人没有正当理由不出庭作证的，人民法院可以强制其到庭，但是被告人的配偶、父母、子女除外。 【举案说法】罗小翔被张大翔投毒而身亡，罗小翔的妻子鄢女士拒绝出庭作证。本案可以强制鄢女士到庭。法律规定，只有被告人的配偶、父母、子女不能强制出庭，而本案鄢女士是被害人的配偶，不属于例外情况。 （2）证人没有正当理由拒绝出庭或者出庭后拒绝作证的，予以训诫。 （3）情节严重的，经院长批准，处以10日以下拘留。被处罚人对拘留决定不服的，可以向上一级人民法院申请复议。复议期间不停止执行。 （4）证人没有正当理由拒绝出庭或者出庭后拒绝作证，法庭对其证言的真实性无法确认，该证人证言不得作为定案的根据。 【名师点睛】证人拒绝出庭的后果可以概括为："强制、训诫或拘留，排除拒绝不真实"。

五、鉴定人

（一）概念

鉴定人，是指接受公安司法机关的指派或者聘请，运用自己的专门知识或者技能对刑事案件中的专门性问题进行分析判断并提出书面鉴定意见的人。

（二）特点

1. 鉴定人必须具备鉴定某项专门性问题的知识或技能。

【考点提示】相比之下，证人不需要专业技能，只要有辨别、表达能力即可。

2. 鉴定人由公安司法机关指派或者聘请产生，并且在诉讼过程中可以更换。

【名师点睛】在刑事诉讼中，当事人以及辩护人、诉讼代理人都无权自行委托鉴定人，只能由公安司法机关指派或者聘请。

【小试牛刀】

向某是某证据领域的专家，其接受辩护人的邀请，就某案件的证据问题作出了一份专家意见。向某在本案中是否属于鉴定人？

参考答案：不属于。因为鉴定人只能由公安司法机关指派或者聘请产生。

3. 鉴定人通过参加刑事诉讼的途径了解案件的真实情况。

【名师点睛】证人了解案情是在诉讼外，鉴定人了解案情是在诉讼中。

• **举案说法** 向某作为某鉴定机构的鉴定人，如果他目击了某个案件的发生，则向某应当担任本案的证人，而不能担任本案的鉴定人。

4. 鉴定人必须是与案件或案件当事人没有利害关系的人。

名师点睛 如果鉴定人与案件或者案件当事人有利害关系，应当适用回避的规定。鉴定人属于回避对象，这一点要区别于证人。证人即使有利害关系也不需要回避。

5. 鉴定人只能是自然人。

名师点睛 证人也必须是自然人。

（三）鉴定人的诉讼权利

1. 了解与鉴定有关的案件情况。

2. 有权要求指派或者聘请的机关提供足够的鉴定材料，且在提供的鉴定材料不充分、不具备作出鉴定意见的条件时，有权要求有关机关补充材料，否则有权拒绝鉴定。

3. 要求为鉴定提供必要的条件。

4. 收取鉴定费用。

5. 因在诉讼中作证，鉴定人及其近亲属的人身安全依法受到保护。

（四）鉴定人的出庭作证义务

通知鉴定人出庭的条件	根据《刑事诉讼法》第192条第3款的规定，公诉人、当事人或者辩护人、诉讼代理人对鉴定意见有异议，人民法院认为鉴定人有必要出庭的，鉴定人应当出庭作证。 **考点提示** 鉴定人应当出庭作证的条件可以概括为："有异议"+"有必要"。
鉴定人拒绝出庭的后果	根据《刑诉解释》第99条的规定，鉴定人不出庭可能出现以下后果： （1）经人民法院通知，鉴定人拒不出庭作证的，鉴定意见不得作为定案的根据。 **名师点睛** 区别于证人拒不到庭的后果，证人拒不出庭法院可以强制其出庭。 （2）鉴定人由于不能抗拒的原因或者有其他正当理由无法出庭的，人民法院可以根据情况决定延期审理或者重新鉴定。 （3）鉴定人无正当理由拒不出庭作证的，人民法院应当通报司法行政机关或者有关部门。 **名师点睛** 区别于证人，证人如果拒绝出庭作证，法院可以决定训诫、拘留。

[归纳总结] 证人与鉴定人的差异

	证 人	鉴定人
1. 主体要求	辨别是非、正确表达	专业技能
2. 利害关系	可以有	不可有
3. 来源问题	不需要指派、聘请	需要指派、聘请
4. 产生时间	诉讼外	诉讼中
5. 可否替代	不可替代	可以替代
6. 回避要求	无需回避	需要回避

小试牛刀

关于证人证言与鉴定意见，下列哪一选项是正确的？[1]

A. 证人证言只能由自然人提供，鉴定意见可由单位出具
B. 生理上、精神上有缺陷的人有时可以提供证人证言，但不能出具鉴定意见
C. 如控辩双方对证人证言和鉴定意见有异议，相应证人和鉴定人均应出庭
D. 证人应出庭而不出庭的，其庭前证言仍可能作为证据；鉴定人应出庭而不出庭的，鉴定意见不得作为定案根据

拓展阅读

在刑事诉讼中，除了鉴定人是以自身所具有的专门知识或者技能参与外，还有另外一些具有专门知识的人有可能根据具体案件的需要参与刑事诉讼，即运用专门知识参与刑事诉讼，协助解决专门性问题或者提出意见的鉴定人以外的人。虽然鉴定人以外的有专门知识的人并非刑事诉讼法定的诉讼参与人，但随着犯罪技术性和专业性的增强，他们同样在诉讼过程中发挥重要甚至不可替代的作用。由于其他具有专门知识的人与鉴定人具有很大的相似性，有关他们的诉讼地位和权利义务，通常参照鉴定人的规定。

关联法条《刑诉解释》第100条：因无鉴定机构，或者根据法律、司法解释的规定，指派、聘请有专门知识的人就案件的专门性问题出具的报告，可以作为证据使用。

对前款规定的报告的审查与认定，参照适用本节的有关规定。

经人民法院通知，出具报告的人拒不出庭作证的，有关报告不得作为定案的根据。

六、翻译人员

翻译人员，是指在刑事诉讼过程中接受公安司法机关的指派或者聘请，为参与诉讼的外国人或无国籍人、少数民族人员、盲人、聋人、哑人等进行语言、文字或者手势翻译的人员。

名师点睛 翻译人员属于诉讼参与人（其他诉讼参与人）。翻译人员是回避的对象。

小试牛刀

加拿大人罗伯特·翔涉嫌强奸一案，被立案侦查并提起公诉。罗伯特·翔精通汉语，开庭时法院是否需要为其配备翻译人员？

参考答案：需要。根据《刑诉解释》第484条第1、3款的规定，人民法院审判涉外刑事案件，使用中华人民共和国通用的语言、文字，应当为外国籍当事人提供翻译。外国籍当事人通晓中国语言、文字，拒绝他人翻译，或者不需要诉讼文书外文译本的，应当由其本人出具书面声明。拒绝出具书面声明的，应当记录在案；必要时，应当录音录像。

---

[1] D。证人只能是自然人，鉴定人也只能是自然人，选项A错误。生理上有缺陷（如缺胳膊少腿）的人，也可以担任鉴定人，选项B错误。证人、鉴定人应当出庭的条件并不仅仅是控辩双方对证人证言和鉴定意见有异议这一个条件，选项C错误。经人民法院通知，鉴定人拒不出庭作证的，鉴定意见不得作为定案的根据，选项D正确。

第4讲 管辖

本讲导读

复习提要

管辖是刑事诉讼法的基础考点，是指公安机关、人民检察院和人民法院之间立案受理刑事案件以及人民法院系统内审判第一审刑事案件的分工制度。刑事诉讼中，管辖要解决两个问题：①立案管辖，考生需要重点记忆检察院自侦案件的范围、监察机关立案调查的案件范围和法院自诉案件的范围，同时还需要掌握公、检、法、监之间管辖竞合的处理方式；②审判管辖，确定的是人民法院上下级之间和不同法院之间的地域管辖。本讲的难点是如何确立一个案件的具体管辖：首先，需要确定其立案管辖；其次，在判断是否属于审判管辖中的专门管辖的基础上确定级别管辖和地域管辖；最后，判断是否存在需要移送管辖和指定管辖的情形。

知识框架

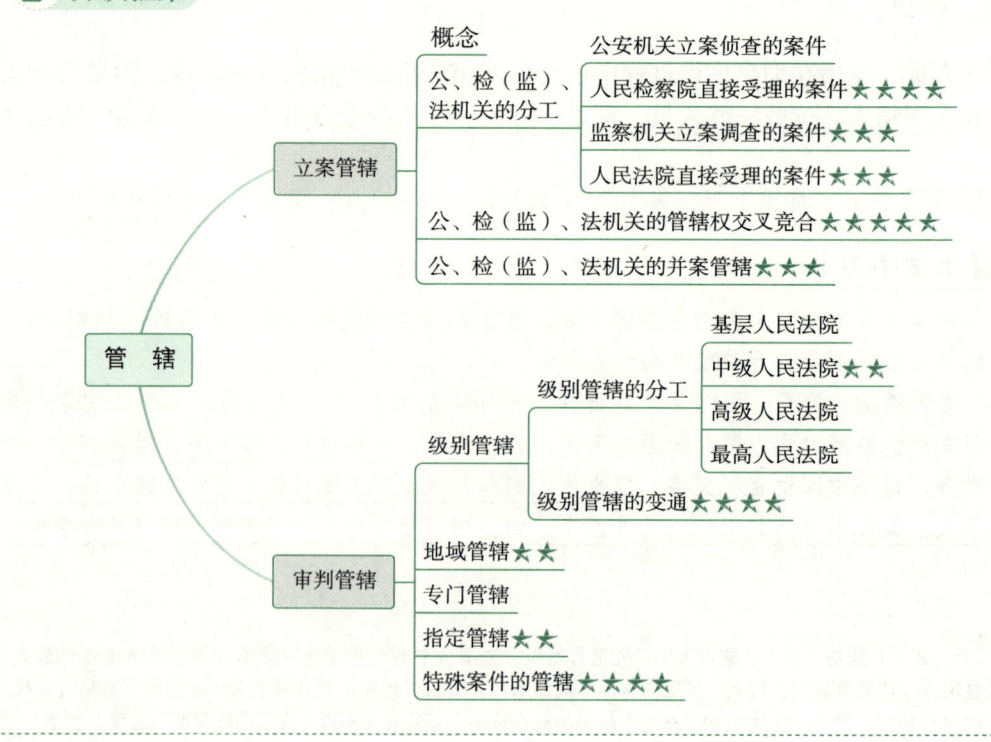

管辖
- 立案管辖
  - 概念
  - 公、检（监）、法机关的分工
    - 公安机关立案侦查的案件
    - 人民检察院直接受理的案件★★★★
    - 监察机关立案调查的案件★★★
    - 人民法院直接受理的案件★★★
  - 公、检（监）、法机关的管辖权交叉竞合★★★★
  - 公、检（监）、法机关的并案管辖★★★
- 审判管辖
  - 级别管辖
    - 级别管辖的分工
      - 基层人民法院
      - 中级人民法院★★
      - 高级人民法院
      - 最高人民法院
    - 级别管辖的变通★★★★
  - 地域管辖★★
  - 专门管辖
  - 指定管辖★★
  - 特殊案件的管辖★★★★

专题 09 立案管辖

一、立案管辖的概念

立案管辖，是指公安机关（包括国家安全机关）、人民检察院、监察机关和人民法院之间在直接受理刑事案件上的权限分工。

二、立案管辖的分工

（一）公安机关立案侦查的案件范围

刑事案件的侦查由公安机关进行，法律另有规定的除外。

关联法条《公安部规定》第 14 条：根据刑事诉讼法的规定，除下列情形外，刑事案件由公安机关管辖：

（一）监察机关管辖的职务犯罪案件。

（二）人民检察院管辖的在对诉讼活动实行法律监督中发现的司法工作人员利用职权实施的非法拘禁、刑讯逼供、非法搜查等侵犯公民权利、损害司法公正的犯罪，以及经省级以上人民检察院决定立案侦查的公安机关管辖的国家机关工作人员利用职权实施的重大犯罪案件。

（三）人民法院管辖的自诉案件。对于人民法院直接受理的被害人有证据证明的轻微刑事案件，因证据不足驳回起诉，人民法院移送公安机关或者被害人向公安机关控告的，公安机关应当受理；被害人直接向公安机关控告的，公安机关应当受理。

（四）军队保卫部门管辖的军人违反职责的犯罪和军队内部发生的刑事案件。

（五）监狱管辖的罪犯在监狱内犯罪的刑事案件。

（六）海警部门管辖的海（岛屿）岸线以外我国管辖海域内发生的刑事案件。对于发生在沿海港岙口、码头、滩涂、台轮停泊点等区域的，由公安机关管辖。

（七）其他依照法律和规定应当由其他机关管辖的刑事案件。

考点提示 如果考到了公安机关管辖的案件范围，只能使用排除法解题。

> **拓展阅读**
>
> 公安机关侦查案件，也会有地域分工和级别分工。案例分析中，考生首先需要确定一个刑事案件应当由哪个地方、哪个级别的公安机关立案侦查。
>
> 根据《公安部规定》第 15 条的规定，刑事案件由犯罪地的公安机关管辖。如果由犯罪嫌疑人居住地的公安机关管辖更为适宜的，可以由犯罪嫌疑人居住地的公安机关管辖。法律、司法解释或者其他规范性文件对有关犯罪案件的管辖作出特别规定的，从其规定。
>
> 根据《网络犯罪程序意见》第 2 条第 2、3 款的规定，信息网络犯罪案件的犯罪地包括用于实施犯罪行为的网络服务使用的服务器所在地，网络服务提供者所在地，被侵害

的信息网络系统及其管理者所在地，犯罪过程中犯罪嫌疑人、被害人或者其他涉案人员使用的信息网络系统所在地，被害人被侵害时所在地以及被害人财产遭受损失地等。涉及多个环节的信息网络犯罪案件，犯罪嫌疑人为信息网络犯罪提供帮助的，其犯罪地、居住地或者被帮助对象的犯罪地公安机关可以立案侦查。

根据《公安部规定》第24条的规定，县级公安机关负责侦查发生在本辖区内的刑事案件。设区的市一级以上公安机关负责下列犯罪中重大案件的侦查：①危害国家安全犯罪；②恐怖活动犯罪；③涉外犯罪；④经济犯罪；⑤集团犯罪；⑥跨区域犯罪。上级公安机关认为有必要的，可以侦查下级公安机关管辖的刑事案件；下级公安机关认为案情重大需要上级公安机关侦查的刑事案件，可以请求上一级公安机关管辖。

小试牛刀

下列哪一案件应当由公安机关立案侦查？[1]

A. 罪犯高某在监狱内强制猥亵同监所的狱友甲某案
B. 公安局局长罗某巨额财产来源不明案
C. 张某侵占案
D. 殷某聚众阻碍解救被收买的妇女案

（二）人民检察院直接受理的案件范围

人民检察院直接受理的案件简称为自侦案件。随着《监察法》的实施，原本由人民检察院负责侦查的职务犯罪大部分改由监察委员会进行立案调查，人民检察院仅对两类案件继续行使侦查权。

关联法条 《刑事诉讼法》第19条第2款：人民检察院在对诉讼活动实行法律监督中发现的司法工作人员利用职权实施的非法拘禁、刑讯逼供、非法搜查等侵犯公民权利、损害司法公正的犯罪，可以由人民检察院立案侦查。对于公安机关管辖的国家机关工作人员利用职权实施的重大犯罪案件，需要由人民检察院直接受理的时候，经省级以上人民检察院决定，可以由人民检察院立案侦查。

从上述规定可知，人民检察院负责对以下两类案件立案侦查：

1. 人民检察院在对诉讼活动实行法律监督中发现司法的工作人员利用职权实施的非法拘禁、刑讯逼供、非法搜查等侵犯公民权利、损害司法公正的犯罪，可以由人民检察院立案侦查。

名师点睛 从修正后的《刑事诉讼法》的规定来看，检察机关侦查的职务犯罪主要有四个特点：①犯罪主体限于司法工作人员；②犯罪行为限于发生在诉讼活动中，这是对犯罪行为方式的限定，即有关司法工作人员利用职权实施的侵犯公民权利、损害司法公正的犯罪；③发现途径限定在检察机关在对诉讼活动进行法律监督过程之中；④法律规定此类案件"可以"由人民检察院侦查，也可以由监察委调查。

考点提示 这类案件具体包括十四个罪名，分别是：①非法搜查罪（《刑法》第245条）

---

[1] D。选项A，由监狱侦查；选项B，由监察机关调查；选项C，侵占罪应当由法院直接受理。

(非司法工作人员除外)；②非法拘禁罪(《刑法》第 238 条)(非司法工作人员除外)；③滥用职权罪(《刑法》第 397 条)(非司法工作人员滥用职权侵犯公民权利、损害司法公正的情形除外)；④徇私枉法罪(《刑法》第 399 条第 1 款)；⑤刑讯逼供罪(《刑法》第 247 条)；⑥暴力取证罪(《刑法》第 247 条)；⑦虐待被监管人罪(《刑法》第 248 条)；⑧民事、行政枉法裁判罪(《刑法》第 399 条第 2 款)；⑨玩忽职守罪(《刑法》第 397 条)(非司法工作人员玩忽职守侵犯公民权利、损害司法公正的情形除外)；⑩执行判决、裁定失职罪(《刑法》第 399 条第 3 款)；⑪执行判决、裁定滥用职权罪(《刑法》第 399 条第 3 款)；⑫私放在押人员罪(《刑法》第 400 条第 1 款)；⑬徇私舞弊减刑、假释、暂予监外执行罪(《刑法》第 401 条)；⑭失职致使在押人员脱逃罪(《刑法》第 400 条第 2 款)。

名师点睛 上述十四个罪名可以概括为："搜、拘、滥、私、逼；暴、虐、枉、玩、执；放、假监、脱逃"。

小试牛刀

下列哪一案件可以由检察院自行侦查？[1]

A. 非司法工作人员向某非法拘禁案
B. 司法工作人员罗某强奸案
C. 侦查人员张某刑讯逼供案
D. 国家工作人员鄢某贪污贿赂案

2. 对于公安机关管辖的国家机关工作人员利用职权实施的重大犯罪案件，需要由人民检察院直接受理的时候，经省级以上人民检察院决定，可以由人民检察院立案侦查。

名师点睛

❶此类案件要由人民检察院侦查需要同时满足以下几个条件："公""机""权""大""省以上"。

❷此类案件，也可以由公安机关立案侦查。这种机动侦查权只能针对个别案件，通常是公安机关不立案或者不便立案的个别案件，否则就违反了刑事诉讼法关于侦查的管辖分工，违反了公、检、法三机关分工负责、互相制约的原则。

小试牛刀

孙某系甲省乙市海关科长，与走私集团通谋，利用职权走私国家禁止出口的文物，情节特别严重。本案应如何确定立案管辖？[2]

A. 可由公安机关立案侦查
B. 经甲省检察院决定，可由检察院立案侦查
C. 甲省检察院决定立案侦查后可根据案件情况自行侦查
D. 甲省检察院决定立案侦查后可根据案件情况指定甲省丙市检察院侦查

---

[1] C。选项 A，普通人实施的非法拘禁犯罪由公安机关立案侦查；选项 B，罗某虽然为司法工作人员，但是强奸罪并不需要利用职权，该案应由公安机关立案侦查；选项 D，贪污贿赂案应当由监察机关立案调查。

[2] ABCD

> **拓展阅读**
>
> 人民检察院侦查的上述案件，也会有级别的分工。根据《高检规则》第14条的规定：①人民检察院办理直接受理侦查的案件，由设区的市级人民检察院立案侦查。基层人民检察院发现犯罪线索的，应当报设区的市级人民检察院决定立案侦查。②设区的市级人民检察院根据案件情况也可以将案件交由基层人民检察院立案侦查，或者要求基层人民检察院协助侦查。对于刑事执行派出检察院辖区内与刑事执行活动有关的犯罪线索，可以交由刑事执行派出检察院立案侦查。③最高人民检察院、省级人民检察院发现犯罪线索的，可以自行立案侦查，也可以将犯罪线索交由指定的省级人民检察院或者设区的市级人民检察院立案侦查。

小试牛刀

湖南省怀化市人民检察院侦查的罗某刑讯逼供一案，是否只能由怀化市人民检察院提起公诉？

参考答案：提起公诉的检察院应当与审判的法院"门当户对"。如果该案由怀化市中级人民法院审判，则由怀化市人民检察院提起公诉；如果该案由基层人民法院管辖，则交有管辖权的基层人民法院相对应的基层人民检察院提起公诉；需要指定其他基层人民检察院提起公诉的，应当与同级人民法院协商指定管辖。

（三）监察机关立案调查的案件范围

1. 调查对象

根据《监察法》第15条的规定，监察机关对下列公职人员和有关人员进行监察：

（1）中国共产党机关、人民代表大会及其常务委员会机关、人民政府、监察委员会、人民法院、人民检察院、中国人民政治协商会议各级委员会机关、民主党派机关和工商业联合会机关的公务员，以及参照《公务员法》管理的人员；

（2）法律、法规授权或者受国家机关依法委托管理公共事务的组织中从事公务的人员；

（3）国有企业管理人员；

（4）公办的教育、科研、文化、医疗卫生、体育等单位中从事管理的人员；

（5）基层群众性自治组织中从事管理的人员；

（6）其他依法履行公职的人员。

小试牛刀

非国有公司经理罗某，接受了某公司销售人员殷某的5万元回扣。罗某是否属于监察机关调查的对象？

参考答案：不属于。罗某不属于《监察法》第15条规定的调查对象，非国家工作人员受贿罪属于公安机关侦查的案件范围。

2. 调查案件

根据《监察法》第11条第2项的规定，监察机关对涉嫌贪污贿赂、滥用职权、玩忽职守、权力寻租、利益输送、徇私舞弊以及浪费国家资财等职务违法和职务犯罪进行调查。

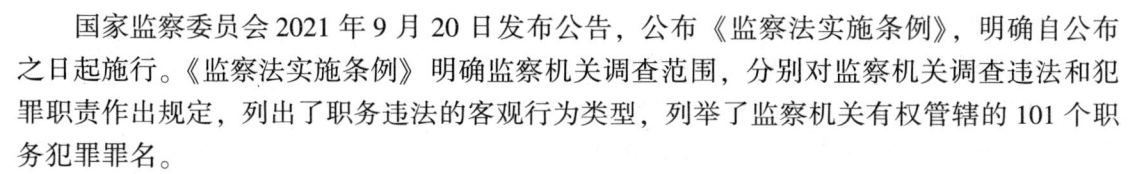

国家监察委员会2021年9月20日发布公告，公布《监察法实施条例》，明确自公布之日起施行。《监察法实施条例》明确监察机关调查范围，分别对监察机关调查违法和犯罪职责作出规定，列出了职务违法的客观行为类型，列举了监察机关有权管辖的101个职务犯罪罪名。

（1）贪污贿赂犯罪

关联法条《监察法实施条例》第26条：监察机关依法调查涉嫌贪污贿赂犯罪，包括贪污罪，挪用公款罪，受贿罪，单位受贿罪，利用影响力受贿罪，行贿罪，对有影响力的人行贿罪，对单位行贿罪，介绍贿赂罪，单位行贿罪，巨额财产来源不明罪，隐瞒境外存款罪，私分国有资产罪，私分罚没财物罪，以及公职人员在行使公权力过程中实施的职务侵占罪，挪用资金罪，对外国公职人员、国际公共组织官员行贿罪，非国家工作人员受贿罪和相关联的对非国家工作人员行贿罪。

（2）玩忽职守犯罪

关联法条《监察法实施条例》第28条：监察机关依法调查公职人员涉嫌玩忽职守犯罪，包括玩忽职守罪，国有公司、企业、事业单位人员失职罪，签订、履行合同失职被骗罪，国家机关工作人员签订、履行合同失职被骗罪，环境监管失职罪，传染病防治失职罪，商检失职罪，动植物检疫失职罪，不解救被拐卖、绑架妇女、儿童罪，失职造成珍贵文物损毁、流失罪，过失泄露国家秘密罪。

（3）滥用职权犯罪

关联法条《监察法实施条例》第27条：监察机关依法调查公职人员涉嫌滥用职权犯罪，包括滥用职权罪，国有公司、企业、事业单位人员滥用职权罪，滥用管理公司、证券职权罪，食品、药品监管渎职罪，故意泄露国家秘密罪，报复陷害罪，阻碍解救被拐卖、绑架妇女、儿童罪，帮助犯罪分子逃避处罚罪，违法发放林木采伐许可证罪，办理偷越国（边）境人员出入境证件罪，放行偷越国（边）境人员罪，挪用特定款物罪，非法剥夺公民宗教信仰自由罪，侵犯少数民族风俗习惯罪，打击报复会计、统计人员罪，以及司法工作人员以外的公职人员利用职权实施的非法拘禁罪、虐待被监管人罪、非法搜查罪。

（4）徇私舞弊犯罪

关联法条《监察法实施条例》第29条：监察机关依法调查公职人员涉嫌徇私舞弊犯罪，包括徇私舞弊低价折股、出售国有资产罪，非法批准征收、征用、占用土地罪，非法低价出让国有土地使用权罪，非法经营同类营业罪，为亲友非法牟利罪，枉法仲裁罪，徇私舞弊发售发票、抵扣税款、出口退税罪，商检徇私舞弊罪，动植物检疫徇私舞弊罪，放纵走私罪，放纵制售伪劣商品犯罪行为罪，招收公务员、学生徇私舞弊罪，徇私舞弊不移交刑事案件罪，违法提供出口退税凭证罪，徇私舞弊不征、少征税款罪。

（5）重大责任事故犯罪

关联法条《监察法实施条例》第30条：监察机关依法调查公职人员在行使公权力过程中涉及的重大责任事故犯罪，包括重大责任事故罪，教育设施重大安全事故罪，消防责任事故罪，重大劳动安全事故罪，强令、组织他人违章冒险作业罪，危险作业罪，不报、谎报安全事故罪，铁路运营安全事故罪，重大飞行事故罪，大型群众性活动重大安全事故罪，危险物品肇事罪，工程重大安全事故罪。

(6) 其他犯罪

[关联法条]《监察法实施条例》第 31 条：监察机关依法调查公职人员在行使公权力过程中涉及的其他犯罪，包括破坏选举罪，背信损害上市公司利益罪，金融工作人员购买假币、以假币换取货币罪，利用未公开信息交易罪，诱骗投资者买卖证券、期货合约罪，背信运用受托财产罪，违法运用资金罪，违法发放贷款罪，吸收客户资金不入账罪，违规出具金融票证罪，对违法票据承兑、付款、保证罪，非法转让、倒卖土地使用权罪，私自开拆、隐匿、毁弃邮件、电报罪，故意延误投递邮件罪，泄露不应公开的案件信息罪，披露、报道不应公开的案件信息罪，接送不合格兵员罪。

[名师点睛] 备考中，同学们无需背诵上述具体罪名，但是应当理解记忆监察机关调查的六大类案件："贪""玩""滥""舞""责""其他"。

[考点提示] 监察机关调查的案件一般需要同时满足两个条件：①犯罪主体身份符合《监察法》第 15 条规定的公职人员范围；②涉嫌罪名属于职务犯罪类型。

● 举案说法

❶公职人员向某在行使公权力过程中实施的职务侵占罪、挪用资金罪，属于监察机关调查范围，但是非国有公司企业人员高某实施的职务侵占罪、挪用资金罪，则属于公安机关侦查范围。

❷律师罗某向法官行贿，虽然罗某不具备公职人员身份，但是行贿罪和受贿罪是对合犯，该行贿案也一并属于监察机关管辖。

（四）人民法院直接受理的案件范围

刑事诉讼中，人民法院仅直接受理自诉案件，且立案后直接进入审理阶段，不需要经过专门机关侦查。这类案件包括三种情形：

1. 告诉才处理的案件

告诉才处理的案件，是指只有被害人或其法定代理人提出控告和起诉，人民法院才予以受理的案件。其具体包括：

（1）侮辱、诽谤案（严重危害社会秩序和国家利益的除外）；

（2）暴力干涉婚姻自由案（致使被害人死亡的除外）；

（3）虐待案（致使被害人重伤、死亡或被害人没有能力告诉或因受到强制、威吓无法告诉的除外）；

（4）侵占案（绝对的告诉才处理）。

[名师点睛] 亲告罪一共包含五个罪名，可以概括为："侮、诽、暴、虐、侵"。

● 举案说法 罗某婚后经常虐待妻子殷某，该案属于亲告罪。如果殷某不提起自诉，而是向公安机关控告罗某，公安机关应当决定不立案；但是如果虐待致殷某重伤，则该案属于公诉案件，公安机关应当立案，作为公诉案件处理。

2. 人民检察院没有提起公诉，被害人有证据证明的轻微刑事案件

这类案件必须满足两个条件：①必须是轻微的刑事案件；②被害人必须有相应的证据证明被告人有罪。这类案件主要包括：

（1）故意伤害案（轻伤）；

（2）非法侵入住宅案；

（3）侵犯通信自由案；

（4）重婚案；

（5）遗弃案；

（6）生产、销售伪劣商品案（但严重危害社会秩序和国家利益的除外）；

（7）侵犯知识产权案（但严重危害社会秩序和国家利益的除外）；

（8）《刑法》分则第四、五章规定的，对被告人可能判处3年有期徒刑以下刑罚的案件。

名师点睛 上述八类案件范围可以概括为："重""轻""伪""弃"；"通""知""住""3下"。

考点提示 此类案件可以公诉，也可以自诉。

被害人向公安机关控告的，公安机关应当受理。

被害人直接向人民法院起诉的，人民法院应当依法受理。对其中证据不足、可以由公安机关受理的，或者认为对被告人可能判处3年有期徒刑以上刑罚的，应当告知被害人向公安机关报案，或者移送公安机关立案侦查。

🥋 小试牛刀

殷某向公安机关控告自己的丈夫罗某有重婚行为，公安机关以重婚罪属于人民法院直接受理的自诉案件范围为由不受理，并告知殷某向人民法院提起自诉。请问公安机关的做法是否符合规定？

参考答案：不符合。重婚罪属于自诉案件的第2类，即被害人有证据证明的轻微刑事案件，该类案件属于公诉和自诉交叉的案件。被害人直接向人民法院起诉的，人民法院应当依法受理；被害人向公安机关控告的，公安机关也应当立案侦查。

考点提示 此类案件虽然既可以公诉也可以自诉，但是，如果公安机关正在立案侦查或者人民检察院正在审查起诉，被害人又向人民法院起诉，人民法院应当说服自诉人撤回起诉；自诉人不撤回起诉的，裁定不予受理。

举案说法 殷某向公安机关控告自己的丈夫罗某有重婚行为，公安机关以重婚罪为由立案侦查。侦查期间被害人殷某又向人民法院提起自诉，则人民法院应当说服殷某撤回起诉；殷某不撤回起诉的，裁定不予受理。

3. 公诉转自诉的案件

被害人有证据证明对被告人侵犯自己人身、财产权利的行为应当依法追究刑事责任，且有证据证明曾经提出控告，而公安机关或者人民检察院不予追究被告人刑事责任的案件，简称"公诉转自诉的案件"。

公诉转自诉的案件，从性质上说，原本属于公诉案件范围，若要成为自诉案件，必须具备以下基本条件：

（1）有证据证明对被告人侵犯自己人身、财产权利的行为应当依法追究刑事责任；

（2）有证据证明曾经提出控告，而公安机关或者人民检察院不予追究刑事责任。

名师点睛 这类刑事案件范围很广，既包括公安机关或者检察机关不立案侦查或撤销的案件，也包括检察机关决定不起诉的案件。

🥊 小试牛刀

1. 罗某被张某强奸，罗某将张某控告到公安机关。公安机关不予立案，罗某于是向法院起诉。法院能否受理此案？

参考答案：能。本案属于自诉案件的第3类，即公诉转自诉的案件。

2. 关于告诉才处理的案件与自诉案件，下列哪一选项是正确的？[1]

A. 自诉案件是告诉才处理的案件

B. 告诉才处理的案件是自诉案件

C. 告诉才处理的案件与自诉案件，只是说法不同，含义相同

D. 告诉才处理的案件与自诉案件二者之间没有关系

三、管辖权交叉竞合的处理

（一）公安机关与人民检察院的交叉管辖

根据《高检规则》第18条第1款的规定，人民检察院办理直接受理侦查的案件涉及公安机关管辖的刑事案件，应当将属于公安机关管辖的刑事案件移送公安机关。如果涉嫌的主罪属于公安机关管辖，由公安机关为主侦查，人民检察院予以配合；如果涉嫌的主罪属于人民检察院管辖，由人民检察院为主侦查，公安机关予以配合。

名师点睛 公安机关与人民检察院竞合的处理可以概括为："**该谁给谁，再看主罪**"。其中，主罪与次罪的划分，应当以犯罪嫌疑人涉嫌的犯罪可能判处的刑罚轻重为标准。

举案说法 人民检察院在查办司法工作人员向某刑讯逼供案时，发现向某还涉嫌伙同其同事高某实施故意杀害甲某的行为。人民检察院应当将本案故意杀人罪行的犯罪线索移送公安机关。由于故意杀人罪为主罪，由公安机关为主侦查，人民检察院予以配合。

（二）公诉案件与自诉案件的交叉管辖

公安机关或人民检察院在侦查过程中，如果发现被告人还犯有属于人民法院直接受理的罪行，应分情况进行处理：

1. 对于属于告诉才处理的案件，告知被害人向人民法院直接提起诉讼。

举案说法 公安机关在侦查鄢某盗窃案时发现该犯罪嫌疑人还涉嫌侵占罪。此时公安机关应当继续侦查盗窃罪，对于侵占罪只能告知被害人自己向法院提起自诉。

2. 对于属于人民法院可以受理的其他类型自诉案件，可以立案进行侦查，然后在人民检察院提起公诉时，随同公诉案件移送人民法院，由人民法院合并审理。

举案说法 公安机关在侦查鄢某盗窃案时发现该犯罪嫌疑人还涉嫌重婚罪。此时公安机关可以一并侦查，一并移送起诉，因为重婚案件既可以公诉又可以自诉。

（三）自诉案件与公诉案件的交叉

人民法院在审理自诉案件过程中，如果发现被告人还犯有必须由人民检察院提起公诉

---

[1] B。自诉案件包括了告诉才处理的案件，告诉才处理的案件是自诉案件的一种。

的罪行，应将新发现的罪行另案移送有管辖权的公安机关或者人民检察院处理。

• 举案说法 某法院在审理张某侵占案时，发现被告人还实施过抢劫行为。对此，法院应当继续审理侵占案，并将抢劫案移送有管辖权的公安机关立案侦查。

（四）普通刑事案件与监察案件的交叉

根据《监察法》第34条的规定，人民法院、人民检察院、公安机关、审计机关等国家机关在工作中发现公职人员涉嫌贪污贿赂、失职渎职等职务违法或者职务犯罪的问题线索，应当移送监察机关，由监察机关依法调查处置。被调查人既涉嫌严重职务违法或者职务犯罪，又涉嫌其他违法犯罪的，一般应当由监察机关为主调查，其他机关予以协助。

根据《监察法》第35条的规定，监察机关对于报案或者举报，应当接受并按照有关规定处理。对于不属于本机关管辖的，应当移送主管机关处理。

名师点睛 普通刑事案件与监察案件交叉竞合的基本处理原则为："该谁给谁，监察为主"。

• 举案说法 公安机关在侦查税务局局长鄢某盗窃案中，发现鄢某还涉嫌受贿。公安机关应当将受贿案的犯罪线索移送监察机关。本案一般应当由监察机关为主调查，公安机关予以协助。

关联法条 《高检规则》第17条：人民检察院办理直接受理侦查的案件，发现犯罪嫌疑人同时涉嫌监察机关管辖的职务犯罪线索的，应当及时与同级监察机关沟通。

经沟通，认为全案由监察机关管辖更为适宜的，人民检察院应当将案件和相应职务犯罪线索一并移送监察机关；认为由监察机关和人民检察院分别管辖更为适宜的，人民检察院应当将监察机关管辖的相应职务犯罪线索移送监察机关，对依法由人民检察院管辖的犯罪案件继续侦查。

人民检察院应当及时将沟通情况报告上一级人民检察院。沟通期间不得停止对案件的侦查。

名师点睛 上述条文可以概括为："监检竞合，及时沟通；监察适宜，全案移送；可监可检，分别管辖；沟通上报，不停侦查"。

• 举案说法 怀化市人民检察院在侦查某公安局局长罗小翔刑讯逼供案中，发现罗小翔还涉嫌受贿案。怀化市人民检察院应当及时与怀化市监察机关沟通，认为全案由监察机关管辖更为适宜的，怀化市人民检察院应当将刑讯逼供案和受贿案一并移送监察机关；认为分别管辖更为适宜的，怀化市人民检察院应当将受贿犯罪线索移送监察机关，对刑讯逼供一案继续侦查。怀化市人民检察院应当及时将沟通情况报告湖南省人民检察院。沟通期间不得停止对案件的侦查。

四、并案管辖

《六机关规定》第3条规定，具有下列情形之一的，人民法院、人民检察院、公安机关可以在其职责范围内并案处理：①一人犯数罪的；②共同犯罪的；③共同犯罪的犯罪嫌疑人、被告人还实施其他犯罪的；④多个犯罪嫌疑人、被告人实施的犯罪存在关联，并案处理有利于查明案件事实的。

名师点睛 并案管辖的情形可以概括为："数罪、数人、存关联；共犯还有其他罪"。

考点提示 并案管辖的前提必须是在该机关的职责范围内，如果超出了该机关的职责范围，那么涉及的就是交叉管辖的问题，应当"该谁给谁"。

• **举案说法**

❶罗某、张某在甲地组织卖淫一案，被甲地公安机关立案侦查。侦查中公安机关发现罗某还在乙地实施了另一起贩毒案，甲地公安可以将罗某的贩毒案并案侦查，因为组织卖淫罪和贩毒罪均属于公安机关侦查职责范围。

❷罗某、张某在甲地组织卖淫一案，被甲地公安机关立案侦查，侦查中发现罗某还在乙地实施了另一起受贿案。甲地公安机关应当将罗某的受贿犯罪线索移送监察机关。本案一般应当由监察机关为主调查，公安机关予以协助。

关联法条《刑诉解释》第24条：人民法院发现被告人还有其他犯罪被起诉的，可以并案审理；涉及同种犯罪的，一般应当并案审理。

人民法院发现被告人还有其他犯罪被审查起诉、立案侦查、立案调查的，可以参照前款规定协商人民检察院、公安机关、监察机关并案处理，但可能造成审判过分迟延的除外。

根据前两款规定并案处理的案件，由最初受理地的人民法院审判。必要时，可以由主要犯罪地的人民法院审判。

名师点睛

❶如果案件已经起诉至不同法院，特别是不同省份的法院，并案处理就涉及两地法院、两地检察院的工作衔接和配合，具体操作程序繁杂、费时费力、十分困难。所以根据上述条文第1款的规定可知，法院受理案件后，发现被告人还有其他犯罪，对于起诉至法院的，可以并案审理；涉及同种罪的，"一般"应当并案审理。

❷根据上述条文第2款的规定，法院发现被告人还有其他犯罪，虽然尚未诉至法院，但已经处于侦查（调查）或审查起诉阶段了，可以协商公安、监委或者检察院并案处理，除非可能造成审判过分迟延。实践中，如果确实协商不成，可以继续审理。有些案件强行要求并案处理，可能导致审理时间过长，判前羁押时间人为加长，反而对被告人不利。

❸上述条文第3款规定的是并案管辖处理后的管辖规则。需要注意的是：①之所以规定"由最初受理地的人民法院审判"而非"由最初受理的人民法院审判"，主要是因为：如果最初受理的是基层法院，而还有罪行是由地市级检察院审查起诉，则并案时就不是由最初受理的基层法院，而是由最初受理地的中级法院管辖。②考虑到有些案件由主要犯罪地法院审判更为便利，故规定"必要时，可以由主要犯罪地的人民法院审判"。如果多个犯罪不属于同级法院管辖，一般可以认为属于中级法院管辖的犯罪属于主要犯罪，从而适用上述规定，由该中级法院并案处理。

• **举案说法** 罗某、张某在甲地组织卖淫一案，被起诉至甲县人民法院。甲县人民法院受理案件后发现罗某在乙市实施的一起故意杀人案已被移送至乙市人民检察院审查起诉，甲县人民法院可以协商乙市人民检察院并案处理。本案如果并案处理，原则上由最初受理地的甲县所在市中级人民法院审判。必要时，可以由主要犯罪地的乙市中级人民法院审判。

关联法条《刑诉解释》第25条：第二审人民法院在审理过程中，发现被告人还有其他犯罪没有判决的，参照前条规定处理。第二审人民法院决定并案审理的，应当发回第一审人民法院，由第一审人民法院作出处理。

举案说法 罗某在甲地组织卖淫一案，被起诉至甲县人民法院。第二审人民法院审理中发现罗某实施的贩毒罪行尚未判决的，可以决定并案审理；如果决定并案审理，应当发回第一审人民法院，由第一审人民法院作出处理。

关联法条《刑诉解释》第467条：对依照审判监督程序重新审判的案件，人民法院在依照第一审程序进行审判的过程中，发现原审被告人还有其他犯罪的，一般应当并案审理，但分案审理更为适宜的，可以分案审理。

名师点睛 共同犯罪或者关联犯罪案件，究竟是并案还是分案，公检法机关应当根据具体情况具体分析。根据《刑诉解释》第220条的规定，对一案起诉的共同犯罪或者关联犯罪案件，被告人人数众多、案情复杂，人民法院经审查认为，分案审理更有利于保障庭审质量和效率的，可以分案审理。分案审理不得影响当事人质证权等诉讼权利的行使。对分案起诉的共同犯罪或者关联犯罪案件，人民法院经审查认为，合并审理更有利于查明案件事实、保障诉讼权利、准确定罪量刑的，可以并案审理。

关联法条《网络犯罪程序意见》

第10条：犯罪嫌疑人被多个公安机关立案侦查的，有关公安机关一般应当协商并案处理，并依法移送案件。协商不成的，可以报请共同上级公安机关指定管辖。

人民检察院对于审查起诉的案件，发现犯罪嫌疑人还有犯罪被异地公安机关立案侦查的，应当通知移送审查起诉的公安机关。

人民法院对于提起公诉的案件，发现被告人还有其他犯罪被审查起诉、立案侦查的，可以协商人民检察院、公安机关并案处理，但可能造成审判过分迟延的除外。决定对有关犯罪并案处理，符合《中华人民共和国刑事诉讼法》第204条规定的，人民检察院可以建议人民法院延期审理。

第5条：并案侦查的共同犯罪或者关联犯罪案件，犯罪嫌疑人人数众多、案情复杂的，公安机关可以分案移送审查起诉。分案移送审查起诉的，应当对并案侦查的依据、分案移送审查起诉的理由作出说明。

对于前款规定的案件，人民检察院可以分案提起公诉，人民法院可以分案审理。

分案处理应当以有利于保障诉讼质量和效率为前提，并不得影响当事人质证权等诉讼权利的行使。

专题10 审判管辖

审判管辖，是指各级人民法院之间、同级人民法院之间以及普通人民法院与专门人民法院之间、各专门人民法院之间，在审判第一审刑事案件上的权限划分。审判管辖所要解决的是人民法院系统内部受理案件的分工问题，包括级别管辖、地域管辖、专门管辖、移送管辖、指定管辖。

一、级别管辖

级别管辖,是指各级人民法院之间在审判第一审刑事案件上的权限划分。级别管辖是对第一审刑事案件审判权的纵向划分,解决的是上下级人民法院之间的权限分工问题。

(一)级别管辖的分工

基层人民法院	管辖第一审普通刑事案件,但是依照《刑事诉讼法》由上级人民法院管辖的除外。
中级人民法院	(1)危害国家安全、恐怖活动案件;(《刑事诉讼法》第21条第1项) (2)可能判处无期徒刑、死刑的案件;(《刑事诉讼法》第21条第2项) (3)违法所得没收程序;(《刑事诉讼法》第299条第1款) (4)缺席审判程序。(《刑事诉讼法》第291条第2款) **名师点睛** ❶危害国家安全案件是指《刑法》分则第一章规定的危害国家安全的案件;恐怖活动案件的范围主要依据《刑法》分则规定的罪名是否属于恐怖活动予以明确。 ❷上述规定并不是说这些案件必须由中级人民法院进行第一审,而是最低应由中级人民法院进行第一审,并不排除由高级人民法院、最高人民法院对这些案件进行第一审。 ❸中级人民法院管辖案件可以概括为:"危""恐""无""死""没""缺席"。
高级人民法院	管辖全省(自治区、直辖市)性的重大刑事案件。
最高人民法院	管辖在全国范围内具有重大影响的,性质、情节都特别严重的刑事案件。

考点提示 重点掌握中级法院管辖范围,如果考到基层法院管辖范围,记得使用排除法。

小试牛刀

下列哪些案件属于基层法院管辖?[1]

A. M国人汤姆在G国殴打一中国留学生,致其耳聋

B. B国人达卡威斯在中国盗窃一旅客手包,内有财物价值2500元

C. 中国籍的马某在中国大陆将一台湾商人打成轻伤

D. 中国籍的张某在中国内地绑架一G国籍富商,因未勒索到赎金将其杀害

(二)级别管辖的变通

上可审下	上级法院在必要时,可以审判下级法院管辖的第一审刑事案件。 **举案说法** 某县法院审理罗伯特·翔强奸一案,认为案情重大、复杂需要由中院审判的,可以请求移送中院审判。 **关联法条**《刑诉解释》第16条:上级人民法院决定审判下级人民法院管辖的第一审刑事案件的,应当向下级人民法院下达改变管辖决定书,并书面通知同级人民检察院。
下不可审上	下级法院绝对不能审理上级法院管辖的案件。依法应当由上级法院管辖的一审案件,不能再指定下级法院管辖。

---

[1] ABC

下不可审上	**举案说法** 某县法院审理罗伯特·翔强奸一案，认为可能判处无期徒刑、死刑的，应当请求移送中院审判。 **关联法条**《刑诉解释》 **第17条第3款**：需要将案件移送中级人民法院审判的，应当在报请院长决定后，至迟于案件审理期限届满15日以前书面请求移送。中级人民法院应当在接到申请后10日以内作出决定。不同意移送的，应当下达不同意移送决定书，由请求移送的人民法院依法审判；同意移送的，应当下达同意移送决定书，并书面通知同级人民检察院。 **第14条**：人民检察院认为可能判处无期徒刑、死刑，向中级人民法院提起公诉的案件，中级人民法院受理后，认为不需要判处无期徒刑、死刑的，应当依法审判，不再交基层人民法院审判。
数罪或数人就高不就低	根据《刑诉解释》第15条的规定，一人犯数罪、共同犯罪或者其他需要并案审理的案件，其中一人或者一罪属于上级人民法院管辖的，全案由上级人民法院管辖。 **举案说法** 高甲、高乙、高丙三兄弟共同抢劫一案，其中只有大哥高甲是主犯，可能判无期徒刑，那么全案应当一并移送中院审理。假如小弟高丙尚未成年，如果涉及分案审理的特殊情形，那么高丙无需一并移送中院审理。

名师点睛 此考点与民事诉讼有所不同。在民事诉讼中，上级人民法院可以将本院管辖的一审民事案件交下级人民法院审理。因此，民诉简称"能上能下"，刑诉简称"上可审下，下不可审上"。

二、地域管辖

地域管辖，是指同级人民法院之间，在审判第一审刑事案件时的权限划分。其是对第一审刑事案件审判权的横向划分，解决的是同级人民法院之间的权限分工问题。

（一）以犯罪地管辖为主，被告人居住地管辖为辅原则

刑事案件由犯罪地的人民法院管辖。被告人居住地的人民法院审判更为适宜的，可以由被告人居住地的人民法院管辖。

1. 犯罪地包括犯罪行为发生地和犯罪结果发生地。

举案说法 罗某非法拘禁张某于某市A区，后又用汽车经该市B区、C区，将张某转移到D区继续拘禁。对于罗某所涉非法拘禁案，A区、B区、C区、D区四区法院都有管辖权。

关联法条《刑诉解释》**第2条第2款**：针对或者主要利用计算机网络实施的犯罪，犯罪地包括用于实施犯罪行为的网络服务使用的服务器所在地，网络服务提供者所在地，被侵害的信息网络系统及其管理者所在地，犯罪过程中被告人、被害人使用的信息网络系统所在地，以及被害人被侵害时所在地和被害人财产遭受损失地等。

小试牛刀

周某采用向计算机植入木马程序的方法窃取齐某的网络游戏账号、密码等信息，将窃取到的相关数据存放在其租用的服务器中，并利用这些数据将齐某游戏账户内的金币、点

券等虚拟商品放在第三方网络交易平台上进行售卖，获利5000元。下列哪些地区的法院对本案具有管辖权?[1]

A. 周某计算机所在地　　　　　　B. 齐某计算机所在地
C. 周某租用的服务器所在地　　　D. 经营该网络游戏的公司所在地

2. 居住地是指被告人的户籍地。经常居住地与户籍地不一致的，经常居住地为其居住地。经常居住地为被告人被追诉前已连续居住1年以上的地方，但住院就医的除外。被告单位登记的住所地为其居住地。主要营业地或者主要办事机构所在地与登记的住所地不一致的，主要营业地或者主要办事机构所在地为其居住地。

【名师点睛】由被告人居住地的人民法院管辖更为适宜的情况一般包括：被告人流窜作案，主要犯罪地难以确定，而其居住地的群众更多地了解案件情况的；被告人在居住地民愤极大，当地群众要求在当地审判的；可能对被告人适用缓刑、管制或者单独适用剥夺政治权利等刑罚，因而需要在其居住地执行的；等等。

（二）以最初受理的人民法院审判为主，主要犯罪地人民法院审判为辅原则

根据《刑诉解释》第19条第1款的规定，2个以上同级人民法院都有管辖权的案件，由最初受理的人民法院审判。必要时，可以移送主要犯罪地的人民法院审判。"必要时"，一般应从有利于查清犯罪事实、及时处理案件以及充分发挥审判活动的教育作用等方面考虑。所谓主要犯罪地，包括案件涉及多个地点时，对该犯罪的成立起主要作用的行为地，也包括一人犯数罪时，主要罪行的实行地。

【名师点睛】在此问题上，民事诉讼规定为最先立案的人民法院管辖。

【举案说法】罗某非法拘禁张某于某市A区，后又用汽车经该市B区、C区，将张某转移到D区继续拘禁。本案当A区、B区、C区、D区四区法院都有管辖权时，如果A区法院最先受理，则原则上由A区法院管辖，必要的时候，可以移送主要犯罪地的法院审判。

三、专门管辖（了解即可）

专门管辖，是指专门人民法院与普通人民法院之间，各种专门人民法院之间以及各专门人民法院系统内部在受理第一审刑事案件上的权限分工。在我国，军事法院就是管辖刑事案件的专门人民法院。一般而言，军人和非军人共同犯罪的，分别由军事法院和地方人民法院管辖。但涉及国家军事秘密的，全案由军事法院管辖。

【举案说法】国家机关工作人员高某与某军事部门有业务往来。一日，高某到该部门洽谈工作，趁有关人员临时离开将一部照相机窃走，该照相机中有涉及军事机密的照片。由于本案涉及国家军事秘密，应当由军事法院管辖。

四、指定管辖

指定管辖，是指当管辖不明或者有管辖权的法院不宜行使管辖权时，由上级人民法院

---

[1] ABCD

以指定的方式确定案件的管辖。

（一）指定管辖的情形

管辖不明	根据《刑诉解释》第 20 条第 1 款的规定，管辖不明的案件，上级人民法院可以指定下级人民法院审判。 管辖权发生争议的，应当在审限内协商解决；协商不成，由争议的人民法院分别层报共同的上级人民法院指定管辖。 [名师点睛] 协商是必经程序，而且必须是层报。
管辖不宜	有管辖权的人民法院因案件涉及本院院长需要回避或者其他原因，不宜行使管辖权的，可以请求移送上一级人民法院管辖。上一级人民法院可以管辖，也可以指定与提出请求的人民法院同级的其他人民法院管辖。 [举案说法] 罗某在甲省 A 市 B 区利用网络捏造和散布虚假事实，宣称向某系当地黑社会组织"大哥"，A 市中级法院院长张某为其"保护伞"。向某以罗某诽谤为由，向 B 区法院提起自诉。本案就属于管辖不宜的情形，既然 A 市中院院长与本案有利害关系，那么 A 市所有法院均不适宜管辖本案。B 区法院受理该案后可以请求上级法院指定管辖。应当由甲省高院指定 A 市以外的其他地方法院行使管辖权。 [关联法条]《刑诉解释》第 20 条第 2 款：有关案件，由犯罪地、被告人居住地以外的人民法院审判更为适宜的，上级人民法院可以指定下级人民法院管辖。
规避管辖	根据《刑诉解释》第 23 条的规定，第二审人民法院发回重新审判的案件，人民检察院撤回起诉后，又向原第一审人民法院的下级人民法院重新提起公诉的，下级人民法院应当将有关情况层报原第二审人民法院。原第二审人民法院根据具体情况，可以决定将案件移送原第一审人民法院或者其他人民法院审判。

（二）指定管辖后的处理

根据《刑诉解释》第 21 条的规定，上级人民法院指定管辖，应当将指定管辖决定书送达被指定管辖的人民法院和其他有关的人民法院。

公诉案件	原受理案件的人民法院应当书面通知提起公诉的人民检察院，并将全部案卷材料退回，同时书面通知当事人。
自诉案件	原受理案件的人民法院应当将全部案卷材料移送被指定管辖的人民法院，并书面通知当事人。

[名师点睛] 关于指定管辖后案卷材料究竟如何移送的问题可以概括为："公诉要退回，自诉直接送"。

> 🐂 **小试牛刀**
>
> 甲省 A 市副市长涉嫌受贿 2000 万元，为保证诉讼顺利进行，如甲省高级法院指定 B 市中级法院审理，A 市中级法院能否直接将案卷材料移送 B 市中级法院？
>
> 参考答案：不能。因为本案属于公诉案件，原受理案件的法院应当书面通知提起公诉的检察院，并将全部案卷材料退回，同时书面通知当事人。

专题 11 特殊案件的管辖

一、外国人犯罪的管辖

普遍管辖	根据《刑诉解释》第12条的规定，对中华人民共和国缔结或者参加的国际条约所规定的罪行，中华人民共和国在所承担条约义务的范围内行使刑事管辖权的，由被告人被抓获地、登陆地或者入境地的人民法院管辖。 **名师点睛** 普遍管辖的法院可以概括为："抓获+登陆+入境地"。
保护管辖	根据《刑诉解释》第11条的规定，外国人在中华人民共和国领域外对中华人民共和国国家或者公民犯罪，根据《刑法》应当受处罚的，由该外国人登陆地、入境地或者入境后居住地的人民法院管辖，也可以由被害人离境前居住地或者现居住地的人民法院管辖。 **名师点睛** 保护管辖的法院可以概括为："被告登陆和两境"；"被害可由'现''前'管"。

🗡 小试牛刀

英国邮轮在公海航行期间，美国人路易斯·翔在邮轮上杀害了中国人向高乙（家住广州），邮轮经停东京最终停靠上海。路易斯·翔在上海入境后定居北京，最终在天津被抓获。本案哪些地方的法院有管辖权？

参考答案：上海、北京、广州。上海是登陆地、入境地，北京是入境后的居住地，广州是被害人离境前的居住地。

二、中国的交通工具

（一）飞机

领域内	用一般管辖方法确定即可。
领域外	根据《刑诉解释》第8条的规定，在中华人民共和国领域外的中国航空器内的犯罪，由该航空器在中国最初降落地的人民法院管辖。

🗡 小试牛刀

中国一架飞机在越南领空飞行期间，美国人路易斯·翔在飞机上杀害了日本人松田高乙（家住广州），该飞机经停上海最终飞往北京。路易斯·翔在北京入境，最终在天津被抓获。哪个地方的法院有管辖权？

参考答案：上海。上海是该飞机在中国的最初降落地。

（二）船舶

领域内	根据《刑诉解释》第4条的规定，在中华人民共和国内水、领海发生的刑事案件，由犯罪地或者被告人登陆地的人民法院管辖。由被告人居住地的人民法院审判更为适宜的，可以由被告人居住地的人民法院管辖。 **名师点睛** 船在领域内的管辖可以概括为："普通地域+登陆"。
领域外	根据《刑诉解释》第7条的规定，在中华人民共和国领域外的中国船舶内的犯罪，由该船舶最初停泊的中国口岸所在地或者被告人登陆地、入境地的人民法院管辖。 **名师点睛** ❶ 有的在中国领域外航行的中国船舶内发生犯罪后，船舶可能并不马上返航回国，而是继续向外航行，只是将犯罪嫌疑人带回我国。对此种情形，新《刑诉解释》增加规定被告人登陆地、入境地的人民法院作为管辖选择地。 ❷ 船在领域外的管辖可以概括为："初停、登陆、入境地"。

🗡 小试牛刀

罗某，甲市人，中国乙市远洋运输公司"黎明号"货轮船员。"黎明号"航行在公海时，罗某因与另一船员张某发生口角将其打成重伤。案发后，罗某从日本大阪飞中国丙市入境回国，货轮返回中国首泊丁市港口，后罗某在丁市被抓获。本案哪些法院有管辖权？

参考答案：丙市和丁市法院。丙市为被告人入境地，丁市为船舶最初停泊的中国口岸所在地。

（三）列车

国内列车	根据《刑诉解释》第5条第1款的规定，在列车上的犯罪，被告人在列车运行途中被抓获的，由前方停靠站所在地负责审判铁路运输刑事案件的人民法院管辖。必要时，也可以由始发站或者终点站所在地负责审判铁路运输刑事案件的人民法院管辖。 **名师点睛** 此情形可以概括为："运行列车'前方停靠、始、终'管"。 根据《刑诉解释》第5条第2款的规定，被告人不是在列车运行途中被抓获的，由负责该列车乘务的铁路公安机关对应的审判铁路运输刑事案件的人民法院管辖；被告人在列车运行途经车站被抓获的，也可以由该车站所在地负责审判铁路运输刑事案件的人民法院管辖。 **名师点睛** 对于被告人不是在列车运行途中被抓获的，规定由负责该列车乘务的铁路公安机关对应的审判铁路运输刑事案件的人民法院管辖。但是实践中存在被告人实施犯罪后下车，在车站即被抓获的情形。为便于执法办案，避免移送案件浪费侦查资源，此种情形也可以由该车站所在地负责审判铁路运输刑事案件的人民法院管辖。
国际列车	根据《刑诉解释》第6条的规定，在国际列车上的犯罪，根据我国与相关国家签订的协定确定管辖；没有协定的，由该列车始发或者前方停靠的中国车站所在地负责审判铁路运输刑事案件的人民法院管辖。 **名师点睛** 此情形可以概括为："没有协定、始、停靠"。

> 📝 **小试牛刀**

在北京开往莫斯科的国际列车上,俄罗斯人伊万诺维乙在列车行驶于蒙古国境内时杀害了蒙古人巴特尔·翔。在没有协定的情况下,中国何地法院有管辖权?

参考答案:北京为列车的始发站,北京负责审判铁路运输刑事案件的法院有管辖权。

三、中国人在国外犯罪

使领馆内	根据《刑诉解释》第9条的规定,中国公民在中国驻外使领馆内的犯罪,由其主管单位所在地或者原户籍地的人民法院管辖。 **名师点睛** 此情形可以概括为:"司法豁免'回原籍'"。
使领馆外	根据《刑诉解释》第10条的规定,中国公民在中华人民共和国领域外的犯罪,由其登陆地、入境地、离境前居住地或者现居住地的人民法院管辖;被害人是中国公民的,也可以由被害人离境前居住地或者现居住地的人民法院管辖。 **名师点睛** 此情形可以概括为:"被告登陆、入境地";"双方都由'现''前'管"。

> 📝 **小试牛刀**

中国留学生陈某在日本杀害了中国留学生江某。中国法院应当如何行使管辖?

参考答案:本案可以由陈某登陆地、入境地、离境前居住地或者现居住地或者江某离境前的居住地的法院管辖。本案由于江某已死亡,已不存在被害人现居住地。

四、服刑期间发现漏罪、新罪

漏 罪	正在服刑的罪犯在判决宣告前还有其他罪没有判决的,由原审地人民法院管辖;罪犯服刑地或者犯罪地的人民法院审判更为适宜的,可以由罪犯服刑地或者犯罪地的人民法院管辖。
新 罪	罪犯在服刑期间又犯罪的,由服刑地的人民法院管辖。罪犯在脱逃期间又犯罪的,由服刑地的人民法院管辖。但是,在犯罪地抓获罪犯并发现其在脱逃期间犯罪的,由犯罪地的人民法院管辖。

> 📝 **小试牛刀**

小翔因犯强奸罪被甲县法院判处有期徒刑7年,判决生效后被送至乙县监狱服刑。其间,小翔越狱脱逃,并在丙县猥亵了被害人高某。本案管辖如何确定?

参考答案:如果是在丙县抓获小翔时发现其犯猥亵罪的,由丙县法院管辖;如果是小翔被抓捕押解回监狱后发现其犯猥亵罪的,由乙县法院管辖。

第 5 讲 回 避

本讲导读

复习提要

刑事诉讼中的回避,是指根据《刑事诉讼法》和有关法律的规定,侦查人员、检察人员、审判人员以及书记员、翻译人员和鉴定人等同案件有法定利害关系或者其他可能影响案件公正处理的关系,因而不得参与该案诉讼活动的一项诉讼制度。回避制度体现了利益规避原则,其主要功能是防止因利益牵扯而可能影响公安司法人员等的客观公正性,保证公正行使职权,确保案件得到公正处理、当事人在诉讼中受到公正的对待,以维护诉讼过程与诉讼结果的权威性和公信力。

刑事诉讼中的回避仅需要回答三个问题:①回避的对象,解决谁需要回避的问题;②回避的理由,解决为什么要回避的问题;③回避的程序,解决怎样回避的问题。本专题的难点是回避理由的判断,重点是回避的申请、决定、救济等相关程序。

知识框架

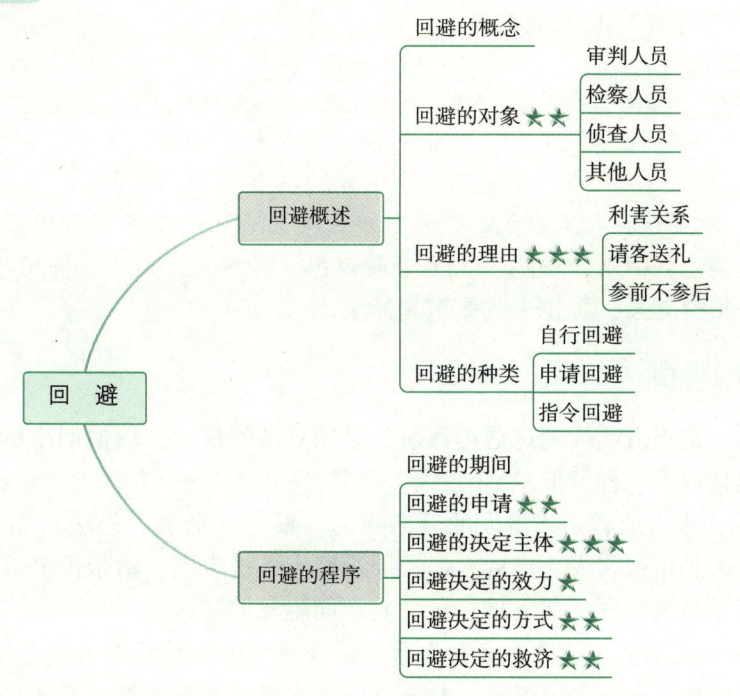

```
回避 ── 回避概述 ── 回避的概念
                  ├─ 回避的对象★★ ── 审判人员
                  │                 ├─ 检察人员
                  │                 ├─ 侦查人员
                  │                 └─ 其他人员
                  ├─ 回避的理由★★★ ── 利害关系
                  │                 ├─ 请客送礼
                  │                 └─ 参前不参后
                  └─ 回避的种类 ── 自行回避
                                 ├─ 申请回避
                                 └─ 指令回避
     └─ 回避的程序 ── 回避的期间
                   ├─ 回避的申请★★
                   ├─ 回避的决定主体★★★
                   ├─ 回避决定的效力★
                   ├─ 回避决定的方式★★
                   └─ 回避决定的救济★★
```

专题 12 回避概述

一、回避的概念和对象

（一）概念

刑事诉讼中的回避，是指根据《刑事诉讼法》和有关法律的规定，侦查人员、检察人员、审判人员等同案件有法定利害关系或者其他可能影响案件公正处理的关系，因而不得参加该案诉讼活动的一项诉讼制度。

（二）对象

审判人员	根据《刑诉解释》第37条的规定，审判人员包括人民法院院长、副院长、审判委员会委员、庭长、副庭长、审判员和人民陪审员。 **名师点睛** 人民陪审员也属于审判人员，所以也属于回避对象。法官助理虽然不属于严格意义上的审判人员，但也属于回避对象。
检察人员	根据《高检规则》第682条的规定，检察人员包括检察官和检察官助理。检察官包括检察长、副检察长、检察委员会委员、检察员。 **名师点睛** 检察人员不等于检察员。如检察官助理虽不属于检察员，但属于检察人员。
侦查人员	侦查人员包括具体侦查人员和对具体案件的侦查有权参与讨论和作出决定的负责人。
其他人员	书记员、翻译人员、鉴定人。 **名师点睛** ❶有专门知识的人参照鉴定人规则，因此也属于回避对象。 ❷证人不适用回避，辩护人和诉讼代理人也不属于回避对象。

举案说法 聋哑被告人高乙开庭审理前要求其懂哑语的弟弟高丙担任他的辩护人和翻译人员。对于高乙的要求，法院应当准予高丙担任辩护人，但不准高丙担任翻译人员。因为辩护人不是回避对象，翻译人员是回避对象。

二、回避的理由

回避的理由，是指由法律规定适用回避所必须具备的根据。根据刑事诉讼法的有关规定，回避理由包括以下八种情形：

1. 是本案的当事人或者是当事人的近亲属的。根据《刑事诉讼法》第108条第2、6项的规定，当事人是指被害人、自诉人、犯罪嫌疑人、被告人、附带民事诉讼的原告人和被告人；近亲属是指夫、妻、父、母、子、女、同胞兄弟姊妹。

名师点睛 最高人民法院《关于审判人员在诉讼活动中执行回避制度若干问题的规定》第1条第2款对此作了进一步的解释：与当事人有夫妻、直系血亲、三代以内旁系血亲及近姻亲关系的审判人员都应当回避。

2. 本人或者其近亲属和本案有利害关系的。所谓利害关系，是指本案的处理结果会影响到审判人员、检察人员、侦查人员以及书记员、翻译人员、鉴定人或其近亲属的利益。

3. 担任过本案的证人、鉴定人、辩护人、诉讼代理人或者翻译人员的。在同一个案件中，曾经担任过证人、鉴定人、辩护人或诉讼代理人的人，对案件事实往往已经形成了自己的看法，如果再以其他办案人员的身份参与对该案件的处理，就很难做到客观公正。

4. 与本案的辩护人、诉讼代理人有近亲属关系的。

5. 与本案当事人有其他关系，可能影响公正处理案件的。这是对上述四种情形以外的概括性规定，内容比较广泛，既可以是同学、朋友等友好关系，也可以是不睦关系，即与当事人有过仇隙、纠纷等，具体则由公安司法机关裁量决定。

名师点睛 上述关系只有达到影响案件公正处理的程度时，相关人员才应当回避。

6. 接受本案当事人及其委托的人的请客送礼，或者违反规定会见当事人及其委托人的。

关联法条 《刑诉解释》第28条：审判人员具有下列情形之一的，当事人及其法定代理人有权申请其回避：

（一）违反规定会见本案当事人、辩护人、诉讼代理人的；

（二）为本案当事人推荐、介绍辩护人、诉讼代理人，或者为律师、其他人员介绍办理本案的；

（三）索取、接受本案当事人及其委托的人的财物或者其他利益的；

（四）接受本案当事人及其委托的人的宴请，或者参加由其支付费用的活动的；

（五）向本案当事人及其委托的人借用款物的；

（六）有其他不正当行为，可能影响公正审判的。

名师点睛 对此种情形的回避，当事人及其法定代理人应当提供相关证据材料。

7. 参加过本案调查、侦查、起诉的监察、侦查、检察人员。（参前不参后）

关联法条 《刑诉解释》第29条第1款：参与过本案调查、侦查、审查起诉工作的监察、侦查、检察人员，调至人民法院工作的，不得担任本案的审判人员。

《高检规则》第35条：参加过同一案件侦查的人员，不得承办该案的审查逮捕、审查起诉、出庭支持公诉和诉讼监督工作，但在审查起诉阶段参加自行补充侦查的人员除外。

• 举案说法

❶ 向某参加过某刑讯逼供案的侦查工作，向某不能继续参加该案的审查起诉工作，此情形向某应当回避。

❷ 罗某参加过某刑讯逼供案的审查逮捕工作，罗某可以继续出庭支持公诉，因为根据《高检规则》第8条第1款的规定，除法定情形外，对同一刑事案件的审查逮捕、审查起诉、出庭支持公诉和立案监督、侦查监督、审判监督等工作，由同一检察官或者检察官办案组负责。

❸ 鄢某在审查起诉阶段参加过某刑讯逼供案的自行补充侦查工作，鄢某可以继续出庭支持公诉，此情形属于《高检规则》第35条规定的例外情形。

8. 在一个审判程序中参与过本案审判工作的合议庭组成人员或独任审判员，不得再

参与本案其他程序的审判。（参前不参后）

> **小试牛刀**

1. 向法官作为参与某案一审速裁程序的独任审判员，后该案二审发回重审，适用普通程序，向法官能否作为合议庭成员继续参与本案审理？

    参考答案：不能。发回重审后，向法官需要回避，不能再次参与本案后续的审理。

2. 向某作为参与某案一审的书记员，后来该案二审发回重审，向某是否需要回避？

    参考答案：不需要。（注意：法条原文是"参与过本案审判工作的合议庭组成人员或者独任审判员"，而非"参与过本案审判工作的审判人员"。因此，法官助理、书记员均不在其中。）

3. 向某作为参与某贪污案一审的合议庭组成人员，后该案因被告人死亡，需要追缴其违法所得及其他涉案财产而启动没收违法所得程序，向某能否继续参与该特别程序的审判？

    参考答案：可以。此情形不需要适用回避的规定。主要考虑"在一个审判程序中参与过本案审判工作的合议庭组成人员或者独任审判员，不得再参与本案其他程序的审判"的规定限于"本案"，即同一个案件。对于普通程序与缺席审判程序、违法所得没收程序、强制医疗程序等特别程序之间的转换，由于案由发生变化，不再属于同一案件，自然不受上述规定的限制。对于上述情形，由同一审判组织继续审理，不仅不会影响公正审判，而且由于原审判组织熟悉案件相关情况，更加便于审判。故而，不需要适用回避制度。

    关联法条《刑诉解释》第29条第2款：在一个审判程序中参与过本案审判工作的合议庭组成人员或者独任审判员，不得再参与本案其他程序的审判。但是，发回重新审判的案件，在第一审人民法院作出裁判后又进入第二审程序、在法定刑以下判处刑罚的复核程序或者死刑复核程序的，原第二审程序、在法定刑以下判处刑罚的复核程序或者死刑复核程序中的合议庭组成人员不受本款规定的限制。

    名师点睛 此情形可以概括为："发回重组，回来不限"。

> **小试牛刀**

某中院二审认为一审程序违法，裁定撤销原判发回重审，重审后该案件再次上诉，原中院二审合议庭是否需要回避？

参考答案：不需要。对于发回重新审判的案件，原第二审程序、在法定刑以下判处刑罚的复核程序或者死刑复核程序的合议庭组成人员对案件情况比较熟悉，清楚发回重审的原因。案件再次进入第二审程序、在法定刑以下判处刑罚的复核程序或者死刑复核程序后，由原合议庭审理，不会影响司法公正，而是能更好地审查一审法院是否解决了原来存在的问题，重新作出的裁判是否合法、合理，可以兼顾公正与效率。

三、回避的种类

自行回避	即审判人员、检察人员、侦查人员等，在诉讼过程中遇有法定回避情形时，主动要求退出刑事诉讼活动。

申请回避	即案件当事人及其法定代理人、辩护人或者诉讼代理人认为审判人员、检察人员、侦查人员等具有法定回避情形，而向他们所在的机关提出申请，要求他们回避。
指令回避	即审判人员、检察人员、侦查人员等遇有法定的回避情形时，没有自行回避，当事人及其法定代理人也没有申请回避，公、检、法机关等有关组织或负责人可以依职权命令其退出案件诉讼活动的制度。

小试牛刀

未成年人小付涉嫌故意伤害袁某，袁某向法院提起自诉。小付的父亲委托律师黄某担任辩护人，袁某委托其在法学院上学的儿子担任诉讼代理人。本案中，下列哪些人有权要求审判人员回避?[1]

A. 黄某 B. 袁某
C. 袁某的儿子 D. 小付的父亲

专题 13　回避的程序

一、期间

在刑事诉讼的各个阶段，如侦查、起诉和审判等阶段，都可以启动回避程序。侦查人员、检察人员、审判人员应当在相应的诉讼阶段及时告知当事人有申请回避权。

二、申请

1. 申请主体和方式

当事人及其法定代理人、辩护人或者诉讼代理人要求司法工作人员回避的，应当书面或者口头向公安司法机关提出，并说明理由或者提供有关证明材料。

名师点睛 申请回避的主体共有四个：当事人、法定代理人、诉讼代理人、辩护人。近亲属不能申请回避。

举案说法 被告人贾某涉嫌抢劫罪，如果贾某19岁，他的父亲向某作为被告人近亲属无权申请回避，但是如果贾某15岁，他的父亲向某作为法定代理人则有申请回避权。

2. 申请效果

被申请回避的人员一般应暂停参与本案的诉讼活动，对侦查人员的回避作出决定前，侦查人员不能停止对案件的侦查。

名师点睛 在作出对侦查人员的回避决定前，侦查人员不能停止对案件的侦查工作，以

---

[1]　ABCD

免影响及时收集犯罪证据和查明案件事实；但是作出回避决定后，被申请回避的公安机关负责人、侦查人员不得再参与本案的侦查工作。

三、决定主体

1. 审判人员、检察人员、侦查人员	应当分别由院长、检察长、县级以上公安机关负责人决定。 **名师点睛** 此情形可以概括为："一般找'老大'"。
2. 院长、检察长和公安机关负责人	（1）院长的回避，由本院审判委员会决定； （2）检察长和公安机关负责人的回避，由同级检察院检察委员会决定。 **名师点睛** 此情形可以概括为："'老大'找组织"。
3. 书记员、翻译人员和鉴定人	一般应当按照诉讼进行的阶段，分别由公安机关负责人、检察长或法院院长决定。 **名师点睛** 书记员、翻译人员和鉴定人实行"谁聘请，谁决定"。

名师点睛 关于回避的决定主体可以概括为："一般找'老大'，'老大'找组织"。此处和民事诉讼法的规定不同，民诉回避分三档："一般找'老大'，'老大'找组织，非审要找审判长"。在民诉中，非审判人员（翻译、鉴定人）的回避由审判长决定。

🐂 小试牛刀

王某是某公安机关的法医，在一起刑事案件的法庭审理过程中，人民法院聘请王某担任该案鉴定人。本案的被告人提出王某与本案有利害关系，申请回避。依照刑事诉讼法的有关规定，谁有权对王某是否回避作出决定？

参考答案：王某是人民法院聘请的，所以应由该人民法院院长决定其是否回避。

【关联法条】《刑诉解释》第36条：当事人及其法定代理人申请出庭的检察人员回避的，人民法院应当区分情况作出处理：

（一）属于刑事诉讼法第29条、第30条规定情形的回避申请，应当决定休庭，并通知人民检察院尽快作出决定；

（二）不属于刑事诉讼法第29条、第30条规定情形的回避申请，应当当庭驳回，并不得申请复议。

名师点睛 根据最新《刑诉解释》的规定可知，法院对申请出庭的检察人员回避的处理方案可以概括为："有理则休庭，无理则驳回"。

🐂 小试牛刀

在法庭审判中，被告人罗某以公诉人长相丑陋为由，申请出席法庭的公诉人张某回避。对罗某的回避申请，合议庭应当如何处理？

参考答案：当庭驳回罗某的申请，且不得申请复议。

四、回避决定的效力

1. 根据《公安部规定》第39条的规定，被决定回避的公安机关负责人、侦查人员在回避决定作出以前所进行的诉讼活动是否有效，由作出决定的机关根据案件情况决定。

2. 根据《高检规则》第36条的规定，被决定回避的检察长在回避决定作出以前所取得的证据和进行的诉讼行为是否有效，由检察委员会根据案件具体情况决定。被决定回避的其他检察人员在回避决定作出以前所取得的证据和进行的诉讼行为是否有效，由检察长根据案件具体情况决定。被决定回避的公安机关负责人在回避决定作出以前所进行的诉讼行为是否有效，由作出决定的人民检察院检察委员会根据案件具体情况决定。

名师点睛 被回避的侦查人员、检察人员之前进行的诉讼行为并非当然有效或无效，而是效力待定，由回避的决定主体来确定。

举案说法 检察人员向某（副检察长）在侦查一起刑讯逼供案时，发现犯罪嫌疑人之一系其姑姑鄢某，故申请回避并经检察长同意。向某取得的证据和进行的诉讼行为是否有效，由检察长根据案件具体情况决定。

五、回避决定的方式

人民法院、人民检察院和公安机关处理回避问题应当使用"决定"的形式。回避的决定可以采用口头方式或者书面方式作出，采用口头方式的，必须将决定记录在案。对于自行回避和指令回避，回避决定的作出不需要告知当事人。

名师点睛 只有作出驳回回避申请的决定才需要告知当事人。

六、回避决定的救济

有关回避的决定一经作出，立即发生法律效力。当事人及其法定代理人、辩护人、诉讼代理人对驳回申请的决定不服，可以申请复议一次。

名师点睛
1 在复议主体作出复议决定前，不影响被申请回避的人员参与案件的处理活动。
2 申请复议的主体只包括当事人及其法定代理人、辩护人、诉讼代理人。被申请回避的人不能申请复议。
3 只有"驳回申请"的决定方可复议，如果是"支持申请"的决定，则不可复议。
4 对于不属于《刑事诉讼法》第29、30条所列情形的回避申请，由法庭当庭驳回，并不得申请复议。

举案说法 在法庭审判中，被告人罗某以公诉人水平太低为由，申请出席法庭的公诉人张某回避。由于罗某的回避申请不符合法定理由，法庭当庭驳回，且罗某不得申请复议。

小试牛刀

甲涉嫌刑讯逼供罪被立案侦查。甲以该案侦查人员王某与被害人存在近亲属关系为由，提出回避申请。对此，下列哪一选项是错误的?[1]

A. 王某可以口头提出自行回避的申请
B. 作出回避决定以前，王某不能停止案件的侦查工作

---

[1] C。本案是人民检察院侦查的刑讯逼供案，因此，侦查人员的回避应当由检察长决定。

C. 王某的回避由公安机关负责人决定
D. 如甲的回避申请被驳回，甲有权申请复议一次

总结梳理

案例分析中的回避制度分析步骤如下：

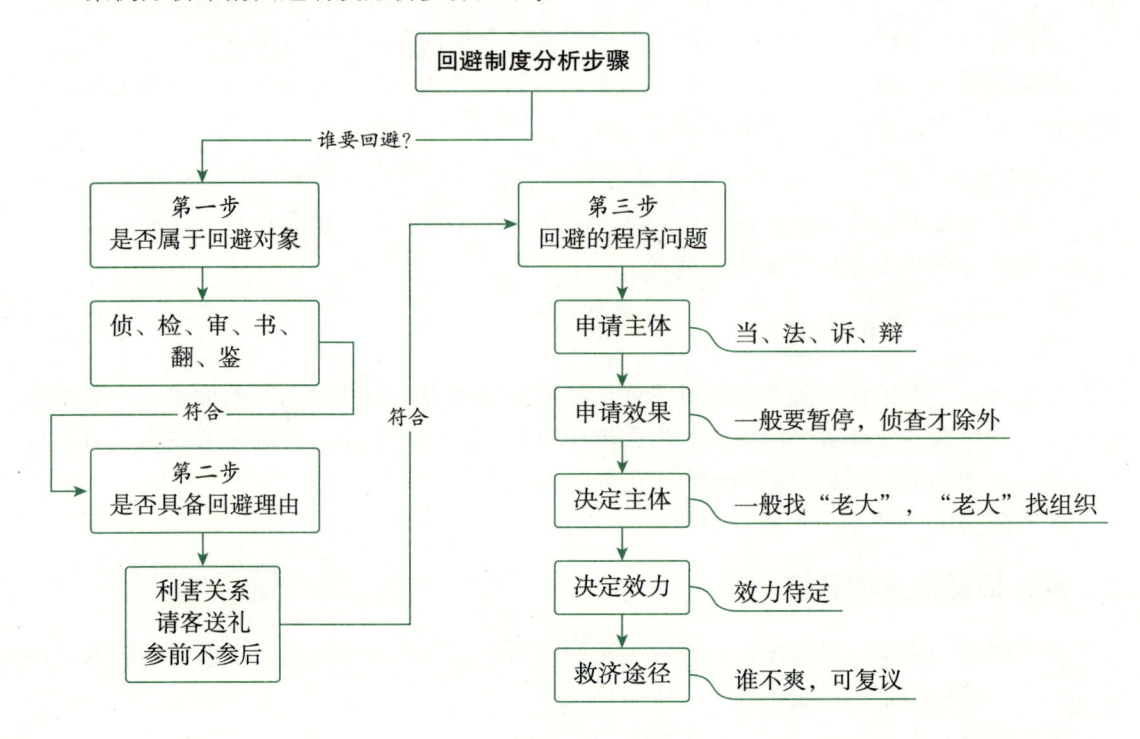

```
                    回避制度分析步骤
                          │
              ┌───────谁要回避?────────┐
              ▼                      ▼
         第一步                    第三步
      是否属于回避对象           回避的程序问题
              │                      │
         侦、检、审、书、           申请主体 —— 当、法、诉、辩
           翻、鉴                    │
              │                   申请效果 —— 一般要暂停，侦查才除外
           符合     符合              │
              ▼                   决定主体 —— 一般找"老大"，"老大"找组织
         第二步                       │
      是否具备回避理由            决定效力 —— 效力待定
              │                      │
         利害关系                 救济途径 —— 谁不爽，可复议
         请客送礼
         参前不参后
```

· 088 ·

第6讲 辩护与代理

本讲导读

复习提要

刑事辩护制度包括辩护的种类，辩护人的范围、人数、诉讼地位、职责、权利、义务，拒绝辩护等；刑事代理制度包括刑事代理的含义和种类，诉讼代理人的范围、职责和权利等。本讲的重点在于辩护人的范围、辩护人的权利以及法律援助辩护。对于辩护人的范围，重点掌握哪些人不能担任辩护人，即辩护人的消极范围。对于辩护人的权利，应当重点掌握阅卷权，会见、通信权，调查取证权，提出意见权，申诉、控告权和人身保障权的具体内容和行使方式。

知识框架

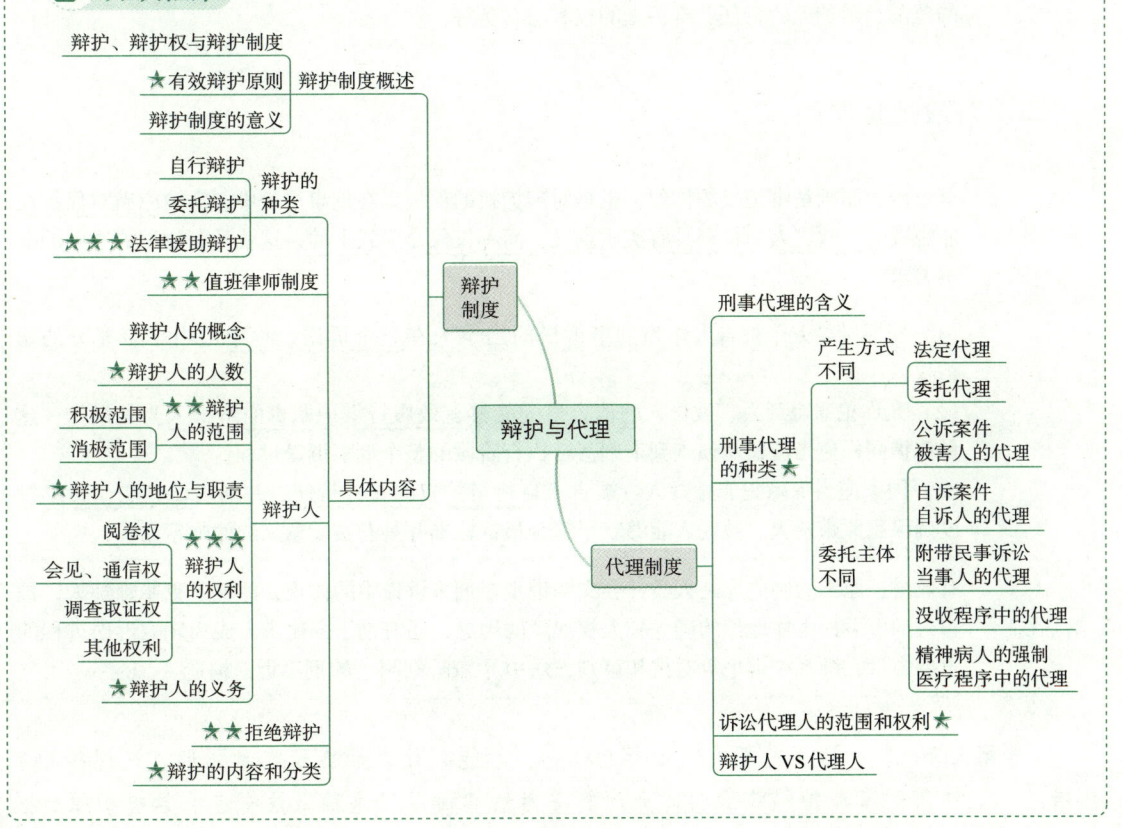

辩护与代理
- 辩护制度
  - 辩护制度概述
    - 辩护、辩护权与辩护制度
    - ★有效辩护原则
    - 辩护制度的意义
  - 辩护的种类
    - 自行辩护
    - 委托辩护
    - ★★★法律援助辩护
    - ★★值班律师制度
  - 辩护人
    - 具体内容
      - 辩护人的概念
      - ★辩护人的人数
      - ★★辩护人的范围
        - 积极范围
        - 消极范围
      - ★辩护人的地位与职责
      - ★★★辩护人的权利
        - 阅卷权
        - 会见、通信权
        - 调查取证权
        - 其他权利
      - ★辩护人的义务
      - ★★拒绝辩护
      - ★辩护的内容和分类
- 代理制度
  - 刑事代理的含义
  - 刑事代理的种类★
    - 产生方式不同
      - 法定代理
      - 委托代理
    - 委托主体不同
      - 公诉案件被害人的代理
      - 自诉案件自诉人的代理
      - 附带民事诉讼当事人的代理
      - 没收程序中的代理
      - 精神病人的强制医疗程序中的代理
  - 诉讼代理人的范围和权利★
  - 辩护人VS代理人

专题 14 辩护制度概述

一、辩护、辩护权与辩护制度（了解）

辩护	辩护，是指辩方（犯罪嫌疑人、被告人及其辩护人）针对控方（公诉机关或者自诉人）对犯罪嫌疑人、被告人的指控，从实体和程序上提出有利于犯罪嫌疑人、被告人的事实和理由，以辨明犯罪嫌疑人、被告人无罪、罪轻或者应当减轻、免除刑事处罚，以及在犯罪嫌疑人、被告人的程序权利受到侵犯时，维护犯罪嫌疑人、被告人诉讼权利的诉讼活动。辩护与控诉相对应，是刑事诉讼中的一种防御性的诉讼活动。
辩护权	辩护权，是指法律赋予受到刑事追诉的人针对所受到的指控进行反驳、辩解和申辩，以维护自身合法权益的一种诉讼权利。辩护权是犯罪嫌疑人、被告人各项诉讼权利中最为基本的权利，在各项权利中居于核心地位。辩护权是犯罪嫌疑人、被告人所享有的一项宪法性权利。
辩护制度	辩护制度，是指法律规定的关于犯罪嫌疑人、被告人行使辩护权和公安司法机关等有义务保障他们行使辩护权的一系列规则的总称。其包括辩护权、辩护种类、辩护方式、辩护人的范围、辩护人的责任、辩护人的权利与义务等。

二、有效辩护原则

基本要求	有效辩护原则是辩护权的体现，也是对辩护权的保障。在刑事诉讼中，辩护应当对保护犯罪嫌疑人、被告人的权利具有实质意义，而不仅仅是形式上的。这就是有效辩护原则的基本要求。
基本内容	(1) 犯罪嫌疑人、被告人作为刑事诉讼的当事人在整个诉讼过程中应当享有充分的辩护权； (2) 允许犯罪嫌疑人、被告人聘请合格的能够有效履行辩护职责的辩护人为其辩护，这种辩护同样应当覆盖从侦查到审判甚至执行阶段的整个刑事诉讼过程； (3) 国家应当保障犯罪嫌疑人、被告人自行辩护权的充分行使，并通过设立法律援助制度确保犯罪嫌疑人、被告人能够获得符合最低标准并具有实质意义的律师帮助。
基本意义	有效辩护原则的确立，是人类社会文明进步在刑事诉讼中的体现，体现了犯罪嫌疑人、被告人刑事诉讼主体地位的确立和人权保障的理念，还有助于强化辩方成为影响诉讼进程的重要力量，维系控辩平等对抗和审判方居中"兼听则明"的刑事诉讼构造。

举案说法 罗小翔（聋哑人）贩毒500克，可能判处无期徒刑或者死刑。法律援助机构指派没有任何刑事辩护经验的向律师为其提供法律援助，这种做法有违有效辩护原则。

三、辩护制度的意义

1. 辩护制度的设立有利于发现真相和正确处理案件

从收集证据的过程看，辩护制度可增强收集证据的全面性；从法官审查判断证据的过程看，辩护制度有利于客观真相的揭示，同时有利于抑制法官的主观片面性和随意性。这些都有利于司法机关准确、及时地查明案情和正确适用法律，提高案件质量。

2. 辩护制度是实现程序正义的重要保障

辩护制度对于实现程序正义的作用突出表现在：有助于刑事诉讼形成合理的诉讼结构；使被追诉者能够积极参与诉讼过程；有助于对被追诉者的合法权益进行保护；有助于对国家权力形成有力的监督和制约。

辩护制度对于实现程序正义的作用是其意义的最重要体现。正是对这一意义的充分肯定，才使辩护制度在现代刑事司法制度中具有不可动摇的地位。

3. 辩护制度对于法制宣传教育也有积极意义

在法庭上，通过控辩双方的辩论，可以使旁听群众了解案情，明辨是非，增强他们的法制观念，同时也能增强群众对判决的认同感，有利于树立司法权威。

专题15 辩护制度的具体内容

一、辩护的种类

辩护有三种类型，分别是自行辩护、委托辩护和法律援助辩护。

（一）自行辩护

自行辩护，是指犯罪嫌疑人、被告人针对控诉进行辩解和反驳，自己为自己所作的辩护。这种辩护方式贯穿于刑事诉讼的始终，也是犯罪嫌疑人、被告人实现其辩护权的最基本方式。

举案说法 罗伯特·翔涉嫌强奸罪被立案侦查，本案在侦查、起诉、审判各阶段罗伯特·翔都可以为自己辩护。

（二）委托辩护

委托辩护，是指犯罪嫌疑人、被告人依法委托律师或其他公民担任辩护人，协助其进行辩护。

1. 委托时间

公诉案件	公诉案件的犯罪嫌疑人在被侦查机关第一次讯问或者采取强制措施之日起，有权委托辩护人。

续表

公诉案件	**名师点睛** ① 需要注意的是，侦查阶段只能聘请律师担任辩护人。 ② 监察机关立案调查的职务犯罪案件，被调查人自移送审查起诉之日起，方可委托辩护人。
自诉案件	自诉案件的被告人有权随时委托辩护人为自己辩护。

🔔 小试牛刀

罗伯特·翔涉嫌强奸罪被立案侦查，本案在侦查阶段，罗伯特·翔可否委托向律师担任其辩护人？可否委托他的母亲担任辩护人？

参考答案： 罗伯特·翔在被侦查机关第一次讯问或者采取强制措施之日起，有权委托向律师担任其辩护人。但是在侦查阶段委托的辩护人只能是律师，所以罗伯特·翔只能等到案件移送审查起诉之日起方可委托其母亲担任其辩护人。

2. 公、检、法机关的告知义务

侦查机关	侦查机关在第一次讯问犯罪嫌疑人或者对犯罪嫌疑人采取强制措施的时候，应当告知犯罪嫌疑人有权委托辩护人。
人民检察院	人民检察院自收到移送审查起诉的案件材料之日起3日以内，应当告知犯罪嫌疑人有权委托辩护人。
人民法院	人民法院自受理案件之日起3日以内，应当告知被告人有权委托辩护人。

3. 委托主体

自己委托	犯罪嫌疑人、被告人可以自己委托辩护人。
代为委托	犯罪嫌疑人、被告人在押的，也可以由其监护人、近亲属代为委托辩护人。辩护人接受犯罪嫌疑人、被告人委托后，应当及时告知办理案件的机关。

（三）法律援助辩护

1. 概念

法律援助辩护，是指犯罪嫌疑人、被告人及其近亲属因经济困难或者其他原因没有委托辩护人而向法律援助机构申请，或者具备法定情形时由公、检、法机关直接通知法律援助机构，由法律援助机构指派律师为其提供辩护。

2. 特点

根据《刑事诉讼法》第35条的规定，适用法律援助辩护具有以下几个特点：

前 提	法律援助辩护必须以犯罪嫌疑人、被告人没有委托辩护人为前提。 **举案说法** 死刑犯高某，委托了他的表妹殷某担任辩护人，即便殷某辩护效果不佳，高某也不能再申请一位法律援助的律师为其提供辩护帮助，因为法律援助辩护必须以高某没有辩护人为前提。

续表

阶 段	法律援助辩护适用于从侦查、审查起诉到审判整个刑事诉讼过程。
人 员	法律援助辩护只能由律师担任辩护人，其他人不得担任。 **举案说法** 死刑犯向某，如果没有辩护人，法律援助机构不能指派正在偷偷备战法考的著名刑法专家罗小翔为其提供法律援助辩护。因为罗小翔未通过法考，而法律援助辩护人只能由律师担任。
机 关	公、检、法三机关都有权通知法律援助机构安排律师。

3. 种类

申请 法律援助	犯罪嫌疑人、被告人因经济困难等原因没有委托辩护人的，本人及其近亲属可以向法律援助机构提出申请，符合法律援助条件的，"应当"为其提供法律援助辩护。
强制 法律援助	犯罪嫌疑人、被告人有下列情形时应当通知法律援助机构指派律师担任辩护人：①盲、聋、哑人；②未完全丧失辨认或者控制自己行为能力的精神病人；③可能被判处无期徒刑、死刑；④被告人是未成年人；⑤缺席审判程序。 **名师点睛** 强制法律援助辩护的情形可以概括为："盲聋哑、半疯傻、死无缺、未长大"。
裁量 法律援助	根据《刑诉解释》第48条的规定，具有下列情形之一，被告人没有委托辩护人的，人民法院可以通知法律援助机构指派律师为其提供辩护：①共同犯罪案件中，其他被告人已经委托辩护人的；②案件有重大社会影响的；③人民检察院抗诉的；④被告人的行为可能不构成犯罪的；⑤有必要指派律师提供辩护的其他情形。 **名师点睛** 对于这些情况，人民法院可以根据具体情况裁量决定是否通知法律援助机构指派律师担任辩护人，人民法院决定不通知的，犯罪嫌疑人、被告人仍可申请法律援助。

举案说法 加拿大人罗伯特·翔涉嫌强奸一案被提起公诉，法院并不会因被告人是外国人而必须通知法律援助机构指派律师为其提供辩护。因为被告人是外国人并不属于应当强制法律援助辩护的理由，如果有必要，法院可以根据具体情况裁量决定是否通知法律援助机构指派律师担任辩护人。

考点提示 关于辩护种类的考点，重点需要掌握法律援助辩护中的强制法律援助的情形，这不仅可以单独考查，而且还会与相关考点结合考查。

小试牛刀

甲、乙涉嫌共同受贿500万元，甲委托其弟弟担任辩护人，乙因经济困难没有委托辩护人。下列哪一选项是正确的？[1]

A. 法院应当通知法律援助机构为乙指派律师
B. 法院可以通知法律援助机构为乙指派律师
C. 法院应当指定乙的近亲属作为其辩护人
D. 监察机关在调查本案中，应当通知法律援助机构为乙指派辩护人

---

[1] A. 本案受贿金额达500万元，属于可能判处无期徒刑、死刑的案件，因此应当强制法律援助。

名师点睛 实践中还可能出现法律援助辩护和委托辩护冲突的情况。根据《刑诉解释》第51条的规定，对法律援助机构指派律师为被告人提供辩护，被告人的监护人、近亲属又代为委托辩护人的，应当听取被告人的意见，由其确定辩护人人选。

举案说法 劳某某绑架杀人一案，办案机关通知法律援助机构为其指派了2名法律援助律师担任辩护人，后来劳某某的哥哥又为其委托了北京某著名刑辩律师担任其辩护人。办案机关如果以劳某某已经有2名辩护人为由拒绝委托辩护人介入，是不符合法律规定的。此情形应当听取被告人劳某某的意见，由其确定辩护人人选。

二、值班律师制度

2018年《刑事诉讼法》修正，在第36条增设了值班律师制度，对我国辩护制度和法律援助制度的基本内容进行了丰富。值班律师制度在司法实践中最早是作为认罪认罚从宽制度试点的配套措施出现的。最高人民法院、最高人民检察院、公安部、国家安全部、司法部于2020年8月发布的《法律援助值班律师工作办法》对其予以系统规定，明确了值班律师在适用认罪认罚从宽制度案件和其他案件中的地位、职责、作用和工作程序等内容。

关联法条《刑事诉讼法》第36条：法律援助机构可以在人民法院、看守所等场所派驻值班律师。犯罪嫌疑人、被告人没有委托辩护人，法律援助机构没有指派律师为其提供辩护的，由值班律师为犯罪嫌疑人、被告人提供法律咨询、程序选择建议、申请变更强制措施、对案件处理提出意见等法律帮助。

人民法院、人民检察院、看守所应当告知犯罪嫌疑人、被告人有权约见值班律师，并为犯罪嫌疑人、被告人约见值班律师提供便利。

（一）值班律师制度的特点

值班律师制度的基本内涵可以从以下几个方面进行理解：

1. 值班律师制度是对我国辩护制度的重要补充。值班律师为既未委托辩护人又未获得法律援助机构指派律师辩护的犯罪嫌疑人、被告人提供法律帮助，帮助犯罪嫌疑人、被告人更好地进行自行辩护，是对委托辩护与法律援助辩护的重要补位，性质上属于为被追诉者提供的必要的最低限度的法律帮助。

举案说法 罗某强奸张某一案，被害人张某因经济困难没有委托诉讼代理人。张某想获得值班律师的帮助就于法无据，因为值班律师制度是辩护制度而非代理制度的补充。

2. 值班律师制度是我国法律援助制度的重要组成部分。值班律师的派驻由法律援助机构负责，并由法律援助机构确定人选、进行指导和管理。值班律师制度使我国法律援助制度在刑事案件领域得以覆盖更大范围，为更多的犯罪嫌疑人、被告人提供法律援助。

举案说法 罗某强奸张某一案，罗某因经济困难没有委托辩护人。如果满足法律援助辩护条件，罗某可以申请法律援助辩护；否则，法院应当告知被告人罗某有权约见值班律师，获得基本的法律帮助。

3. 值班律师在具体案件中的身份不是辩护人，不提供出庭辩护的服务，但需要以其专业的法律知识为犯罪嫌疑人、被告人提供包括法律咨询、程序选择建议、申请变更强制措施等一系列法律帮助。

•举案说法 罗某强奸张某一案，如果向律师担任罗某的辩护人，则向律师有权出庭辩护。如果罗某无辩护人，由李律师为其提供值班律师帮助，则李律师不能提供出庭辩护的服务。

考点提示 法律援助值班律师不提供出庭辩护服务。符合法律援助条件的犯罪嫌疑人、刑事被告人，可以依申请或通知由法律援助机构为其指派律师提供辩护。

4. 值班律师制度的适用范围并不限于认罪认罚从宽制度，而应该覆盖所有案件的所有诉讼阶段中犯罪嫌疑人、被告人没有辩护人的情形。

5. 人民法院、人民检察院和看守所等办案机关需要为值班律师制度的设立和运转承担相应的责任，具体包括应当告知犯罪嫌疑人、被告人有权约见值班律师，并为其约见值班律师提供便利。例如，为犯罪嫌疑人、被告人提供值班律师名册和联系方式、设置可以进行约见的场地和设施以及为值班律师了解案件有关情况提供必要的便利等。

（二）值班律师的职责

值班律师应当维护犯罪嫌疑人、被告人的合法权益，确保犯罪嫌疑人、被告人在充分了解认罪认罚性质和法律后果的情况下，自愿认罪认罚。值班律师应当为认罪认罚的犯罪嫌疑人、被告人提供下列法律帮助：

1. 提供法律咨询，包括告知涉嫌或指控的罪名、相关法律规定，认罪认罚的性质和法律后果等。
2. 提出程序适用的建议。
3. 帮助申请变更强制措施。
4. 对人民检察院认定罪名、量刑建议提出意见。
5. 就案件处理，向人民法院、人民检察院、公安机关提出意见。
6. 引导、帮助犯罪嫌疑人、被告人及其近亲属申请法律援助。
7. 法律法规规定的其他事项。

名师点睛 值班律师的职责可以概括为："提供咨询、出建议；申请变更、提意见；申请法援或其他"。

另外，根据《法律援助值班律师工作办法》第6条第2款的规定，值班律师在认罪认罚案件中，还应当提供以下法律帮助：①向犯罪嫌疑人、被告人释明认罪认罚的性质和法律规定；②对人民检察院指控罪名、量刑建议、诉讼程序适用等事项提出意见；③犯罪嫌疑人签署认罪认罚具结书时在场。

（三）值班律师的权利

1. 会见权。值班律师可以会见犯罪嫌疑人、被告人，看守所应当为值班律师会见提供便利。危害国家安全犯罪、恐怖活动犯罪案件，侦查期间值班律师会见在押犯罪嫌疑人的，应当经侦查机关许可。

2. 阅卷权。自人民检察院对案件审查起诉之日起，值班律师可以查阅案卷材料、了解案情。人民法院、人民检察院应当为值班律师查阅案卷材料提供便利。

3. 提出意见权。值班律师提供法律咨询、查阅案卷材料、会见犯罪嫌疑人或者被告人、提出书面意见等法律帮助活动的相关情况应当记录在案，并随案移送。

4. 法律帮助的衔接。对于被羁押的犯罪嫌疑人、被告人，在不同诉讼阶段，可以由派驻看守所的同一值班律师提供法律帮助。对于未被羁押的犯罪嫌疑人、被告人，前一诉讼阶段的值班律师可以在后续诉讼阶段继续为犯罪嫌疑人、被告人提供法律帮助。

5. 拒绝法律帮助的处理。依法应当通知值班律师提供法律帮助而犯罪嫌疑人、被告人明确拒绝的，公、检、法机关应当记录在案。前一诉讼程序犯罪嫌疑人、被告人明确拒绝值班律师法律帮助的，后一诉讼程序的办案机关仍需告知其有获得值班律师法律帮助的权利，有关情况应当记录在案。审查起诉阶段签署认罪认罚具结书时，人民检察院应当通知值班律师到场。

> **小试牛刀**
>
> 罗小翔涉嫌间谍罪一案，张大翔担任其值班律师。侦查阶段，张大翔律师能否会见在押的犯罪嫌疑人罗小翔？能否向侦查机关申请查阅案卷？
>
> 参考答案：侦查阶段，张大翔律师经侦查机关许可，可以会见在押的罗小翔。侦查阶段，张大翔律师不能向侦查机关申请阅卷，需自案件审查起诉之日起，方可阅卷。

三、辩护人

(一) 概念

辩护人，是指接受犯罪嫌疑人、被告人的委托或法律援助机构指派，帮助犯罪嫌疑人、被告人行使辩护权，以维护其合法权益的人。

(二) 人数

1. 1名犯罪嫌疑人、被告人可以委托1~2人作为辩护人，即1名犯罪嫌疑人、被告人最多可以委托2名辩护人。

> **举案说法** 被告人罗伯特·翔经济实力异常雄厚，希望能委托北京的72位优秀刑辩律师，组成超豪华辩护梦之队。法院应当不予准许，因为1名被告人至多可以委托2人作为辩护人。

2. 1名辩护人不得为2名以上的同案被告人，或者未同案处理但犯罪事实存在关联的被告人辩护。

> **举案说法** 罗某与张某共同犯罪，张某在逃。向律师为罗某担任辩护人。案件判决生效3年后，张某被抓获并被起诉。张某听说向律师为罗某作无罪辩护效果极佳，也希望能委托向律师担任其辩护人。本案向律师不可以再担任张某的辩护人。因为罗某与张某属于同案犯，1名辩护人不得为2名以上的同案被告人辩护。

(三) 辩护人的范围

1. 可以担任辩护人的人

(1) 律师；

(2) 人民团体或者犯罪嫌疑人、被告人所在单位推荐的人；

(3) 犯罪嫌疑人、被告人的监护人、亲友。

2. 不能担任辩护人的人（《刑诉解释》第40条）（重点）

绝对禁止	（1）正在被执行刑罚或者处于缓刑、假释考验期间的人； （2）依法被剥夺、限制人身自由的人； （3）无行为能力或者限制行为能力的人。 **名师点睛** 绝对不能担任辩护人的情形可以概括为："刑罚执行中；自由受限；能力有限"。 **考点提示** 以上三类情形系绝对禁止，不管是否属于被告人近亲属，都不能担任被告人的辩护人。
相对禁止	（1）人民法院、人民检察院、监察机关、公安机关、国家安全机关、监狱的现职人员； （2）人民陪审员； （3）与本案审理结果有利害关系的人； （4）外国人或者无国籍人； （5）被开除公职或者被吊销律师、公证员执业证书的人。 **名师点睛** 相对不能担任辩护人的情形可以概括为："现""陪""利""外""吊执照"。 **考点提示** 以上五类人员，如果是被告人的监护人、近亲属，由被告人委托担任辩护人的，可以准许。

小试牛刀

郭某涉嫌招摇撞骗罪一案，在检察机关审查起诉时，郭某希望委托辩护人。下列哪一人员可以被委托担任郭某的辩护人？[1]

A. 郭某的爷爷，美籍华人

B. 郭某的儿子，16岁

C. 郭某的朋友甲，曾为郭某招摇撞骗伪造国家机关证件

D. 郭某的朋友乙，司法行政部门负责人

3. 法官、检察官离任或被开除后担任辩护人的限制情形

根据《法官法》第36条以及《检察官法》第37条的规定，法官、检察官从法院、检察院离任或被开除后，欲担任辩护人或诉讼代理人将受到某些方面的限制。

（1）离任后2年限制

法官、检察官从法院、检察院离任后2年内，不得以律师身份担任诉讼代理人或者辩护人。

（2）离任或被开除后终身限制

❶法官、检察官离任后，不得担任原任职法院、检察院办理案件的诉讼代理人或辩护人，但作为当事人的监护人或近亲属代理诉讼或者进行辩护的除外；

❷法官、检察官被开除后，不得担任诉讼代理人或辩护人，但作为当事人的监护人或近亲属代理诉讼或者进行辩护的除外。

（3）任职回避的限制

根据《法官法》第24条以及《检察官法》第25条的规定，法官、检察官的配偶、

---

[1] D

父母、子女有下列情形之一的，法官、检察官应当实行任职回避：

❶担任该法官、检察官所任职机关辖区内律师事务所的合伙人或者设立人的；

❷在该法官、检察官所任职机关辖区内以律师身份担任诉讼代理人、辩护人，或者为诉讼案件当事人提供其他有偿法律服务的。

【名师点睛】上述关于法官、检察官担任辩护人的限制情形可以概括为："2年、终身、家庭店"。

【举案说法】向律师的妻子是最高院的法官，那么向律师不能在全国范围内开办律所当合伙人，也不能在全国范围内以律师身份从事辩护、代理业务。

（四）辩护人的地位与职责

1. 地位。辩护人是独立的诉讼参与人，享有独立的诉讼地位，以自己的名义，独立进行辩护，不受犯罪嫌疑人、被告人意思表示的约束。

【名师点睛】辩护人与犯罪嫌疑人、被告人的关系，不同于诉讼代理人和当事人的关系。辩护律师参与诉讼是履行法律规定的职责，而不是基于犯罪嫌疑人、被告人的授权。辩护人不是犯罪嫌疑人、被告人的"代言人"。

【小试牛刀】

罗某涉嫌抢夺罪，听闻京城有位著名的向律师，于是花百万重金聘请向律师担任其辩护人，要求向律师为其作无罪辩护。向律师能否作有罪的罪轻辩护？

参考答案：可以。辩护人有独立的地位，不是犯罪嫌疑人、被告人的"代言人"。

2. 职责

（1）辩护人在刑事诉讼中只承担辩护职能，是犯罪嫌疑人、被告人合法权益的专门维护者。辩护人在刑事诉讼中一般不能检举、揭发犯罪嫌疑人、被告人已经实施的犯罪行为。

【小试牛刀】

罗某涉嫌抢夺罪，花百万重金聘请向律师担任其辩护人，要求向律师必须为其作无罪辩护。向律师能否作抢劫罪的有罪"辩护"？

参考答案：不可以。辩护人在刑事诉讼中只承担辩护职能，是犯罪嫌疑人、被告人合法权益的专门维护者，不能损害委托人利益。

（2）辩护人所维护的只能是犯罪嫌疑人、被告人的合法权益。因此辩护人只能依据事实和法律为犯罪嫌疑人、被告人进行辩护，而不能为其当事人谋取非法利益，更不得教唆犯罪嫌疑人、被告人翻供，帮助犯罪嫌疑人、被告人威胁、引诱证人改变证言或者进行其他妨碍诉讼的活动。

（五）辩护人的权利

1. 阅卷权

《刑事诉讼法》第40条规定，辩护律师自人民检察院对案件审查起诉之日起，可以查阅、摘抄、复制本案的案卷材料。其他辩护人经人民法院、人民检察院许可，也可以查阅、摘抄、复制上述材料。

非律师	需要经人民法院、人民检察院许可。	
律 师	无需许可	无需办案机关许可即可阅卷。
	阅卷时间	自人民检察院对案件审查起诉之日起。 名师点睛 在审查起诉阶段，辩护人应当到人民检察院阅卷；案件起诉到人民法院后，辩护人应当到人民法院阅卷。 陷阱点拨 侦查阶段即使律师也无阅卷权。但在侦查阶段，辩护律师可以向侦查机关了解犯罪嫌疑人涉嫌的罪名和案件有关的情况。
	阅卷方法	查阅、复印、拍照、扫描、电子数据拷贝等。
	阅卷范围	案卷材料，是指包括诉讼文书和证据材料在内的案卷中的所有材料。 关联法条《刑诉解释》第54条：对作为证据材料向人民法院移送的讯问录音录像，辩护律师申请查阅的，人民法院应当准许。 名师点睛 合议庭、检察委员会、审判委员会的讨论记录以及其他依法不公开的材料不得查阅、摘抄、复制。
	阅卷保障	根据《高检规则》第49条第2、3款的规定，人民检察院应当为辩护人查阅、摘抄、复制案卷材料设置专门的场所或者电子卷宗阅卷终端设备。必要时，人民检察院可以派员在场协助。辩护人复制案卷材料可以采取复印、拍照、扫描、刻录等方式，人民检察院不收取费用。

名师点睛 辩护人的阅卷权可以概括为："非律阅卷要许可，律师阅卷不用批，均自审查起诉起"。

小试牛刀

向某涉嫌强奸高某一案，向某委托甲律师担任其辩护人。甲律师可否在侦查阶段申请查阅案卷材料？

参考答案：不可以。因为侦查阶段律师无阅卷权，自审查起诉之日起方可阅卷。

2. 会见、通信权

《刑事诉讼法》第39条第1款规定，辩护律师可以同在押的犯罪嫌疑人、被告人会见和通信。其他辩护人经人民法院、人民检察院许可，也可以同在押的犯罪嫌疑人、被告人会见和通信。

非律师	需要经人民法院、人民检察院许可。	
律 师	无需许可	辩护律师无需许可即有权同在押的或者被监视居住的犯罪嫌疑人、被告人会见和通信。
	证件要求	辩护律师持律师执业证书、律师事务所证明和委托书或者法律援助公函即有权要求会见在押的犯罪嫌疑人、被告人。
	安排时间	看守所应当及时安排会见，至迟不得超过48小时。
	特殊许可	危害国家安全犯罪、恐怖活动犯罪案件，辩护律师在侦查期间会见在押的或者被监视居住的犯罪嫌疑人，应当经侦查机关许可。上述案件，侦查机关应当事先通知看守所。

续表

律师	会见内容	(1) 辩护律师会见在押的或者被监视居住的犯罪嫌疑人、被告人，可以了解案件有关情况，提供法律咨询等。 (2) 自案件移送审查起诉之日起，可以向犯罪嫌疑人、被告人核实有关证据。 [名师点睛] 侦查阶段没有核实证据的权利。
	不被监听	会见在押的或者被监视居住的犯罪嫌疑人时，不得监听、不得派员在场。 [拓展阅读] 在律师会见室不足的情况下，看守所经辩护律师书面同意，可以安排在讯问室会见，但应当关闭录音、监听设备。
	会见人员	(1) 犯罪嫌疑人、被告人委托 2 名律师担任辩护人的，2 名辩护律师可以共同会见，也可以单独会见。 (2) 辩护律师可以带 1 名律师助理协助会见。助理人员随同辩护律师参加会见的，应当出示律师事务所证明和律师执业证书或申请律师执业人员实习证。办案机关应当核实律师助理的身份。
	通信检查	看守所应当及时传递辩护律师同犯罪嫌疑人、被告人的往来信件。看守所可以对信件进行必要的检查，但不得截留、复制、删改信件，不得向办案机关提供信件内容，但信件内容涉及危害国家安全、公共安全、严重危害他人人身安全以及涉嫌串供、毁灭证据等情形的除外。 [名师点睛] 上述考点可以概括为："国、公、人身、串毁证，信件可被截复删"。

[名师点睛] 会见权的考点可以概括为："非律会见要许可，律师一般不用批；律师会见凭三证，危恐除外要许可；侦查律师可会见，核证等到下阶段"。

小试牛刀

罗某涉嫌间谍罪，委托向律师担任其辩护人。侦查阶段，向律师能否会见在押的罗某？能否向罗某核实证据？能否与罗某通信？

参考答案：本案由于罗某涉嫌危害国家安全犯罪，因此侦查阶段向律师会见罗某需要经过侦查机关（国安）许可，侦查阶段向律师还不能向罗某核实证据，需要等到移送审查起诉之日起方可核实证据。向律师可以和罗某通信，但是如果信件内容涉及危害国家安全的情形，看守所可以对信件截留、复制、删改。

3. 调查取证权，申请取证、核实证据权

非律师		没有亲自调查取证权。[1]
律师	辩方证人	经证人或有关单位和个人同意，可以向他们收集与本案有关的材料。
	控方证人	经人民检察院或者人民法院许可，并且经被害人或者其近亲属、被害人提供的证人同意，可以向他们收集与本案有关的材料。（双重许可）

---

[1] [关联法条]《刑诉解释》第 57 条：辩护人认为在调查、侦查、审查起诉期间监察机关、公安机关、人民检察院收集的证明被告人无罪或者罪轻的证据材料未随案移送，申请人民法院调取的，应当以书面形式提出，并提供相关线索或者材料。人民法院接受申请后，应当向人民检察院调取。人民检察院移送相关证据材料后，人民法院应当及时通知辩护人。

续表

律师	控方证人	[关联法条]《刑诉解释》第58条：辩护律师申请向被害人及其近亲属、被害人提供的证人收集与本案有关的材料，人民法院认为确有必要的，应当签发准许调查书。
	申请代为取证	辩护律师可以申请人民检察院、人民法院代为调查取证。 [关联法条]《六机关规定》第8条：……对于辩护律师申请人民检察院、人民法院收集、调取证据，人民检察院、人民法院认为需要调查取证的，应当由人民检察院、人民法院收集、调取证据，不得向律师签发准许调查决定书，让律师收集、调取证据。

[名师点睛] 取证权的考点可以概括为："非律没有取证权，律师取证需同意，控方证人双重许，若有困难申请取"。

小试牛刀

罗某涉嫌强奸张某一案，在审判阶段，辩护律师向某欲向张某收集相关材料，需要经过何种程序？

[参考答案]：本案向律师经过法院许可，并且经被害人张某同意，可以向张某收集与本案有关的材料。

4. 侦查阶段提供法律帮助权

根据《刑事诉讼法》第38条的规定，辩护律师在侦查期间可以为犯罪嫌疑人提供法律帮助；代理申诉、控告；申请变更强制措施；向侦查机关了解犯罪嫌疑人涉嫌的罪名和案件有关情况，提出意见。

[考点提示] 注意侦查阶段辩护律师的权利清单：①为犯罪嫌疑人提供法律帮助；②代理申诉、控告；③申请变更强制措施；④向侦查机关了解犯罪嫌疑人涉嫌的罪名和案件有关情况，提出意见；⑤与在押或监视居住的犯罪嫌疑人会见、通信。

[名师点睛] 侦查阶段的消极权利清单可以概括为："无阅卷、无核证、无非律"。

5. 申请解除超期的强制措施的权利

根据《刑事诉讼法》第97条以及《关于依法保障律师执业权利的规定》第22条的规定，犯罪嫌疑人、被告人及其法定代理人、近亲属或者辩护人有权申请变更强制措施。人民法院、人民检察院和公安机关收到申请后，应当在3日以内作出决定。申请人的申请符合法律规定的，办案机关应当及时变更或者解除强制措施；经审查认为不应当变更或者解除强制措施的，应当告知辩护律师，并书面说明理由。

[名师点睛] 所有辩护人不管是律师还是非律师，都有权为犯罪嫌疑人、被告人申请取保候审以及申请变更强制措施。

6. 获得通知的权利（知情权）

《刑事诉讼法》第162条第1款规定，公安机关侦查终结的案件，应当做到犯罪事实清楚，证据确实、充分，并且写出起诉意见书，连同案卷材料、证据一并移送同级人民检察院审查决定；同时将案件移送情况告知犯罪嫌疑人及其辩护律师。

根据《刑事诉讼法》第187条第1、3款的规定，人民法院决定开庭审判后，应当确定合议庭的组成人员，将人民检察院的起诉书副本至迟在开庭10日以前送达被告人及其辩护人。人民法院确定开庭日期后，应当在开庭3日以前将开庭的时间、地点通知辩护人。

根据《刑事诉讼法》第202条第2款的规定，人民法院应当将判决书同时送达辩护人和诉讼代理人。

7. 参加法庭调查和辩论权

在法庭调查阶段，辩护人在公诉人讯问被告人后经审判长许可，可以向被告人发问；经审判长许可，可以对证人、鉴定人发问。法庭审理中，辩护人有权申请通知新的证人到庭，调取新的物证，重新鉴定或者勘验。在法庭辩论阶段，辩护人可以对证据和案件情况发表意见并且可以和控方展开辩论。律师可以根据需要，向人民法院申请带律师助理参加庭审。律师助理参加庭审仅能从事相关辅助工作，不得发表辩护、代理意见。

8. 提出意见权

提出意见权是指辩护人在不同诉讼阶段向办案机关提出辩护意见的权利。

主动听取	（1）人民检察院审查批准逮捕和人民法院决定逮捕，应当讯问未成年犯罪嫌疑人、被告人，应当听取辩护律师的意见。 （2）人民检察院审查案件，应当讯问犯罪嫌疑人，听取辩护人、被害人及其诉讼代理人的意见，并记录在案。辩护人、被害人及其诉讼代理人提出书面意见的，应当附卷。 （3）第二审法院决定不开庭审理的，应当讯问被告人，听取其他当事人、辩护人、诉讼代理人的意见。 （4）根据《高检规则》第450条第1、2项的规定，死刑上诉、抗诉案件，应当讯问原审被告人，以及听取辩护人的意见。 （5）对于犯罪嫌疑人认罪认罚的案件，人民检察院应当听取辩护人的意见。 考点提示 掌握应当主动听取辩护人意见的五种情形：批捕未成年，审查起诉中，二审不开庭，死刑上抗案，认罪又认罚。
被动听取	（1）人民检察院审查批准逮捕，可以询问证人等诉讼参与人，听取辩护律师的意见；辩护律师提出要求的，应当听取辩护律师的意见。 （2）在案件侦查终结前，辩护律师提出要求的，应当听取辩护律师的意见，并记录在案。辩护律师提出书面意见的，应当附卷。 （3）最高人民法院复核死刑案件，应当讯问被告人，辩护律师提出要求的，应当听取辩护律师的意见。

• 举案说法 罗小翔诈骗一案，向律师担任其辩护人。人民检察院在批捕罗小翔时，如果罗小翔是未成年人，则应当主动听取辩护律师向某的意见；如果罗小翔是成年人，则辩护律师向某提出要求时，才应当听取其意见。

9. 申诉、控告权

《刑事诉讼法》第49条规定，辩护人、诉讼代理人认为公安机关、人民检察院、人民法院及其工作人员阻碍其依法行使诉讼权利的，有权向同级或者上一级人民检察院申诉或者控告。人民检察院对申诉或者控告应当及时进行审查，情况属实的，通知有关机关予以纠正。

小试牛刀

辩护律师向某认为法院强行将其从法庭带出去阻碍了其行使辩护权利，向律师有什么救济途径？

参考答案：向律师有权向同级人民检察院申诉或者控告。

10. 人身保障权

《刑事诉讼法》第44条第2款规定，违反前款规定的，应当依法追究法律责任，辩护人涉嫌犯罪的，应当由办理辩护人所承办案件的侦查机关以外的侦查机关办理。辩护人是律师的，应当及时通知其所在的律师事务所或者所属的律师协会。

举案说法 高某涉嫌贩卖毒品一案，被长沙市公安局立案侦查。在侦查阶段，向律师担任高某的辩护人。在该阶段，向律师串通证人甲某作伪证。如果要追究向律师的刑事责任，根据《六机关规定》第9条的规定，本案应当报请长沙市公安局的上一级侦查机关（湖南省公安厅）指定其他侦查机关立案侦查，或者由湖南省公安厅立案侦查，不得指定长沙市公安局的下级侦查机关立案侦查。

11. 保密权

《刑事诉讼法》第48条规定，辩护律师对在执业活动中知悉的委托人的有关情况和信息，有权予以保密。

考点提示 辩护律师在执业活动中知悉委托人或者其他人，准备或者正在实施危害国家安全、公共安全以及严重危害他人人身安全的犯罪的，应当及时告知司法机关。

举案说法 罗某涉嫌贩卖毒品一案，向律师担任罗某的辩护人。向律师发现罗某除了贩毒外，还实施了连环强奸杀人案。针对强奸杀人的事实，向律师应当保密。但是，如果向律师发现，罗某正在策划一起恐怖活动犯罪，应当及时告知司法机关。

12. 拒绝辩护权

如果遇到当事人委托事项违法或者委托人利用律师提供的服务从事违法活动或者委托人隐瞒事实的情形，律师有权拒绝辩护。

小试牛刀

犯罪嫌疑人罗伯特·翔委托其母亲（加拿大人）作为自己的辩护人。在审查起诉阶段，辩护人有哪些诉讼权利？[1]

A. 申请检察人员回避
B. 可以享有阅卷权，但是需要经过检察院的许可
C. 有权为罗伯特·翔申请取保候审
D. 经被害人同意，向其收集与本案有关的材料

（六）辩护人的义务

1. 不得干扰司法机关诉讼活动

辩护律师和其他辩护人不得帮助犯罪嫌疑人、被告人隐匿、毁灭、伪造证据或者串

---

[1] ABC。选项D的错误在于非律师没有取证权。

供，不得威胁、引诱证人作伪证及进行其他干扰司法机关诉讼活动的行为；否则，应当依法追究其法律责任。

2. 及时告知接受委托的情况

辩护人接受委托后，应当及时告知办理案件的机关其接受委托的情况。

《刑诉解释》第52条规定，审判期间，辩护人接受被告人委托的，应当在接受委托之日起3日以内，将委托手续提交人民法院。接受法律援助机构指派为被告人提供辩护的，适用前款规定。

3. 证据开示的义务

辩护人收集的有关犯罪嫌疑人不在犯罪现场、未达到刑事责任年龄、属于不负刑事责任的精神病人的证据，应当及时告知公安机关、人民检察院，以避免对不必要的案件进行侦查和审查起诉，节约司法资源。

名师点睛 应当及时告知公、检的证据可以概括为："不在场、不够大、不正常"。

小试牛刀

根据《刑事诉讼法》的规定，辩护律师收集到的下列哪一证据应及时告知公安机关、检察院？[1]

A. 强奸案中被害人系精神病人的证据
B. 故意伤害案中犯罪嫌疑人系正当防卫的证据
C. 投放危险物质案中犯罪嫌疑人案发时在外地出差的证据
D. 制造毒品案中犯罪嫌疑人犯罪时刚满16周岁的证据

4. 保密义务

辩护律师对在执业活动中知悉的委托人的有关情况和信息，应当予以保密。但是，辩护律师对在执业活动中知悉的委托人或者其他人，准备或正在实施危害国家安全、公共安全以及严重危害他人人身安全的犯罪的，应当及时告知公安司法机关，但公安司法机关应当为辩护律师保密。

名师点睛 辩护人的保密义务可以概括为："过去通通要保密，将来'国''公''人身'要揭发"。

举案说法 罗某涉嫌贩卖毒品一案，向律师担任罗某的辩护人。如果向律师发现，罗某3年前还实施过一起恐怖活动犯罪，应当为罗某保密。只有知悉罗某准备或正在实施危害国家安全、公共安全以及严重危害他人人身安全的犯罪的，才应当及时告知司法机关。

5. 会见在押犯罪嫌疑人、被告人时，应当遵守看管场所的规定。
6. 参加法庭审判时要遵守法庭秩序。
7. 依法取证

未经人民检察院或者人民法院许可，不得向被害人或被害人提供的证人收集与本案有关的材料。

---

[1] C

8. 不得违规会见、贿赂司法人员

不得违反规定会见法官、检察官以及其他有关工作人员；不得向法官、检察官以及其他有关工作人员行贿，介绍贿赂或者指使、诱导当事人行贿，或者以其他不正当方式影响法官、检察官以及其他有关工作人员依法办理案件。

四、拒绝辩护

刑事诉讼中有两种拒绝辩护：①犯罪嫌疑人、被告人拒绝辩护人为其辩护；②律师拒绝继续为犯罪嫌疑人、被告人辩护。

1. 被告人拒绝辩护

在审判过程中，被告人可以拒绝辩护人继续为他辩护，也可以另行委托辩护人辩护。

强制辩护的被告人	（1）拒绝法律援助的辩护人为其辩护，如果有正当理由，人民法院应当准许；如果没有正当理由，人民法院不予准许。 （2）人民法院准许的，被告人应当在5日以内另行委托辩护人；被告人未另行委托辩护人的，人民法院应当通知法律援助机构另行指派律师为其提供辩护。 （3）重新开庭后再次拒绝的，无论有无理由，都不予准许。 [名师点睛] 此类拒绝辩护情形可以概括为："有理+1次+有人辩"。 [举案说法] 罗某强奸杀人一案，罗某拒绝指派的法律援助辩护人为其辩护。对此，法院应当先审查，被告人有正当理由的应当准许；本案不能只由罗某自己辩护，因为被告人可能被判处无期徒刑、死刑，属于强制辩护的情形。罗某如果未另行委托辩护人，法院应当通知法律援助机构另行指派律师为其提供辩护。重新开庭后，罗某再次拒绝辩护的，无论有无理由，都不予准许。
非强制辩护的被告人	被告人拒绝辩护的，人民法院应当准许；应当准许被告人另行委托；再次拒绝的，可以准许，但是最终只能自行辩护。 [名师点睛] 此类拒绝辩护情形可以概括为："无理+2次+自己辩"。 [举案说法] 张某故意伤害一案，张某2次拒绝辩护人辩护后，听说北京有位著名的刑辩律师高某，欲高薪聘请高律师为其辩护。法院将不予准许，最终张某只能自行辩护。

[关联法条]《刑诉解释》

第50条：被告人拒绝法律援助机构指派的律师为其辩护，坚持自己行使辩护权的，人民法院应当准许。

属于应当提供法律援助的情形，被告人拒绝指派的律师为其辩护的，人民法院应当查明原因。理由正当的，应当准许，但被告人应当在5日以内另行委托辩护人；被告人未另行委托辩护人的，人民法院应当在3日以内通知法律援助机构另行指派律师为其提供辩护。

第311条：被告人在一个审判程序中更换辩护人一般不得超过2次。

被告人当庭拒绝辩护人辩护，要求另行委托辩护人或者指派律师的，合议庭应当准许。被告人拒绝辩护人辩护后，没有辩护人的，应当宣布休庭；仍有辩护人的，庭审可以继续进行。

有多名被告人的案件，部分被告人拒绝辩护人辩护后，没有辩护人的，根据案件情况，可以对该部分被告人另案处理，对其他被告人的庭审继续进行。

重新开庭后，被告人再次当庭拒绝辩护人辩护的，可以准许，但被告人不得再次另行委托辩护人或者要求另行指派律师，由其自行辩护。

被告人属于应当提供法律援助的情形，重新开庭后再次当庭拒绝辩护人辩护的，不予准许。

2. 辩护人拒绝辩护

我国《律师法》第32条第2款规定，律师接受委托后，无正当理由的，不得拒绝辩护或者代理。但是，委托事项违法、委托人利用律师提供的服务从事违法活动或者委托人故意隐瞒与案件有关的重要事实的，律师有权拒绝辩护或者代理。可见，与犯罪嫌疑人、被告人拒绝辩护不同，律师拒绝继续为犯罪嫌疑人、被告人辩护具有严格的法定条件。

五、辩护的内容和分类

（一）辩护的内容

一般而言，辩护的内容涉及以下方面：

1. 指控的犯罪事实能否成立。

2. 被追诉人是否已经达到刑事责任年龄，有无不负刑事责任等其他不应当追究其刑事责任的情形。

3. 被追诉人有无法律规定的从轻、减轻或免除处罚的情节，有无酌情考虑的从轻或减轻判处的情节。

4. 对案件定性和罪名认定是否准确，适用法律条文是否恰当。

5. 被追诉人主观上是故意还是过失，是否属于意外事件，是否属于正当防卫或紧急避险。

6. 共同犯罪案件中，对主犯、从犯、胁从犯的划分是否清楚。

7. 证据与证据之间，证据与被追诉人口供之间是否存在矛盾。

8. 诉讼程序是否合法。

[名师点睛]上述辩护的内容可以概括为："罪、责、刑、名、过、主从；分析证据和程序"。

[考点提示]上述内容在主观题考试中，更容易成为考查重点。案例分析中可能要求考生从辩护人角度书写辩护意见，考生们可以根据上述内容，结合案情选择最为适宜的辩护种类。

（二）辩护的分类

按照理论和实践的情况，可以对辩护进行如下分类：

1. 无罪辩护	无罪辩护，是指辩护人针对有关犯罪嫌疑人、被告人构成犯罪、应受刑事处罚的指控，依据事实和法律进行反驳和辩解，说明其不构成犯罪的一种辩护。无罪辩护可以分为： （1）事实上无罪：①犯罪行为未发生；②犯罪并非被追诉人所为；③事实不清、证据不足。 [名师点睛]司法实践中，无罪辩护大量运用的是第3种事实不清、证据不足的辩护方案。 （2）法律上无罪：①犯罪主体不适格；②无刑事责任能力；③正当防卫和紧急避险；④主观方面无过错；⑤刑事责任已消灭。

续表

2. 罪名辩护	罪名辩护，是指控方指控被告人实施了一个较重的罪名，而辩护人依据事实和法律进行反驳和辩解，认为犯罪嫌疑人、被告人只构成一个较轻的罪名，而不构成指控的较重的罪名的一种辩护，也称为轻罪辩护。 **名师点睛** 例如，控方指控的是职务侵占罪，而辩护人认为其实施的侵占行为并没有利用职务便利，因而只构成普通的侵占罪。
3. 罪数辩护	罪数辩护，是指当案件涉及一罪与数罪的关系时，辩护人从有利于犯罪嫌疑人、被告人的角度出发，指出控方指控的罪数不正确的辩护。 **名师点睛** 罪数辩护的常态是将指控的数罪辩为一罪或少罪，但是从有利于被告人的角度，也可以将指控的一罪辩为数罪。例如，被告人被指控贪污300万元，可能判处无期徒刑或死刑，但是辩护人指出涉案金额中只有100万元是被告人贪污所得，有100万元实为挪用公款所得，另外100万元来源不明，虽然一罪改为三罪，但即使数罪并罚也不会判处死刑。
4. 量刑辩护	量刑辩护，是指在犯罪嫌疑人、被告人确实已实施犯罪行为且控方指控的罪名无误的情况下，辩护人从最大限度降低最终可能判处的刑罚角度出发，针对如何量刑展开论辩的辩护。 **名师点睛** 量刑辩护意义重大，也是辩护实践中运用最多的一种辩护方案。例如，既可以从适用哪一个法定量刑幅度角度进行量刑辩护，也可以通过指出各种法定的从轻、减轻或者免除刑罚的量刑情节进行量刑辩护。
5. 程序辩护	程序辩护，是指辩护人针对公、检、法办案机关办案行为中存在的违反法律规定的诉讼程序而开展辩护的一种辩护方案。 **名师点睛** 例如，通过排除非法证据获得有利于认定犯罪嫌疑人、被告人的罪轻甚至是无罪的结果。

专题16 刑事代理制度

一、含义

刑事诉讼中的代理，是指代理人接受公诉案件的被害人及其法定代理人或者近亲属、自诉案件的自诉人及其法定代理人、附带民事诉讼的当事人及其法定代理人的委托，以被代理人的名义参加诉讼，由被代理人承担代理行为的法律后果的一项诉讼活动。

小试牛刀

罗伯特·翔涉嫌强奸一案，犯罪嫌疑人、被告人罗伯特·翔能否委托诉讼代理人？

参考答案：不能。犯罪嫌疑人、被告人委托的是辩护人，而非诉讼代理人。

二、种类

1. 从刑事代理产生的方式看，刑事代理可分为两种：

法定代理	即基于法律规定而产生的代理。
委托代理	即基于被代理人的委托、授权而产生的代理。

2. 从刑事代理的委托主体看，刑事诉讼中的代理主要有：

公诉案件被害人的代理	公诉案件的被害人及其法定代理人或者近亲属，自案件移送审查起诉之日起，有权委托诉讼代理人。 举案说法 罗伯特·翔强奸张某某一案，侦查阶段被害人张某某无权委托诉讼代理人，需要等案件移送审查起诉之日起，方可委托诉讼代理人。但是罗伯特·翔在侦查阶段可以委托律师担任辩护人。
自诉案件自诉人的代理	自诉案件的自诉人及其法定代理人，有权随时委托诉讼代理人。 名师点睛 在刑事自诉案件中，被告人依法有权提起反诉。当被告人对其提起反诉后，本诉的自诉人又成了反诉中的被告人，本诉中自诉人委托的代理人，也可以接受反诉的被告人的委托做他的辩护人，即由行使控诉职能转变为兼行控诉与辩护职能。同样，自诉案件的被告人提起反诉，其原来承担辩护职能的辩护人也可以成为既承担控诉职能又承担辩护职能的代理人及辩护人。反诉案件的代理人，一般都具有双重身份，既是被告人的辩护人，又是反诉的诉讼代理人。因此，必须办理双重委托手续，明确代理权限。
附带民事诉讼当事人的代理	律师在附带民事诉讼中的代理，实质上是民事诉讼代理。但附带民事诉讼代理人也有特殊之处。例如，附带民事诉讼的代理人可能身兼数职，比如既担任刑事被告人的辩护人，又担任附带民诉被告人的代理人。 名师点睛 附带民事诉讼中委托代理人的时间视公诉、自诉而定：①公诉案件附带民事诉讼的当事人及其法定代理人，自案件移送审查起诉之日起，有权委托诉讼代理人；②自诉案件附带民事诉讼的当事人及其法定代理人，有权随时委托诉讼代理人。
没收程序中的代理	犯罪嫌疑人、被告人逃匿、死亡案件违法所得没收程序中也有代理人。 关联法条《刑事诉讼法》第 299 条第 2 款：……犯罪嫌疑人、被告人的近亲属和其他利害关系人有权申请参加诉讼，也可以委托诉讼代理人参加诉讼。
精神病人的强制医疗程序中的代理	依法不负刑事责任的精神病人的强制医疗程序也涉及代理问题。 关联法条《刑事诉讼法》第 304 条第 2 款：人民法院审理强制医疗案件，应当通知被申请人或者被告人的法定代理人到场。被申请人或者被告人没有委托诉讼代理人的，人民法院应当通知法律援助机构指派律师为其提供法律帮助。

小试牛刀

殷某因积怨将鄢某打成重伤，致鄢某丧失劳动能力。本案中，哪些人有权为鄢某委托诉讼代理人？[1]

---

[1] AC。鄢某的祖父以及鄢某的好友丙并非鄢某的法定代理人或近亲属，无权委托诉讼代理人，选项 BD 不当选。

A. 鄢某的母亲　　　　　　　　　　B. 鄢某的祖父
C. 鄢某本人　　　　　　　　　　　D. 鄢某的好友丙

三、诉讼代理人的范围和权利

1. 范围。在刑事诉讼中，委托诉讼代理人的范围以及人数，与辩护人的范围相同。
2. 权利

诉讼代理人除享有代理授权范围内的被代理人的权利外，还享有以下权利：

（1）阅卷权。

[关联法条]《刑诉解释》第65条：律师担任诉讼代理人的，可以查阅、摘抄、复制案卷材料。其他诉讼代理人经人民法院许可，也可以查阅、摘抄、复制案卷材料。

律师担任诉讼代理人，需要收集、调取与本案有关的证据材料的，参照适用本解释第59条至第61条的规定。

[名师点睛]在强化对犯罪嫌疑人、被告人权利保护的同时，应当更加注意对被害人权利的保护。而且，从刑事诉讼法理上而言，被害人与被告人同属于当事人，诉讼代理人的权利与辩护人的权利基本相同，应当对诉讼代理人和辩护人在查阅、摘抄、复制案卷材料方面予以同等权利保护。

（2）调查取证权。律师担任代理人的，可以进行调查取证，也可以申请人民检察院、人民法院调查取证。具体程序参照辩护人申请人民检察院、人民法院调查取证程序适用。非律师担任代理人的，不享有调查取证权。

（3）申诉、控告权。诉讼代理人认为公安机关、人民检察院、人民法院及其工作人员阻碍其依法行使诉讼权利的，有权向同级或者上一级人民检察院申诉或者控告。具体申诉、控告程序与辩护人相同。

[考点提示]诉讼代理人与辩护人的诉讼权利基本一致，但是诉讼代理人没有会见、通信权以及申请变更强制措施的权利。

四、比较辩护人和代理人的差异

	辩护人	代理人
地位不同	具有独立的诉讼地位，以自己名义进行辩护。	不具有独立的诉讼地位，是附属于被代理人的，依被代理人意志从事活动。
职能不同	承担的是辩护职能。	维护被代理人的合法权益。 [名师点睛]代理人并非都承担控诉职能。例如，附带民诉当事人的代理人就不承担控辩职能。
委托主体不同	犯罪嫌疑人、被告人以及他们的监护人或近亲属。	（1）公诉案件的被害人及其法定代理人或近亲属； （2）自诉人及其法定代理人； （3）附带民事诉讼当事人及其法定代理人。
委托时间不同	公诉案件第一次讯问或采取强制措施之日起，自诉案件随时委托。	公诉案件移送审查起诉之日起，自诉案件随时委托。

续表

	辩护人	代理人
个别权利不同	可以会见在押的犯罪嫌疑人、被告人；可以为在押的犯罪嫌疑人、被告人申请取保候审。	无

小试牛刀

在张某故意毁坏李某汽车案中，张某聘请赵律师为辩护人，李某聘请孙律师为诉讼代理人。关于该案的辩护人和诉讼代理人，下列哪一选项是正确的?[1]

A. 赵律师、孙律师均自案件移送审查起诉之日起方可接受委托，担任辩护人、诉讼代理人

B. 赵律师、孙律师均有权申请该案的审判人员和公诉人员回避

C. 赵律师可在审判中向张某发问，孙律师无权向张某发问

D. 赵律师应以张某的意见作为辩护意见，孙律师应以李某的意见为代理意见

---

[1] B

第7讲 刑事证据

本讲导读

复习提要

证据制度是整个刑诉法中最重要、最核心的内容之一。要注意把握以下内容：刑事证据的三大基本属性；刑事证据制度的三大基本原则；八种法定证据种类的划分和审查；刑事证据的四组理论分类；七种刑事证据规则的内容及我国的现状；刑事诉讼的证明对象、证明责任、证明标准；等等。

知识框架

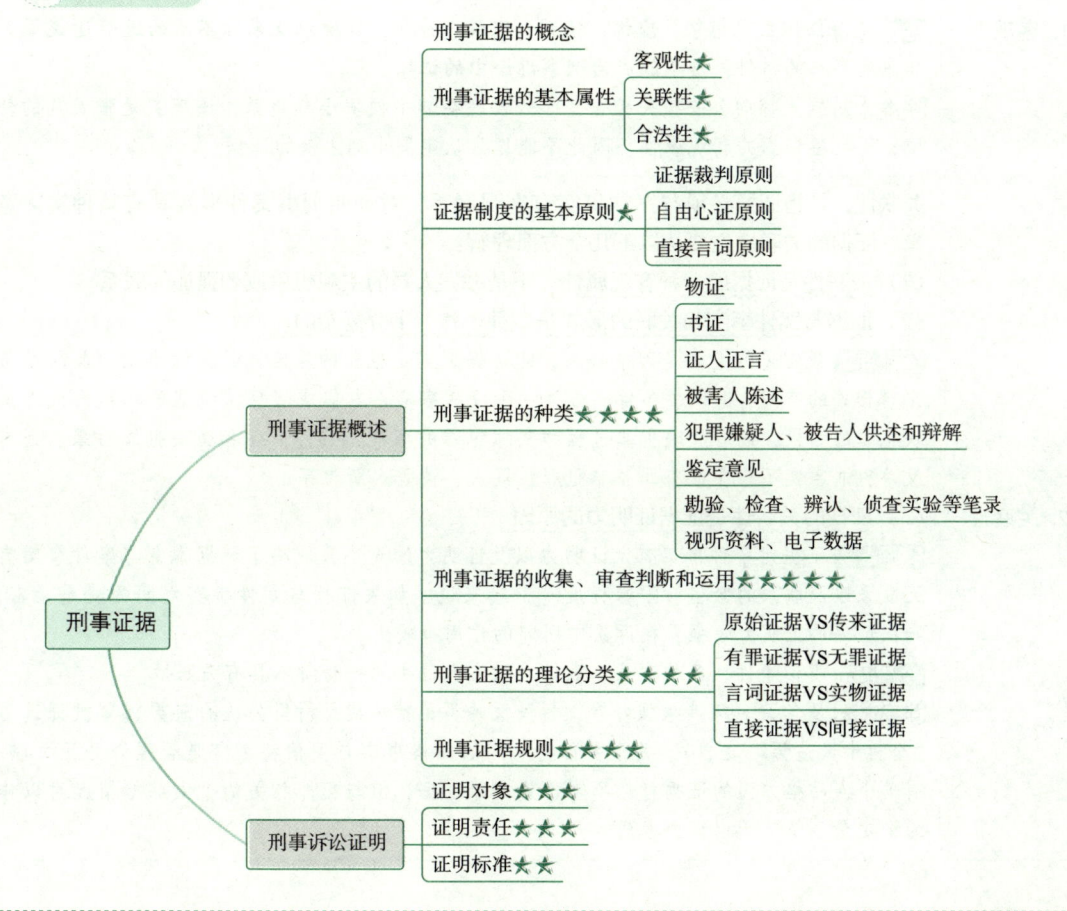

刑事证据
- 刑事证据概述
  - 刑事证据的概念
  - 刑事证据的基本属性
    - 客观性★
    - 关联性★
    - 合法性★
  - 证据制度的基本原则★
    - 证据裁判原则
    - 自由心证原则
    - 直接言词原则
  - 刑事证据的种类★★★★
    - 物证
    - 书证
    - 证人证言
    - 被害人陈述
    - 犯罪嫌疑人、被告人供述和辩解
    - 鉴定意见
    - 勘验、检查、辨认、侦查实验等笔录
    - 视听资料、电子数据
  - 刑事证据的收集、审查判断和运用★★★★
  - 刑事证据的理论分类★★★★
    - 原始证据VS传来证据
    - 有罪证据VS无罪证据
    - 言词证据VS实物证据
    - 直接证据VS间接证据
  - 刑事证据规则★★★★
- 刑事诉讼证明
  - 证明对象★★★
  - 证明责任★★★
  - 证明标准★★

专题17 刑事证据概述

一、概念

我国刑事诉讼中的证据，是指可以用于证明案件事实的材料。对于刑事证据的概念，可以从以下三个方面理解：①刑事证据本身是一种客观存在的材料；②刑事证据是证明案件真实情况的根据和认定案件事实的手段；③刑事证据必须符合法律规定的八种表现形式。

二、刑事证据的基本属性

1. 客观性	客观性，是指证据是客观存在的，不以人的主观意志为转移。任何一种犯罪行为都是在一定的时间和空间发生的，只要有行为的发生，就必然会留下各种痕迹和印象并形成证据，这是不以人的意志为转移的客观存在。 【考点提示】任何主观想象、虚构、猜测、假设、臆断、梦境以及来源不清的道听途说等并非客观存在的材料，都不能成为刑事诉讼中的证据。 【举案说法】张大翔向公安机关控告，昨天夜晚在梦中被罗小翔追杀，该事实是张大翔的梦境，不具备证据的客观属性，因此不能作为认定罗小翔杀人的证据。
2. 关联性	关联性，是指证据必须与案件事实有客观联系，对证明刑事案件事实具有某种实际意义。证据的关联性主要从以下几个方面理解： (1) 关联性是证据的一种客观属性，不是办案人员的主观想象或者强加的联系。 (2) 证据与案件事实相关联的形式是多种多样、十分复杂的。 【名师点睛】最常见的关联是因果联系，即证据事实是犯罪的原因或结果的事实。其次是与犯罪相关的空间、时间、条件、方法、手段的事实。它们或者反映犯罪的动机，或者反映犯罪的手段，或者反映犯罪过程和实施犯罪的环境、条件，或者反映犯罪后果，还有反映犯罪事实不存在或犯罪并非犯罪嫌疑人、被告人所为等。 (3) 证据的关联性是证据证明力的原因。 【名师点睛】证据对案件事实有无证明力以及证明力的大小，取决于证据本身与案件事实有无联系以及联系的紧密、强弱程度。一般来说，如果证据与案件事实之间的联系紧密，则该证据的证明力较强，在诉讼中所起的作用也较大。 【考点提示】类似事件、品格事实、表情、被害人过去的行为都不具有关联性。 【举案说法】罗伯特·翔涉嫌强奸罪，村民反映罗伯特·翔是村里公认的渣男（曾被评选为"全村十大渣男"之首）。关于罗伯特·翔的品格事实与罗伯特·翔是否强奸并无关联。有关个人品格方面的证据材料不得作为定罪证据，但与犯罪相关的个人品格情况可以作为酌定量刑情节予以综合考虑。

续表

3. 合法性	合法性，是指对证据必须依法加以收集和运用。证据的合法性主要包括以下内容： （1）证据的收集和运用，主体要合法。 [举案说法] 在罗伯特·翔强奸一案中，非律师辩护人高某收集的证据不能作为定案依据，因为收集主体不合法，非律师没有取证权。 （2）证据的形式要合法。 [名师点睛] 作为证明案件事实的证据材料，形式上必须符合法律要求。《刑事诉讼法》第50条第2款规定了证据种类：①物证；②书证；③证人证言；④被害人陈述；⑤犯罪嫌疑人、被告人供述和辩解；⑥鉴定意见；⑦勘验、检查、辨认、侦查实验等笔录；⑧视听资料、电子数据。 [举案说法] 在罗伯特·翔强奸一案中，侦查人员提供的警犬辨认笔录不能作为定案依据，因为警犬辨认笔录并不属于法定的证据种类。 （3）证据的提供、收集和审查，程序要合法。 [举案说法] 在罗伯特·翔强奸一案中，侦查人员通过刑讯逼供的手段收集到罗伯特·翔的有罪供述，该供述不能作为定案依据，因为证据收集程序不合法。 （4）证据必须经法定程序出示和查证，质证要合法。 [名师点睛] 根据《刑事诉讼法》的相关规定，证人证言必须在法庭上经过公诉人、被害人和被告人、辩护人双方质证；物证必须当庭出示，让当事人辨认；对未到庭的证人的证言笔录、鉴定人的鉴定意见、勘验笔录和其他作为证据的文书，应当当庭宣读，听取公诉人、当事人和辩护人、诉讼代理人的意见。未经法庭查证属实的材料，不得作为定案的根据。

[名师点睛] 刑事证据具有客观性、关联性和合法性三个基本属性。三者是互相联系、缺一不可的。客观性和关联性涉及的是刑事证据的内容，合法性涉及的是刑事证据的形式。刑事证据的客观性、关联性需要通过诉讼程序来审查和检验，而刑事证据的合法性是刑事证据客观性和关联性的法律保证。客观性、关联性和合法性表明了刑事证据内容和形式的统一。

三、证据制度的基本原则

证据制度的基本原则，包括证据裁判原则、自由心证原则、直接言词原则。这里主要介绍证据裁判原则与自由心证原则，直接言词原则将在第14讲"刑事审判概述"中介绍。

（一）证据裁判原则

证据裁判原则，又称证据裁判主义，是指对于诉讼中事实的认定，应依据有关的证据作出；没有证据，不得认定事实。在现代诉讼制度下，证据裁判原则至少包含以下四个方面的含义：

1. 对事实问题的裁判必须依靠证据，没有证据不得认定事实。
2. 认定案件事实的证据必须具有证据能力，即具有证据资格。
3. 裁判所依据的证据必须是经过法庭调查的证据，除非法律另有规定。
4. 综合全案证据必须达到法定的证明标准才能认定案件事实。

[关联法条]《刑事诉讼法》第55条：对一切案件的判处都要重证据，重调查研究，不轻信

口供。只有被告人供述，没有其他证据的，不能认定被告人有罪和处以刑罚；没有被告人供述，证据确实、充分的，可以认定被告人有罪和处以刑罚。

证据确实、充分，应当符合以下条件：

（一）定罪量刑的事实都有证据证明；

（二）据以定案的证据均经法定程序查证属实；

（三）综合全案证据，对所认定事实已排除合理怀疑。

《关于建立健全防范刑事冤假错案工作机制的意见》第 5 条：坚持证据裁判原则。认定案件事实，必须以证据为根据。应当依照法定程序审查、认定证据。认定被告人有罪，应当适用证据确实、充分的证明标准。

名师点睛 上述法律条文表明，证据裁判原则在我国已经逐步得到确立，并且基本采纳了该原则的主要内容。

（二）自由心证原则

自由心证原则，是指证据的取舍、证据的证明力大小以及对案件事实的认定规则等，法律不预先加以明确规定，而由裁判主体按照自己的良心、理性形成内心确信，以此作为对案件事实认定的一项证据原则。通常认为，自由心证包含两个方面的内容：①自由判断；②内心确信。

自由判断	自由判断，是指除法律另有规定以外，证据及其证明力由法官自由判断，法律不作预先规定。法官判断证据证明力时，不受外部的任何影响或法律上关于证据证明力的约束。 名师点睛"自由"并不是任意、不受限制，自由心证不是让法官依照个人情感及认识去自由擅断。自由心证中的"自由"是相对的自由，它要受到整个法律体系中的一系列法律制度和规定的制约，法官应当在适用各种证据规则并慎重考虑庭审证据调查与辩论的全部过程的基础上，基于证据裁判并依据自由心证对案件事实作出判断。
内心确信	内心确信，是指法官通过对证据的判断所形成的内心信念，并且应达到深信不疑的程度，由此判定事实。"内心确信"禁止法官根据似是而非、尚有疑虑的主观感受判定事实。

（三）直接言词原则

直接言词原则，也称口证原则，是指法官亲自听取双方当事人、证人及其他诉讼参与人的当庭口头陈述和法庭辩论，从而形成对案件事实真实性的内心确认，并据此对案件作出裁判的证据原则。

专题 18 刑事证据的种类

证据种类实际上是证据在法律上的分类，是证据的法定形式。根据《刑事诉讼法》第 50 条第 1、2 款的规定，可以用于证明案件事实的材料，都是证据。证据包括以下八种：①物证；②书证；③证人证言；④被害人陈述；⑤犯罪嫌疑人、被告人供述和辩解；⑥鉴定意见；⑦勘验、检查、辨认、侦查实验等笔录；⑧视听资料、电子数据。

考点提示 除八种法定证据形式外，其他手段（如警犬辨认、测谎仪）得出的意见或结论，只能协助确定侦查方向，或者帮助收集、审查、判断证据，而不能作为认定案件事实的证据使用。

一、刑事证据法定种类的辨析

（一）物证与书证

物 证	概 念	物证，是指证明案件真实情况的一切物品和痕迹。 **名师点睛** 所谓物品，是指与案件事实有联系的客观实在物，如作案工具、赃款赃物等；所谓痕迹，是指物体相互作用所产生的印痕和物体运动时所产生的轨迹，如脚印、指纹等。
	特 点	（1）物证是以其外部特征、物品属性、存在状况等来发挥证明作用的，因此，与其他证据相比，物证具有较强的客观性、稳定性； （2）物证所包含的信息内容通常只能反映案件中的某些片段或个别情节，而不能一步到位地直接证明案件中的主要事实，因此，物证通常只能作为间接证据。
书 证	概 念	书证，是指以文字、符号、图画等记载的内容和反映的思想来证明案件真实情况的书面材料或其他物质材料。
	特 点	（1）书证强调用记载的内容或者所表达的思想来证明案件事实，且该内容或思想必须与待证明的案件事实有关联，能够被用来证明案件事实。 **举案说法** ❶在向某盗窃一案中，盗窃的图书、录像带等所记载的内容与盗窃案件无关，那么它们便只是物证而不是书证。 ❷在向某贩卖淫秽物品一案中，所缴获的图书所记载的内容（系淫秽内容）与该案有关，因而这些图书就属于书证。 （2）书证必须以一定的物质材料为载体，属于实物证据范围，客观性较强。 **名师点睛** 事实上，作为书证载体的材料是十分广泛的，不限于"书写的文字材料"，它既可以是纸张，也可以是布匹、绸缎以及竹片、木板，甚至可能直接写在地上或者墙壁上；书写的方法，既可以用手写，也可用刀刻、印刷、剪贴、拼接、复印等方法；至于书证内容的表达，多数情况下是用文字表述，但不限于文字，也可用图形和符号来表示。但是，像手机中的短信内容，并非通过物质材料承载，因此不属于书证，而是电子数据。 **举案说法** 高某诈骗一案，被害人收到的短信内容虽然与案件事实有关，但是该短信载体并非直观物质载体，因此该短信不属于书证，而是电子数据。 （3）书证的内容往往形成于案件发生过程中，而非诉讼过程中。 **举案说法** 甲某抢劫一案，诉讼过程中形成的证人证言笔录，犯罪嫌疑人、被告人口供笔录，被害人陈述笔录，勘验检查笔录等，虽然也是以笔录内容证明案件事实，但是笔录内容皆形成于诉讼过程中，所以不能称之为书证。

名师点睛 考生需要正确区分物证和书证：书证以其内容证明案件事实，物证则以其物质属性和外观特征证明案件事实。如果一个物体同时通过以上两种方式发挥证明作用，那么它既是书证又是物证。

举案说法 在一起杀人案的现场，侦查人员发现了一封遗书，根据遗书记载的内容，侦查人员推断出死者的家庭、身份。同时，又根据笔迹鉴定，推断出此遗书确实是死者所写。本案中的遗书既是物证，又是书证。

小试牛刀

下列哪些属于书证？[1]

A. 某强奸案，在犯罪嫌疑人住处收集的笔记本，其中记载着其作案经过及对被害人的描述
B. 某贪污案，为查明账册涂改人而进行鉴定的笔迹
C. 某故意伤害案，证人书写的书面证词
D. 某走私淫秽物品案，犯罪嫌疑人非法携带的淫秽书刊

（二）证人证言，被害人陈述，犯罪嫌疑人、被告人供述和辩解

证人证言	概念	证人证言，是指证人就其所了解的案件情况向公安司法机关所作的陈述。 **考点提示** 证人证言的保存形式并不改变证据的性质。例如，证人将证言书写在纸上，这份笔录还是证人证言；公安司法人员对证人陈述进行录音录像，该录音带和录像带依然属于证人证言。
	特点	（1）证人是犯罪嫌疑人、被告人、被害人以外的人，一般而言，与犯罪嫌疑人、被告人、被害人相比，其陈述受利害关系影响较小。 （2）陈述的应当是亲身感知的事实。证人的猜测性、评论性、推断性的证言，不得作为证据使用，但根据一般生活经验判断符合事实的除外。 （3）容易受到其他因素的影响。证人证言是证人对感知情况的反映，往往会受到证人的主观因素和客观条件的影响。 （4）证人证言不可替代。证人既不能由公安司法机关自由选择和指定，也不能由别人代替和更换。
被害人陈述	概念	被害人陈述，是指刑事被害人就其受害情况和其他与案件有关的情况向公安司法机关所作的陈述。 **名师点睛** 被害人既可以是自然人，也可以是单位。自诉人和附带民事诉讼的原告人如果是被害人，他们的陈述也是被害人陈述。
犯罪嫌疑人、被告人供述和辩解	概念	犯罪嫌疑人、被告人的供述和辩解，是指犯罪嫌疑人、被告人就有关案件的情况向侦查、检察和审判人员所作的陈述，通常称之为口供。它的内容主要包括犯罪嫌疑人、被告人承认自己有罪的供述和说明自己无罪、罪轻的辩解。

---

[1] AD。选项 A 中的笔记本和选项 D 中的淫秽书刊是以其记载的内容和表达的思想起证明作用的，为书证。选项 B 中的笔迹是以其外部特征证明案件事实的实物和痕迹，属于物证。选项 C 为证人证言。

犯罪嫌疑人、被告人供述和辩解	特 点	(1) 可以全面、具体地反映案件事实； (2) 由于犯罪嫌疑人、被告人与案件的处理结果有直接的切身利害关系，供述或辩解虚假的可能性也比较大； (3) 常常呈现出反复无常的"易变性"。 关联法条《刑事诉讼法》第55条第1款：对一切案件的判处都要重证据，重调查研究，不轻信口供。只有被告人供述，没有其他证据的，不能认定被告人有罪和处以刑罚；没有被告人供述，证据确实、充分的，可以认定被告人有罪和处以刑罚。

考点提示 犯罪嫌疑人、被告人检举他人犯罪的性质和内容的证据属于何种证据，应当具体分析。

共犯中同案犯罪嫌疑人、被告人检举他人共犯内的犯罪事实属于犯罪嫌疑人、被告人供述和辩解的内容，不是证人证言。因为共犯相互之间就共同犯罪的情况相互检举，与个人的罪责有关。而犯罪嫌疑人、被告人检举他人共犯外的犯罪事实，或同案犯罪嫌疑人、被告人对非共犯的检举，则与自己的罪责无关，应属于证人证言。

• 举案说法 向某、高某共同抢劫被抓获。

向某说："我和高某确实参加了抢劫银行。"该陈述属于犯罪嫌疑人、被告人供述、辩解。

向某又说："上个月高某还杀了甲某。"该陈述属于证人证言。

向某还说："去年的今天，高某还打断过我的腿。"该陈述属于被害人陈述。

(三) 鉴定意见，勘验、检查、辨认、侦查实验等笔录

鉴定意见	概 念	鉴定意见，是指公安司法机关为了解决案件中某些专门性问题，指派或聘请具有这方面专门知识和技能的人进行鉴定后所作的书面意见。
	特 点	(1) 具有特定的书面形式。 名师点睛 鉴定意见应当由鉴定机构盖章并由鉴定人签名。 (2) 是鉴定人对专门性问题从科学、技术等角度提出的分析意见。 (3) 内容仅限于解决案件所涉及的科学技术问题，而不是法律问题。 (4) 受利害关系影响较小。 (5) 鉴定意见必须是由公安司法机关指派或者聘请的具有这方面专业知识和技能的人作出的。仅仅具有相关方面的专业知识和技能，而非公安司法机关指派或者聘请的人，不能作为鉴定人。 举案说法 犯罪嫌疑人罗小翔在犯罪前曾到某精神病医院看病，精神病医生张大翔对其所作的患有精神病的诊断结论，不能作为鉴定意见使用。张大翔并不具备鉴定人资格，其出具的意见不属于鉴定意见。 (6) 鉴定意见必须当庭宣读，鉴定人一般应当出庭，对鉴定过程和内容、结论作出说明，并接受质证。

续表

| 勘验、检查、辨认、侦查实验等笔录 | （1）勘验笔录，是指办案人员对与犯罪有关的场所、物品、尸体等进行勘查、检验后所作的记录；
（2）检查笔录，是指办案人员为确定被害人、犯罪嫌疑人、被告人的某些特征、伤害情况和生理状态，对他们的人身进行检验和观察后所作的客观记录；
（3）辨认笔录，是指客观、全面记录辨认过程和辨认结果，并由有关在场人员签名的记录；
（4）侦查实验笔录，是指对侦查实验的试验条件、试验过程和试验结果的客观记录。
名师点睛 上述笔录是一种书面形式的证据材料，但其在形成时间、制作主体以及内容等方面都有别于书证。|

关联法条《刑诉解释》

第100条：因无鉴定机构，或者根据法律、司法解释的规定，指派、聘请有专门知识的人就案件的专门性问题出具的报告，可以作为证据使用。

对前款规定的报告的审查与认定，参照适用本节的有关规定。

经人民法院通知，出具报告的人拒不出庭作证的，有关报告不得作为定案的根据。

名师点睛 在司法实践中，大量的关于专门性问题的报告被用于证明案件事实，有些还被用于证明与定罪量刑直接相关的构成要件的事实，发挥着与鉴定意见同等重要的作用。无论从法条的规定来看，还是从司法实务的操作出发，该类报告可以并且也已经作为证据使用。特别是在盗窃、诈骗等侵财案件中，被广泛运用的价格认定报告就属于本条所讲的"报告"。目前看来，现实中的专业性问题层出不穷，司法鉴定的范围却非常有限，无法一一涵盖，允许出具报告已不仅仅是应急之策，而是已成为常态。

第101条：有关部门对事故进行调查形成的报告，在刑事诉讼中可以作为证据使用；报告中涉及专门性问题的意见，经法庭查证属实，且调查程序符合法律、有关规定的，可以作为定案的根据。

名师点睛 司法实践中，事故调查报告被广泛运用。例如，火灾事故调查报告记录了火灾的起火时间、起火点、可能的起火原因等对案件事实认定至关重要的因素。由于上述材料无法归入现行的证据种类，实践中对其能否作为刑事证据使用，存在不同认识。根据本条规定，"报告中涉及专门性问题的意见，经法庭查证属实，且调查程序符合法律、有关规定的"，才能作为定案的根据。首先，事故调查报告中涉及的对专门性问题的意见，其性质实际与鉴定意见类似，也需要接受控辩双方质证，接受法庭调查，只有经查证属实，且调查程序符合法律、有关规定的，才能作为定案的根据。其次，事故调查报告中常常会涉及其他事项，有关事项与事实认定无关或者不属于专门性问题的，不具有证据性质，不能作为定案的根据。

（四）视听资料、电子数据

| 概念 | 视听资料 | 视听资料，是指以录音、录像、计算机磁盘所记载的音像信息来证明案件真实情况的资料。|

续表

概　念	电子数据	电子数据，是指案件发生过程中形成的，以数字化形式存储、处理、传输的，能够证明案件事实的数据。 **考点提示** 电子数据包括但不限于下列信息、电子文件：①网页、博客、微博客、朋友圈、贴吧、网盘等网络平台发布的信息；②手机短信、电子邮件、即时通信、通讯群组等网络应用服务的通信信息；③用户注册信息、身份认证信息、电子交易记录、通信记录、登录日志等信息；④文档、图片、音视频、数字证书、计算机程序等电子文件。
特　点		（1）成为视听资料、电子数据的录音、录像内容一定要和案件有关，否则可能是物证而非视听资料、电子数据。 **举案说法** 向某在超市盗窃的几张光盘，因为该光盘内容与案件无关，光盘是物证。 （2）该内容必须以数字化方式来存储、处理、传输。 **举案说法** 高某用笔写了一封勒索信，邮寄至被害人殷某家，该封信的载体是直观物质载体，属于书证。如果高某通过邮件给殷某发送了一封勒索信，该信件是通过数字化方式来存储、处理、传输，那么就属于电子数据。 （3）作为视听资料、电子数据的录音、录像，一般产生于诉讼开始之前、犯罪实施过程之中。 **举案说法** 甲某强奸一案，在询问证人、被害人，讯问犯罪嫌疑人、被告人过程中进行的录音、录像，应当分别属于证人证言，被害人陈述，犯罪嫌疑人、被告人的供述；勘验、检查过程中进行的录像，应当是勘验、检查笔录的组成部分。但是，该资料在用于证明讯问、询问或勘验、检查程序是否合法这一争议问题时，则属于视听资料、电子数据。

二、刑事证据的收集、审查判断和运用

（一）刑事证据的收集和移送

收集证据，是指公安司法机关及律师为了证明特定案件事实，依据法律规定的范围和程序，收集证据材料的法律活动。证据收集的主体主要包括以下五种：

公检法机关	《刑事诉讼法》第54条第1款规定，人民法院、人民检察院和公安机关有权向有关单位和个人收集、调取证据。有关单位和个人应当如实提供证据。
辩护律师	《刑事诉讼法》第43条规定，辩护律师经证人或者其他有关单位和个人同意，可以向他们收集与本案有关的材料，也可以申请人民检察院、人民法院收集、调取证据，或者申请人民法院通知证人出庭作证。辩护律师经人民检察院或者人民法院许可，并且经被害人或者其近亲属、被害人提供的证人同意，可以向他们收集与本案有关的材料。 **名师点睛** 非律师辩护人没有取证权。
行政机关	根据《刑诉解释》第75条的规定，行政机关在行政执法和查办案件过程中收集的物证、书证、视听资料、电子数据等证据材料，经法庭查证属实，且收集程序符合有关法律、行政法规规定的，可以作为定案的根据。根据法律、行政法规规定行使国家行政管理职权的组织，在行政执法和查办案件过程中收集的证据材料，视为行政机关收集的证据材料。

续表

行政机关	[名师点睛]由于行政机关收集证据的标准低于刑事侦查机关，因此行政机关在行政执法过程中收集的证据不能全部直接作为刑事证据使用，如证人证言、被害人陈述、犯罪嫌疑人供述等言词证据需要重新收集。
监察机关	《监察法》第33条规定，监察机关依照《监察法》规定收集的物证、书证、证人证言、被调查人供述和辩解、视听资料、电子数据等证据材料，在刑事诉讼中可以作为证据使用。监察机关在收集、固定、审查、运用证据时，应当与刑事审判关于证据的要求和标准相一致。以非法方法收集的证据应当依法予以排除，不得作为案件处置的依据。 [名师点睛]监察机关收集证据的标准与刑事审判关于证据的要求和标准相一致，因此，监察机关收集的证据均可以作为刑事证据使用，无需重新收集。
境外证据	(1)根据《刑诉解释》第77条第1款的规定，对来自境外的证据材料，人民检察院应当随案移送有关材料来源、提供人、提取人、提取时间等情况的说明。经人民法院审查，相关证据材料能够证明案件事实且符合刑事诉讼法规定的，可以作为证据使用，但提供人或者我国与有关国家签订的双边条约对材料的使用范围有明确限制的除外；材料来源不明或者真实性无法确认的，不得作为定案的根据。 (2)根据《刑诉解释》第77条第2款的规定，当事人及其辩护人、诉讼代理人提供来自境外的证据材料的，该证据材料应当经所在国公证机关证明，所在国中央外交主管机关或者其授权机关认证，并经中华人民共和国驻该国使领馆认证，或者履行中华人民共和国与该所在国订立的有关条约中规定的证明手续，但我国与该国之间有互免认证协定的除外。 [名师点睛]对于办案机关收集的境外证据材料，无需经过公证、认证程序，只需对来源等作出说明即可；只有当事人等个人提供的境外证据材料才需要经过公证、认证程序。

[关联法条]《刑诉解释》

第73条：对提起公诉的案件，人民法院应当审查证明被告人有罪、无罪、罪重、罪轻的证据材料是否全部随案移送；未随案移送的，应当通知人民检察院在指定时间内移送。人民检察院未移送的，人民法院应当根据在案证据对案件事实作出认定。

[名师点睛]从近些年纠正的冤错案件来看，一些案件就是因为没有全案移送证据材料，影响了最终裁判。例如，安徽"于英生案"，侦查机关没有随案移送现场发现的第三人的血指纹。后经继续侦查，发现该第三人的血指纹即为真凶的血指纹。基于此，应当要求移送全案证据材料。本条专门规定"人民检察院未移送的，人民法院应当根据在案证据对案件事实作出认定"，旨在明确人民检察院经调取未移送的处理规则。这意味着因缺乏证据材料导致有关事实存疑的，应当依法作出有利于被告人的认定。

[举案说法]未成年人罗小翔涉嫌组织卖淫一案，在辩方举证证明被告人未满18周岁的情况下，人民检察院拒绝移送相关证据，导致被告人年龄存疑，人民法院应当作出有利于被告人的认定，即认定罗小翔不满18周岁。根据《刑诉解释》第146条第2款的规定，证明被告人已满12周岁、14周岁、16周岁、18周岁或者不满75周岁的证据不足的，应当作出有利于被告人的认定。

第74条：依法应当对讯问过程录音录像的案件，相关录音录像未随案移送的，必要时，人民法院可以通知人民检察院在指定时间内移送。人民检察院未移送，导致不能排除属于刑事诉讼法第56条规定的以非法方法收集证据情形的，对有关证据应当依法排除；导致有关证据的真实性无法确认的，不得作为定案的根据。

• **举案说法** 张大翔故意杀人一案，对讯问过程同步的录音录像未随案移送的，必要时，人民法院可以通知人民检察院在指定时间内移送。人民检察院经通知仍未移送，导致不能排除刑讯逼供可能的，对张大翔的供述应当依法排除。

（二）各类刑事证据的审查判断规则

在刑事诉讼中，并非所有证据都会当然被法院采纳作为定案依据，有些证据因为不满足真实性或者合法性等原因不能被采纳作为定案依据。同学们在备考中，尤其要掌握各类证据不能作为定案依据的相关情形。各类刑事证据的审查判断的具体规则是历年考试的重中之重。

1. 物证、书证的审查判断（《刑诉解释》）

坚决排除的（背诵）	（1）第83条第2款规定，物证的照片、录像、复制品，不能反映原物的外形和特征的，不得作为定案的根据； （2）第84条第2款规定，对书证的更改或者更改迹象不能作出合理解释，或者书证的副本、复制件不能反映原件及其内容的，不得作为定案的根据； （3）第86条第1款规定，在勘验、检查、搜查过程中提取、扣押的物证、书证，未附笔录或者清单，不能证明物证、书证来源的，不得作为定案的根据； （4）第86条第3款规定，物证、书证的来源、收集程序有疑问，不能作出合理解释的，不得作为定案的根据。
可以补正的（了解）	第86条第2款规定，物证、书证的收集程序、方式有下列瑕疵，经补正或者作出合理解释的，可以采用：①勘验、检查、搜查、提取笔录或者扣押清单上没有调查人员或者侦查人员、物品持有人、见证人签名，或者对物品的名称、特征、数量、质量等注明不详的；②物证的照片、录像、复制品，书证的副本、复制件未注明与原件核对无异，无复制时间，或者无被收集、调取人签名的；③物证的照片、录像、复制品，书证的副本、复制件没有制作人关于制作过程和原物、原件存放地点的说明，或者说明中无签名的；④有其他瑕疵的。

名师点睛 物证、书证不能作为定案依据的情形可以概括为："真伪不明""来源不明""无法解释"。

• **举案说法**

1️⃣ 罗某杀人一案，搜查获得的杀人案凶器，未附搜查笔录，不能证明该凶器来源，该物证不能作为定案依据。

2️⃣ 张某贩毒一案，如果扣押物品清单上没有侦查人员、物品持有人、见证人签名，该物证经补正或者作出合理解释后，可以采用。

2. 证人证言（被害人陈述）的审查判断（《刑诉解释》）

坚决排除的（背诵）	（1）处于明显醉酒、中毒或者麻醉等状态，不能正常感知或者正确表达的证人所提供的证言，不得作为证据使用；（第88条第1款） （2）证人的猜测性、评论性、推断性的证言，不得作为证据使用，但根据一般生活经验

续表

坚决排除的 （背诵）	判断符合事实的除外；（第88条第2款） （3）询问证人没有个别进行的，该证人证言不得作为定案的根据；（第89条第1项） （4）书面证言没有经证人核对确认的，该证人证言不得作为定案的根据；（第89条第2项） （5）询问聋、哑人，应当提供通晓聋、哑手势的人员而未提供的，该证人证言不得作为定案的根据；（第89条第3项） （6）询问不通晓当地通用语言、文字的证人，应当提供翻译人员而未提供的，该证人证言不得作为定案的根据；（第89条第4项） （7）采用暴力、威胁以及非法限制人身自由等非法方法收集的证人证言、被害人陈述，应当予以排除；（第125条） （8）经人民法院通知，证人没有正当理由拒绝出庭或者出庭后拒绝作证，法庭对其证言的真实性无法确认的，该证人证言不得作为定案的根据。（第91条第3款）
可以补正的 （了解）	第90条规定，证人证言的收集程序、方式有下列瑕疵，经补正或者作出合理解释的，可以采用；不能补正或者作出合理解释的，不得作为定案的根据：①询问笔录没有填写询问人、记录人、法定代理人姓名以及询问的起止时间、地点的；②询问地点不符合规定的；③询问笔录没有记录告知证人有关权利义务和法律责任的；④询问笔录反映出在同一时段，同一询问人员询问不同证人的；⑤询问未成年人，其法定代理人或者合适成年人不在场的。 名师点睛 本条第5项为新增条文。瑕疵证据不同于非法证据，并不涉及严重违反法定程序和侵犯人权的问题，只是证据的真实性受到证据瑕疵的影响。瑕疵证据不能直接予以排除，而是看证据瑕疵问题能否得到解决。 关联法条 第91条第2款：证人当庭作出的证言与其庭前证言矛盾，证人能够作出合理解释，并有其他证据印证的，应当采信其庭审证言；不能作出合理解释，而其庭前证言有其他证据印证的，可以采信其庭前证言。

名师点睛 需要重点掌握的是证人证言在什么情况下需要排除，至于可以补正、解释的内容只需要简单了解即可，万一考到了可以补正、解释的情形，记得用排除法。证人证言不能作为定案依据的情形可以概括为："麻醉""猜测""未个别""核对""翻译""暴限胁""拒绝出庭不真实"。

小试牛刀

关于证人证言的收集程序和方式存在瑕疵，经补正或者作出合理解释后，可以作为证据使用的情形，下列哪些选项是正确的?[1]

A. 询问证人时没有个别进行的
B. 询问笔录反映出在同一时间内，同一询问人员询问不同证人的
C. 询问聋哑人时应当提供翻译而未提供的
D. 询问未成年人，其法定代理人或者合适成年人不在场的

---

[1] BD

3. 犯罪嫌疑人、被告人供述的审查判断

坚决排除的（背诵）	关联法条1	《刑诉解释》第94条：被告人供述具有下列情形之一的，不得作为定案的根据： （一）讯问笔录没有经被告人核对确认的； （二）讯问聋、哑人，应当提供通晓聋、哑手势的人员而未提供的； （三）讯问不通晓当地通用语言、文字的被告人，应当提供翻译人员而未提供的； （四）讯问未成年人，其法定代理人或者合适成年人不在场的。 名师点睛 本条第4项为新增条文。不是所有违反法律程序的取证方式收集的证据都会被排除，但是讯问未成年被告人，其法定代理人或者合适成年人不在场的，严重侵犯了未成年被告人的利益，该供述不能作为定案依据。
	关联法条2	《关于建立健全防范刑事冤假错案工作机制的意见》第8条第2款：除情况紧急必须现场讯问以外，在规定的办案场所外讯问取得的供述，未依法对讯问进行全程录音录像取得的供述，以及不能排除以非法方法取得的供述，应当排除。
	关联法条3	《刑诉解释》第123条：采用下列非法方法收集的被告人供述，应当予以排除： （一）采用殴打、违法使用戒具等暴力方法或者变相肉刑的恶劣手段，使被告人遭受难以忍受的痛苦而违背意愿作出的供述； （二）采用以暴力或者严重损害本人及其近亲属合法权益等相威胁的方法，使被告人遭受难以忍受的痛苦而违背意愿作出的供述； （三）采用非法拘禁等非法限制人身自由的方法收集的被告人供述。
可以补正的（了解）		《刑诉解释》第95条规定，讯问笔录有下列瑕疵，经补正或者作出合理解释的，可以采用；不能补正或者作出合理解释的，不得作为定案的根据：①讯问笔录填写的讯问时间、讯问地点、讯问人、记录人、法定代理人等有误或者存在矛盾的；②讯问人没有签名的；③首次讯问笔录没有记录告知被讯问人有关权利和法律规定的。
		《刑诉解释》第96条第2、3款规定，被告人庭审中翻供，但不能合理说明翻供原因或者其辩解与全案证据矛盾，而其庭前供述与其他证据相互印证的，可以采信其庭前供述。被告人庭前供述和辩解存在反复，但庭审中供认，且与其他证据相互印证的，可以采信其庭审供述；被告人庭前供述和辩解存在反复，庭审中不供认，且无其他证据与庭前供述印证的，不得采信其庭前供述。

名师点睛 需要重点掌握的是供述在什么情况下需要排除，至于可以补正、解释的内容只需要简单了解即可。供述不能作为定案依据的情形可以概括为："核对""翻译""无法代""场外""音、像""暴、限、胁"。

小试牛刀

某强奸杀人案，在法庭审理过程中，被告人罗某（19岁）、张某（17岁）提出其审前供述不具备证据能力，不能作为定案依据。请根据现行法判断，下列哪些供述不能作为定案依据？[1]

---

[1] AD

A. 将罗某"大"字型吊铐在窗户的铁栏杆上，双脚离地
B. 对张某进行引诱，说"讲了就可以回去"
C. 对罗某的讯问笔录，讯问人没有签名
D. 讯问张某时未通知其法定代理人或者合适成年人在场

4. 鉴定意见的审查判断（《刑诉解释》）（简单了解）

坚决排除的 （了解）	第98条规定，鉴定意见具有下列情形之一的，不得作为定案的根据：①鉴定机构不具备法定资质，或者鉴定事项超出该鉴定机构业务范围、技术条件的；②鉴定人不具备法定资质，不具有相关专业技术或者职称，或者违反回避规定的；③送检材料、样本来源不明，或者因污染不具备鉴定条件的；④鉴定对象与送检材料、样本不一致的；⑤鉴定程序违反规定的；⑥鉴定过程和方法不符合相关专业的规范要求的；⑦鉴定文书缺少签名、盖章的；⑧鉴定意见与案件事实没有关联的；⑨违反有关规定的其他情形。 第99条第1款规定，经人民法院通知，鉴定人拒不出庭作证的，鉴定意见不得作为定案的根据。
可以补正的	无

[名师点睛] 鉴定意见不存在可以补正、解释的情形。鉴定意见不能作为定案依据的情形可以概括为："见错就排"。

[举案说法] 高某故意杀人一案，在现场指纹鉴定意见中无鉴定人甲某的签名，则该鉴定意见不能作为本案的定案依据。

5. 勘验、检查、侦查实验笔录的审查判断（《刑诉解释》）（简单了解）

勘验、 检查笔录	第103条：勘验、检查笔录存在明显不符合法律、有关规定的情形，不能作出合理解释的，不得作为定案的根据。 [名师点睛] 勘验、检查笔录不能作为定案依据的情形可以概括为："无法解释"。
侦查 实验笔录	第107条：侦查实验的条件与事件发生时的条件有明显差异，或者存在影响实验结论科学性的其他情形的，侦查实验笔录不得作为定案的根据。 [名师点睛] 侦查实验笔录不能作为定案依据的情形可以概括为："条件差异"。

6. 辨认笔录的审查判断

坚决排除的 （背诵）	《刑诉解释》第105条：辨认笔录具有下列情形之一的，不得作为定案的根据： （一）辨认不是在调查人员、侦查人员主持下进行的； （二）辨认前使辨认人见到辨认对象的； （三）辨认活动没有个别进行的； （四）辨认对象没有混杂在具有类似特征的其他对象中，或者供辨认的对象数量不符合规定的； （五）辨认中给辨认人明显暗示或者明显有指认嫌疑的； （六）违反有关规定，不能确定辨认笔录真实性的其他情形。

续表

可以补正的 （了解）	《关于办理死刑案件审查判断证据若干问题的规定》第30条第2款：有下列情形之一的，通过有关办案人员的补正或者作出合理解释的，辨认结果可以作为证据使用： （一）主持辨认的侦查人员少于2人的； （二）没有向辨认人详细询问辨认对象的具体特征的； （三）对辨认经过和结果没有制作专门的规范的辨认笔录，或者辨认笔录没有侦查人员、辨认人、见证人的签名或者盖章的； （四）辨认记录过于简单，只有结果没有过程的； （五）案卷中只有辨认笔录，没有被辨认对象的照片、录像等资料，无法获悉辨认的真实情况的。

名师点睛 需要重点掌握的是辨认笔录在什么情况下需要排除，至于可以补正、解释的内容只需要简单了解即可，万一考到了可以补正、解释的情形，记得用排除法。辨认笔录不能作为定案依据的情形可以概括为："不是侦调来主持；指示预见个混混"。

小试牛刀

关于辨认程序不符合有关规定，经补正或者作出合理解释后，辨认笔录可以作为证据使用的情形，下列哪一选项是正确的？[1]

A. 辨认前使辨认人见到辨认对象的
B. 供辨认的对象数量不符合规定的
C. 案卷中只有辨认笔录，没有被辨认对象的照片、录像等资料，无法获悉辨认的真实情况的
D. 辨认活动没有个别进行的

7. 视听资料、电子数据的审查判断（《刑诉解释》）

视听资料	第109条：视听资料具有下列情形之一的，不得作为定案的根据： （一）系篡改、伪造或者无法确定真伪的； （二）制作、取得的时间、地点、方式等有疑问，不能作出合理解释的。 **名师点睛** 视听资料不能作为定案依据的情形可以概括为："真伪不明、无法解释"。
电子数据	第114条：电子数据具有下列情形之一的，不得作为定案的根据： （一）系篡改、伪造或者无法确定真伪的； （二）有增加、删除、修改等情形，影响电子数据真实性的； （三）其他无法保证电子数据真实性的情形。 第113条：电子数据的收集、提取程序有下列瑕疵，经补正或者作出合理解释的，可以采用；不能补正或者作出合理解释的，不得作为定案的根据： （一）未以封存状态移送的； （二）笔录或者清单上没有调查人员或者侦查人员、电子数据持有人、提供人、见证人签名或者盖章的；

---

[1] C

续表

电子数据	（三）对电子数据的名称、类别、格式等注明不清的； （四）有其他瑕疵的。 **名师点睛** 电子数据不能作为定案依据的情形可以概括为："真伪不明、无法解释"。

8. 技术调查、侦查证据的审查判断（《刑诉解释》）

根据最新的《刑诉解释》第116条的规定，依法采取技术调查、侦查措施收集的材料在刑事诉讼中可以作为证据使用。采取技术调查、侦查措施收集的材料，作为证据使用的，应当随案移送。

名师点睛 采取技术调查、侦查措施收集的材料在刑事诉讼中可以作为证据使用，但依然要经过法庭的查证，确认属实后方可成为最终的定案依据。

特殊 保护措施	**关联法条** 第117条：使用采取技术调查、侦查措施收集的证据材料可能危及有关人员的人身安全，或者可能产生其他严重后果的，可以采取下列保护措施： （一）使用化名等代替调查、侦查人员及有关人员的个人信息； （二）不具体写明技术调查、侦查措施使用的技术设备和技术方法； （三）其他必要的保护措施。 第121条：采用技术调查、侦查证据作为定案根据的，人民法院在裁判文书中可以表述相关证据的名称、证据种类和证明对象，但不得表述有关人员身份和技术调查、侦查措施使用的技术设备、技术方法等。
特殊 文书要求	**关联法条** 第118条：移送技术调查、侦查证据材料的，应当附采取技术调查、侦查措施的法律文书、技术调查、侦查证据材料清单和有关说明材料。 移送采用技术调查、侦查措施收集的视听资料、电子数据的，应当制作新的存储介质，并附制作说明，写明原始证据材料、原始存储介质的存放地点等信息，由制作人签名，并加盖单位印章。
特殊 审查方法	**关联法条** 第119条：对采取技术调查、侦查措施收集的证据材料，除根据相关证据材料所属的证据种类，依照本章第二节至第七节的相应规定进行审查外，还应当着重审查以下内容： （一）技术调查、侦查措施所针对的案件是否符合法律规定。 （二）技术调查措施是否经过严格的批准手续，按照规定交有关机关执行；技术侦查措施是否在刑事立案后，经过严格的批准手续。 （三）采取技术调查、侦查措施的种类、适用对象和期限是否按照批准决定载明的内容执行。 （四）采取技术调查、侦查措施收集的证据材料与其他证据是否矛盾；存在矛盾的，能否得到合理解释。 **名师点睛** 技术调查、侦查证据并非单独的证据种类，而是通常表现为视听资料、电子数据等类型，故根据证据分类审查规定进行审查判断即可。基于此，第119条进一步强调了关于技术调查、侦查本身应当审查的要点。
特殊 质证方法	**关联法条** 第120条：采取技术调查、侦查措施收集的证据材料，应当经过当庭出示、辨认、质证等法庭调查程序查证。

	续表
特殊质证方法	当庭调查技术调查、侦查证据材料可能危及有关人员的人身安全，或者可能产生其他严重后果的，法庭应当采取不暴露有关人员身份和技术调查、侦查措施使用的技术设备、技术方法等保护措施。必要时，审判人员可以在庭外对证据进行核实。 **名师点睛** 庭外核实不等于不需要质证，证据要成为定案依据，都必须经过质证程序。
随案移送材料	**关联法条** 第122条：人民法院认为应当移送的技术调查、侦查证据材料未随案移送的，应当通知人民检察院在指定时间内移送。人民检察院未移送的，人民法院应当根据在案证据对案件事实作出认定。

9. 信息网络犯罪案件的证据收集和审查

　　根据最新发布的《网络犯罪程序意见》的规定，允许在因客观条件限制无法逐一收集证据材料的情形下，按照一定比例或者数量选取证据。针对涉案人数特别众多的信息网络犯罪案件，该意见还规定，确因客观条件限制无法收集证据逐一证明、逐人核实涉案账户资金来源的，可以根据银行账户、非银行支付账户等交易记录和其他证据材料，对犯罪数额作出综合认定。

关联法条《网络犯罪程序意见》

第18条：采取技术侦查措施收集的材料作为证据使用的，应当随案移送，并附采取技术侦查措施的法律文书、证据材料清单和有关说明材料。

移送采取技术侦查措施收集的视听资料、电子数据的，应当由2名以上侦查人员制作复制件，并附制作说明，写明原始证据材料、原始存储介质的存放地点等信息，由制作人签名，并加盖单位印章。

第19条：采取技术侦查措施收集的证据材料，应当经过当庭出示、辨认、质证等法庭调查程序查证。

当庭调查技术侦查证据材料可能危及有关人员的人身安全，或者可能产生其他严重后果的，法庭应当采取不暴露有关人员身份和技术侦查措施使用的技术设备、技术方法等保护措施。必要时，审判人员可以在庭外对证据进行核实。

第20条：办理信息网络犯罪案件，对于数量特别众多且具有同类性质、特征或者功能的物证、书证、证人证言、被害人陈述、视听资料、电子数据等证据材料，确因客观条件限制无法逐一收集的，应当按照一定比例或者数量选取证据，并对选取情况作出说明和论证。

人民检察院、人民法院应当重点审查取证方法、过程是否科学。经审查认为取证不科学的，应当由原取证机关作出补充说明或者重新取证。

人民检察院、人民法院应当结合其他证据材料，以及犯罪嫌疑人、被告人及其辩护人所提辩解、辩护意见，审查认定取得的证据。经审查，对相关事实不能排除合理怀疑的，应当作出有利于犯罪嫌疑人、被告人的认定。

第21条：对于涉案人数特别众多的信息网络犯罪案件，确因客观条件限制无法收集证据逐一证明、逐人核实涉案账户的资金来源，但根据银行账户、非银行支付账户等交易记录和其他证据材料，足以认定有关账户主要用于接收、流转涉案资金的，可以按照该账户接收的资金数额认定犯罪数额，但犯罪嫌疑人、被告人能够作出合理说明的除外。案外人提出异议的，应当依法审查。

专题 19 刑事证据的理论分类

刑事证据的理论分类，是指对证据进行理论研究时，按照证据本身的不同特点，从不同角度在理论上将证据划分为不同的类别。

【名师点睛】证据的理论分类不同于证据的法定种类。证据种类的划分依据是证据的存在及其表现形式，这种划分由法律明确规定，具有法定的约束力，不具有法定形式的证据不得作为定案的根据。而证据的理论分类则是在理论上从不同角度对证据种类所作的划分，某一具体的证据，按一种标准分类，属于这一类别，而按另一种标准分类，则属于其他类别。例如，被害人陈述这一法定种类，在分类上不仅可以是直接证据或间接证据，也可以是原始证据或传来证据。注意，该考点平均每年1题。

一、原始证据与传来证据

原始证据与传来证据是根据证据的来源，对证据进行的分类。

原始证据	凡是直接来源于案件事实，未经过复制、转述的证据，是原始证据，也就是通常所说的第一手材料。 【举案说法】公安机关勘验杀人现场时，提取了插在被害人胸部上的一把匕首。该匕首属于原始证据，因为其直接来源于案件事实。
传来证据	凡不是直接来源于案件事实，而是间接来源于案件事实，经过复制或者转述原始证据而派生出来的证据，是传来证据，即通常所说的第二手材料。 【举案说法】张某酒后跟李某讲述了其杀人的经过，事后李某向侦查人员陈述了有关事实，李某陈述的内容属于传来证据。李某陈述的事实是经过转述的内容，属于第二手材料。

【名师点睛】判断某个证据是原始证据还是传来证据的一个简单方法就是看其在侦查人员收集该证据之前有没有经过中转环节，如转述、复制、拷贝等。（注意：侦查人员收集证据的行为不能算中转环节，如侦查人员在案发现场提取指纹，又如侦查人员将手机中的视频拷贝到电脑，侦查人员的这些提取手段不会改变该证据作为原始证据的属性）

【考点提示】运用传来证据时，除遵守一般的证明规律以外，还应该遵守以下相应的特殊规则：①来源不明的材料不能作为证据使用；②只有在原始证据不能取得或者取得确有困难时，才能用传来证据代替；③应采用距离原始证据最近的传来证据，即转述、复制次数最少的原始证据；④如果案件只有传来证据，没有任何原始证据，不得认定有罪。

二、有罪证据与无罪证据

根据是否能够证明犯罪事实的存在或者犯罪行为系犯罪嫌疑人、被告人所为，可以将证据分为有罪证据和无罪证据。

有罪证据	凡是能够证明犯罪事实存在和犯罪行为系犯罪嫌疑人、被告人所为的证据，是有罪证据。 **名师点睛** 凡是证明犯罪事实存在，不论是犯罪情节重还是犯罪情节轻的证据都是有罪证据。 **举案说法** 辩护人向法官提出被告人罗某有自首、立功等从轻、减轻量刑的证据属于有罪证据。
无罪证据	凡是能够否定犯罪事实存在，或者能够证明犯罪嫌疑人、被告人未实施犯罪行为的证据，是无罪证据。 **名师点睛** 常见的无罪证据有两种：①证明犯罪事实并未发生的证据；②证明犯罪行为并非该犯罪嫌疑人、被告人所为的证据。

考点提示 ①收集证据时，既要收集有罪证据，也要收集无罪证据，防止片面性；②如果案内的无罪证据尚未排除，不能得出有罪的结论。

三、言词证据与实物证据

根据证据的表现形式不同，可以将证据分为言词证据和实物证据。

言词证据	凡是表现为人的陈述，即以言词作为表现形式的证据，是言词证据。 **考点提示** 证人证言，被害人陈述，犯罪嫌疑人、被告人供述和辩解都是言词证据。辨认笔录和侦查实验笔录，一般认为也属于言词证据。鉴定意见也是言词证据。
实物证据	凡是表现为物品、痕迹和以其内容具有证据价值的书面文件，即以实物作为表现形式的证据，是实物证据。 **考点提示** 物证，书证，勘验、检查笔录属于实物证据。对于视听资料、电子数据，一般认为属于实物证据。

举案说法 罗小翔故意杀人一案，侦查机关讯问犯罪嫌疑人罗小翔时制作了同步录音、录像。如果该录音、录像作为犯罪嫌疑人供述和辩解，则属于言词证据；如果该录音、录像作为证明讯问过程是否合法的视听资料，则属于实物证据。

四、直接证据与间接证据（重点掌握）

根据证据与案件主要事实的证明关系的不同，可以将证据划分为直接证据与间接证据。所谓刑事案件的**主要事实**，是指犯罪行为是否系犯罪嫌疑人、被告人所实施；所谓证明关系的不同，是指某一证据是否可以单独、直接地证明案件的主要事实。

直接证据	直接证据是能够单独、直接证明案件主要事实的证据。也就是说，某一项证据的内容，无须经过推理过程，即可以直观地说明犯罪行为是不是犯罪嫌疑人、被告人所实施。 **举案说法** 罗小翔抢劫张大翔一案，犯罪嫌疑人罗小翔供认其实施了抢劫行为的供述，目击证人向高乙陈述其看到罗小翔抢劫张大翔的证言，被害人张大翔指控罗小翔抢劫的陈述，罗小翔的书信或日记中关于自己实施犯罪行为的记载，都属于直接证据。 **名师点睛** 虽然直接证据能够单独地、直接地证明案件主要事实，但在直接证据的运用中应当坚持孤证不能定案的原则。直接证据并不等于单独定案的证据。

续表

直接证据	**举案说法** 罗小翔亲口承认自己抢劫了张大翔的犯罪事实。该供述虽然属于直接证据，但是，仅凭该供述不能单独定案。 **名师点睛** 直接证据可以分为肯定性直接证据和否定性直接证据。肯定性直接证据必须能够同时证明发生了犯罪事实和谁是犯罪嫌疑人这两个要素，而否定性直接证据只要足以否定其中的一个要素即可。 **举案说法** 罗某杀害张某一案，罗某亲口承认自己杀害张某的全过程。该供述可以证明罗某杀害张某的主要事实，属于肯定性直接证据。如果辩护人提出了案发时罗某正在和女朋友殷某观看电影《目击证人》的证据，证明罗某根本没有作案时间，则该证据可以直接否定罗某杀害张某，属于否定性直接证据。
间接证据	间接证据是不能单独、直接证明刑事案件主要事实，需要与其他证据相结合才能证明的证据。 **考点提示** 例如，杀人现场发现的菜刀，只能表明在杀人现场遗留了一把菜刀，至于这把菜刀与杀人案件到底是什么关系，还需要其他证据予以证明。又如，案件现场有某人的指纹，只能说明该人到过案发现场，而不能说明该人就是作案人。这些证据都属于间接证据。 **举案说法** 罗小翔涉嫌杀害张大翔一案，侦查人员调取了现场的监控录像。因画面模糊，监控只拍到一黑衣男子杀害被害人的经过。该视频既不能肯定罗小翔杀害张大翔，也不能否定罗小翔杀害张大翔，只是一份间接证据。

考点提示 没有直接证据，只有间接证据可否定案？

也有可能，但是要注意间接证据定案的规则。根据《刑诉解释》第140条的规定，没有直接证据，但间接证据同时符合下列条件的，可以认定被告人有罪：

（1）证据已经查证属实；

（2）证据之间相互印证，不存在无法排除的矛盾和无法解释的疑问；

（3）全案证据形成完整的证据链；

（4）根据证据认定案件事实足以排除合理怀疑，结论具有唯一性；

（5）运用证据进行的推理符合逻辑和经验。

以上内容，适合作为主观题答题素材准备。命题者可能会给出一个案情，要求考生在没有直接证据的情况下判断该案能否作出有罪认定。

🐂 小试牛刀

甲驾车将昏迷的乙送往医院，并垫付了医疗费用。随后赶来的乙的家属报警称甲驾车撞倒乙。急救中，乙曾短暂清醒并告诉医生自己系被车辆撞倒。医生将此话告知警察，并称从甲送乙入院时的神态看，甲应该就是肇事者。关于本案证据，下列哪些选项是正确的?[1]

A. 甲垫付医疗费的行为与交通肇事不具有关联性

B. 乙告知医生"自己系被车辆撞倒"属于直接证据

C. 医生基于之前乙的陈述，告知警察乙系被车辆撞倒，属于传来证据

D. 医生认为甲是肇事者的证词属于符合一般生活经验的推断性证言，可作为定案依据

---

[1] AC

专题 20 刑事证据规则

刑事证据规则,是指在刑事证据制度中,控辩双方收集和出示证据,以及法庭采纳、运用证据认定案件事实都必须遵循的重要准则。无论是取证、举证、质证还是认证,都要在既定规则框架下进行。

从内容上看,证据规则大体包括两类:①调整证据能力的规则,如传闻证据规则、非法证据排除规则、意见证据规则、最佳证据规则等;②调整证明力的规则,如关联性规则、补强证据规则等。

在我国,立法虽然没有对"刑事证据规则"作出明确规定,但《刑事诉讼法》及司法解释的相关规定实际上已经对一些刑事证据规则有所涉及。这些规定有的较为笼统,只是体现了某一刑事证据规则的精神,有的则作了较为细化的规定。

一、非法证据排除规则

非法证据排除规则,是指违反法定程序,以非法方法获取的证据,原则上不具有证据能力,不能为法庭采纳的规则。

非法证据排除规则在刑事诉讼中的确立,是价值权衡的结果。如果允许将非法取得的证据作为定案根据,对查明案情、实现国家的刑罚权是有帮助的,但这样做又是以侵犯宪法保障的公民基本权利、违反程序公正为代价的;反之,如果将非法取得的证据一律排除,又可能影响到对犯罪的查明和惩治。为了实现犯罪控制与人权保障之间的平衡,应赋予法官一定的对于非法获得的实物证据是否采用的裁量权。对非法证据的态度,体现了立法者的价值判断与选择,以及处理程序公正与实体公正二者关系的不同态度。从近现代刑事诉讼制度的发展趋势来看,人权保障的价值目标愈来愈受到重视,日渐成为一种优位的价值理念,当惩罚犯罪与保障人权发生冲突时,各国越来越倾向于优先保障人权。

2017 年,"两高三部"联合发布了《严格排除非法证据规定》对我国非法证据的排除范围作了进一步细化和完善。2021 年《刑诉解释》修改,对前述规定进行了吸收,并进一步丰富细化了相关内容。

考点提示 在历年考试中,非法证据排除规则考查过许多次,主要考查角度是非法证据排除的范围和非法证据排除的程序。

（一）排除的范围

言词证据	根据《刑事诉讼法》第 56 条第 1 款前半段的规定,采用刑讯逼供等非法方法收集的犯罪嫌疑人、被告人供述和采用暴力、威胁等非法方法收集的证人证言、被害人陈述,应当予以排除。 **关联法条**《刑诉解释》 第 123 条:采用下列非法方法收集的被告人供述,应当予以排除:

续表

言词证据	（一）采用殴打、违法使用戒具等暴力方法或者变相肉刑的恶劣手段，使被告人遭受难以忍受的痛苦而违背意愿作出的供述； （二）采用以暴力或者严重损害本人及其近亲属合法权益等相威胁的方法，使被告人遭受难以忍受的痛苦而违背意愿作出的供述； （三）采用非法拘禁等非法限制人身自由的方法收集的被告人供述。 第125条：采用暴力、威胁以及非法限制人身自由等非法方法收集的证人证言、被害人陈述，应当予以排除。 **名师点睛** 上述言词证据排除的情形可以概括为："言词排非'暴''限''胁'"。注意，"引诱""欺骗"这样的手段，虽然违法，但是法律并没有规定需要排除。 **举案说法** ❶高某涉嫌强奸罪，侦查人员不许他吃饭、不许他睡觉，把他放到寒冷的夜里受冻，在饥寒交迫下，高某承认了强奸的犯罪事实。该供述需要排除，此为以变相肉刑的恶劣手段获取的供述。 ❷甲某涉嫌抢劫一案，侦查人员将甲某非法关押在某招待所长达1个月，后甲某承认了自己抢劫的事实。该供述是采用非法限制人身自由的方法收集的，不能作为定案依据。 ❸向某涉嫌故意杀人罪，侦查人员"威胁"向某，如果不如实供述，就把他的小三们统统抓起来。向某迫于压力，交代了自己犯罪的经过。该供述不属于采用以损害本人及其近亲属合法权益等相威胁的方法取得的，不需要排除。 ❹罗某涉嫌组织卖淫一案，侦查人员"威胁"罗某说，不如实交代自己犯罪，就揭发其偷税漏税。罗某迫于压力，交代了自己犯罪的经过。该供述也不需要排除，因为偷税漏税本就属于违法犯罪，不属于以损害本人及其近亲属合法权益等进行威胁的方法取得的供述。 ❺张某涉嫌贩毒一案，侦查人员对张某的老婆说，不如实作证就把他们儿子作为共犯一并处理，张某妻子被迫揭发了张某的犯罪事实。张某妻子的证言需要排除，此为以威胁手段收集的证人证言。 ❻侦查人员欺骗犯罪嫌疑人鄢某，称只要承认杀人的犯罪事实，就可以被免除刑罚。鄢某信以为真，于是虚构了自己杀人的事实。鄢某的供述不属于非法证据排除的范围，但由于是虚构的事实，不具备证据的客观属性，仍然不能作为定案依据。 **关联法条**《刑诉解释》第124条：采用刑讯逼供方法使被告人作出供述，之后被告人受该刑讯逼供行为影响而作出的与该供述相同的重复性供述，应当一并排除，但下列情形除外： （一）调查、侦查期间，监察机关、侦查机关根据控告、举报或者自己发现等，确认或者不能排除以非法方法收集证据而更换调查、侦查人员，其他调查、侦查人员再次讯问时告知有关权利和认罪的法律后果，被告人自愿供述的； （二）审查逮捕、审查起诉和审判期间，检察人员、审判人员讯问时告知诉讼权利和认罪的法律后果，被告人自愿供述的。 **名师点睛** 上述条文可以概括为："重复供述一并排，除非换人换阶段"。 **举案说法** 在侦查阶段，罗某被刑讯逼供，被迫作出了一份有罪供述。庭审阶段，在审判人员告知权利和认罪的法律后果后，罗某当庭自愿作出一份与侦查阶段相同的供述，此供述并未受该刑讯逼供行为的影响，因此不需要排除。

续表

实物证据	根据《刑事诉讼法》第56条第1款后半段的规定，收集物证、书证不符合法定程序，可能严重影响司法公正的，应当予以补正或者作出合理解释；不能补正或者作出合理解释的，对该证据应当予以排除。 **举案说法** 魏某杀人一案，侦查人员在未出示搜查证的情况下，在魏某住处搜查到一把带血的刀。对该物证应当予以补正或者作出合理解释；不能补正或者作出合理解释的，对该证据应当予以排除。

名师点睛 根据上述条文可知，对非法言词证据采用严格排除规则，因为非法收集言词证据，严重侵犯当事人的人身权利，破坏了司法公正，极易造成冤假错案。而对于物证、书证采取相对排除规则，因为物证、书证的违法一般并不会影响证据的可信度，而且许多物证、书证具有唯一性，一旦排除就不可能再次取得。

举案说法 刘某涉嫌故意杀人一案，侦查人员对其拳打脚踢，刘某被迫承认杀人的事实，还交代了自己杀人所用的刀就藏在卧室床底下。侦查人员根据该线索，通过合法搜查方式找到了其杀人所用的刀。本案中，刘某的供述由于受到刑讯逼供行为的影响，应当予以排除。但是，以供述作为线索合法搜查到的刀，不需要排除。

（二）排除的阶段

在侦查、审查起诉、审判时发现有应当排除的证据的，应当依法予以排除，不得将其作为起诉意见、起诉决定和判决的依据。

1. 侦查阶段（《严格排除非法证据规定》第14条）

犯罪嫌疑人及其辩护人在侦查期间可以向人民检察院申请排除非法证据。对犯罪嫌疑人及其辩护人提供相关线索或者材料的，人民检察院应当调查核实。调查结论应当书面告知犯罪嫌疑人及其辩护人。对确有以非法方法收集证据情形的，人民检察院应当向侦查机关提出纠正意见。

侦查机关对审查认定的非法证据，应当予以排除，不得作为提请批准逮捕、移送审查起诉的根据。

对重大案件，人民检察院驻看守所检察人员应当在侦查终结前询问犯罪嫌疑人，核查是否存在刑讯逼供、非法取证情形，并同步录音录像。经核查，确有刑讯逼供、非法取证情形的，侦查机关应当及时排除非法证据，不得作为提请批准逮捕、移送审查起诉的根据。

2. 审查起诉（《严格排除非法证据规定》第17条）

审查逮捕、审查起诉期间，犯罪嫌疑人及其辩护人申请排除非法证据，并提供相关线索或者材料的，人民检察院应当调查核实。调查结论应当书面告知犯罪嫌疑人及其辩护人。

人民检察院在审查起诉期间发现侦查人员以刑讯逼供等非法方法收集证据的，应当依法排除相关证据并提出纠正意见，必要时人民检察院可以自行调查取证。

人民检察院对审查认定的非法证据，应当予以排除，不得作为批准或者决定逮捕、提起公诉的根据。被排除的非法证据应当随案移送，并写明为依法排除的非法证据。

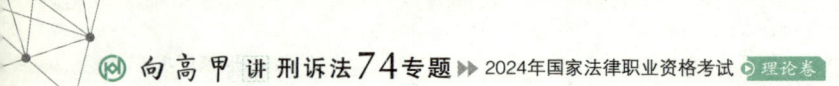

3. 审判阶段（《严格排除非法证据规定》第 23 条）

人民法院向被告人及其辩护人送达起诉书副本时，应当告知其有权申请排除非法证据。

被告人及其辩护人申请排除非法证据，应当在开庭审理前提出，但在庭审期间发现相关线索或者材料等情形除外。人民法院应当在开庭审理前将申请书和相关线索或者材料的复制件送交人民检察院。

（三）程序的启动

依职权	法庭审理过程中，审判人员认为可能存在《刑事诉讼法》第 56 条规定的以非法方法收集证据情形的，应当对证据收集的合法性进行法庭调查。
依申请	当事人及其辩护人、诉讼代理人有权申请人民法院对以非法方法收集的证据依法予以排除。

（四）开庭前的审查（《严格排除非法证据规定》）

告知义务	第 23 条第 1 款：人民法院向被告人及其辩护人送达起诉书副本时，应当告知其有权申请排除非法证据。
申请时间	第 23 条第 2 款：被告人及其辩护人申请排除非法证据，应当在开庭审理前提出，但在庭审期间发现相关线索或者材料等情形除外。人民法院应当在开庭审理前将申请书和相关线索或者材料的复制件送交人民检察院。
申请条件	第 24 条：被告人及其辩护人在开庭审理前申请排除非法证据，未提供相关线索或者材料，不符合法律规定的申请条件的，人民法院对申请不予受理。
申请效果	第 25 条：被告人及其辩护人在开庭审理前申请排除非法证据，按照法律规定提供相关线索或者材料的，人民法院应当召开庭前会议。人民检察院应当通过出示有关证据材料等方式，有针对性地对证据收集的合法性作出说明。人民法院可以核实情况，听取意见。 人民检察院可以决定撤回有关证据，撤回的证据，没有新的理由，不得在庭审中出示。 被告人及其辩护人可以撤回排除非法证据的申请。撤回申请后，没有新的线索或者材料，不得再次对有关证据提出排除申请。
庭前会议	第 26 条：公诉人、被告人及其辩护人在庭前会议中对证据收集是否合法未达成一致意见，人民法院对证据收集的合法性有疑问的，应当在庭审中进行调查；人民法院对证据收集的合法性没有疑问，且没有新的线索或者材料表明可能存在非法取证的，可以决定不再进行调查。 名师点睛 开庭前，法院不能直接排除非法证据，只能召开庭前会议，听取意见，了解情况。

小试牛刀

被告人罗某主张自己在侦查阶段受到了刑讯逼供，如果罗某要向法院申请排除非法证据，需要在什么时间申请？申请需要满足什么条件？

参考答案：应当在开庭审理前提出，但在庭审期间发现相关线索或者材料等情形除外。申请应当提供相关线索或者材料，否则法院对申请不予受理。

（五）庭审中的审查与调查（《严格排除非法证据规定》）

迟到申请	第29条：被告人及其辩护人在开庭审理前未申请排除非法证据，在法庭审理过程中提出申请的，应当说明理由。 　　对前述情形，法庭经审查，对证据收集的合法性有疑问的，应当进行调查；没有疑问的，应当驳回申请。 　　法庭驳回排除非法证据申请后，被告人及其辩护人没有新的线索或者材料，以相同理由再次提出申请的，法庭不再审查。
调查时间	第30条：庭审期间，法庭决定对证据收集的合法性进行调查的，应当先行当庭调查。但为防止庭审过分迟延，也可以在法庭调查结束前进行调查。
调查方式	第31条：公诉人对证据收集的合法性加以证明，可以出示讯问笔录、提讯登记、体检记录、采取强制措施或者侦查措施的法律文书、侦查终结前对讯问合法性的核查材料等证据材料，有针对性地播放讯问录音录像，提请法庭通知侦查人员或者其他人员出庭说明情况。 　　被告人及其辩护人可以出示相关线索或者材料，并申请法庭播放特定时段的讯问录音录像。 　　侦查人员或者其他人员出庭，应当向法庭说明证据收集过程，并就相关情况接受发问。对发问方式不当或者内容与证据收集的合法性无关的，法庭应当制止。 　　公诉人、被告人及其辩护人可以对证据收集的合法性进行质证、辩论。 第32条：法庭对控辩双方提供的证据有疑问的，可以宣布休庭，对证据进行调查核实。必要时，可以通知公诉人、辩护人到场。 关联法条《刑诉解释》第135条第2款：讯问录音录像涉及国家秘密、商业秘密、个人隐私或者其他不宜公开内容的，法庭可以决定对讯问录音录像不公开播放、质证。

● 举案说法　被告人张某在庭审中才主张自己在侦查阶段受到了刑讯逼供，如果能说明迟到申请的理由，人民法院依然会予以审查；如果人民法院经审查，认为证据收集的合法性有疑问，应当启动调查程序。

（六）证明责任和证明标准

初步证明	当事人及其辩护人、诉讼代理人申请人民法院排除以非法方法收集的证据的，应当提供涉嫌非法取证的人员、时间、地点、方式、内容等相关线索或者材料。 名师点睛 这种证明标准只达到"合法性有疑问"的程度即可。
证明责任	人民检察院应当对证据收集的合法性加以证明。 名师点睛 这种证明标准应当达到确实、充分的程度，否则人民法院将认定该证据不合法从而予以排除。

● 举案说法　被告人向某主张自己受到了刑讯逼供，人民检察院主张没有对向某刑讯逼供。此时，向某只需要提供刑讯逼供的线索或者材料，法庭经审查，对证据收集的合法性有疑问的，应当进行调查。在调查中，应当由人民检察院对证据收集的合法性加以证明，如果不能排除存在以非法方法收集证据情形，人民法院对有关证据应当予以排除。

（七）法庭处理结果（《严格排除非法证据规定》）

决定时间	**第33条**：法庭对证据收集的合法性进行调查后，应当当庭作出是否排除有关证据的决定。必要时，可以宣布休庭，由合议庭评议或者提交审判委员会讨论，再次开庭时宣布决定。 在法庭作出是否排除有关证据的决定前，不得对有关证据宣读、质证。
排除情形	确认存在或者不能排除存在以非法方法收集证据情形的，对有关证据应当予以排除。
排除效果	对依法予以排除的证据，不得宣读、质证，不得作为判决的根据。
裁判结果	**第35条**：人民法院排除非法证据后，案件事实清楚，证据确实、充分，依据法律认定被告人有罪的，应当作出有罪判决；证据不足，不能认定被告人有罪的，应当作出证据不足、指控的犯罪不能成立的无罪判决；案件部分事实清楚，证据确实、充分的，依法认定该部分事实。
裁判文书	**第36条**：人民法院对证据收集合法性的审查、调查结论，应当在裁判文书中写明，并说明理由。

（八）二审法院对证据合法性审查

审查情形	**《刑诉解释》第138条**：具有下列情形之一的，第二审人民法院应当对证据收集的合法性进行审查，并根据刑事诉讼法和本解释的有关规定作出处理： （一）第一审人民法院对当事人及其辩护人、诉讼代理人排除非法证据的申请没有审查，且以该证据作为定案根据的； （二）人民检察院或者被告人、自诉人及其法定代理人不服第一审人民法院作出的有关证据收集合法性的调查结论，提出抗诉、上诉的； （三）当事人及其辩护人、诉讼代理人在第一审结束后才发现相关线索或者材料，申请人民法院排除非法证据的。 **名师点睛** 上述情形可以概括为："一审申请未审查；一审审查我不服；一审之后才发现"。
审查程序	《严格排除非法证据规定》第39条：第二审人民法院对证据收集合法性的调查，参照上述一审程序的规定。
审查结果	《严格排除非法证据规定》第40条：第一审人民法院对被告人及其辩护人排除非法证据的申请未予审查，并以有关证据作为定案根据，可能影响公正审判，第二审人民法院可以裁定撤销原判，发回原审人民法院重新审判。 　　第一审人民法院对依法应当排除的非法证据未予排除的，第二审人民法院可以依法排除非法证据。排除非法证据后，原判决认定事实和适用法律正确、量刑适当的，应当裁定驳回上诉或者抗诉，维持原判；原判决认定事实没有错误，但适用法律有错误，或者量刑不当的，应当改判；原判决事实不清楚或者证据不足的，可以裁定撤销原判，发回原审人民法院重新审判。

🖊 小试牛刀

关于非法证据的排除，下列哪些说法是正确的？[1]

---

〔1〕 ABC。要排除非法证据并不是必须确认存在《刑事诉讼法》第56条规定的以非法方法收集证据情形时，才可以对有关证据予以排除，如果不能排除存在的可能性，也应排除，选项D错误。

A. 非法证据排除的程序，可以根据当事人的申请而启动，也可以由法庭依职权启动
B. 申请排除以非法方法收集的证据的，应当提供相关线索或者材料
C. 检察院应当对证据收集的合法性加以证明
D. 只有确认存在《刑事诉讼法》第56条规定的以非法方法收集证据情形时，才可以对有关证据予以排除

二、自白任意规则

自白任意规则，又称非任意自白排除规则，是指在刑事诉讼中，只有基于被追诉人自由意志而作出的自白（承认有罪的供述），才具有可采性的规则。违背当事人意愿或违反法定程序而强制作出的供述不是自白，而是逼供，不具有可采性，必须予以排除。

名师点睛 根据我国《刑事诉讼法》第52条的规定，严禁刑讯逼供和以威胁、引诱、欺骗以及其他非法方法收集证据，不得强迫任何人证实自己有罪。从法律规定来看，我国已经基本确立了自白任意规则。

三、传闻证据规则

所谓传闻证据规则，也称传闻证据排除规则，即法律排除传闻证据作为认定犯罪事实的根据的规则。根据这一规则，如无法定理由，证人在庭审之外所作的陈述，不能作为认定被告人有罪的证据。

所谓传闻证据，主要包括两种形式：①书面传闻证据，即亲身感受了案件事实的证人在庭审期日之外所作的书面证人证言，及警察、检察人员所作的（证人）询问笔录；②言词传闻证据，即证人并非就自己亲身感知的事实作证，而是向法庭转述他从别人那里听到的情况。

之所以排除传闻证据，主要理由是：

1. 传闻证据有可能失真。传闻证据因具有复述的性质，可能因故意或过失导致转述错误或偏差。

2. 传闻证据无法接受交叉询问，无法在法庭上当面对质，真实性无法证实，也妨碍当事人权利的行使。

3. 传闻证据并非在裁判官面前的陈述。由于裁判官未能直接听取原陈述人的陈述，无法观察原始证人作证时的表情和反应，因而很难判断真实性和准确性，故而予以排除。

名师点睛 根据我国《刑事诉讼法》第61条的规定，证人证言必须在法庭上经过公诉人、被害人和被告人、辩护人双方质证并且查实以后，才能作为定案的根据。这表明我国从原则上确认了证人应该出庭作证的规则，如果证人不出庭而只提交书面陈述，该书面陈述应视为不具有证据能力。

又根据《刑事诉讼法》第195条的规定，对未到庭的证人的证言笔录、鉴定人的鉴定意见、勘验笔录和其他作为证据的文书，应当当庭宣读。这表明我国在立法上又允许一部分证人可以不出庭作证。

由此可见，我国现行立法并没有明确规定传闻证据排除规则，只是部分体现了该规则的精神。

小试牛刀

下列哪一选项属于传闻证据?[1]

A. 甲作为专家辅助人在法庭上就一起伤害案的鉴定意见提出的意见
B. 乙了解案件情况但因重病无法出庭,法官自行前往调查核实的证人证言
C. 丙作为技术人员就"证明讯问过程合法性的同步录音录像是否经过剪辑"在法庭上所作的说明
D. 丁曾路过发生杀人案的院子,其开庭审理时所作的"当时看到一个人从那里走出来,好像喝了许多酒"的证言

四、意见证据规则

意见证据规则,是指证人只能陈述自己亲身感受和经历的事实,而不得陈述对该事实的意见或者结论的规则。

关联法条《刑诉解释》第88条第2款:证人的猜测性、评论性、推断性的证言,不得作为证据使用,但根据一般生活经验判断符合事实的除外。

名师点睛 意见证据规则只约束证人,不适用于鉴定人。鉴定意见是一种独立的证据种类,作为某一方面专家的鉴定人的意见可以作为诉讼中的证据。注意,证人不能发表猜测性、评论性、推断性的证言,但是鉴定人却可以发表自己的专业意见。

举案说法 罗小翔杀害张大翔一案,医生向某从罗小翔送张大翔就医的表情猜测罗小翔杀了张大翔,该证言具有猜测性,不能作为认定罗小翔杀人的证据。但是,鉴定人发表鉴定意见认为罗小翔杀人时有精神病,该意见却可以作为罗小翔不负刑事责任的证据。

五、补强证据规则

补强证据规则,是指为了防止误认事实或发生其他危险,在运用某些证明力显然薄弱的证据认定案情时,必须有其他证据补强其证明力,才能被法庭采信为定案根据的规则。

关联法条《刑诉解释》第143条:下列证据应当慎重使用,有其他证据印证的,可以采信:

(一)生理上、精神上有缺陷,对案件事实的认知和表达存在一定困难,但尚未丧失正确认知、表达能力的被害人、证人和被告人所作的陈述、证言和供述;

(二)与被告人有亲属关系或者其他密切关系的证人所作的有利于被告人的证言,或者与被告人有利害冲突的证人所作的不利于被告人的证言。(这是关于证人证言、被害人陈述以及犯罪嫌疑人、被告人供述的补强规则)

所谓补强证据,是指用以增强另一证据证明力的证据。一开始收集到的对证实案情有重要意义的证据,称为"主证据",而用以印证该证据真实性的其他证据,就称之为"补强证据"。补强证据必须满足以下条件:

1. 补强证据必须具有证据能力。

---

[1] B。只有选项B为法庭外的陈述,属于传闻证据。

•**举案说法** 向某故意杀人一案,侦查人员欲补强向某的供述,提出一份针对被告人的测谎结论,以佐证其供述为真实。由于该测谎结论本身就不具备证据资格,因此该测谎结论不能作为向某供述的补强证据。

2. 补强证据本身必须具有担保补强对象真实的能力。

名师点睛 设立补强证据的重要目的就在于确保特定证据的真实性,从而降低误认风险,如果补强证据没有证明价值,就不可能支持特定证据的证明力。注意,补强证据的作用仅仅在于担保特定补强对象的真实性,而非对整个待证事实或案件事实具有补强作用。

•**举案说法** 向某故意杀人一案,检察院欲补强向某的供述,提供了讯问的同步录像,证明获取被告人口供过程合法。该同步讯问录像并不能构成口供的补强证据,因为补强证据必须能担保补强对象真实性而非合法性;该同步讯问录像只能担保讯问过程合法,而不能担保供述的真实。

3. 补强证据必须具有独立的来源。

名师点睛 补强证据与补强对象之间不能重叠,而必须独立于补强对象,具有独立的来源,否则就无法担保补强对象的真实性。

•**举案说法**

❶被告人在审前程序中所作的供述不能作为其当庭供述的补强证据,因为审前供述和当庭供述属于同一来源。

❷被告人供述称:"我把杀人的刀丢进河里了。"警察根据被告人的供述找到那把刀。刀的出现源于被告人的供认,缺乏独立的来源,因此不是供述的补强证据。

❸被告人供述称:"我是因为女朋友出轨才杀了她的。"警察通过走访村里的邻居,邻居都提供了被害女子和不同男子交往的证言。这些证言有补强被告人供述真实性的能力,且具有独立的来源,可以作为该供述的补强证据。

六、最佳证据规则

最佳证据规则,又称原始证据规则,是指以文字、符号、图形等方式记载的内容来证明案情时,其原件才是最佳证据。该规则要求书证的提供者应尽量提供原件;如果提供副本、抄本、影印本等非原始材料,则必须提供充足理由加以说明,否则该书证不具有可采性。

名师点睛《刑诉解释》第84条规定,据以定案的书证应当是原件。取得原件确有困难的,可以使用副本、复制件。对书证的更改或者更改迹象不能作出合理解释,或者书证的副本、复制件不能反映原件及其内容的,不得作为定案的根据。书证的副本、复制件,经与原件核对无误、经鉴定或者以其他方式确认真实的,可以作为定案的根据。该规定体现了最佳证据规则的精神。

七、关联性规则(参照证据的关联性)

关联性规则,是指只有与案件事实有关的材料,才能作为证据使用。关联性是证据被采纳的首要条件。没有关联性的证据不具有可采性,但具有关联性的证据未必都具有可采性。

不具有关联性的证据如下：

1. 品格证据

[名师点睛]一个人的品格或者品格特征的证据，在证明这个人于特定环境下实施了与此品格相一致的行为问题上不具有关联性。

2. 类似行为

[名师点睛]被告人在其他场合的某一行为与他在当前场合的类似行为通常没有关联性。

3. 特定的诉讼行为

[名师点睛]例如，曾作有罪答辩后来又撤回等，不得作为不利于被告人的证据采纳。

4. 特定的事实行为

[名师点睛]例如，出租车司机将受害人送医的事实，一般情况下不得作为行为人对该事实负有责任的证据加以采用。

5. 被害人过去的行为

[名师点睛]例如，在性犯罪案件中，有关受害人过去性行为方面的名声或评价的证据，一律不予采纳。

专题21 刑事诉讼证明

刑事诉讼证明，是指国家公诉机关和诉讼当事人在法庭审理中依照法律规定的程序和要求向审判机关提出证据，运用证据阐明系争事实，论证诉讼主张成立的活动。

一、刑事诉讼的证明对象

刑事诉讼的证明对象，也称证明客体、待证事实或者要证事实，是指证明主体运用一定的证明方法所要证明的一切法律要件事实。证明对象在诉讼证明活动中居于极其重要的地位，它是诉讼证明活动的起点与归宿。正是因为在观念上首先设定了证明对象的概念，之后才产生了证明主体、证明责任、证明程序等概念。

（一）需要证明的对象

需要证明的对象，是指必须运用证据予以证明的案件事实，主要是指实体法所规定的行为人的行为是否构成犯罪以及应当处以何种刑罚的事实。此外，在诉讼中对解决诉讼程序具有法律意义的事实，由于与正确处理案件密切相关，因此也是应当予以证明的事实。

[关联法条]《刑诉解释》第72条第1款：应当运用证据证明的案件事实包括：

（一）被告人、被害人的身份；

（二）被指控的犯罪是否存在；

（三）被指控的犯罪是否为被告人所实施；

（四）被告人有无刑事责任能力，有无罪过，实施犯罪的动机、目的；

（五）实施犯罪的时间、地点、手段、后果以及案件起因等；

（六）是否系共同犯罪或者犯罪事实存在关联，以及被告人在犯罪中的地位、作用；

（七）被告人有无从重、从轻、减轻、免除处罚情节；

（八）有关涉案财物处理的事实；

（九）有关附带民事诉讼的事实；

（十）有关管辖、回避、延期审理等的程序事实；

（十一）与定罪量刑有关的其他事实。

名师点睛 从上述规定可知，证明对象主要包括两大类，其中第1~9、11项是实体事实，第10项为程序事实。

考点提示 证据事实不是证明对象。证据事实是证据自身的特征、要素、状态，不属于证明对象。案件事实才是证明对象，而证据事实归根结底是用以证明案件事实的证明手段和工具。

· 举案说法 罗伯特·翔强奸一案中，用于鉴定的体液检材是否被污染的事实是证据事实，而非证明对象。而用案发现场的体液来证明强奸事实是否发生以及犯罪主体的身份等事实才是本案的证明对象。

（二）免证事实

免证事实，是指免除控辩双方举证、由法院直接确认的事实。

《高检规则》第401条规定了有关免证事实的内容，即在法庭审理中，下列事实不必提出证据进行证明：①为一般人共同知晓的常识性事实；②人民法院生效裁判所确认并且未依审判监督程序重新审理的事实；③法律、法规的内容以及适用等属于审判人员履行职务所应当知晓的事实；④在法庭审理中不存在异议的程序事实；⑤法律规定的推定事实；⑥自然规律或者定律。

考点提示 如果试题中考查哪些是需要证明的对象，可以使用排除法解题。

小试牛刀

甲、乙两家曾因宅基地纠纷诉至法院，尽管有法院生效裁判，但甲、乙两家关于宅基地的争议未得到根本解决。一日，甲、乙因各自车辆谁先过桥引发争执继而扭打，甲拿起车上的柴刀砍中乙颈部，乙当场死亡。对此，下列哪些选项需要用证据证明？[1]

A. 甲的身份状况

B. 甲用柴刀砍乙颈部的时间、地点、手段、后果

C. 甲用柴刀砍乙颈部时精神失常

D. 法院就甲、乙两家宅基地纠纷所作出的裁判事项

二、刑事诉讼证明责任

（一）概念

证明责任，是指人民检察院或某些当事人应当承担的收集或提供证据证明应予认定的案件事实或有利于自己的主张的责任，否则将承担其主张不能成立的后果。

---

[1] ABC

（二）特点

1. 证明责任总是与一定的诉讼主张相联系。（谁主张，谁举证）

名师点睛 这里的主张是指积极主张，消极主张一方不承担证明责任，即"否认者不负证明责任"。

举案说法 罗某放火一案，罗某主张自己没有放火。罗某的主张为消极主张，否认者不负证明责任，罗某不需要对该主张承担证明责任。

2. 证明责任是提供证据责任和说服责任的统一。

名师点睛 所谓提供证据责任，就是当事人就其主张的事实或反驳的事实提供证据加以证明的责任。所谓说服责任，即负有证明责任的当事人应当承担运用证据对案件事实进行说明、论证，使法官形成对案件事实的确信的责任。仅仅提出证据并不等于履行了证明责任，还必须尽可能地说服裁判者相信其所主张的事实存在或不存在。

举案说法 张某故意杀人一案中，检察院将证明张某杀人的犯罪证据提交法院并非完成了全部的证明责任。证明责任是提供证据责任和说服责任的统一。仅仅提出证据并不等于履行了全部证明责任，还必须尽可能地说服裁判者相信所主张的事实存在或不存在。

3. 证明责任总是和一定的不利的诉讼后果相联系的。

名师点睛 如果承担证明责任一方不能提出足够说服法官确认自己主张的证据，则需要承担败诉或者其他不利的后果。如果控诉方不能提供确实充分的证据证明被告人有罪，那么其指控的罪名便不能成立，被告人将被宣告无罪，这实质上就是指控的失败，这一结果就是控方的"不利后果"。

举案说法 鄢某诈骗一案，如果检察院没有提供充分证据证明鄢某诈骗，该定罪事实真伪不明，不能排除合理怀疑，那么检察院作为履行证明责任的一方，将会承担败诉的后果。

（三）证明责任的分配

关联法条《刑事诉讼法》第51条：公诉案件中被告人有罪的举证责任由人民检察院承担，自诉案件中被告人有罪的举证责任由自诉人承担。

控方	公诉案件	检察院承担证明犯罪嫌疑人、被告人有罪的证明责任。
	自诉案件	自诉人应对其控诉承担证明责任。
辩方		一般情况下不承担证明责任。既不证明自己有罪，也不证明自己无罪。 **名师点睛** 在例外情况下，被告人应当承担提出证据的责任。例如，对于巨额财产来源不明罪，被告人负有说明财产明显超过合法收入的那部分财产、支出的来源的责任，如果不能说明来源，则以巨额财产来源不明罪论处。但是，证明财产、支出明显超过合法收入、差额巨大这一事实存在的责任，仍然由公诉机关承担。
公安、法院		公安机关和法院不是证明的主体。公安机关虽然承担主要的侦查任务，协助检察机关行使控诉职能，但是其侦查行为只是为公诉机关的刑事诉讼证明活动做准备，公安机关本身并不是刑事诉讼证明的主体。法院的职责是居中裁断，对诉讼双方当事人的证明活动作出评价，因此法院不是证明主体，在法定情况下依照职权调查证据，是为了审查证据，而不是证明自己的主张。

> 小试牛刀

关于刑事诉讼中的证明责任，下列哪些选项是正确的？[1]
A. 总是与一定的积极诉讼主张相联系，否认一方不负证明责任
B. 总是与一定的不利诉讼后果相联系，受到不利裁判的不一定承担证明责任
C. 是提出证据责任与说服责任的统一，提出证据并非完全履行了证明责任
D. 是专属于控诉方独自承担的责任，具有一定的责任排他性

三、刑事诉讼证明标准

刑事诉讼中的证明标准，是指法律规定的检察机关和当事人运用证据证明案件事实要求达到的程度。在刑事诉讼的各个诉讼阶段，由于诉讼行为的不同，以及实体法事实和程序法事实的不同，证明的标准也有所不同。

（一）立案时的证明标准

立案阶段的证明标准相对较低。如果怀疑有犯罪事实存在，且需要追究刑事责任就应立案；反之，如果无犯罪事实存在或者犯罪事实显著轻微，不需要追究刑事责任，就不应立案。

名师点睛 立案时既不要求查明谁是犯罪分子，也不要求查清犯罪动机、目的、手段和犯罪过程。司法实践中存在的先破案后立案、案件不破就不立的做法，其实不符合法律规定的办案程序的要求，也是对立案阶段证明标准的错误理解。

（二）逮捕时的证明标准

逮捕时诉讼证明的要求是有证据证明有犯罪事实。根据《高检规则》第128条第2款的规定，有证据证明有犯罪事实是指同时具备下列情形：
1. 有证据证明发生了犯罪事实。
2. 有证据证明该犯罪事实是犯罪嫌疑人实施的。
3. 证明犯罪嫌疑人实施犯罪行为的证据已经查证属实。

（三）侦查终结、提起公诉、作出有罪判决时的证明标准

这三个阶段诉讼证明的要求统一是犯罪事实清楚，证据确实、充分。

事实清楚	即构成犯罪的各种事实情节，或者定罪量刑所依据的各种事实情节，都必须是清楚的、真实的。
证据确实	即所有证据都必须经过查证属实，具有真实性和证明力。证据确实是指对定案的证据在质量上的要求： （1）据以定案的单个证据，必须经查证属实； （2）单个证据与案件事实之间，必须存在客观联系。
证据充分	即案件的证明对象都有相应的证据证明其真实可靠，排除其他一切可能性。证据充分是指对定案的证据在数量上的要求：

---

[1] ABC。选项D忽略了证明责任的例外情况，所以错误。

证据充分	（1）证据的数量必须充足，能够组成一个完整的证明体系，所有属于犯罪构成要件及量刑情节的事实均有相应证据加以证明，不存在任何一环的脱漏； （2）证据在总体上已足以对所要证明的案件事实得出确定无疑的结论，即排除其他一切可能性的、唯一的结论。

【关联法条】《刑事诉讼法》第55条第2款：证据确实、充分，应当符合以下条件：

（一）定罪量刑的事实都有证据证明；

（二）据以定案的证据均经法定程序查证属实；

（三）综合全案证据，对所认定事实已排除合理怀疑。

《刑诉解释》第141条：根据被告人的供述、指认提取到了隐蔽性很强的物证、书证，且被告人的供述与其他证明犯罪事实发生的证据相互印证，并排除串供、逼供、诱供等可能性的，可以认定被告人有罪。

（四）事实不清、证据不足的处理（重点）

1. 疑罪从无

所谓疑罪，是指虽有相当的证据说明犯罪嫌疑人、被告人有犯罪嫌疑，但全案证据尚未达到确实、充分的要求，不能确定无疑地作出犯罪嫌疑人、被告人犯罪的结论。疑罪从无具体体现在以下方面：

（1）根据《刑事诉讼法》第175条第4款的规定，在审查起诉阶段，人民检察院经过2次补充侦查，仍然认为证据不足，不符合起诉条件的，应当作出不起诉决定；

（2）根据《刑事诉讼法》第200条第3项的规定，在审判阶段，证据不足，不能认定被告人有罪的，合议庭应当作出证据不足、指控的犯罪不能成立的无罪判决。

【考点提示】定罪证据不足时，应当坚持疑罪从无原则，依法宣告被告人无罪。

•【举案说法】甲供认自己强奸了乙，乙否认，本案没有其他证据。本案属于定罪证据不足，根据疑罪从无的原理，应当宣告被告人甲无罪。

2. 疑案从轻

其指定罪证据确实、充分，但影响量刑的证据存疑的，应当在量刑时作出有利于被告人的处理。

【关联法条】《关于建立健全防范刑事冤假错案工作机制的意见》第6条：定罪证据不足的案件，应当坚持疑罪从无原则，依法宣告被告人无罪，不得降格作出"留有余地"的判决。

定罪证据确实、充分，但影响量刑的证据存疑的，应当在量刑时作出有利于被告人的处理。

死刑案件，认定对被告人适用死刑的事实证据不足的，不得判处死刑。

•【举案说法】甲、乙二人没有通谋，各自埋伏，几乎同时向丙开枪。后查明丙身中一弹，甲、乙对各自犯罪行为供认不讳，但收集到的证据无法查明这一枪到底是谁打中的。本案定罪虽然毫无疑问，但是在量刑上存在疑问，应当在量刑时作出有利于被告人的处理。本案应当认定甲、乙均构成故意杀人罪，但是在量刑上均作未遂处理。

总结梳理

证据相关考点总结如下：

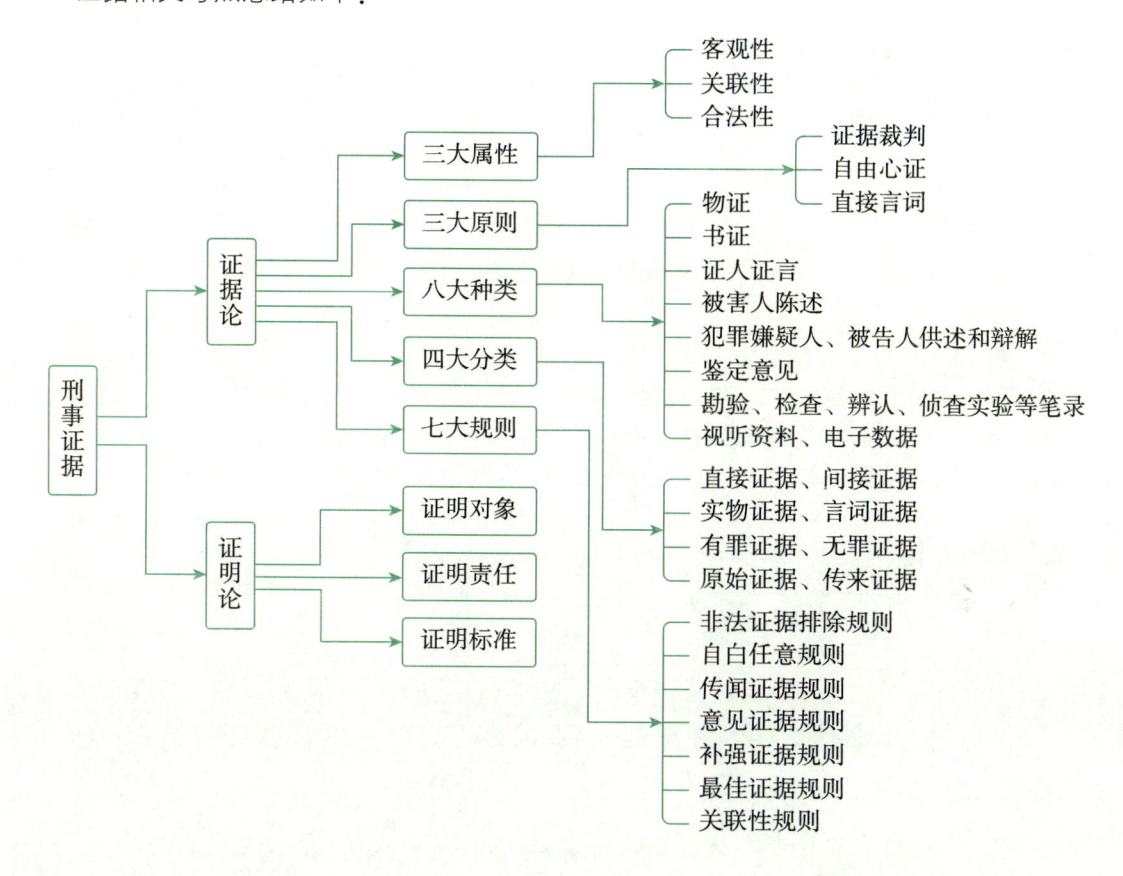

- 刑事证据
  - 证据论
    - 三大属性
      - 客观性
      - 关联性
      - 合法性
    - 三大原则
      - 证据裁判
      - 自由心证
      - 直接言词
    - 八大种类
      - 物证
      - 书证
      - 证人证言
      - 被害人陈述
      - 犯罪嫌疑人、被告人供述和辩解
      - 鉴定意见
      - 勘验、检查、辨认、侦查实验等笔录
      - 视听资料、电子数据
    - 四大分类
      - 直接证据、间接证据
      - 实物证据、言词证据
      - 有罪证据、无罪证据
      - 原始证据、传来证据
    - 七大规则
      - 非法证据排除规则
      - 自白任意规则
      - 传闻证据规则
      - 意见证据规则
      - 补强证据规则
      - 最佳证据规则
      - 关联性规则
  - 证明论
    - 证明对象
    - 证明责任
    - 证明标准

第 8 讲 强制措施

本讲导读

复习提要

刑事诉讼中的强制措施，从轻到重依次包括拘传、取保候审、监视居住、拘留、逮捕。本讲主要内容为五种刑事强制措施，重点在于每种强制措施的适用主体、对象与程序。2022 年 9 月，《取保候审规定》进行了修订，考生需要重点关注该规定修改的亮点。

知识框架

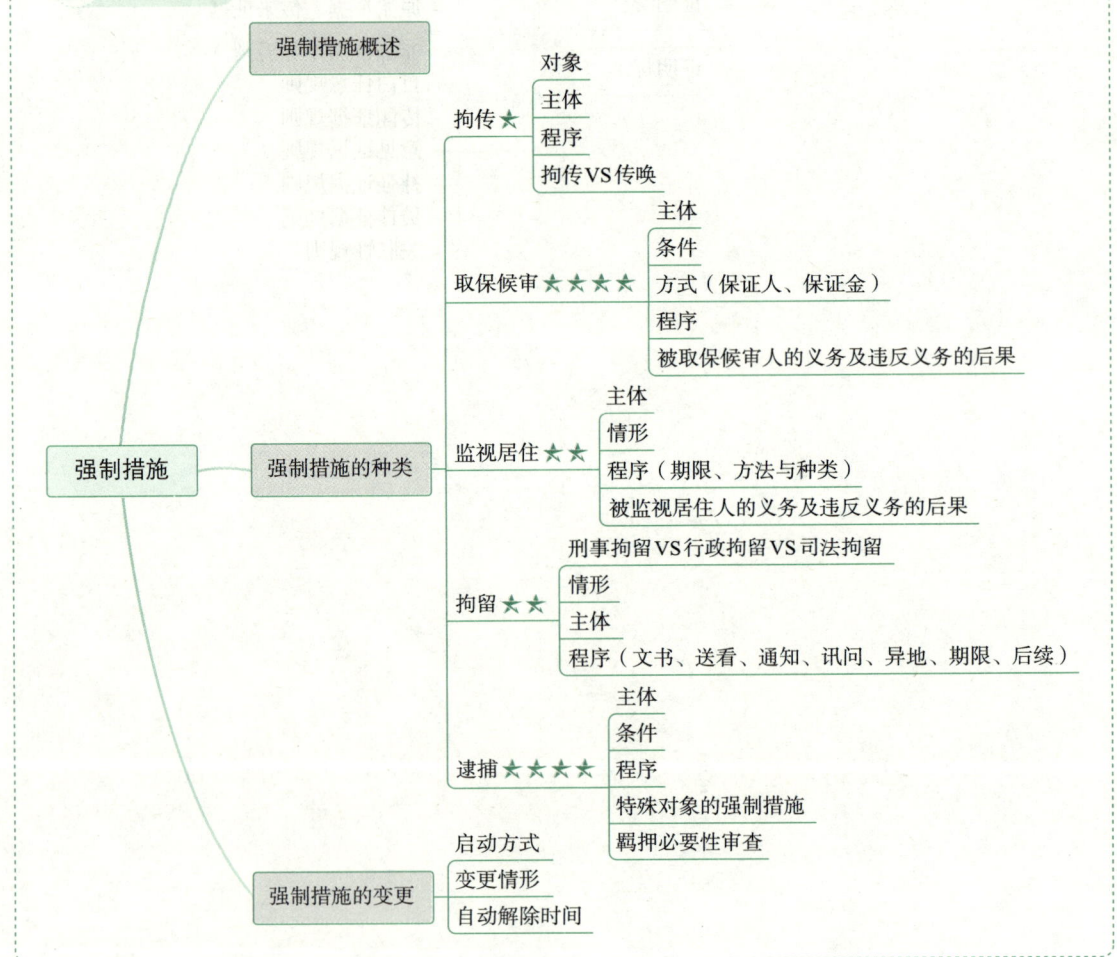

强制措施
- 强制措施概述
- 强制措施的种类
  - 拘传 ★
    - 对象
    - 主体
    - 程序
    - 拘传VS传唤
  - 取保候审 ★★★★
    - 主体
    - 条件
    - 方式（保证人、保证金）
    - 程序
    - 被取保候审人的义务及违反义务的后果
  - 监视居住 ★★
    - 主体
    - 情形
    - 程序（期限、方法与种类）
    - 被监视居住人的义务及违反义务的后果
  - 拘留 ★★
    - 刑事拘留VS行政拘留VS司法拘留
    - 情形
    - 主体
    - 程序（文书、送看、通知、讯问、异地、期限、后续）
  - 逮捕 ★★★★
    - 主体
    - 条件
    - 程序
    - 特殊对象的强制措施
    - 羁押必要性审查
- 强制措施的变更
  - 启动方式
  - 变更情形
  - 自动解除时间

专题 22 强制措施概述

一、概念

刑事诉讼中的强制措施，是指公安机关、人民检察院和人民法院为了保证刑事诉讼的顺利进行，依法对刑事案件的犯罪嫌疑人、被告人的人身自由进行限制或者剥夺的各种强制性方法。

考点提示 我国刑事诉讼法规定了五种强制措施，按照强制程度由低到高的顺序排列，依次为拘传、取保候审、监视居住、拘留、逮捕。其中前三项是限制人身自由的强制措施，后两项是剥夺人身自由的强制措施。

二、特点

1. 主体特定	有权适用强制措施的主体只能是公、检、法机关，其他任何机关、团体或个人都无权采取。 **举案说法** 朝阳群众针对犯罪嫌疑人的扭送不是刑事强制措施，因为强制措施的实施主体只能是公、检、法专门机关。
2. 对象唯一	强制措施的适用对象是犯罪嫌疑人、被告人，对于诉讼参与人和案外人不得采用强制措施。 **举案说法** 强制措施不能针对证人、被害人、附带民事诉讼当事人、单位犯罪的诉讼代表人，因为刑事强制措施是专门针对犯罪嫌疑人、被告人的。
3. 剥夺权利上具有人身性	强制措施的内容是限制或者剥夺犯罪嫌疑人、被告人的人身自由，不包括对物的强制处分。 **举案说法** 侦查中，查封犯罪嫌疑人的财产不属于强制措施，因为强制措施仅仅针对犯罪嫌疑人、被告人的人身自由。
4. 目的上具有预防性	强制措施的性质是预防性措施，而不是惩戒性措施，即适用强制措施的目的是保证刑事诉讼的顺利进行，防止犯罪嫌疑人、被告人逃避侦查、起诉和审判，进行毁灭、伪造证据，继续犯罪等妨害刑事诉讼的行为。
5. 适用上具有法定性	强制措施是一种法定措施，《刑事诉讼法》对各种强制措施的适用机关、适用条件和程序都进行了严格的规定。
6. 时间上具有临时性	强制措施是一种临时性措施，随着刑事诉讼的进程，强制措施可根据案件的进展情况而予以变更或者解除。

📖 小试牛刀

关于刑事诉讼强制措施的适用对象，下列哪一选项是正确的？[1]

A. 只适用于公诉案件的犯罪嫌疑人、被告人
B. 可以适用于自诉案件的被告人
C. 可以适用于监察机关调查的职务犯罪案件中的被调查人
D. 可以适用于单位犯罪案件的诉讼代表人

三、适用强制措施的原则

适用强制措施应当遵循必要性原则、相当性原则和变更性原则。

必要性原则	其指只有在为保证刑事诉讼的顺利进行而有必要时方能采取，若无必要，不得随意适用强制措施。
相当性原则	又称为比例原则，是指适用何种强制措施，应当与犯罪嫌疑人、被告人的人身危险性程度和涉嫌犯罪的轻重程度相适应。
变更性原则	其指强制措施的适用，需要随着诉讼的进展，犯罪嫌疑人、被告人及案件情况的变化而及时变更或解除。

📖 小试牛刀

我国强制措施的适用，应遵循变更性原则。下列哪些选项符合变更性原则的要求？[2]

A. 拘传期间因在身边发现犯罪证据而直接予以拘留
B. 犯罪嫌疑人在取保候审期间被发现另有其他罪行，要求其相应地增加保证金的数额
C. 犯罪嫌疑人在取保候审期间违反规定后对其先行拘留
D. 犯罪嫌疑人被羁押的案件，不能在法律规定的侦查羁押期限内办结的，予以释放

四、强制措施应当考虑的因素

由于强制措施涉及宪法所保障的公民的人身自由权，因此其适用必须慎重，遵循相应的原则并全面考虑相关因素。适用强制措施应当遵循必要性原则、相当性原则和变更性原则。除遵循上述原则外，适用强制措施还要全面考虑下列因素：

1. 犯罪嫌疑人、被告人所实施的涉嫌犯罪行为的社会危害性。社会危害性越大，采取强制措施的必要性也就越大，适用的强制措施的强制力度也就越高。

2. 犯罪嫌疑人、被告人的社会危险性，即犯罪嫌疑人、被告人实施新的犯罪，实施危害国家安全、公共安全或者社会秩序行为或者进行各种妨害刑事诉讼行为的可能性。可能性越大，采取强制措施的必要性及强度就越高。

3. 公安司法机关对案件事实的调查情况和对案件证据的掌握情况。适用强制措施必须按照法定条件，只有根据已经查明的案件事实和已有的证据，才能确定对犯罪嫌疑人、

---

[1] B
[2] ACD

被告人具体采用的强制措施的种类。

4. 犯罪嫌疑人、被告人的**个人情况**,如其身体健康状况,是否为正在怀孕、哺乳自己婴儿的妇女等,以确定是否对其采用强制措施及采用何种强制措施。

五、扭送

扭送,是指公民将具有法定情形的人立即送交公、检、法机关处理的行为。根据《刑事诉讼法》第84条的规定,对于有下列情形的人,任何公民都可以立即扭送公安机关、人民检察院或者人民法院处理:①正在实行犯罪或者在犯罪后即时被发觉的;②通缉在案的;③越狱逃跑的;④正在被追捕的。

[名师点睛] 公民扭送并不是《刑事诉讼法》规定的一种强制措施,而只是配合公安司法机关采取强制措施的一种辅助手段。因为其实施主体是任何公民,而不是专门机关。

专题23 拘 传

一、概念

拘传,是指公安机关、人民检察院和人民法院对未被羁押的犯罪嫌疑人、被告人,依法强制其到案接受讯问的一种强制措施。拘传是我国刑事诉讼强制措施体系中最轻的一种。

二、拘传的对象、主体和程序

拘传对象		只能适用于未被羁押的犯罪嫌疑人、被告人,对于已经被拘留、逮捕的犯罪嫌疑人,可以直接进行讯问,不需要经过拘传程序。 [名师点睛] 对自诉人、被害人、附带民事诉讼的原告人和被告人,以及证人、鉴定人、翻译人员等诉讼参与人不能适用强制措施中的拘传。
拘传主体	决定机关	有权决定适用拘传的机关包括公安机关、人民检察院和人民法院。 [名师点睛] 其他行使侦查权的机关也有权决定适用拘传的强制措施,如国家安全机关、军队保卫部门等。
	执行机关	人民法院、人民检察院和公安机关都有执行拘传的权力。 [名师点睛] 所有强制措施中,公、检、法三机关都能执行的只有拘传。其他都只能由公安机关执行。
拘传程序	时 间	传唤、拘传持续的时间不得超过12小时;案情特别重大、复杂,需要采取拘留、逮捕措施的,传唤、拘传持续的时间不得超过24小时。 [关联法条]《高检规则》第83条第2、3款:……两次拘传间隔的时间一般不得少于12小时,不得以连续拘传的方式变相拘禁犯罪嫌疑人。 拘传犯罪嫌疑人,应当保证犯罪嫌疑人的饮食和必要的休息时间。

续表

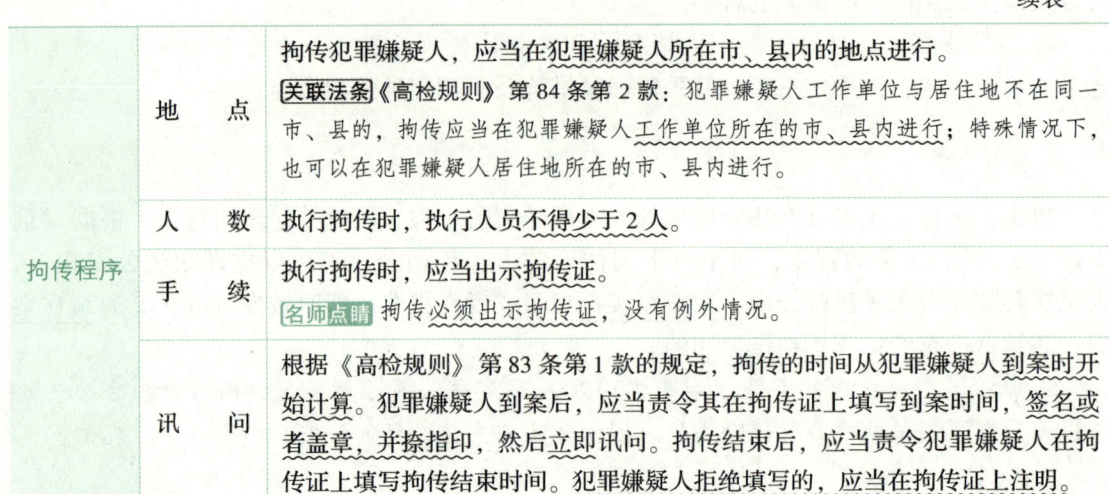

拘传程序	地点	拘传犯罪嫌疑人，应当在犯罪嫌疑人所在市、县内的地点进行。 关联法条《高检规则》第84条第2款：犯罪嫌疑人工作单位与居住地不在同一市、县的，拘传应当在犯罪嫌疑人工作单位所在的市、县内进行；特殊情况下，也可以在犯罪嫌疑人居住地所在的市、县内进行。
	人数	执行拘传时，执行人员不得少于2人。
	手续	执行拘传时，应当出示拘传证。 名师点睛 拘传必须出示拘传证，没有例外情况。
	讯问	根据《高检规则》第83条第1款的规定，拘传的时间从犯罪嫌疑人到案时开始计算。犯罪嫌疑人到案后，应当责令其在拘传证上填写到案时间，签名或者盖章，并捺指印，然后立即讯问。拘传结束后，应当责令犯罪嫌疑人在拘传证上填写拘传结束时间。犯罪嫌疑人拒绝填写的，应当在拘传证上注明。

三、拘传与传唤的区别

在刑事诉讼中，拘传和传唤虽然都要求犯罪嫌疑人、被告人到案接受讯问，但二者是性质不同的诉讼行为。

具体来说，拘传和传唤的区别表现在：

对象不同	拘传的对象是未被羁押的犯罪嫌疑人、被告人。
	传唤适用于所有当事人。
强度不同	拘传具有强制性，是强制措施。
	传唤不具有强制性。
文书不同	拘传时必须出示拘传证。
	传唤出示传唤通知书。 名师点睛 根据《刑事诉讼法》第119条第1款的规定，对在现场发现的犯罪嫌疑人，经出示工作证件，可以口头传唤，但应当在讯问笔录中注明。

考点提示 传唤并非拘传的必经程序，可以不经传唤，直接拘传犯罪嫌疑人、被告人。（区别于民诉）

小试牛刀

关于拘传，下列哪些说法是正确的？[1]

A. 对在现场发现的犯罪嫌疑人，经出示工作证件，可以口头拘传，并在笔录中注明
B. 拘传持续的时间不得超过12小时
C. 案情特别重大、复杂，需要采取拘留、逮捕措施的，拘传持续的时间不得超过24小时
D. 对于被拘传的犯罪嫌疑人，可以连续讯问24小时

---

[1] BC

专题 24 取保候审

取保候审，是指在刑事诉讼过程中，公安机关、人民检察院、人民法院责令犯罪嫌疑人、被告人提出保证人或者交纳保证金，保证犯罪嫌疑人、被告人不逃避或妨碍侦查、起诉和审判，并随传随到的一种强制措施。

一、适用主体

决定机关	公安机关（国家安全机关）、人民检察院、人民法院。
执行机关	公安机关（国家安全机关）。 **名师点睛** 如果是涉及危害国家安全的犯罪，由国家安全机关来执行取保候审。

关联法条《取保候审规定》第 2 条：对犯罪嫌疑人、被告人取保候审的，由公安机关、国家安全机关、人民检察院、人民法院根据案件的具体情况依法作出决定。

公安机关、人民检察院、人民法院决定取保候审的，由公安机关执行。国家安全机关决定取保候审的，以及人民检察院、人民法院办理国家安全机关移送的刑事案件决定取保候审的，由国家安全机关执行。

举案说法 张某将潜艇的部署情况非法提供给一外国著名军事杂志。在审判过程中，法院决定对其取保候审。对张某取保候审的执行机关是国家安全机关。

二、适用条件

积极条件	《刑事诉讼法》第 67 条第 1 款规定，人民法院、人民检察院和公安机关对有下列情形之一的犯罪嫌疑人、被告人，可以取保候审： （1）可能判处管制、拘役或者独立适用附加刑的； （2）可能判处有期徒刑以上刑罚，采取取保候审不致发生社会危险性的； （3）患有严重疾病、生活不能自理，怀孕或者正在哺乳自己婴儿的妇女，采取取保候审不致发生社会危险性的； （4）羁押期限届满，案件尚未办结，需要采取取保候审的。 **名师点睛** 上述情形可以概括为："徒刑以下""不危险""疾病、孕乳""超期限"。
消极条件	**关联法条**《公安部规定》第 82 条：对累犯，犯罪集团的主犯，以自伤、自残办法逃避侦查的犯罪嫌疑人，严重暴力犯罪以及其他严重犯罪的犯罪嫌疑人不得取保候审，但犯罪嫌疑人具有本规定第 81 条第 1 款第 3 项、第 4 项规定情形的除外。 **名师点睛** 上述情形可以概括为："禁止'累''主''残''暴''严'；除非'疾病、孕乳''超期限'"。

• 举案说法 吴某是跨国贩毒集团主犯。吴某被拘留后,侦查机关发现犯罪嫌疑人吴某已怀孕。虽然作为犯罪集团主犯不得取保候审,但是由于吴某怀孕,如果采取取保候审不致发生社会危险性,还是可以对其取保候审的。

关联法条《取保候审规定》第3条:对于采取取保候审足以防止发生社会危险性的犯罪嫌疑人,<u>应当依法适用取保候审</u>。

决定取保候审的,不得中断对案件的侦查、起诉和审理。<u>严禁以取保候审变相放纵犯罪</u>。

三、保证方式

取保候审有两种保证方式:①保证人保证方式;②保证金保证方式。

关联法条《取保候审规定》

第4条:对犯罪嫌疑人、被告人决定取保候审的,应当责令其提出保证人或者交纳保证金。

对同一犯罪嫌疑人、被告人决定取保候审的,不得同时使用保证人保证和保证金保证。对未成年人取保候审的,应当优先适用保证人保证。

第6条:对符合取保候审条件,但犯罪嫌疑人、被告人不能提出保证人也不交纳保证金的,可以监视居住。

前款规定的被监视居住人提出保证人或者交纳保证金的,可以对其变更为取保候审。

(一)保证人

保证人保证,又称人保,是指公安机关、人民检察院、人民法院责令犯罪嫌疑人、被告人提出保证人并出具保证书,保证被保证人在取保候审期间履行法定义务和酌定义务,不逃避和妨碍侦查、起诉和审判,并随传随到的保证方式。

适用主体	根据《刑诉解释》第151条的规定,对下列被告人决定取保候审的,可以责令其提出1~2名保证人:①<u>无力交纳保证金的</u>;②<u>未成年或者已满75周岁的</u>;③不宜收取保证金的其他被告人。
资格条件	根据《刑事诉讼法》第69条的规定,保证人必须符合下列条件:①与本案无牵连;②有能力履行保证义务;③<u>享有政治权利,人身自由未受到限制</u>;④有固定的住处和收入。 **举案说法** 罗某持枪抢劫一案,罗某的日本女友苍某某不能担任罗某的保证人。因为外国人不享有我国的政治权利。
义务、责任	**义务** (1)监督被保证人遵守《刑事诉讼法》第71条规定的义务; (2)发现被保证人可能发生或者已经发生违反《刑事诉讼法》第71条规定的行为的,应当及时向执行机关<u>报告</u>。 **责任** (1)保证人未履行保证义务的,经查证属实后,由县级以上执行机关对保证人处1000元以上2万元以下罚款; (2)根据案件事实和法律规定,认为已经构成犯罪的被告人在取保候审期间逃匿的,如果系保证人协助被告人逃匿,或者保证人明知被告人藏匿地点但拒绝向司法机关提供,对保证人应当依法追究责任。 **名师点睛** 此处的保证人没有民事连带赔偿责任。 **关联法条**《六机关规定》第14条:对取保候审保证人是否履行了保证义务,由公安机关认定,对保证人的罚款决定,也由公安机关作出。

小试牛刀

未成年人郭某涉嫌犯罪被检察院批准逮捕。在审查起诉中,经羁押必要性审查,拟变更为取保候审并适用保证人保证。关于保证人,下列哪一选项是正确的?[1]

A. 可由郭某的父亲担任保证人,并由其交纳 1000 元保证金
B. 可要求郭某的父亲和母亲同时担任保证人
C. 如果保证人协助郭某逃匿,应当依法追究保证人的刑事责任,并要求其承担相应的民事连带赔偿责任
D. 保证人未履行保证义务应处罚款的,由检察院决定

(二)保证金

保证金保证,又称财产保,是指公安机关、人民检察院、人民法院责令犯罪嫌疑人、被告人交纳保证金并出具保证书,保证被保证人在取保候审期间履行法定义务和酌定义务,不逃避和妨碍侦查、起诉和审判,并随传随到的保证方式。

收取数额	根据《取保候审规定》第 5 条第 1 款的规定,采取保证金形式取保候审的,保证金的起点数额为人民币 1000 元;被取保候审人为未成年人的,保证金的起点数额为人民币 500 元。 **考点提示** 保证金的收取数额由决定机关来决定。
考虑因素	根据《取保候审规定》第 5 条第 2 款的规定,决定机关应当综合考虑保证诉讼活动正常进行的需要,被取保候审人的社会危险性、案件的性质、情节、可能判处刑罚的轻重,被取保候审人的经济状况等情况,确定保证金的数额。
收取管理	取保候审保证金由县级以上执行机关统一收取和管理。提供保证金的人应当将保证金存入执行机关指定银行的专门账户。 **考点提示** 保证金的没收、退还决定,应当由执行机关作出。
退还程序	根据《刑事诉讼法》第 73 条的规定,犯罪嫌疑人、被告人在取保候审期间未违反《刑事诉讼法》第 71 条规定的,取保候审结束的时候,凭解除取保候审的通知或者有关法律文书到银行领取退还的保证金。 **关联法条**《刑诉解释》第 159 条:对被取保候审的被告人的判决、裁定生效后,如果保证金属于其个人财产,且需要用以退赔被害人、履行附带民事赔偿义务或者执行财产刑的,人民法院可以书面通知公安机关移交全部保证金,由人民法院作出处理,剩余部分退还被告人。
没收程序	违规	根据《取保候审规定》第 27 条第 1 款的规定,使用保证金保证的被取保候审人违反《刑事诉讼法》第 71 条规定,依法应当没收保证金的,由公安机关作出没收部分或者全部保证金的决定,并通知决定机关。人民检察院、人民法院发现使用保证金保证的被取保候审人违反《刑事诉讼法》第 71 条规定,应当告知公安机关,由公安机关依法处理。

---

[1] B

续表

| 没收程序 | 犯 罪 | 根据《取保候审规定》第 29 条的规定，被取保候审人没有违反《刑事诉讼法》第 71 条的规定，但在取保候审期间涉嫌故意实施新的犯罪被立案侦查的，公安机关应当暂扣保证金，待人民法院判决生效后，决定是否没收保证金。对故意实施新的犯罪的，应当没收保证金；对过失实施新的犯罪或者不构成犯罪的，应当退还保证金。 |

• 举案说法 被取保候审人吴某在取保候审期间涉嫌重新故意犯罪，被公安机关立案侦查。本案由取保候审的执行机关暂扣其交纳的保证金，待人民法院作出的判决生效后，决定是否没收。

四、取保候审的程序

启 动	依职权	公、检、法机关根据案件具体情况，可以直接主动地决定取保候审。 拓展阅读 具体由办案人员提出《取保候审意见书》，经办案部门负责人审批后，由县级以上的公安机关负责人、人民检察院检察长、人民法院院长审批。
	依申请	被羁押的犯罪嫌疑人、被告人及其法定代理人、近亲属、辩护人、值班律师有权申请取保候审。 拓展阅读 人民法院、人民检察院、公安机关收到申请后，应当在 3 日内作出决定；不同意变更的，应当告知申请人，并说明不同意的理由。
执 行		根据《取保候审规定》第 15 条第 1 款的规定，公安机关决定取保候审的，应当及时通知被取保候审人居住地的派出所执行。被取保候审人居住地在异地的，应当及时通知居住地公安机关，由其指定被取保候审人居住地的派出所执行。必要时，办案部门可以协助执行。 根据《取保候审规定》第 15 条第 2 款的规定，被取保候审人居住地变更的，执行取保候审的派出所应当及时通知决定取保候审的公安机关，由其重新确定被取保候审人变更后的居住地派出所执行。变更后的居住地在异地的，决定取保候审的公安机关应当通知该地公安机关，由其指定被取保候审人居住地的派出所执行。原执行机关应当与变更后的执行机关进行工作交接。
期 限		取保候审的期限最长不超过 12 个月。 名师点睛 在同一个诉讼阶段，多次适用取保候审的，应当连续计算取保候审的期限；但是，从一个阶段进入后一个阶段，应当重新计算取保候审的期限。简言之，同一阶段连续计算，不同阶段重新计算。 举案说法 罗伯特·翔在侦查阶段被取保候审，取保候审 6 个月后，因罗伯特·翔违反了取保候审期间的义务，公安机关决定没收保证金后，再次对罗伯特·翔取保候审。侦查阶段罗伯特·翔的取保候审的期限还有 6 个月。但是，当案件移送审查起诉后，人民检察院对罗伯特·翔取保候审的期限又要重新计算 12 个月。
解 除		关联法条《取保候审规定》第 24 条：取保候审期限届满，决定机关应当作出解除取保候审或者变更强制措施的决定，并送交执行机关。决定机关未解除取保候审或者未对被取保候审人采取其他刑事强制措施的，被取保候审人及其法定代理人、近亲属或者辩护人有权要求决定机关解除取保候审。

续表

解除	对于发现不应当追究被取保候审人刑事责任并作出撤销案件或者终止侦查决定的，决定机关应当及时作出解除取保候审决定，并送交执行机关。 有下列情形之一的，取保候审自动解除，不再办理解除手续，决定机关应当及时通知执行机关： （一）取保候审依法变更为监视居住、拘留、逮捕，变更后的强制措施已经开始执行的； （二）人民检察院作出不起诉决定的； （三）人民法院作出的无罪、免予刑事处罚或者不负刑事责任的判决、裁定已经发生法律效力的； （四）被判处管制或者适用缓刑，社区矫正已经开始执行的； （五）被单处附加刑，判决、裁定已经发生法律效力的； （六）被判处监禁刑，刑罚已经开始执行的。 执行机关收到决定机关上述决定书或者通知后，应当立即执行，并将执行情况及时通知决定机关。 [名师点睛] 取保候审自动解除的情形可以概括为："变更、不诉、无罪责、附加生效、主执行"。

小试牛刀

高某因涉嫌偷税被公安机关刑事拘留。拘留期间，下列哪些人有权为高某申请取保候审？[1]

A. 高某本人　　　　　　　　　B. 高某的妻子
C. 高某的叔叔　　　　　　　　D. 高某聘请的辩护人

五、被取保候审人的义务

法定义务	被取保候审的犯罪嫌疑人、被告人应当遵守以下规定： （1）未经执行机关批准不得离开所居住的市、县。 [名师点睛] 此处的执行机关是公安机关。根据《六机关规定》第13条的规定，如果取保候审、监视居住是由人民检察院、人民法院决定的，执行机关在批准犯罪嫌疑人、被告人离开所居住的市、县或者执行监视居住的处所前，应当征得决定机关同意。 （2）住址、工作单位和联系方式发生变动的，在24小时以内向执行机关报告。 （3）在传讯的时候及时到案。 （4）不得以任何形式干扰证人作证。 （5）不得毁灭、伪造证据或者串供。 [名师点睛] 上述情形可以概括为："市县、报告、及时到，不扰证人、不毁证"。
酌定义务	人民法院、人民检察院和公安机关可以根据案件情况，责令被取保候审的犯罪嫌疑人、被告人遵守以下一项或者多项规定： （1）不得进入特定的场所； （2）不得与特定的人员会见或者通信；

---

[1] ABD

酌定义务	（3）不得从事特定的活动； （4）将护照等出入境证件、驾驶证件交执行机关保存。 **名师点睛** 上述情形可以概括为："特定地方、特定人、特定活动、特定证"。

▌ 小试牛刀

甲与邻居乙发生冲突致乙轻伤。甲被刑事拘留期间，甲的父亲代为与乙达成和解，公安机关决定对甲取保候审。关于甲在取保候审期间应遵守的义务，下列哪一选项是正确的？[1]

A. 将驾驶证件交执行机关保存
B. 不得与乙接触
C. 工作单位调动的，在 24 小时内报告执行机关
D. 未经公安机关批准，不得进入特定的娱乐场所

六、违反取保候审义务的后果

被取保候审的犯罪嫌疑人、被告人违反上述义务，已交纳保证金的，没收部分或者全部保证金，并且区别情形，责令犯罪嫌疑人、被告人具结悔过，重新交纳保证金、提出保证人，或者对其监视居住、予以逮捕。对违反取保候审规定，需要予以逮捕的，可以对犯罪嫌疑人、被告人先行拘留。

关联法条《高检规则》第 101 条第 1 款：犯罪嫌疑人有下列违反取保候审规定的行为，人民检察院应当对犯罪嫌疑人予以逮捕：

（一）故意实施新的犯罪；
（二）企图自杀、逃跑；
（三）实施毁灭、伪造证据，串供或者干扰证人作证，足以影响侦查、审查起诉工作正常进行；
（四）对被害人、证人、鉴定人、举报人、控告人及其他人员实施打击报复。

名师点睛 上述情形可以概括为："新罪、逃杀、串毁证、还要打击报复他"。

• 举案说法 罗伯特·翔涉嫌强奸罪，审查起诉阶段被决定取保候审。取保候审期间罗伯特·翔又涉嫌聚众淫乱罪。人民检察院应当对犯罪嫌疑人罗伯特·翔予以逮捕。

专题 25 监视居住

监视居住，是指公安机关、人民检察院、人民法院在刑事诉讼过程中责令犯罪嫌疑人、被告人在一定期限内不得离开指定的区域，并对其活动予以监视和控制的一种强制措施。

---

[1] C。本题中，选项 ABD 都属于酌定遵守的义务，而选项 C 属于应当遵守的义务，故选项 C 正确。

一、适用主体

决定机关	公安机关（国家安全机关）、人民检察院、人民法院。
执行机关	公安机关（国家安全机关）。 **名师点睛** 如果是涉及危害国家安全的犯罪，由国家安全机关来执行监视居住。

二、适用情形

替代逮捕	刑事诉讼法将监视居住定位为逮捕的替代措施，只有犯罪嫌疑人、被告人符合逮捕条件的同时又具备下列情形之一的，才可以监视居住： （1）患有严重疾病、生活不能自理的； （2）怀孕或者正在哺乳自己婴儿的妇女； （3）系生活不能自理的人的唯一扶养人； （4）因为案件的特殊情况或者办理案件的需要，采取监视居住措施更为适宜的； （5）羁押期限届满，案件尚未办结，需要采取监视居住措施的。 **名师点睛** 上述情形可以概括为："疾病、孕乳、唯一扶、特殊、需要、已超期"。 **关联法条**《高检规则》第107条第2款：……扶养包括父母、祖父母、外祖父母对子女、孙子女、外孙子女的抚养和子女、孙子女、外孙子女对父母、祖父母、外祖父母的赡养以及配偶、兄弟姐妹之间的相互扶养。 **举案说法** 罗伯特·翔涉嫌强奸罪，公安机关认为罗伯特·翔符合逮捕条件，但是考虑到罗伯特·翔患有严重疾病、生活不能自理，可以决定对其监视居住。
替代取保候审	《刑事诉讼法》第74条第2款规定，对符合取保候审条件，但犯罪嫌疑人、被告人不能提出保证人，也不交纳保证金的，可以监视居住。 **举案说法** 罗伯特·翔涉嫌强奸罪，公安机关认为罗伯特·翔符合取保候审的条件，但是罗伯特·翔既不能提出保证人，也不能交纳保证金，可以决定对其监视居住。

小试牛刀

在符合逮捕条件时，对下列哪些人员可以适用监视居住措施?[1]

A. 甲患有严重疾病、生活不能自理
B. 乙正在哺乳自己的婴儿
C. 丙系生活不能自理的人的唯一扶养人
D. 丁系聋哑人

三、适用程序

（一）期限

监视居住的期限最长不超过6个月，在此期限内不得中断对案件的侦查、起诉和审理。

---

[1] ABC

考点提示 公安机关已经对犯罪嫌疑人监视居住，案件移交到人民检察院后，以及人民检察院、公安机关已经对犯罪嫌疑人监视居住，案件起诉到人民法院后，办案机关对于符合监视居住条件的，应当依法对被告人重新办理监视居住手续。监视居住的期限重新计算。

名师点睛 取保候审的期限是12个月，监视居住的期限是6个月。

（二）方法

《刑事诉讼法》第78条规定，执行机关对被监视居住的犯罪嫌疑人、被告人，可以采取电子监控、不定期检查等监视方法对其遵守监视居住规定的情况进行监督；在侦查期间，可以对被监视居住的犯罪嫌疑人的通信进行监控。

名师点睛 根据《公安部规定》第116条的规定，在侦查期间，可以对被监视居住的犯罪嫌疑人的电话、传真、信函、邮件、网络等通信进行监控。

（三）种类

《刑事诉讼法》第75条第1款规定，监视居住应当在犯罪嫌疑人、被告人的住处执行；无固定住处的，可以在指定的居所执行。对于涉嫌危害国家安全犯罪、恐怖活动犯罪，在住处执行可能有碍侦查的，经上一级公安机关批准，也可以在指定的居所执行。但是，不得在羁押场所、专门的办案场所执行。

根据上述条文可知，监视居住分为下列两种情形：

住处监视	一般都在住处。
指定居所（重点）	（1）犯罪嫌疑人、被告人无固定住处的，可以在指定的居所执行。**关联法条**《高检规则》第116条第2款：固定住处是指犯罪嫌疑人在办案机关所在地的市、县内工作、生活的合法居所。 （2）对于涉嫌危害国家安全犯罪、恐怖活动犯罪，在住处执行可能有碍侦查的，经上一级公安机关批准，也可以在指定的居所执行。 **名师点睛**"危害国家安全犯罪、恐怖活动犯罪"，只有当在其住处执行可能有碍侦查的时候，才"可以"（非必须）在指定的居所执行。 **举案说法** 罗伯特·翔涉嫌强奸罪，公安机关欲对罗伯特·翔监视居住。在罗伯特·翔有固定住处的情形下，不能对其适用指定居所监视居住。因为监视居住应当在犯罪嫌疑人、被告人的住处执行，除非无固定住处，可以在指定的居所执行。如果有固定住处，只有涉嫌危害国家安全犯罪、恐怖活动犯罪，在住处执行可能有碍侦查的，经上一级公安机关批准，才可以在指定的居所执行。本案并不属于例外情形。

名师点睛 上述情形可以概括为："有家就在家，没家找个家，有家要找家，就得危和恐"。

（四）指定居所监视居住的特殊规定

适用情形	（同上表情形）
居所条件	指定的居所还应当符合下列条件：①具备正常的生活、休息条件；②便于监视、管理；③能够保证办案安全。 **名师点睛** 不得指定在羁押场所、专门的办案场所执行。指定居所监视居住的，不得要求被监视居住人支付费用。

通知	指定居所监视居住，除无法通知外，应在24小时内通知被监视居住人的家属。 [关联法条]《高检规则》第117条第1款：在指定的居所执行监视居住，除无法通知的以外，人民检察院应当在执行监视居住后24小时以内，将指定居所监视居住的原因通知被监视居住人的家属。无法通知的，应当将原因写明附卷。无法通知的情形消除后，应当立即通知。 《刑诉解释》第161条第2款：对被告人指定居所监视居住后，人民法院应当在24小时以内，将监视居住的原因和处所通知其家属；确实无法通知的，应当记录在案。
折抵刑期	（1）指定居所监视居住，被判处管制的，监视居住1日折抵刑期1日； （2）指定居所监视居住，被判处拘役、有期徒刑的，监视居住2日折抵刑期1日。

小试牛刀

罗伯特·翔被决定在住处执行监视居住，是否需要通知罗伯特·翔的家属？监视居住的期限能否折抵刑期？

参考答案：本案监视居住不需要通知被监视居住人的家属，通知家属的规定仅限于指定居所监视居住的情形。本案监视居住的期限不能折抵刑期，折抵刑期的规定也仅针对指定居所监视居住。

（五）解除

依职权	监视居住期限届满或者发现不应追究犯罪嫌疑人、被告人刑事责任的，应当及时解除监视居住。解除监视居住的，应当由办案人员提出意见，报部门负责人审核，最后由公安机关负责人、人民检察院检察长或者人民法院院长决定。解除监视居住的决定，应当及时通知执行机关，并将解除或撤销监视居住的决定书送达犯罪嫌疑人、被告人。
依申请	犯罪嫌疑人、被告人及其法定代理人、近亲属或者辩护人认为监视居住期限届满或不应继续监视居住的，有权向人民法院、人民检察院、公安机关提出申请，要求解除监视居住。人民法院、人民检察院和公安机关收到申请后，应当在3日以内作出决定。不同意解除或变更的，应当告知申请人，并说明不同意的理由。

四、被监视居住人的义务

根据《刑事诉讼法》第77条第1款的规定，被监视居住的犯罪嫌疑人、被告人应当遵守以下规定：

1. 未经执行机关批准不得离开执行监视居住的处所。（区别于取保候审）

名师点睛

❶所谓"处所"，包括犯罪嫌疑人、被告人的住处，也包括办案机关为其指定的执行监视居住的居所。

❷此处的执行机关是公安机关。如果取保候审、监视居住是由人民检察院、人民法院决定的，执行机关在批准犯罪嫌疑人、被告人离开所居住的市、县或者执行监视居住的处

所前,应当征得决定机关同意。

2. 未经执行机关批准不得会见他人或者通信。(区别于取保候审)

名师点睛 这里的他人是指与被监视居住人共同居住的家庭成员和辩护律师以外的人。被监视居住的犯罪嫌疑人、被告人会见辩护律师不需要经过批准。但危害国家安全犯罪、恐怖活动犯罪案件,律师在侦查阶段会见被监视居住的犯罪嫌疑人,需要侦查机关许可。

3. 在传讯的时候及时到案。(同取保候审)
4. 不得以任何形式干扰证人作证。(同取保候审)
5. 不得毁灭、伪造证据或者串供。(同取保候审)
6. 将护照等出入境证件、身份证件、驾驶证件交执行机关保存。(区别于取保候审)

名师点睛 上述情形可以概括为:"处所、会见、及时到;不扰证人、不毁证;保存还要身份证"。

考点提示 此处命题者经常将监视居住的义务和取保候审的义务进行混淆考查,张冠李戴。

🗡 小试牛刀

关于被法院决定取保候审的被告人在取保候审期间应当遵守的法定义务,下列哪些选项是正确的?[1]

A. 未经法院批准不得离开所居住的市、县
B. 未经公安机关批准不得会见他人
C. 在传讯的时候及时到案
D. 不得以任何形式干扰证人作证

五、违反监视居住义务的后果

被监视居住的犯罪嫌疑人、被告人违反监视居住规定,情节严重的,可以予以逮捕;需要予以逮捕的,可以对犯罪嫌疑人、被告人先行拘留。

关联法条 《高检规则》第111条第1款:犯罪嫌疑人有下列违反监视居住规定的行为,人民检察院应当对犯罪嫌疑人予以逮捕:

(一)故意实施新的犯罪行为;
(二)企图自杀、逃跑;
(三)实施毁灭、伪造证据或者串供、干扰证人作证行为,足以影响侦查、审查起诉工作正常进行;
(四)对被害人、证人、鉴定人、举报人、控告人及其他人员实施打击报复。

名师点睛 上述情形可以概括为:"新罪、逃杀、串毁证,还要打击报复他"。

---

[1] CD。不管取保候审和监视居住是哪个机关决定的,执行机关统一为公安机关,选项A错误。不得会见他人是被监视居住人的义务,而不是取保候审人的义务,选项B错误。

专题 26 拘 留

一、概念

刑事诉讼强制措施中的拘留,是指公安机关、人民检察院等侦查机关对直接受理的案件,在侦查过程中,遇到紧急情况,依法临时剥夺某些现行犯或者重大嫌疑分子的人身自由的一种强制措施。

二、刑事拘留与行政拘留的区别

法律性质不同	刑事拘留是刑事诉讼中的保障性措施,是一种诉讼行为,本身不具有惩罚性。
	行政拘留是治安管理的一种处罚方式,是一种行政制裁,具有惩罚性。
适用对象不同	刑事拘留适用于刑事诉讼中的现行犯或者重大嫌疑分子。
	行政拘留适用于尚未构成犯罪的一般违法行为人。
适用目的不同	刑事拘留的目的是保证刑事诉讼顺利进行。
	行政拘留的目的是惩罚和教育一般违法行为者。
羁押期限不同	刑事拘留一般不超过10日,案情重大、复杂的,不超过14日,对流窜作案、多次作案、结伙作案的重大嫌疑分子的拘留期限,不超过37日。
	行政拘留的期限最长为15日。
适用机关不同	刑事拘留的适用机关是公安机关和人民检察院。
	行政拘留只能由公安机关适用。

• 举案说法 著名的说唱艺术家罗伯特·翔因强奸一案被拘留,该拘留为刑事拘留,是公安机关对重大嫌疑分子采取的刑事强制措施。著名的表演艺术家李某某因嫖娼被拘留,该拘留为行政拘留,是行政机关对行政违法对象作出的一种行政处罚。

三、刑事拘留与司法拘留的区别

法律性质不同	刑事拘留是一种预防性的刑事强制措施。
	司法拘留是一种排除性的司法强制措施,针对已经出现的妨碍诉讼程序的严重行为。
适用机关不同	刑事拘留由公安机关或人民检察院决定,由公安机关执行。
	司法拘留由人民法院决定,并由人民法院的司法警察执行。
适用对象不同	刑事拘留只适用于现行犯或者重大嫌疑分子。
	司法拘留适用于实施了妨碍诉讼程序行为的所有人员,既包括诉讼参与人,又包括案外人。

续表

羁押期限不同	刑事拘留一般不超过10日，案情重大、复杂的，不超过14日，对流窜作案、多次作案、结伙作案的重大嫌疑分子的拘留期限，不超过37日。
	司法拘留最长为15日。
与判决的关系不同	刑事拘留的羁押期限可以折抵刑期。
	司法拘留与判决结果没有关系。

●举案说法 房某容留他人吸毒一案，柯某因吸毒被公安机关决定拘留，此拘留为行政拘留，是行政机关对行政违法对象作出的一种行政处罚；但房某因容留他人吸毒涉嫌犯罪，被公安机关决定拘留，此拘留是刑事拘留，是侦查机关对现行犯或者重大嫌疑分子采取的刑事强制措施；该案进入审判阶段，旁听群众殷某（疯狂粉丝）大闹法庭，被人民法院决定拘留，此拘留为司法拘留，是针对已经出现的妨碍诉讼程序的严重行为而采取的一种排除性的司法强制措施。

四、拘留的情形

公安机关	《刑事诉讼法》第82条规定，公安机关对于现行犯或者重大嫌疑分子，如果有下列情形之一的，可以先行拘留： （1）正在预备犯罪、实行犯罪或者在犯罪后即时被发觉的； （2）被害人或者在场亲眼看见的人指认他犯罪的； （3）在身边或者住处发现有犯罪证据的； （4）有毁灭、伪造证据或者串供可能的； （5）不讲真实姓名、住址，身份不明的（指其本人拒不说明其姓名、住址、职业等基本情况的）； （6）犯罪后企图自杀、逃跑或者在逃的； （7）有流窜作案、多次作案、结伙作案重大嫌疑的。 名师点睛 上述情形可以概括为："正在指认发现证，毁姓逃杀流结多"。
检察院	《高检规则》第121条规定，人民检察院对于具有下列情形之一的犯罪嫌疑人，可以决定拘留： （1）犯罪后企图自杀、逃跑或者在逃的； （2）有毁灭、伪造证据或者串供可能的。 名师点睛 上述情形可以概括为："自杀、逃跑、在逃的；毁灭、伪造、串供的"。

●举案说法 罗伯特·翔涉嫌强奸一案，罗伯特·翔到案后，不讲真实姓名，企图逃跑，公安机关可以依法对其采取刑事拘留的强制措施。

关联法条《刑事诉讼法》

第71条第4款：对违反取保候审规定，需要予以逮捕的，可以对犯罪嫌疑人、被告人先行拘留。

第77条第2款：被监视居住的犯罪嫌疑人、被告人违反前款规定，情节严重的，可以予以逮捕；需要予以逮捕的，可以对犯罪嫌疑人、被告人先行拘留。

《高检规则》第142条：对于监察机关移送起诉的已采取留置措施的案件，人民检察院应当在受理案件后，及时对犯罪嫌疑人作出拘留决定，交公安机关执行。执行拘留后，留置措施自动解除。

五、拘留的主体

决定主体	公安机关和人民检察院都有权对符合法定情形的现行犯或重大嫌疑分子作出拘留的决定。 **名师点睛** 人民法院不能决定刑事拘留，但人民法院可以决定司法拘留。例如，诉讼过程中有人严重扰乱法庭秩序，人民法院可以决定对其司法拘留。
执行主体	拘留只能由公安机关（国家安全机关）执行。 **名师点睛** 人民检察院有拘留的决定权，但是没有拘留的执行权。

六、拘留的具体程序

文书要求		公安机关执行拘留的时候，必须出示拘留证。 **考点提示** 拘留证由县级以上公安机关负责人签发；人民检察院不签发拘留证。 **关联法条**《公安部规定》第125条：拘留犯罪嫌疑人，应当填写呈请拘留报告书，经县级以上公安机关负责人批准，制作拘留证。执行拘留时，必须出示拘留证，并责令被拘留人在拘留证上签名、捺指印，拒绝签名、捺指印的，侦查人员应当注明。 　　紧急情况下，对于符合本规定第124条所列情形之一的，经出示人民警察证，可以将犯罪嫌疑人口头传唤至公安机关后立即审查，办理法律手续。 **名师点睛** 可见，特殊情形下也可能先拘留再补办手续。
24小时必经程序	送看守所	拘留后，应当立即将被拘留人送看守所羁押，至迟不得超过24小时。 **关联法条**《公安部规定》第126条第2款：异地执行拘留，无法及时将犯罪嫌疑人押解回管辖地的，应当在宣布拘留后立即将其送抓获地看守所羁押，至迟不得超过24小时。到达管辖地后，应当立即将犯罪嫌疑人送看守所羁押。
	通知家属	除无法通知或者涉嫌危害国家安全犯罪、恐怖活动犯罪通知可能有碍侦查的情形以外，应当在拘留后24小时以内，通知被拘留人的家属。
	开始讯问	公安机关或者人民检察院对于各自立案侦查的案件中被拘留的人，应当在拘留后的24小时以内进行讯问。在发现不应当拘留的时候，必须立即释放，并发给释放证明。 **名师点睛** 谁决定拘留，谁负责讯问、通知。
异地拘留		公安机关在异地执行拘留、逮捕的时候，应当通知被拘留、逮捕人所在地的公安机关，被拘留、逮捕人所在地的公安机关应当予以配合。

七、拘留的期限

公安机关立案侦查的案件	（1）一般案件，应当在拘留后的3日以内提请人民检察院审查批捕。在特殊情况下，可以延长1~4日。人民检察院应当自接到公安机关提请批准逮捕书后的7日以内，作出批准逮捕或者不批准逮捕的决定。在这种情况下，拘留后的最长羁押期限是14日。 **名师点睛** 此情形可以概括为："一般：3+7=10天；特殊：7+7=14天"。

	续表
公安机关立案侦查的案件	（2）对于流窜作案、多次作案、结伙作案的重大嫌疑分子，提请审查批捕的时间可以延长至 30 日。人民检察院应当自接到公安机关提请批准逮捕书后的 7 日以内，作出批准逮捕或者不批准逮捕的决定。在这种情况下，拘留后的最长羁押期限是 37 日。 名师点睛 此情形可以概括为："30+7=37 天"。 拓展阅读《公安部规定》第 129 条第 3 款：本条规定的"流窜作案"，是指跨市、县管辖范围连续作案，或者在居住地作案后逃跑到外市、县继续作案；"多次作案"，是指 3 次以上作案；"结伙作案"，是指 2 人以上共同作案。
检察院直接受理的案件	（1）根据《高检规则》第 296 条的规定，自侦案件，犯罪嫌疑人已被拘留的，负责侦查的部门应当在拘留后 7 日以内将案件移送本院负责捕诉的部门审查； （2）根据《高检规则》第 297 条的规定，对本院负责侦查的部门移送审查逮捕的案件，犯罪嫌疑人已被拘留的，负责捕诉的部门应当在收到逮捕犯罪嫌疑人意见书后 7 日以内，报请检察长决定是否逮捕，特殊情况下，决定逮捕的时间可以延长 1~3 日。 名师点睛 此情形可以概括为："7+7=14 天；特殊：7+10=17 天"。
监察委移送的案件	根据《刑事诉讼法》第 170 条第 2 款的规定，对于监察机关移送起诉的已采取留置措施的案件，人民检察院应当对犯罪嫌疑人先行拘留，留置措施自动解除。人民检察院应当在拘留后的 10 日以内作出是否逮捕、取保候审或者监视居住的决定。在特殊情况下，决定的时间可以延长 1~4 日。人民检察院决定采取强制措施的期间不计入审查起诉期限。 名师点睛 此情形先行拘留最多 14 天。

八、拘留的后续程序

逮 捕	需要逮捕的，在拘留期限内，依法办理提请批准逮捕手续。
变 更	（1）应当追究刑事责任，但不需要逮捕的，依法直接向人民检察院移送审查起诉，或者依法办理取保候审或监视居住手续后，向人民检察院移送审查起诉； （2）拘留期限届满，案件尚未办结，需要继续侦查的，依法办理取保候审或者监视居住手续。
释 放	具有不需要追究刑事责任的情形之一的，释放被拘留人，发给释放证明书；需要行政处理的，依法予以处理或者移送有关部门。

小试牛刀

甲涉嫌黑社会性质组织犯罪，10 月 5 日上午 10 时被刑事拘留。对此，下列哪一处置是违法的?[1]

A. 甲于当月 6 日上午 10 时前被送至看守所羁押

B. 甲涉嫌黑社会性质组织犯罪，因考虑通知其家属有碍进一步侦查，决定暂不通知

---

[1] B

C. 甲在当月 6 日被送至看守所之前，公安机关对其进行了讯问
D. 讯问后，发现甲依法需要逮捕，当月 8 日提请检察院审批

专题 27 逮 捕

一、概念

逮捕，是指公安机关、人民检察院和人民法院，为了防止犯罪嫌疑人或者被告人实施妨碍刑事诉讼的行为，逃避侦查、起诉、审判或者发生社会危险性，而依法暂时剥夺其人身自由的一种强制措施。

逮捕是刑事诉讼强制措施中最严厉的一种。因此，必须严格把握逮捕条件。必须坚持"少捕"和"慎捕"的刑事政策，切实做到不枉不纵，既不能该捕不捕，也不能以捕代侦、任意逮捕。

二、主体

检察院	批 准	对于公安机关移送要求审查批准逮捕的案件，人民检察院有批准权。
	决 定	人民检察院在侦查及审查起诉中，认为应予逮捕的，有权自行决定。
法 院	决 定	（1）对于直接受理的自诉案件，认为需要逮捕被告人时，由办案人员提交人民法院院长决定，对于重大、疑难、复杂案件的被告人的逮捕，提交审判委员会讨论决定； （2）对于检察机关提起公诉时未予逮捕的被告人，人民法院认为符合逮捕条件应予逮捕的，也可以决定逮捕。
公安机关	执 行	公安机关无权自行决定逮捕，但逮捕的执行机关是公安机关（国家安全机关）。

• **举案说法** 罗伯特·翔涉嫌强奸一案，朝阳区公安分局拘留罗伯特·翔后，如果认为罗伯特·翔符合逮捕条件，公安机关应当报请朝阳区人民检察院批准逮捕。如果朝阳区人民检察院批准逮捕罗伯特·翔，将由朝阳区公安分局执行该逮捕决定。

三、逮捕的条件

（一）逮捕的基本条件

《刑事诉讼法》第 81 条第 1 款规定了逮捕的三个基本条件：

证据因素	有证据证明有犯罪事实。 **[关联法条]**《高检规则》第 128 条第 2、3 款：有证据证明有犯罪事实是指同时具备下列情形： （一）有证据证明发生了犯罪事实； （二）有证据证明该犯罪事实是犯罪嫌疑人实施的；

续表

证据因素	（三）证明犯罪嫌疑人实施犯罪行为的证据已经查证属实。 犯罪事实既可以是单一犯罪行为的事实，也可以是数个犯罪行为中任何一个犯罪行为的事实。 **名师点睛** 逮捕的证据条件可以概括为："发生了、他干了、已查证属实了"。
刑罚因素	可能判处徒刑以上刑罚。 **举案说法** 罗某交通肇事一案，如果办案机关初步判定犯罪嫌疑人可能被判处拘役，则罗某不符合逮捕的刑罚条件。如果罗某没有社会危险性，应当依法对其取保候审。
危险因素	采取取保候审尚不足以防止发生社会危险性。 **拓展阅读** 社会危险性包括以下五项中的一个或多个：①可能实施新的犯罪的；②有危害国家安全、公共安全或者社会秩序的现实危险的；③可能毁灭、伪造证据，干扰证人作证或者串供的；④可能对被害人、举报人、控告人实施打击报复的；⑤企图自杀或者逃跑的。

名师点睛 上述三个条件相互联系、缺一不可。犯罪嫌疑人、被告人只有同时具备这三个条件，才应当对其逮捕。

小试牛刀

公安局局长王某涉嫌非法拘禁罪被立案侦查。在决定逮捕王某时，应当具备下列哪些条件？[1]

A. 有证据能够证明王某实施了非法拘禁犯罪
B. 王某可能被判处徒刑以上的刑罚
C. 王某具有很大的社会危险性
D. 王某在境外有住宅

（二）径行逮捕的条件

径行逮捕，是指根据《刑事诉讼法》第81条第3款规定的逮捕情形，即只要符合下列三种具体情形之一的，就应当逮捕：

1. 有证据证明有犯罪事实，可能判处10年有期徒刑以上刑罚的。
2. 有证据证明有犯罪事实，可能判处徒刑以上刑罚，曾经故意犯罪的。
3. 有证据证明有犯罪事实，可能判处徒刑以上刑罚，身份不明的。

名师点睛 这三种情形要么行为人所涉嫌的犯罪较为严重，要么因之前的故意犯罪记录或身份不明而表明其有较大的社会危险性，符合上述三种情况之一的，必须逮捕。

举案说法 杭州许某杀人碎尸一案，已有查证属实的证据证明许某实施了犯罪，由于故意杀人可能被判处10年有期徒刑以上刑罚，应当对其予以逮捕。

（三）转化型逮捕条件

转化型逮捕，是指《刑事诉讼法》第81条第4款规定的逮捕情形，即被取保候审、监视居住的犯罪嫌疑人、被告人违反取保候审、监视居住规定，情节严重的，可以予以

---

[1] ABC

逮捕。

关联法条《刑诉解释》第 166 条：对可能判处徒刑以下刑罚的被告人，违反取保候审、监视居住规定，严重影响诉讼活动正常进行的，可以决定逮捕。

• **举案说法** 罗某涉嫌盗窃罪，如果罗某可能被判处徒刑以下刑罚，则不符合逮捕条件；但是如果罗某违反取保候审、监视居住规定，严重影响诉讼活动正常进行，则可以决定逮捕罗某。

（四）不予逮捕的情形

应当不予逮捕	根据《高检规则》第 139 条的规定，对具有下列情形之一的犯罪嫌疑人，人民检察院应当作出不批准逮捕或者不予逮捕的决定： (1) 不符合《高检规则》规定的逮捕条件的； (2) 具有《刑事诉讼法》第 16 条规定的情形之一的。
可以不予逮捕	根据《高检规则》第 140 条的规定，犯罪嫌疑人涉嫌的罪行较轻，且没有其他重大犯罪嫌疑，具有下列情形之一的，可以作出不批准逮捕或者不予逮捕的决定： (1) 属于预备犯、中止犯，或者防卫过当、避险过当的； (2) 主观恶性较小的初犯，共同犯罪中的从犯、胁从犯，犯罪后自首、有立功表现或者积极退赃、赔偿损失、确有悔罪表现的； (3) 过失犯罪的犯罪嫌疑人，犯罪后有悔罪表现，有效控制损失或者积极赔偿损失的； (4) 犯罪嫌疑人与被害人双方根据《刑事诉讼法》的有关规定达成和解协议，经审查，认为和解系自愿、合法且已经履行或者提供担保的； (5) 犯罪嫌疑人认罪认罚的； (6) 犯罪嫌疑人系已满 14 周岁未满 18 周岁的未成年人或者在校学生，本人有悔罪表现，其家庭、学校或者所在社区、居民委员会、村民委员会具备监护、帮教条件的； (7) 犯罪嫌疑人系已满 75 周岁的人。

拓展阅读

《监察法》第 22 条：被调查人涉嫌贪污贿赂、失职渎职等严重职务违法或者职务犯罪，监察机关已经掌握其部分违法犯罪事实及证据，仍有重要问题需要进一步调查，并有下列情形之一的，经监察机关依法审批，可以将其留置在特定场所：
（一）涉及案情重大、复杂的；
（二）可能逃跑、自杀的；
（三）可能串供或者伪造、隐匿、毁灭证据的；
（四）可能有其他妨碍调查行为的。
对涉嫌行贿犯罪或者共同职务犯罪的涉案人员，监察机关可以依照前款规定采取留置措施。
留置场所的设置、管理和监督依照国家有关规定执行。

名师点睛 监察机关在调查过程中，不能适用刑事诉讼法中的强制措施。但是，符合条件的，可以适用留置手段，对被调查人进行控制。

• 举案说法 罗某涉嫌贪污罪，本案应当由监察机关立案调查。监察机关在调查程序中，不能适用逮捕等强制措施，但是可以将罗某留置在特定场所。待本案移送审查起诉之日起，留置自动解除，检察院可以依据刑事诉讼法对罗某采取相应的强制措施。

四、逮捕的审查、批捕和决定程序

（一）人民检察院对公安机关提请逮捕的批准程序

准备程序	公安机关请求逮捕犯罪嫌疑人时，应当经县级以上公安机关负责人批准，制作提请批准逮捕书，连同案卷材料、证据，一并移送同级人民检察院审查批准。	
批捕期限	已拘留	人民检察院应当在7日内作出是否批准逮捕的决定。
	未拘留	人民检察院应当在接到提请批准逮捕书后的15日以内作出是否批准逮捕的决定，重大、复杂的案件不得超过20日。
批捕前的讯问	根据《高检规则》第280条第1款的规定，人民检察院办理审查逮捕案件，可以讯问犯罪嫌疑人；具有下列情形之一的，应当讯问犯罪嫌疑人： （1）对是否符合逮捕条件有疑问的； （2）犯罪嫌疑人要求向检察人员当面陈述的； （3）侦查活动可能有重大违法行为的； （4）案情重大、疑难、复杂的； （5）犯罪嫌疑人认罪认罚的； （6）犯罪嫌疑人系未成年人的； （7）犯罪嫌疑人是盲、聋、哑人或者是尚未完全丧失辨认或者控制自己行为能力的精神病人的。 名师点睛 批捕前应当讯问的情形可以概括为："疑、面、违、难、加认罚；小孩、聋哑、半疯傻"。	
听取律师意见	（1）人民检察院审查批准逮捕，可以听取辩护律师的意见。辩护律师提出表达意见的要求的，人民检察院办案人员应当听取辩护律师的意见。 （2）犯罪嫌疑人、被告人是未成年人的，应当听取辩护律师的意见。	
审查处理	批捕	对符合逮捕条件的，作出批准逮捕的决定，制作批准逮捕决定书。 关联法条《高检规则》第288条：人民检察院办理公安机关请批准逮捕的案件，发现遗漏应当逮捕的犯罪嫌疑人的，应当经检察长批准，要求公安机关提请批准逮捕。公安机关不提请批准逮捕或者说明的不提请批准逮捕的理由不成立的，人民检察院可以直接作出逮捕决定，送达公安机关执行。
	不批捕	对不符合逮捕条件的，作出不批准逮捕的决定，制作不批准逮捕决定书，说明不批准逮捕的理由，需要补充侦查的，应当同时通知公安机关。 关联法条《高检规则》第287条：对于没有犯罪事实或者犯罪嫌疑人具有刑事诉讼法第16条规定情形之一，人民检察院作出不批准逮捕决定的，应当同时告知公安机关撤销案件。

审查处理	不批捕	对于有犯罪事实需要追究刑事责任，但不是被立案侦查的犯罪嫌疑人实施，或者共同犯罪案件中部分犯罪嫌疑人不负刑事责任，人民检察院作出不批准逮捕决定的，应当同时告知公安机关对有关犯罪嫌疑人终止侦查。 公安机关在收到不批准逮捕决定书后超过15日未要求复议、提请复核，也不撤销案件或者终止侦查的，人民检察院应当发出纠正违法通知书。公安机关仍不纠正的，报上一级人民检察院协商同级公安机关处理。
公安机关救济途径		公安机关对人民检察院不批准逮捕的决定，认为有错误的时候，可以向原机关要求复议，但是必须将被拘留的人立即释放。如果意见不被接受，可以向上一级人民检察院提请复核。 [关联法条]《高检规则》第292条：人民检察院作出不批准逮捕决定，并且通知公安机关补充侦查的案件，公安机关在补充侦查后又要求复议的，人民检察院应当告知公安机关重新提请批准逮捕。公安机关坚持要求复议的，人民检察院不予受理。 对于公安机关补充侦查后应当提请批准逮捕而不提请批准逮捕的，按照本规则第288条的规定办理。

小试牛刀

检察机关审查批准逮捕，下列哪些情形存在时应当讯问犯罪嫌疑人？[1]

A. 犯罪嫌疑人的供述前后反复且与其他证据矛盾
B. 犯罪嫌疑人要求向检察机关当面陈述
C. 侦查机关拘留犯罪嫌疑人36小时以后将其送交看守所羁押
D. 犯罪嫌疑人认罪认罚的

（二）人民检察院自行决定逮捕的程序

公安移送	人民检察院对于公安机关和监察机关移送审查起诉的案件认为需要逮捕并决定逮捕的，由检察长签发决定逮捕通知书，通知公安机关执行。
自行侦查	根据《高检规则》第296条的规定，人民检察院办理直接受理侦查的案件，需要逮捕犯罪嫌疑人的，由负责侦查的部门制作逮捕犯罪嫌疑人意见书，连同案卷材料、讯问犯罪嫌疑人录音、录像一并移送本院负责捕诉的部门审查。犯罪嫌疑人已被拘留的，负责侦查的部门应当在拘留后7日以内将案件移送本院负责捕诉的部门审查。 [名师点睛]2019年《高检规则》通过后，自侦案件的逮捕不再需要报请上一级人民检察院审查决定，只需要由本院侦查部门报请捕诉部门即可。 根据《高检规则》第297条的规定，对本院负责侦查的部门移送审查逮捕的案件，犯罪嫌疑人已被拘留的，负责捕诉的部门应当在收到逮捕犯罪嫌疑人意见书后7日以内，报请检察长决定是否逮捕，特殊情况下，决定逮捕的时间可以延长1~3日；犯罪嫌疑人未被拘留的，负责捕诉的部门应当在收到逮捕犯罪嫌疑人意见书后15日以内，报请检察长决定是否逮捕，重大、复杂案件，不得超过20日。

---

[1] ABCD

> **拓展阅读**
>
> 《监察法》第43条第1、3款：监察机关采取留置措施，应当由监察机关领导人员集体研究决定。设区的市级以下监察机关采取留置措施，应当报上一级监察机关批准。省级监察机关采取留置措施，应当报国家监察委员会备案。
>
> 监察机关采取留置措施，可以根据工作需要提请公安机关配合。公安机关应当依法予以协助。

（三）人民法院决定逮捕的程序

公诉案件	对于检察机关提起公诉时未予逮捕的被告人，人民法院认为符合逮捕条件应予逮捕的，也可以决定逮捕。
自诉案件	对于直接受理的自诉案件，认为需要逮捕被告人时，由办案人员提交人民法院院长决定；对于重大、疑难、复杂案件的被告人的逮捕，提交审判委员会讨论决定。

举案说法 高某诉甲某侵占一案，在审判阶段，法院认为被告人符合逮捕条件，法院可以直接决定逮捕被告人。

五、逮捕的执行程序

主体	（1）对于人民检察院批准逮捕的决定，公安机关应当立即执行，并将执行回执及时送达批准逮捕的人民检察院；如果未能执行，也应当将回执送达人民检察院，并写明未能执行的原因。 （2）对于人民检察院决定不批准逮捕的，公安机关在收到不批准逮捕决定书后，应当立即释放在押的犯罪嫌疑人或者变更强制措施，并将执行回执在收到不批准逮捕决定书后的3日内送达作出不批准逮捕决定的人民检察院。
人数	公安机关逮捕犯罪嫌疑人的时候，执行逮捕的人员不得少于2人。
手续	必须向被逮捕人出示逮捕证（县级以上公安机关负责人签发）。
送看	逮捕后，应当立即将被逮捕人送看守所羁押。（区别于拘留）
通知	除无法通知的以外，应当在逮捕后24小时以内，将逮捕原因和羁押处所通知被逮捕人的家属。 **名师点睛** 除无法通知的以外，无其他例外情形，区别于拘留中通知的例外情形。
讯问	逮捕后，应当在24小时以内进行讯问；如果发现不应当逮捕，应当立即释放并发给释放证明。 **名师点睛** 讯问主体遵循"谁想捕，谁讯问，谁通知"原则。 **关联法条** 《刑诉解释》第168条：人民法院对决定逮捕的被告人，应当在逮捕后24小时以内讯问。发现不应当逮捕的，应当立即释放。必要时，可以依法变更强制措施。
异地	公安机关在异地执行拘留、逮捕的时候，应当通知被拘留、逮捕人所在地的公安机关，被拘留、逮捕人所在地的公安机关应当予以配合。

小试牛刀

在审判阶段，法院认为被告人某甲有毁灭证据的可能，遂决定逮捕某甲。关于该案逮捕程序，下列哪一选项是正确的？[1]

A. 法院可以自行执行逮捕
B. 异地执行逮捕的，可以由当地公安机关负责执行
C. 执行逮捕后，应当由法院负责对某甲进行讯问
D. 执行逮捕后，应当由公安机关负责通知某甲的家属或所在单位

拓展阅读

《监察法》第 44 条：对被调查人采取留置措施后，应当在 24 小时以内，通知被留置人员所在单位和家属，但有可能毁灭、伪造证据，干扰证人作证或者串供等有碍调查情形的除外。有碍调查的情形消失后，应当立即通知被留置人员所在单位和家属。

监察机关应当保障被留置人员的饮食、休息和安全，提供医疗服务。讯问被留置人员应当合理安排讯问时间和时长，讯问笔录由被讯问人阅看后签名。

被留置人员涉嫌犯罪移送司法机关后，被依法判处管制、拘役和有期徒刑的，留置 1 日折抵管制 2 日，折抵拘役、有期徒刑 1 日。

考点提示 注意《监察法》中留置的适用程序与《刑事诉讼法》中逮捕的适用程序的差别。

六、三种特殊对象强制措施的审批机关

（一）人大代表

根据《高检规则》第 148 条第 1 款的规定，人民检察院对担任县级以上各级人民代表大会代表的犯罪嫌疑人决定采取拘传、取保候审、监视居住、拘留、逮捕强制措施的，应当报请该代表所属的人民代表大会主席团或者常务委员会许可。具体程序包括：

本 级	报请本级人大主席团或者常委会许可。
上 级	层报与所属人大同级的检察院请求许可。
下 级	直接报请该代表所属人大主席团或者常委会许可，也可以委托与该代表所属的人大同级的检察院报请许可。
乡 级	由县级检察院报请乡、民族乡、镇人大许可。
两 级	分别依照以上规则报请许可。
外 地	委托与该代表所属的人大同级的检察院报请许可。

根据《高检规则》第 148 条第 8 款的规定，担任县级以上人民代表大会代表的犯罪嫌

---

[1] C。逮捕一律由公安机关执行，选项 A 错误。异地执行逮捕时，当地公安机关应予以协助，而不是负责执行，选项 B 错误。在审判阶段，法院决定逮捕时，应由法院负责通知被逮捕人的家属，选项 D 错误。

疑人，经报请该代表所属人民代表大会主席团或者常务委员会许可后被刑事拘留的，适用逮捕措施时不需要再次报请许可。

根据《高检规则》第149条第1款的规定，担任县级以上人民代表大会代表的犯罪嫌疑人因现行犯被人民检察院拘留的，人民检察院应当立即向该代表所属的人民代表大会主席团或者常务委员会报告。报告的程序参照《高检规则》第148条报请许可的程序规定。

【名师点睛】以上内容可以概括为一个记忆口诀："同级直接报；上级要层报；下级两路报；两级分别报；外地委托报；乡级县里告（报告）；拘留若已报，逮捕不再报；现行先拘后报告"。

（二）外国人（《高检规则》第294条）

特殊	外国人、无国籍人涉嫌危害国家安全犯罪的案件，涉及国与国之间政治、外交关系的案件以及在适用法律上确有疑难的案件，需要逮捕犯罪嫌疑人的，基层检察院或设区的市级检察院层报最高检审查，最高检认为需要逮捕的，征求外交部的意见后，作出批捕的批复；认为不需要逮捕的，应当作出不批捕的批复。报送的检察院依据该批复作出是否逮捕的决定。 【名师点睛】下级检察院认为不需要逮捕的，可以直接依法作出不批准逮捕的决定，无需上报。
一般	其他的涉外案件，决定批捕的检察院应当在作出批准逮捕决定后48小时以内报上一级检察院备案，同时向同级政府外事部门通报。

【名师点睛】逮捕外国人的程序可以概括为："'危''交''难'找最高检；其他先批后备案"。

小试牛刀

无国籍人吉姆涉嫌在甲市为外国情报机构窃取我国秘密，侦查机关报请检察机关批准逮捕吉姆。甲市检察院应当如何审查批捕？[1]

A. 可以直接审查批准逮捕吉姆

B. 应当报请省检察院审查批准

C. 应当审查并提出意见后，层报最高检察院审查。最高检察院认为需要逮捕的，经征求外交部的意见后，作出批准逮捕的批复；认为不需要逮捕的，作出不批准逮捕的批复。报送的检察院依据该批复作出是否逮捕的决定

D. 应当层报最高检察院审查，最高检察院经审查认为不需要逮捕的，报经外交部备案后，作出不批准逮捕的决定

（三）危害国家安全案件

危害国家安全的案件，应当报上一级人民检察院备案。

七、羁押必要性审查

犯罪嫌疑人、被告人被逮捕后，人民检察院仍应当对羁押的必要性进行审查。对不需要继续羁押的，应当建议予以释放或者变更强制措施。

---

[1] C

审查对象		对**被逮捕**的犯罪嫌疑人、被告人有无继续羁押的必要性进行审查；对不需要继续羁押的，**建议办案机关予以释放或者变更强制措施**的监督活动。 **举案说法** 犯罪嫌疑人罗某 9 月 1 日被拘留，10 月 1 日被逮捕。9 月 15 日，辩护人向检察院申请羁押必要性审查，检察院不予受理，因为羁押必要性审查仅针对被逮捕的犯罪嫌疑人、被告人。
审查主体	侦查阶段、审判阶段	《高检规则》第 575 条第 1 款规定，**负责捕诉的部门**依法对侦查和审判阶段的羁押必要性进行审查。经审查认为不需要继续羁押的，**应当建议公安机关或者人民法院释放犯罪嫌疑人、被告人或者变更强制措施**。 **举案说法** 罗某绑架一案，侦查阶段，经检察院捕诉部门审查，认为不需要继续羁押的，应当建议公安机关释放罗某或变更强制措施。
	审查起诉阶段	《高检规则》第 575 条第 2 款规定，**审查起诉阶段**，**负责捕诉的部门**经审查认为不需要继续羁押的，**应当直接释放犯罪嫌疑人或者变更强制措施**。 **举案说法** 张某抢劫一案，审查起诉阶段，经检察院捕诉部门审查，认为不需要继续羁押的，应当直接释放张某或变更强制措施。 **名师点睛** 《高检规则》统一将羁押必要性审查的主体调整为捕诉部门，只是要注意在不同阶段监督方式不同。
启动方式	依职权	《高检规则》第 574 条第 1、3 款规定，人民检察院在办案过程中可以依职权主动进行羁押必要性审查。看守所根据在押人员身体状况，**可以建议人民检察院进行羁押必要性审查**。
	依申请	《高检规则》第 574 条第 2 款规定，犯罪嫌疑人、被告人及其法定代理人、近亲属或者辩护人可以申请人民检察院进行羁押必要性审查。申请时应当说明不需要继续羁押的理由，有相关证据或者其他材料的应当提供。
审查程序	审查方式	必要时，**可以依照有关规定进行公开审查**。但是，涉及国家秘密、商业秘密、个人隐私的案件除外。
	审查方法	《高检规则》第 577 条第 1 款规定，人民检察院可以采取以下方式进行羁押必要性审查：①审查犯罪嫌疑人、被告人不需要继续羁押的理由和证明材料；②听取犯罪嫌疑人、被告人及其法定代理人、辩护人的意见；③听取被害人及其法定代理人、诉讼代理人的意见，了解是否达成和解协议；④听取办案机关的意见；⑤调查核实犯罪嫌疑人、被告人的身体健康状况；⑥需要采取的其他方式。
审查结果		《高检规则》第 579 条规定，人民检察院发现犯罪嫌疑人、被告人具有下列情形之一的，**应当向办案机关提出释放或者变更强制措施的建议**：①案件证据发生重大变化，没有证据证明有犯罪事实或者犯罪行为系犯罪嫌疑人、被告人所为的；②案件事实或者情节发生变化，犯罪嫌疑人、被告人可能被判处拘役、管制、独立适用附加刑、免予刑事处罚或者判决无罪的；③继续羁押犯罪嫌疑人、被告人，羁押期限将超过依法可能判处的刑期的；④案件事实基本查清，证据已经收集固定，符合取保候审或者监视居住条件的。 **名师点睛** 检察院"应当"提出释放或变更建议的情形可以概括为："无证据、无徒刑、无必要、已超期"。

续表

| 审查结果 | 《高检规则》第580条规定，人民检察院发现犯罪嫌疑人、被告人具有下列情形之一，且具有悔罪表现，不予羁押不致发生社会危险性的，可以向办案机关提出释放或者变更强制措施的建议：①预备犯或者中止犯；②共同犯罪中的从犯或者胁从犯；③过失犯罪的；④防卫过当或者避险过当的；⑤主观恶性较小的初犯；⑥系未成年人或者已满75周岁的人；⑦与被害方依法自愿达成和解协议，且已经履行或者提供担保的；⑧认罪认罚的；⑨患有严重疾病、生活不能自理的；⑩怀孕或者正在哺乳自己婴儿的妇女；⑪系生活不能自理的人的唯一扶养人；⑫可能被判处1年以下有期徒刑或者宣告缓刑的；⑬其他不需要继续羁押的情形。|

小试牛刀

甲涉嫌盗窃罪被逮捕。在侦查阶段，甲父向检察院申请进行羁押必要性审查。关于羁押必要性审查的程序，下列哪一选项是正确的？[1]

A. 由检察院侦查监督部门负责
B. 审查应不公开进行
C. 检察院可向公安机关了解本案侦查取证的进展情况
D. 若发现甲怀有身孕，应当向办案机关提出释放甲或者变更强制措施的建议

八、强制措施的变更

（一）启动方式

依职权	人民法院、人民检察院和公安机关发现对犯罪嫌疑人、被告人采取强制措施不当的，应当及时撤销或者变更。 **名师点睛** 公安机关释放被逮捕的人或者变更逮捕措施的，应当通知原作出批准的人民检察院。注意，此处无需报请人民检察院批准。
依申请	犯罪嫌疑人、被告人及其法定代理人、近亲属、辩护人、值班律师有权申请变更强制措施。人民法院、人民检察院和公安机关收到申请后，应当在3日以内作出决定。不同意变更强制措施的，应当告知申请人，并说明不同意的理由。

关联法条 《刑诉解释》第147条第2款：对被告人采取、撤销或者变更强制措施的，由院长决定；决定继续取保候审、监视居住的，可以由合议庭或者独任审判员决定。

（二）变更情形

可以	根据《刑诉解释》第169条的规定，被逮捕的被告人具有下列情形之一的，人民法院可以变更强制措施：①患有严重疾病、生活不能自理的；②怀孕或者正在哺乳自己婴儿的；③系生活不能自理的人的唯一扶养人。 **名师点睛** 法院"可以"变更强制措施的情形可以概括为："疾病、孕乳、唯一扶"。

---

[1] C

续表

应当	根据《刑诉解释》第170条的规定，被逮捕的被告人具有下列情形之一的，人民法院应当立即释放；必要时，可以依法变更强制措施：①第一审人民法院判决被告人无罪、不负刑事责任或者免予刑事处罚的；②第一审人民法院判处管制、宣告缓刑、单独适用附加刑，判决尚未发生法律效力的；③被告人被羁押的时间已到第一审人民法院对其判处的刑期期限的；④案件不能在法律规定的期限内审结的。 **名师点睛** 法院"应当"变更强制措施的情形可以概括为："无罪无责不处罚；量刑非羁押；刑期已折抵；办案已超期"。

小试牛刀

下列哪些情形，法院应当变更或解除强制措施？[1]

A. 甲涉嫌绑架被逮捕，案件起诉至法院时发现甲怀有身孕
B. 乙涉嫌非法拘禁被逮捕，被法院判处有期徒刑2年，缓期二年执行，判决尚未发生法律效力
C. 丙涉嫌妨害公务被逮捕，在审理过程中丙突发严重疾病
D. 丁涉嫌故意伤害被逮捕，因对被害人伤情有异议而多次进行鉴定，致使该案无法在法律规定的一审期限内审结

（三）自动解除时间

根据《刑诉解释》第172条的规定，被采取强制措施的被告人，被判处管制、缓刑的，在社区矫正开始后，强制措施自动解除；被单处附加刑的，在判决、裁定发生法律效力后，强制措施自动解除；被判处监禁刑的，在刑罚开始执行后，强制措施自动解除。

名师点睛 在监禁刑判决尚未实际执行前，对被告人仍然存在监管的必要。而且，强制措施是为了保证刑事诉讼而不仅仅是刑事审判的顺利进行而设置的措施，刑罚执行也是刑事诉讼的一个重要环节。因此，应当明确强制措施的自动解除从交付执行刑罚而非判决、裁定生效之日起。

---

[1] BD

第 9 讲 附带民事诉讼

本讲导读

复习提要

附带民事诉讼，本质上就是民事诉讼，只不过它的存在必须以刑事诉讼为前提，如果刑事诉讼不存在，附带民事诉讼就没有存在的依据。同学们在备考中需要掌握附带民事诉讼的成立条件、赔偿范围以及诉讼主体；同时还需要掌握附带民事诉讼中一些特有的规定，如调解原则、财产保全规则、当事人缺席的处理规则，这些都是有别于刑事诉讼的。

知识框架

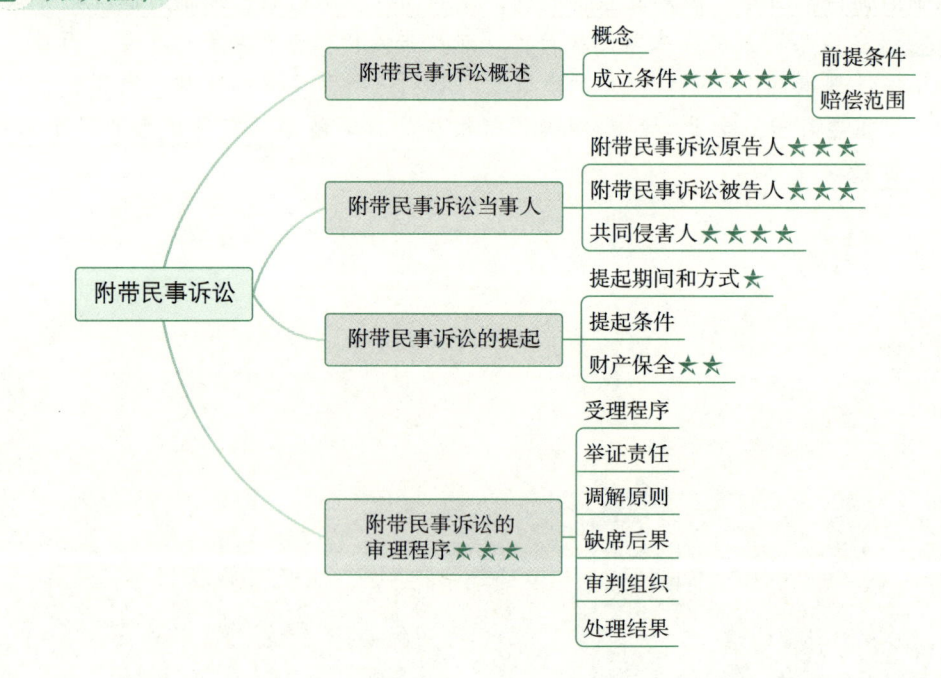

- 附带民事诉讼
  - 附带民事诉讼概述
    - 概念
    - 成立条件★★★★★
      - 前提条件
      - 赔偿范围
  - 附带民事诉讼当事人
    - 附带民事诉讼原告人★★★
    - 附带民事诉讼被告人★★★
    - 共同侵害人★★★★
  - 附带民事诉讼的提起
    - 提起期间和方式★
    - 提起条件
    - 财产保全★★
  - 附带民事诉讼的审理程序★★★
    - 受理程序
    - 举证责任
    - 调解原则
    - 缺席后果
    - 审判组织
    - 处理结果

专题 28 附带民事诉讼概述

一、附带民事诉讼的概念

附带民事诉讼，是指司法机关在刑事诉讼过程中，在解决被告人是否负刑事责任的问题的同时，附带解决因被告人的犯罪行为所造成的物质损失的赔偿问题而进行的诉讼活动。

名师点睛 附带民事诉讼解决的是物质损失赔偿问题，与民事诉讼解决的损害赔偿问题性质相同。但是，附带民事诉讼又与通常的民事诉讼有所不同。从实体上说，这种赔偿是由犯罪行为引起的；从程序上说，它是在刑事诉讼的过程中提起的，通常由审判刑事案件的审判组织一并审判。其成立和解决都与刑事诉讼密不可分，依附于刑事诉讼。由附带民事诉讼的这种特殊性所决定，附带民事诉讼适用的法律具有复合性特点。就实体法而言，对损害事实的认定，不仅要遵循《刑法》关于具体罪名的犯罪构成要件的规定，而且要受民事法律规范调整；就程序法而言，除《刑事诉讼法》有特殊规定的以外，应当适用《民事诉讼法》的规定，如证据、先行给付、保全、调解、和解、撤诉、反诉等。

二、附带民事诉讼的成立条件

（一）附带民事诉讼成立的前提是刑事诉讼已经成立

附带民事诉讼是由刑事诉讼所追究的涉嫌犯罪的行为引起的，是在追究被告人刑事责任的同时，附带解决其应承担的民事赔偿责任问题。因此，附带民事诉讼必须以刑事诉讼的成立为前提，如果刑事诉讼不能成立，附带民事诉讼也不能成立，但可以另行提起独立的民事诉讼。

举案说法 罗某杀害张某一案，侦查阶段罗某畏罪自杀，此时侦查机关应当决定撤销案件。由于刑事诉讼程序已经撤销了，附带民事诉讼的前提条件已丧失，因此张某的近亲属也无权再提起附带民事诉讼了，但是可以单独提起民事诉讼。

关联法条《刑诉解释》第 197 条第 1 款：人民法院认定公诉案件被告人的行为不构成犯罪，对已经提起的附带民事诉讼，经调解不能达成协议的，可以一并作出刑事附带民事判决，也可以告知附带民事原告人另行提起民事诉讼。

名师点睛 附带民事诉讼的成立并不以被告人构成犯罪为前提，即使被告人不构成犯罪，对已经提起的附带民事诉讼，调解不成的，既可以一并作出刑事附带民事判决，也可以告知另诉。（公诉若无罪，附民可调可判可另诉）

关联法条《刑诉解释》第 197 条第 2 款：人民法院准许人民检察院撤回起诉的公诉案件，对已经提起的附带民事诉讼，可以进行调解；不宜调解或者经调解不能达成协议的，应当裁定驳回起诉，并告知附带民事诉讼原告人可以另行提起民事诉讼。

名师点睛 附带民事诉讼的成立以刑事诉讼的成立为前提，如果检察院撤回了起诉，由

于刑事诉讼这一前提条件不复存在，附带民事诉讼调解不成的，裁定驳回起诉并告知另诉。（公诉若撤回，附民调、驳、另）

（二）被害人遭受的必须是由犯罪行为造成的物质损失

附带民事诉讼的赔偿范围，仅限于由被告人的犯罪行为造成的实际的必然的物质损失。

1 考点提示 精神损害赔偿请求不予支持。

关联法条《刑诉解释》第175条：被害人因人身权利受到犯罪侵犯或者财物被犯罪分子毁坏而遭受物质损失的，有权在刑事诉讼过程中提起附带民事诉讼；被害人死亡或者丧失行为能力的，其法定代理人、近亲属有权提起附带民事诉讼。

因受到犯罪侵犯，提起附带民事诉讼或者单独提起民事诉讼要求赔偿精神损失的，人民法院一般不予受理。

名师点睛《民法典》第1183条第1款规定，侵害自然人人身权益造成严重精神损害的，被侵权人有权请求精神损害赔偿。但是因受到犯罪行为的侵犯，提起附带民事诉讼或者单独提起民事诉讼要求赔偿精神损失的，人民法院一般不予受理。其原因在于：①对该犯罪行为，主要是通过刑事处罚来安抚被害方的精神创伤。②若认为对精神损失可以另行提起民事诉讼，绝大部分被害方肯定会选择在刑事案件审结后另行提起民事诉讼，要求同时赔偿物质损失和精神损失。这样势必会导致附带民事诉讼制度被架空、虚置，使附带民事诉讼制度有利于切实维护被害方合法权益、有利于化解社会矛盾、有利于贯彻宽严相济的刑事政策、有利于节约司法资源等重要功能无法发挥。③刑事案件审结后，特别是被告人被送监服刑或者执行死刑后，往往连有关赔偿被害方物质损失的附带民事判决都难以得到实际执行。若赋予被害方对精神损失可以另行提起民事诉讼的权利，只会制造"空判"，引发新的社会矛盾。

• 举案说法 老罗带着儿子小罗经过隔壁老王楼下时，老王家的花盆坠落，砸断了小罗的双腿致其残疾。老罗去老王家索要医药费，老王抄起家里的铁棍又打断老罗的双腿致其残疾。本案中，小罗的双腿残疾是侵权行为所致，可以要求精神损害赔偿。但是，老罗的双腿残疾是犯罪行为所致，只能要求老王赔偿物质损失。

2 考点提示 对非法占有、处置的财产犯罪提起的附带民事诉讼不予支持。

关联法条《刑诉解释》第176条：被告人非法占有、处置被害人财产的，应当依法予以追缴或者责令退赔。被害人提起附带民事诉讼的，人民法院不予受理。追缴、退赔的情况，可以作为量刑情节考虑。

• 举案说法 在张某抢夺案中，被害人殷某不能提起附带民事诉讼要求被告人张某赔偿被夺走并变卖的手机，因为非法占有、处置被害人财产的案件，不能提起刑事附带民事诉讼。但是，在张某故意毁坏财物案中，被害人殷某能提起附带民事诉讼要求被告人张某赔偿被损毁的手机，该部分损失属于由犯罪行为造成的物质损失。

3 考点提示 对公权力侵权提起的附带民事诉讼不予支持。

关联法条《刑诉解释》第177条：国家机关工作人员在行使职权时，侵犯他人人身、财产权利构成犯罪，被害人或者其法定代理人、近亲属提起附带民事诉讼的，人民法院不予受理，但应当告知其可以依法申请国家赔偿。

• **举案说法** 魏某虐待被监管人一案，被害人贾某无权提起附带民诉要求被告人魏某赔偿因体罚虐待致身体损害所产生的医疗费，此情形可以依法申请国家赔偿。

4 考点提示 非实际、必然的损失赔偿请求不予支持。

实际的损失	其指犯罪分子作案时破坏的门窗、车辆、物品，被害人的医疗费、营养费等，这种损失又称积极损失。
必然的损失	其指因伤残减少的劳动收入、今后继续医疗的费用、被毁坏的丰收在望的庄稼等，这种损失又称消极损失。

• **举案说法** 高某殴打向某，致向某长期昏迷，检察院以故意伤害罪对高某提起公诉。向某的医药费是实际的损失，属于附带民事诉讼赔偿范围。向某因住院不能上班，损失的工资是必然的损失，属于附带民事诉讼赔偿范围。但是向某因不上班没有拿到奖金，该损失并非必然损失，不属于附带民事诉讼赔偿范围。

5 考点提示 残疾赔偿金、死亡赔偿金赔偿请求不予支持。

关联法条《刑诉解释》第192条第2~4款：犯罪行为造成被害人人身损害的，应当赔偿医疗费、护理费、交通费等为治疗和康复支付的合理费用，以及因误工减少的收入。造成被害人残疾的，还应当赔偿残疾生活辅助器具费等费用；造成被害人死亡的，还应当赔偿丧葬费等费用。

驾驶机动车致人伤亡或者造成公私财产重大损失，构成犯罪的，依照《中华人民共和国道路交通安全法》第76条的规定确定赔偿责任。

附带民事诉讼当事人就民事赔偿问题达成调解、和解协议的，赔偿范围、数额不受第2款、第3款规定的限制。

名师点睛 从上述规定可知，除驾驶机动车致人伤亡或者造成公私财产重大损失的案件外，"两金"不在附带民事诉讼的判赔范围内，但调解、和解的，赔偿范围、数额不受限制。

小试牛刀

武大郎带着儿子武小郎经过隔壁老王楼下时，老王家的花盆坠落，砸死了武小郎。武大郎去老王家索要丧葬费，老王抄起家里的铁棍又打死了武大郎。武大郎的妻子潘女士能否向老王请求死亡赔偿金？

参考答案：武小郎因侵权行为而死亡，根据《民法典》的有关规定，可以向老王请求死亡赔偿金。武大郎因老王的犯罪行为而死亡，不能请求死亡赔偿金，只能要求老王赔偿医疗费、护理费、交通费等为治疗和康复支付的合理费用，以及因误工减少的收入。因武大郎死亡，还应当赔偿丧葬费等费用。

6 考点提示 非由犯罪行为所导致的损失赔偿请求不予支持。

小试牛刀

罗某欠向某10万元借款，向某要债不成，反而被罗某殴打成重伤。向某能否提起附带民事诉讼，要求罗某赔偿10万元欠款和医药费？

参考答案：向某的医药费属于附带民事诉讼赔偿范围，但是10万元的借款不属于附带民事诉讼赔偿范围。

专题 29 附带民事诉讼当事人

一、附带民事诉讼原告人

附带民事诉讼原告人，是指以自己的名义向司法机关提起附带民事诉讼赔偿请求的人。

关联法条《刑事诉讼法》第 101 条第 1 款：被害人由于被告人的犯罪行为而遭受物质损失的，在刑事诉讼过程中，有权提起附带民事诉讼。被害人死亡或者丧失行为能力的，被害人的法定代理人、近亲属有权提起附带民事诉讼。

《刑诉解释》第 179 条第 1、2 款：国家财产、集体财产遭受损失，受损失的单位未提起附带民事诉讼，人民检察院在提起公诉时提起附带民事诉讼的，人民法院应当受理。

人民检察院提起附带民事诉讼的，应当列为附带民事诉讼原告人。

根据《刑事诉讼法》和有关司法解释的规定，以下主体有权提起附带民事诉讼：

1. 因犯罪行为遭受物质损失的公民。

名师点睛 附带民事诉讼原告人并不限于公诉案件的被害人。任何公民由于被告人的犯罪行为而遭受物质损失的，在刑事诉讼过程中，都有权提起附带民事诉讼。

2. 因犯罪行为遭受物质损失的企业、事业单位、机关、团体等。

3. 被害人死亡或者丧失行为能力的，其法定代理人、近亲属有权提起附带民事诉讼。

考点提示 法定代理人是指被代理人的父母、养父母、监护人和负有保护责任的机关、团体的代表；近亲属是指夫、妻、父、母、子、女、同胞兄弟姊妹。

4. 当被害人是未成年人或限制民事行为能力人时，其法定代理人可以代为提起附带民事诉讼。

名师点睛 此情形中，被害人本人作为附带民事诉讼原告人，法定代理人只是代为提起附带民事诉讼。

5. 国家财产、集体财产遭受损失，受损单位没有提起诉讼的，人民检察院在提起公诉的时候，可以提起附带民事诉讼。

名师点睛 人民检察院提起附带民事诉讼的，应当列为附带民事诉讼原告人。此外，对于破坏生态环境和资源保护，食品、药品安全领域侵害众多消费者合法权益，侵害英雄烈士的姓名、肖像、名誉、荣誉等损害社会公共利益的行为，人民检察院也可以提起附带民事公益诉讼。

拓展阅读

《刑诉解释》第 193 条：人民检察院提起附带民事诉讼的，人民法院经审理，认为附带民事诉讼被告人依法应当承担赔偿责任的，应当判令附带民事诉讼被告人直接向遭受损失的单位作出赔偿；遭受损失的单位已经终止，有权利义务继受人的，应当判令其向继受人作出赔偿；没有权利义务继受人的，应当判令其向人民检察院交付赔偿款，由人民检察院上缴国库。

二、附带民事诉讼被告人

附带民事诉讼被告人，是指对被害人因犯罪行为所遭受的物质损失负有赔偿责任的人。附带民事诉讼被告人，通常是刑事诉讼的被告人，但是在特殊情况下，其也可能不是承担刑事责任的被告人。根据《刑诉解释》第180条第1款的规定，附带民事诉讼中依法负有赔偿责任的主体包括以下自然人或者单位：

1. 刑事被告人以及未被追究刑事责任的其他共同侵害人。

[名师点睛]未被追究刑事责任的其他共同侵害人，是指与被告人共同实施致使被害人遭受物质损失的行为，但因未达刑事责任年龄、不具有刑事责任能力而依法不负刑事责任，或者因犯罪情节显著轻微依法未被追究刑事责任的人。

2. 刑事被告人的监护人。
3. 死刑罪犯的遗产继承人。

[名师点睛]遗产继承人应当在所继承的遗产范围内承担赔偿责任。

4. 共同犯罪案件中，案件审结前死亡的被告人的遗产继承人。

[名师点睛]此情形下，遗产继承人同样应当在所继承的遗产范围内承担赔偿责任。

5. 对被害人的物质损失依法应当承担赔偿责任的其他单位和个人。

[考点提示]附带民事诉讼被告人的亲友自愿代为赔偿的，可以准许。此情形下，被告人的亲友并不具有附带民事诉讼被告人的身份。

小试牛刀

张一、李二、王三因与赵四发生口角而斗殴，赵四因伤势过重死亡。其中张一系未成年人，王三因犯罪情节轻微未被起诉，李二在一审开庭前意外死亡。本案依法负有民事赔偿责任的人包括：[1]

A. 张一、李二　　　　　　　　B. 张一父母、李二父母
C. 张一父母、王三　　　　　　D. 张一父母、李二父母、王三

三、共同侵害人

1. 根据《刑诉解释》第181条第1款的规定，被害人或者其法定代理人、近亲属仅对部分共同侵害人提起附带民事诉讼的，人民法院应当告知其可以对其他共同侵害人，包括没有被追究刑事责任的共同侵害人，一并提起附带民事诉讼，但共同犯罪案件中同案犯在逃的除外。

[考点提示]根据《刑诉解释》第181条第2款的规定，被害人或者其法定代理人、近亲属放弃对其他共同侵害人的诉讼权利的，人民法院应当告知其相应法律后果，并在裁判文书中说明其放弃诉讼请求的情况。

2. 根据《刑诉解释》第183条的规定，共同犯罪案件，同案犯在逃的，不应列为附

---

[1] D。本案中，张一为未成年人，负有民事赔偿责任的人为张一的监护人，即张一父母；李二属于共同犯罪案件中，案件审结前死亡的被告人，故负有赔偿责任的人为李二的遗产继承人，即李二父母；王三为未被追究刑事责任的其他共同侵害人，由其自己承担民事赔偿责任。

带民事诉讼被告人。逃跑的同案犯到案后，被害人或者其法定代理人、近亲属可以对其提起附带民事诉讼，但已经从其他共同犯罪人处获得足额赔偿的除外。

> 小试牛刀

甲、乙殴打丙，致丙长期昏迷。乙在案发后潜逃，检察院以故意伤害罪对甲提起公诉。关于本案，下列哪些选项是正确的?[1]

A. 丙的妻子、儿子和弟弟都可成为附带民事诉讼原告人

B. 甲、乙可作为附带民事诉讼共同被告人，对故意伤害丙对其造成的物质损失承担连带赔偿责任

C. 丙因昏迷无法继续履行与某公司签订的合同造成的财产损失，不属于附带民事诉讼的赔偿范围

D. 如甲的朋友愿意代为赔偿，法院可以准许并可将其作为酌定量刑情节考虑

专题 30　附带民事诉讼的提起

一、提起期间

（一）附带民事诉讼应当在刑事案件立案后及时提起

考点提示　根据《刑诉解释》第 198 条的规定，第一审期间未提起附带民事诉讼，在第二审期间提起的，第二审人民法院可以依法进行调解；调解不成的，告知当事人可以在刑事判决、裁定生效后另行提起民事诉讼。

· 举案说法　在罗某放火案中，钱某、孙某和吴某三家房屋均被烧毁。一审时，钱某和孙某提起要求罗某赔偿损失的附带民事诉讼，吴某未主张。一审判决宣告后，吴某欲让罗某赔偿财产损失。第二审人民法院可以依法进行调解；调解不成的，告知吴某可以在刑事判决生效后另行提起民事诉讼。

（二）侦查、审查起诉期间提起附带民事诉讼的处理

根据《刑诉解释》第 185 条的规定，<u>侦查、审查起诉期间，有权提起附带民事诉讼的人提出赔偿要求，经公安机关、人民检察院调解，当事人双方已经达成协议并全部履行，被害人或者其法定代理人、近亲属又提起附带民事诉讼的，人民法院不予受理，但有证据证明调解违反自愿、合法原则的除外</u>。

---

[1]　ACD。被害人死亡或者丧失行为能力的，被害人的法定代理人、近亲属有权提起附带民事诉讼。丙的妻子、儿子、弟弟属于被害人的近亲属，可以提起附带民事诉讼，选项 A 正确。乙在逃，不能列为附带民事诉讼共同被告人，选项 B 错误。物质损失必须是犯罪行为直接造成的。本案中，丙被殴打产生的医疗费等费用属于因犯罪行为直接侵害造成的物质损失，而因被伤害继而导致的合同无法履行，不属于犯罪行为造成被害人人身损害的赔偿范围，选项 C 正确。《刑诉解释》第 180 条第 2 款规定："附带民事诉讼被告人的亲友自愿代为赔偿的，可以准许。"选项 D 正确。

[名师点睛]①侦查、审查起诉期间可以提起附带民事诉讼的赔偿要求，但是在刑事案件起诉后，必须向法院依法提起附带民事诉讼，法院才按照附带民事诉讼案件受理；②公安机关、检察院可以主持调解，但是公安机关、检察院无权作出裁判；③该调解如果达成协议并全部履行，当事人不能反悔，但有证据证明调解违反自愿、合法原则的除外。

二、提起方式

提起附带民事诉讼，应当提交附带民事起诉状。

三、提起条件

根据《刑诉解释》第182条的规定，提起附带民事诉讼必须满足下列四个条件：
1. 起诉人符合法定条件。
2. 有明确的被告人。
3. 有请求赔偿的具体要求和事实、理由。
4. 属于人民法院受理附带民事诉讼的范围。

四、附带民事诉讼的财产保全

附带民事诉讼的财产保全，是指在刑事诉讼过程中，在被告人或其他人的行为可能导致将来发生法律效力的附带民事诉讼判决不能或难以得到执行时，司法机关对被告人的财产采取一定的保全措施，从而保证附带民事判决能够得到执行。人民法院可以采取的保全措施包括查封、扣押与冻结三种。

诉前财产保全	启动方式	在提起附带民事诉讼前，可以向被保全财产所在地、被申请人居住地或者对案件有管辖权的人民法院申请采取保全措施。
	担保要求	诉前财产保全，申请人应当提供担保；不提供担保的，裁定驳回申请。
	裁定时间	人民法院接受申请后，必须在48小时内作出裁定。
	起诉要求	申请人在人民法院受理刑事案件后15日内未提起附带民事诉讼的，人民法院应当解除保全措施。
诉中财产保全	启动方式 依申请	根据附带民事诉讼原告人或人民检察院申请，可以裁定采取保全措施。
	依职权	上述主体未提出申请的，必要时，人民法院也可以采取保全措施。
	担保要求	可以责令申请人提供担保；申请人不提供担保的，裁定驳回申请。
	裁定时间	人民法院接受申请后，对情况紧急的，必须在48小时内作出裁定。

[名师点睛]诉前保全的特点可以概括为："诉前保全有风险，只能申请必须担，48小时作裁定，半月不诉除保全"。

[考点提示]解题时首先要判断案例中的考点是诉前还是诉中保全，然后再具体问题具体分析。

小试牛刀

王某被姜某打伤致残，在开庭审判前向法院提起附带民事诉讼，并提出财产保全的申请。法院对于该申请的处理，下列哪一选项是正确的?[1]
A. 不予受理
B. 可以采取查封、扣押或者冻结被告人财产的措施
C. 只有在王某提供担保后，法院才对姜某的财产予以保全
D. 移送财产所在地的法院采取保全措施

专题 31
附带民事诉讼的审理程序

一、受理

根据《刑诉解释》第186条的规定，被害人或者其法定代理人、近亲属提起附带民事诉讼的，人民法院应当在7日以内决定是否受理。符合《刑事诉讼法》第101条以及《刑诉解释》有关规定的，应当受理；不符合的，裁定不予受理。

二、证明责任分配

根据《刑诉解释》第188条的规定，附带民事诉讼当事人对自己提出的主张，有责任提供证据。

三、附带民事诉讼的调解

1. 可以根据自愿、合法的原则进行调解。
2. 经调解达成协议的，应当制作调解书。调解书经双方当事人签收后，即具有法律效力。
3. 调解达成协议并即时履行完毕的，可以不制作调解书，但应当制作笔录，经双方当事人、审判人员、书记员签名或者盖章后即发生法律效力。
4. 调解未达成协议或调解书签收前当事人反悔的，附带民事诉讼应当同刑事诉讼一并判决。

四、当事人缺席的后果

原告人	附带民事诉讼原告人经传唤，无正当理由拒不到庭，或者未经法庭许可中途退庭的，应当按撤诉处理。
被告人	刑事被告人以外的附带民事诉讼被告人经传唤，无正当理由拒不到庭，或者未经法庭许可中途退庭的，附带民事部分可以缺席判决。

---

[1] B。选项A于法无据，错误。在诉中财产保全中，法院可以责令申请人提供担保，也可以不要求申请人提供担保，选项C错误。受理诉中财产保全的法院可以直接裁定采取保全措施，而无需移送财产所在地的法院，选项D错误。

续表

被告人	**关联法条**《刑诉解释》第195条第3款：刑事被告人以外的附带民事诉讼被告人下落不明，或者用公告送达以外的其他方式无法送达，可能导致刑事案件审判过分迟延的，可以不将其列为附带民事诉讼被告人，告知附带民事诉讼原告人另行提起民事诉讼。

📝 小试牛刀

张一、李二、王三因与赵四发生口角而斗殴，赵四因伤势过重死亡。其中张一系未成年人，王三因犯罪情节轻微未被起诉，李二在一审开庭前意外死亡。在一审过程中，如果发生附带民事诉讼原、被告当事人不到庭的情形，法院的下列做法正确的是：[1]

A. 赵四父母经传唤，无正当理由不到庭，法庭应当择期审理
B. 赵四父母到庭后未经法庭许可中途退庭，法庭应当按撤诉处理
C. 王三经传唤，无正当理由不到庭，法庭应当采取强制手段强制其到庭
D. 李二父母未经法庭许可中途退庭，就附带民事部分，法庭应当缺席判决

五、审判组织

根据《刑诉解释》第196条的规定，附带民事诉讼应当同刑事案件一并审判，只有为了防止刑事案件审判的过分迟延，才可以在刑事案件审判后，由同一审判组织继续审理附带民事诉讼；同一审判组织的成员确实不能继续参与审判的，可以更换。

名师点睛 ①先审理刑事部分，后审理附带民事部分。②必须由审理刑事案件的同一审判组织继续审理附带民事部分，不得另行组成合议庭；同一审判组织的成员确实不能继续参加审判的，可以更换审判组织成员。③附带民事部分的判决对案件事实的认定不得同刑事判决相抵触。④附带民事部分的延期审理，一般不影响刑事判决的生效。

六、处理结果

1. 根据《刑诉解释》第197条第1款的规定，人民法院认定公诉案件被告人的行为不构成犯罪，对已经提起的附带民事诉讼，经调解不能达成协议的，可以一并作出刑事附带民事判决，也可以告知附带民事原告人另行提起民事诉讼。

2. 审理刑事附带民事诉讼案件，人民法院应当结合被告人赔偿被害人物质损失的情况认定其悔罪表现，并在量刑时予以考虑。

3. 人民法院审理刑事附带民事诉讼案件，不收取诉讼费。

📝 小试牛刀

韩某和苏某共同殴打他人，致被害人李某死亡、吴某轻伤，韩某还抢走了吴某的手机。后韩某被抓获，苏某在逃。关于本案的附带民事诉讼，下列哪一选项是正确的?[2]

A. 李某的父母和祖父母都有权提起附带民事诉讼
B. 韩某和苏某应一并被列为附带民事诉讼被告人

---

[1] B
[2] D

C. 吴某可通过附带民事诉讼要求韩某赔偿手机
D. 吴某在侦查阶段与韩某就民事赔偿达成调解协议并全部履行后又提起附带民事诉讼的，法院不予受理

第 10 讲 期间与送达

本讲导读

复习提要

刑事诉讼中的期间，与实体条件、步骤、举证责任、法律后果等，都是法律程序规则体系的重要组成部分。本讲考查的内容主要是一些特殊期间的计算方法，如期间的重新计算问题、期间的恢复计算问题。对于送达制度，仅需要了解它的概念和特点即可。

知识框架

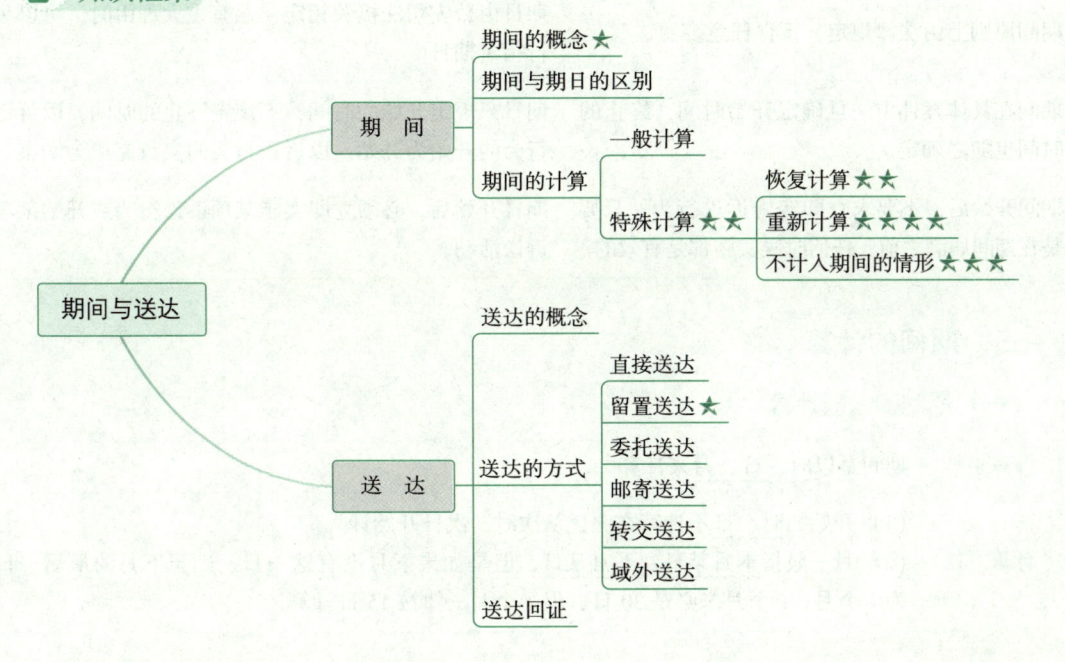

期间与送达
- 期间
  - 期间的概念 ★
  - 期间与期日的区别
  - 期间的计算
    - 一般计算
    - 特殊计算 ★★
      - 恢复计算 ★★
      - 重新计算 ★★★★
      - 不计入期间的情形 ★★★
- 送达
  - 送达的概念
  - 送达的方式
    - 直接送达
    - 留置送达 ★
    - 委托送达
    - 邮寄送达
    - 转交送达
    - 域外送达
  - 送达回证

专题32 期 间

一、期间的概念

期间，是指公安机关、人民检察院和人民法院，以及当事人和其他诉讼参与人分别进行一定的刑事诉讼活动所必须遵守的时间期限。刑事诉讼期间分为法定期间和指定期间两种。所谓法定期间，是指由法律明确规定的期间；所谓指定期间，是指由公安司法机关指定的期间。

二、期间与期日的区别

期日，是指公安司法机关和诉讼参与人共同进行刑事诉讼活动的特定时间。刑事诉讼法对期日未作具体规定。在诉讼实践中，由公安机关、人民检察院、人民法院根据法律规定的期间和案件的具体情况对期日予以指定。

期 间	期 日
期间是一定期限内的时间（时间段）。	期日是一个特定的时间单位（时间点）。
期间是公安司法机关和诉讼参与人各自单独进行某项诉讼活动的时间。	期日是公安司法机关和诉讼参与人共同进行某项刑事诉讼活动的时间。
期间原则上由法律规定，不得任意变更。	期日由公安司法机关指定，遇有重大理由时，可以另行指定期日。
期间在具体案件中一旦确定开始时间，终止的时间也随之确定。	期日只规定开始的时间，不规定终止的时间，以诉讼行为的开始为开始，以诉讼行为的实行完毕为结束。
期间开始后，不要求立即实施诉讼行为，只要是在期间届满之前，任何时候实施都是有效的。	期日开始后，必须立即实施某项诉讼行为或开始某项诉讼活动。

三、期间的计算

（一）期间的一般计算

1. 计算单位	期间是以时、日、月来计算。
2. 计算方法	（1）开始的时、日不计算在内，从次时、次日开始计算。 （2）月一般指本月某日到下月某日，但是如果下月没有这一日，则至下月的最后一日为1个月。1个月未必是30日，但半个月一律按15日计算。

续表

2. 计算方法	（3）期间的最后一日为节假日的，以节假日后的第一日为期间届满日期。如果节假日不是期间的最后一日，而是在期间的开始或中间，则均应计算在期间之内。 **名师点睛** 对于犯罪嫌疑人、被告人或者罪犯的在押期间，应当至期间届满之日为止，不得因节假日而延长在押期限至节假日后的第1日。 （4）上诉状或者其他文件在期间届满前已经交邮的，不算过期。 **名师点睛** 即使司法机关收到时已过法定期限，也不算过期。上诉状或其他文件是否在法定期限内交邮，以当地邮局所盖邮戳为准。 （5）法定期间不包括路途上的时间。 **名师点睛** 有关诉讼文书材料在公安司法机关之间传递过程中的时间，也应当在法定期间内予以扣除。

小试牛刀

卢某妨害公务案于2016年9月21日一审宣判，并当庭送达判决书。卢某于9月30日将上诉书交给看守所监管人员黄某，但黄某因忙于个人事务直至10月8日上班时才寄出，上诉书于10月10日寄到法院。关于一审判决生效，下列哪一选项是正确的？[1]

A. 一审判决于9月30日生效
B. 因黄某耽误上诉期间，卢某将上诉书交予黄某时，上诉期间中止
C. 因黄某过失耽误上诉期间，卢某可申请期间恢复
D. 上诉书寄到法院时一审判决尚未生效

（二）期间的特殊计算

期间的恢复计算		当事人由于不能抗拒的原因或者其他正当理由而耽误期限的，在障碍消除后5日以内，可以申请继续进行应当在期满以前完成的诉讼活动。上述申请是否准许，由人民法院裁定。 **举案说法** 被告人罗某不服一审判决，在收到判决后的第9日想去法院上诉，路上遇到车祸，罗某被撞成植物人。1年后，罗某苏醒，想起来要上诉。本案罗某的上诉期间已经届满，要想恢复上诉期间必须具备以下条件：①当事人提出恢复期间的申请。②期间的耽误是由于不能抗拒的原因或其他正当理由。③当事人的申请应当在障碍消除后的5日以内提出。④期间恢复的申请经人民法院裁定批准。当事人只有申请权，而人民法院有批准权。
期间的重新计算	概　念	期间的重新计算，是指由于发生了法定的情况，原来已进行的期间归于无效，而自新发生情况之时起计算期间。 **名师点睛** 重新计算期间仅适用于公安司法机关的办案期限。
	情　形	（1）在侦查期间，发现犯罪嫌疑人另有重要罪行的，自发现之日起重新计算侦查羁押期限。

---

[1] D。卢某接到一审判决的日期是9月21日，因此，卢某对一审裁判不服的上诉期限截止到10月1日。但是，10月1日为法定节假日，上诉期限应当顺延至下一个工作日——10月8日。只要在上诉期内将上诉书寄出，就不算超期。选项D正确。

续表

期间的重新计算	情形	名师点睛 另有重要罪行是指与逮捕时的罪行不同种的重大犯罪和同种的影响罪名认定、量刑档次的重大犯罪。 考点提示 重新计算侦查羁押期限，直接由公安机关决定，不需经人民检察院批准，但须报人民检察院备案，人民检察院可以进行监督。 (2) 公安机关或者人民检察院补充侦查完毕移送人民检察院或者人民法院后，人民检察院或者人民法院重新计算审查起诉或者审理期限。 (3) 改变管辖的案件，从改变后的机关收到案件之日起重新计算审理期限。 (4) 二审发回原审的案件，从收到发回的案件之日起重新计算审理期限。 (5) 简易程序转换为普通程序的案件，从决定转为普通程序之日起重新计算审理期限。 (6) 重新办理取保候审、监视居住手续的案件，取保候审、监视居住的期限重新计算。 名师点睛 上述重新计算期间的情形可以概括为："机关改变、程序重来"。
不计入期间的情形		(1) 犯罪嫌疑人不讲真实姓名、住址、身份不明的期间，不计入办案期限。侦查羁押期限自查清其身份之日起计算，但是不得停止对其犯罪行为的侦查取证。 (2) 中止审理的期间，不计入办案期限。 (3) 对犯罪嫌疑人作精神病鉴定的期间不计入办案期限，其他鉴定期间都应当计入办案期限。 (4) 第二审人民法院通知人民检察院阅卷，人民检察院应当在1个月内查阅完毕。人民检察院阅卷时间不计入审理期限。 (5) 对于监察机关移送起诉的已采取留置措施的案件，人民检察院应当对犯罪嫌疑人先行拘留，留置措施自动解除。人民检察院应当在拘留后的10日以内作出是否逮捕、取保候审或者监视居住的决定。在特殊情况下，决定的时间可以延长1~4日。人民检察院决定采取强制措施的期间不计入审查起诉期限。 名师点睛 上述不计入期间的情形可以概括为："身份不明、阅卷、中；精神鉴定、监察委送"。

小试牛刀

关于办案期限重新计算的说法，下列哪一选项是正确的？[1]

A. 甲盗窃汽车案，在侦查过程中发现其还涉嫌盗窃一辆普通自行车，重新计算侦查羁押期限
B. 乙受贿案，检察院审查起诉时发现一笔受贿款项证据不足，退回补充侦查后再次移送审查起诉时，重新计算审查起诉期限
C. 丙聚众斗殴案，在处理完丙提出的有关检察院书记员应当回避的申请后，重新计算一审审理期限
D. 丁贩卖毒品案，二审法院决定开庭审理并通知同级检察院阅卷，检察院阅卷结束后，重新计算二审审理期限

---

[1] B。发现甲还涉嫌盗窃一辆普通自行车并不属于条文中的"另有重要罪行"，不需要重新计算侦查羁押期限，选项A错误。申请回避属于延期审理的情形，延期审理期间应当计入审理期限，选项C错误。1个月的阅卷时间不计入审理期限并不等于重新计算审理期限，阅卷之前的审理时间依然需要计入审理期限，选项D错误。

专题 33 送达

一、送达的概念

刑事诉讼中的送达，是指人民法院、人民检察院和公安机关依照法定程序和方式，将诉讼文件送交诉讼参与人、有关机关和单位的诉讼活动，其实质是司法机关的告知行为。备考只需要了解各种送达方式的特点即可。

二、送达的方式

直接送达	又称交付送达，即公安司法机关指派专人将诉讼文书直接送交收件人的送达方式。收件人本人亲自签收，以及本人不在时，由其成年家属或者所在单位负责收件的人员代为签收，都属于直接送达。收件人或代收人在送达回证上签收的日期为送达的日期。
留置送达	（1）适用条件：受送达人或有资格接受送达的人拒绝签收。 （2）适用程序：送达人邀请见证人到场，说明情况，在送达回证上记明拒收的事由和日期，由送达人、见证人签名或者盖章；也可以把诉讼文书留在受送达人的住处，并采用拍照、录像等方式记录送达过程，即视为送达。 （3）送达效力：诉讼文件的留置送达与交给收件人或代收人具有同样的法律效力。 **名师点睛** ❶找不到收件人，同时也找不到代收人时，不能采用留置送达。 ❷调解书不适用留置送达。
委托送达	即直接送达确有困难，而委托其他公安司法机关将需送达的文书送交受送达人的送达方式。委托送达的公安司法机关应当将委托函、委托送达的诉讼文书及送达回证，寄送受托的公安司法机关。受托的公安司法机关收到委托送达的诉讼文书，应当登记，并在 10 日内送交收件人，然后将送达回证及时寄送委托送达的公安司法机关。
邮寄送达	根据《刑诉解释》第 207 条的规定，邮寄送达的，应当将诉讼文书、送达回证邮寄给收件人。签收日期为送达日期。
转交送达	根据《刑诉解释》第 208 条的规定，诉讼文书的收件人是军人的，可以通过其所在部队团级以上单位的政治部门转交。收件人正在服刑的，可以通过执行机关转交。收件人正在接受专门矫治教育等的，可以通过相关机构转交。由有关部门、单位代为转交诉讼文书的，应当请有关部门、单位收到后立即交收件人签收，并将送达回证及时寄送人民法院。
域外送达	2018 年《刑事诉讼法》修正后增设的缺席审判制度，由于涉及向在境外的犯罪嫌疑人、被告人送达诉讼文书，规定了相对较为特殊的送达制度。

> **小试牛刀**

被告人徐某为未成年人，法院书记员到其住处送达起诉书副本，徐某及其父母拒绝签收。关于该书记员处理这一问题的做法，下列哪些选项是正确的？[1]

A. 邀请见证人到场
B. 在起诉书副本上注明拒收的事由和日期，该书记员和见证人签名或盖章
C. 采取拍照、录像等方式记录送达过程
D. 将起诉书副本留在徐某住处

三、送达回证

送达回证是公安司法机关依法送达诉讼文书的证明文件，是计算期间的根据。因此，在送达诉讼文书时必须使用送达回证，并且将送达回证入卷归档。在司法实践中，送达回证的内容包括送达诉讼文书的机关，收件人的姓名，送达诉讼文书的名称，送达的时间、地点、方式，送达人、收件人的签名、盖章，签收日期等。

1. 送达回证的使用方法是，公安司法机关送达诉讼文书时，向收件人出示送达回证，由收件人、代收人在送达回证上记明收到日期，并且签名或者盖章。

2. 在实施留置送达程序时，遇到拒收或拒绝签名、盖章等情形，送达人应当在送达回证上注明拒绝的事由、送达的日期，并且签名或者盖章。送达程序进行完毕后，将送达回证带回入卷。

3. 采用委托送达、转交送达的，也必须按照上述程序进行，并将送达回证寄送承办案件的公安司法机关。

4. 邮寄送达的，应当将送达回证和诉讼文书一起挂号邮寄给收件人，送达回证由收件人寄回。

---

[1] ACD。选项B的错误之处在于，应是在"送达回证"而非"起诉书副本"上注明拒收的事由和日期。

第11讲 立 案

本讲导读

复习提要

立案作为刑事诉讼开始的标志，是每一个刑事案件都必须经过的法定阶段。本讲主要考查立案的材料来源、立案的条件、不立案的监督这三个问题。考生需要掌握报案、控告、举报的差异，以及立案的基本条件，还要重点掌握控告人对于公安机关不立案的救济途径以及检察院对公安机关不立案的监督方式。

知识框架

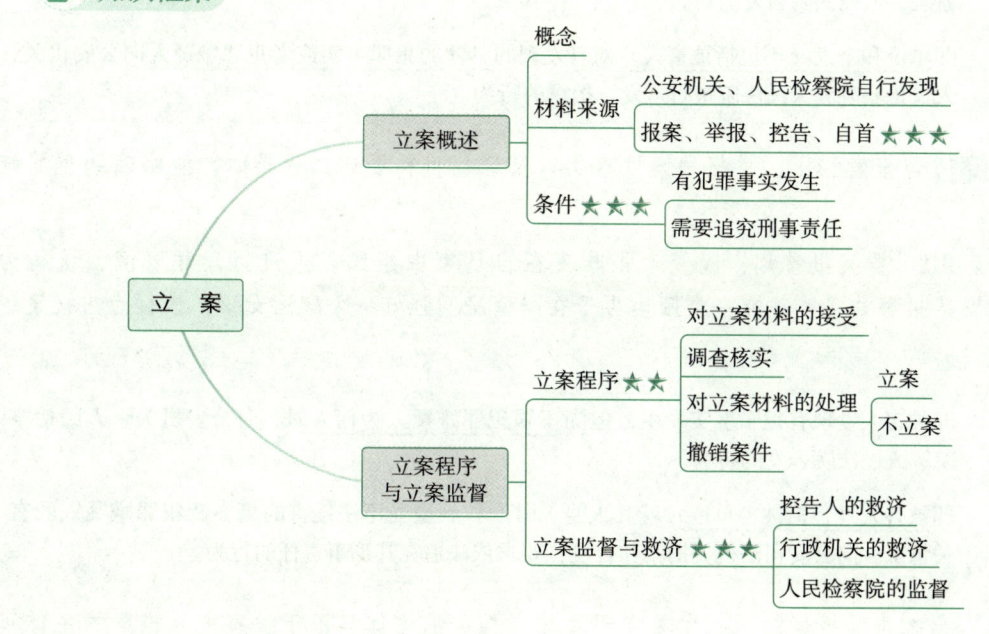

- 立案
  - 立案概述
    - 概念
    - 材料来源
      - 公安机关、人民检察院自行发现
      - 报案、举报、控告、自首★★★
    - 条件★★★
      - 有犯罪事实发生
      - 需要追究刑事责任
  - 立案程序与立案监督
    - 立案程序★★
      - 对立案材料的接受
      - 调查核实
      - 对立案材料的处理
        - 立案
        - 不立案
      - 撤销案件
    - 立案监督与救济★★★
      - 控告人的救济
      - 行政机关的救济
      - 人民检察院的监督

专题 34 立案概述

一、立案的概念

刑事诉讼中的立案，是指公安司法机关对自己发现的案件材料和接受的控告、举报、报案、自首等材料以及自诉人的起诉材料，依照各自的管辖范围进行审查，并决定是否作为刑事案件进行侦查或者审判的诉讼活动。

二、立案的材料来源

（一）公安机关、人民检察院自行发现的犯罪事实或者获得的犯罪线索

公安机关或者人民检察院发现犯罪事实或者犯罪嫌疑人，应当按照管辖范围，立案侦查。

名师点睛 国家安全机关、军队内部的保卫部门、监狱等机关执行职务过程中，发现犯罪事实或者犯罪线索，对于符合立案条件的，也应当立案。上述主体中没有人民法院，因为人民法院不会主动追究犯罪。

（二）单位和个人的报案或者举报

报案	即单位和个人发现有犯罪事实发生，但尚不知犯罪嫌疑人为何人时，向公安机关、人民检察院、人民法院告发的行为。
举报	即单位和个人（不包括被害人）对其发现的具体的犯罪事实或者犯罪嫌疑人向公安机关、人民检察院和人民法院进行告发、揭露的行为。

名师点睛 与报案相比，举报的案件事实以及证据材料要详细、具体，能明确到犯罪嫌疑人是谁。

举案说法 罗某报警称，隔壁老张昨夜在自己家中组织多人进行淫秽表演，该行为叫举报。罗某报警称，昨晚有一群陌生男子在隔壁房间强奸一个醉酒女孩，该行为叫报案。

（三）被害人的报案或者控告

报案	即被害人发现有犯罪事实发生，但尚不知犯罪嫌疑人为何人时，向公安机关、人民检察院、人民法院告发的行为。
控告	即被害人（包括被害单位）就其人身、财产权利遭受不法侵害的事实及犯罪嫌疑人的有关情况，向公安司法机关揭露和告发，要求依法追究其刑事责任的行为。

名师点睛 控告和报案的区别主要在于主体。控告的主体只限于被害人，报案的主体可以是所有人。另外，控告的内容要比报案详细，能明确谁是犯罪嫌疑人。

• **举案说法** 罗某报警称，隔壁老张将其灌醉并趁机猥亵，该行为叫控告。罗某报警称，早上醒来发现自己衣衫不整，昨夜酒后遭陌生女子猥亵，该行为叫报案。

（四）犯罪人的自首

自首，是指犯罪人作案以后自动投案，如实供述自己的罪行，并接受公安司法机关的审查和裁判的行为。犯罪人的自首也是立案的材料来源之一。

• **举案说法** 罗某报警称，自己酒后误将陌生女子当成前女友给打残了，该行为是自首。

考点提示 报案、举报与控告的区别

	报案	举报	控告
主体	所有人	被害人以外的人	被害人
内容	不知犯罪嫌疑人	知道犯罪嫌疑人	知道犯罪嫌疑人

三、立案条件

立案条件，是指立案必须具备的基本条件，也就是决定刑事案件成立、开始进行刑事追究所必须具备的法定条件。正确掌握立案条件，是准确、及时地解决应否立案问题的关键。

（一）公诉案件的立案条件

关联法条《刑事诉讼法》第112条：人民法院、人民检察院或者公安机关对于报案、控告、举报和自首的材料，应当按照管辖范围，迅速进行审查，认为有犯罪事实需要追究刑事责任的时候，应当立案；认为没有犯罪事实，或者犯罪事实显著轻微，不需要追究刑事责任的时候，不予立案，并且将不立案的原因通知控告人。控告人如果不服，可以申请复议。

从上述条文来看，立案只需同时具备两个条件：①有犯罪事实发生（事实条件）；②需要追究刑事责任（法律条件）。

1. 有犯罪事实发生

有犯罪事实发生，是指客观上存在着某种危害社会的犯罪行为。这是立案的首要条件，如果没有犯罪事实存在，也就谈不到立案的问题了。

名师点睛 犯罪事实确已发生，必须有一定的事实材料予以证明，而不能是道听途说、凭空捏造或者捕风捉影。当然，立案仅仅是刑事诉讼的初始阶段，在这一阶段，尚不能要求证据达到能够证实犯罪嫌疑人为何人以及犯罪的目的、动机、手段、方法等一切案件的情节。但是，在这一阶段必须有一定的证据证明犯罪事实确已发生。

关联法条《高检规则》第171条第2款：符合立案条件，但犯罪嫌疑人尚未确定的，可以依据已查明的犯罪事实作出立案决定。

• **举案说法**

1 某县公安机关收到罗某报案，称有人对其强奸，公安机关经过审查，发现本案犯罪嫌疑人畏罪潜逃了。公安机关应当立案，因为只要发生了犯罪事实就应当立案，嫌疑人潜逃并不影响立案。

❷某县公安机关收到罗某控告张某对其强奸的材料，经审查后认为张某没有强奸的犯罪事实。公安机关应当不予立案，因为没有犯罪事实发生。

2. 需要追究刑事责任

只有当有犯罪事实发生，并且依法需要追究行为人的刑事责任时，才有必要且应当立案。

名师点睛 根据《刑事诉讼法》第16条的规定，有下列情形之一的，不追究刑事责任：①情节显著轻微、危害不大，不认为是犯罪的；②犯罪已过追诉时效期限的；③经特赦令免除刑罚的；④依照《刑法》告诉才处理的犯罪，没有告诉或者撤回告诉的；⑤犯罪嫌疑人、被告人死亡的；⑥其他法律规定免予追究刑事责任的。因此，凡犯罪行为人具有上述法定不追究刑事责任的情形之一的，就不应当立案。

举案说法 某县公安机关收到罗某控告张某对其强奸的材料，经审查后认为犯罪已经过了追诉时效。公安机关应当决定不予立案，因为已过追诉时效，原则上不能追究刑事责任。

（二）自诉案件的立案条件

由于自诉案件不经过侦查，自诉人向人民法院提起诉讼后，如果符合立案条件，人民法院就应当予以受理，并直接进入审判程序。根据《刑诉解释》第316条的规定，自诉案件的立案条件除了应当具备公诉案件的两个立案条件以外，还应当具备下列条件：

1. 属于刑事自诉案件的范围。
2. 属于受诉人民法院管辖。
3. 刑事案件被害人告诉。
4. 有明确的被告人、具体的诉讼请求和能证明被告人犯罪事实的证据。

专题35 立案程序与立案监督

一、立案程序

（一）对立案材料的接受

1. 公安机关、人民检察院或者人民法院对于报案、控告、举报，都应当接受。

名师点睛 公、检、法机关接受材料并不等于立案。

2. 对于不属于自己管辖的，应当移送主管机关处理，并且通知报案人、控告人、举报人；对于不属于自己管辖而又必须采取紧急措施的，应当先采取紧急措施，然后移送主管机关。

举案说法 罗小翔被张大翔绑架，罗小翔的情妇高某跑到法院举报张大翔。本案虽然不属于法院的管辖范围，但是法院仍然要接受高某的举报材料，然后移送至公安机关。

3. 报案、控告和举报可以用书面或口头形式提出。接受口头报案、控告和举报的工作人员，应当写成笔录，经宣读无误后，由报案人、控告人、举报人签名或者盖章。

4. 公安机关接受控告、举报的工作人员，应当向控告人、举报人说明诬告应负的法律责任。但是，只要不是捏造事实、伪造证据，即使控告、举报的内容与事实有出入，甚至是错告的，也要和诬告严格加以区别。

5. 公安机关应当保障扭送人、报案人、控告人、举报人及其近亲属的安全。扭送人、报案人、控告人、举报人如果不愿意公开自己的身份，应当为其保守秘密，并在材料中注明。

（二）调查核实

根据《公安部规定》第 174 条的规定，对接受的案件，或者发现的犯罪线索，公安机关应当迅速进行审查。发现案件事实或者线索不明的，必要时，经办案部门负责人批准，可以进行调查核实。调查核实过程中，公安机关可以依照有关法律和规定采取询问、查询、勘验、鉴定和调取证据材料等不限制被调查对象人身、财产权利的措施。但是，不得对被调查对象采取强制措施，不得查封、扣押、冻结被调查对象的财产，不得采取技术侦查措施。

[名师点睛] 初步调查核实不同于侦查，侦查是在立案之后，调查核实是在立案之前。调查核实不能采用强制措施和强制性侦查手段，只能使用任意性的措施。

• [举案说法] 公安机关获知有多年吸毒史的罗某近期可能从事毒品制售活动，遂对其展开初步调查工作。在立案之前的调查阶段，公安机关可以询问、查询、勘验、鉴定和调取证据材料等，但是不能限制罗某的人身、财产权利，更不得采取技术侦查措施。

（三）对立案材料的处理

立案	人民法院、人民检察院、公安机关对立案材料进行审查后，认为有犯罪事实需要追究刑事责任的时候，应当立案。
不立案	认为没有犯罪事实，或者犯罪情节显著轻微，不需要追究刑事责任的时候，不予立案。 [名师点睛] ❶ 不论是立案还是不立案，都必须是书面决定。 ❷ 公安司法机关决定不立案的，应当将不立案的原因通知控告人。控告人如果不服，可以申请复议。对控告人的复议申请，应当及时审核并作出答复。

[关联法条]《公安部规定》第 178 条第 3 款：决定不予立案后又发现新的事实或者证据，或者发现原认定事实错误，需要追究刑事责任的，应当及时立案处理。

（四）撤销案件

撤案情形	公安机关经过侦查，发现具有下列情形之一的，应当撤销案件： （1）没有犯罪事实的； （2）情节显著轻微、危害不大，不认为是犯罪的； （3）犯罪已过追诉时效期限的； （4）经特赦令免除刑罚的；

续表

撤案情形	（5）犯罪嫌疑人死亡的； （6）其他依法不追究刑事责任的。
特殊撤案	根据《公安部规定》第188条的规定，犯罪嫌疑人自愿如实供述涉嫌犯罪的事实，有重大立功或者案件涉及国家重大利益，需要撤销案件的，应当层报公安部，由公安部商请最高人民检察院核准后撤销案件。报请撤销案件的公安机关应当同时将相关情况通报同级人民检察院。公安机关根据前款规定撤销案件的，应当对查封、扣押、冻结的财物及其孳息作出处理。
终止侦查	根据《公安部规定》第186条第2款的规定，对于经过侦查，发现有犯罪事实需要追究刑事责任，但不是被立案侦查的犯罪嫌疑人实施的，或者共同犯罪案件中部分犯罪嫌疑人不够刑事处罚的，应当对有关犯罪嫌疑人终止侦查，并对该案件继续侦查。 [举案说法]罗某贩卖淫秽物品一案，公安机关经过侦查发现，本案并非罗某所为，公安机关应当对罗某终止侦查，并对该案件继续侦查。 [关联法条]《公安部规定》第190条：公安机关撤销案件以后又发现新的事实或者证据，或者发现原认定事实错误，认为有犯罪事实需要追究刑事责任的，应当重新立案侦查。 　　对犯罪嫌疑人终止侦查后又发现新的事实或者证据，或者发现原认定事实错误，需要对其追究刑事责任的，应当继续侦查。

二、立案监督与救济

立案监督，是指有监督权的机关和公民依法对立案活动进行监视、督促或者审核的诉讼活动。

（一）控告人对公安机关不立案的救济

1. 复议、复核	[关联法条]《公安规定》第179条：控告人对不予立案决定不服的，可以在收到不予立案通知书后7日以内向作出决定的公安机关申请复议；公安机关应当在收到复议申请后30日以内作出决定，并将决定书送达控告人。 　　控告人对不予立案的复议决定不服的，可以在收到复议决定书后7日以内向上一级公安机关申请复核；上一级公安机关应当在收到复核申请后30日以内作出决定。对上级公安机关撤销不予立案决定的，下级公安机关应当执行。 　　案情重大、复杂的，公安机关可以延长复议、复核时限，但是延长时限不得超过30日，并书面告知申请人。 [名师点睛]针对公安机关不立案的决定，控告人可以先向原公安机关申请复议；不服复议决定的，可以再向上一级公安机关申请复核。
2. 申诉	被害人认为公安机关对应当立案侦查的案件不立案侦查，还可以向人民检察院提出申诉。人民检察院应当要求公安机关说明不立案的理由。
3. 自诉	被害人对于公安机关不予立案的情形，还可以向人民法院提起自诉。

[名师点睛]被害人针对公安机关不予立案的情形，有三种救济手段，分别是复议、复核，申诉，自诉。注意这三种手段没有先后顺序的要求。

> **小试牛刀**

辛某到县公安机关报案称其被陈某强奸,公安机关传讯了陈某,陈某称他与辛某是恋爱关系。公安机关遂作出不予立案决定,并向辛某送达了不予立案通知书。辛某对不予立案决定不服而采取的下列措施中,哪一项不符合法律规定?[1]

A. 向该公安机关申请复议
B. 要求该县检察院撤销该不予立案决定
C. 请求该县检察院进行立案监督
D. 向该县法院提起自诉

(二)行政机关对其移送案件不立案的救济

1. 公安机关对行政机关移送案件的处理

(1)《公安部规定》第180条第1款规定,对行政执法机关移送的案件,公安机关应当自接受案件之日起3日以内进行审查,认为有犯罪事实,需要追究刑事责任,依法决定立案的,应当书面通知移送案件的行政执法机关;认为没有犯罪事实,或者犯罪事实显著轻微,不需要追究刑事责任,依法不予立案的,应当说明理由,并将不予立案通知书送达移送案件的行政执法机关,相应退回案件材料。

(2)《公安部规定》第180条第2款规定,公安机关认为行政执法机关移送的案件材料不全的,应当在接受案件后24小时以内通知移送案件的行政执法机关在3日以内补正,但不得以材料不全为由不接受移送案件。

(3)《公安部规定》第180条第3款规定,公安机关认为行政执法机关移送的案件不属于公安机关职责范围的,应当书面通知移送案件的行政执法机关向其他主管机关移送案件,并说明理由。

2. 移送单位对公安机关不立案的救济

《公安部规定》第181条规定,移送案件的行政执法机关对不予立案决定不服的,可以在收到不予立案通知书后3日以内向作出决定的公安机关申请复议;公安机关应当在收到行政执法机关的复议申请后3日以内作出决定,并书面通知移送案件的行政执法机关。

举案说法 税务局将范某某涉税案件线索移送公安机关,公安机关认为本案不符合立案条件,决定不予立案。税务局不服的,可以在收到不予立案通知书后3日以内向作出决定的公安机关申请复议。

名师点睛 行政机关移送的案件,公安机关决定不予立案的,行政机关只能申请复议,不能申请复核。此处与被害人的复议、复核救济途径有所区别。

(三)人民检察院对公安机关的立案监督

1. 要求公安机关说明理由

| 应当立案而不立案的 | 根据《高检规则》第559条第1款的规定,人民检察院经审查,认为需要公安机关说明不立案理由的,应当要求公安机关书面说明不立案的理由。 |

---

[1] B

不应当立案而立案的	根据《高检规则》第559条第2款的规定，对于有证据证明公安机关可能存在违法动用刑事手段插手民事、经济纠纷，或者利用立案实施报复陷害、敲诈勒索以及谋取其他非法利益等违法立案情形，尚未提请批准逮捕或者移送起诉的，人民检察院应当要求公安机关书面说明立案理由。

2. 公安机关说明理由

根据《高检规则》第560条的规定，人民检察院要求公安机关说明不立案或者立案理由，应当书面通知公安机关，并且告知公安机关在收到通知后7日以内，书面说明不立案或者立案的情况、依据和理由，连同有关证据材料回复人民检察院。

3. 通知公安机关立案或撤案

根据《高检规则》第561条第1款的规定，公安机关说明不立案或者立案的理由后，人民检察院应当进行审查。认为公安机关不立案或者立案理由不能成立的，经检察长决定，应当通知公安机关立案或者撤销案件。

4. 公安机关立案或撤案

根据《高检规则》第563条的规定，人民检察院通知公安机关立案或者撤销案件，应当制作通知立案书或者通知撤销案件书，说明依据和理由，连同证据材料送达公安机关，并且告知公安机关应当在收到通知立案书后15日以内立案，对通知撤销案件书没有异议的应当立即撤销案件，并将立案决定书或者撤销案件决定书及时送达人民检察院。

5. 后续跟踪监督

根据《高检规则》第564条的规定，人民检察院通知公安机关立案或者撤销案件的，应当依法对执行情况进行监督。

（1）公安机关在收到通知立案书或者通知撤销案件书后超过15日不予立案或者未要求复议、提请复核也不撤销案件的，人民检察院应当发出纠正违法通知书。公安机关仍不纠正的，报上一级人民检察院协商同级公安机关处理。

（2）公安机关立案后3个月以内未侦查终结的，人民检察院可以向公安机关发出立案监督案件催办函，要求公安机关及时向人民检察院反馈侦查工作进展情况。

6. 公安机关对人民检察院立案监督的救济

复议	根据《高检规则》第565条第1款的规定，公安机关认为人民检察院撤销案件通知有错误，要求同级人民检察院复议的，人民检察院应当重新审查。在收到要求复议意见书和案卷材料后7日以内作出是否变更的决定，并通知公安机关。
复核	根据《高检规则》第565条第2款的规定，公安机关不接受人民检察院复议决定，提请上一级人民检察院复核的，上级人民检察院应当在收到提请复核意见书和案卷材料后15日以内作出是否变更的决定，通知下级人民检察院和公安机关执行。

7. 人民检察院对本院自侦案件的立案监督

根据《高检规则》第566条的规定，人民检察院负责捕诉的部门发现本院负责侦查的部门对应当立案侦查的案件不立案侦查或者对不应当立案侦查的案件立案侦查的，应当建议负责侦查的部门立案侦查或者撤销案件。建议不被采纳的，应当报请检察长决定。

小试牛刀

环卫工人马某在垃圾桶内发现一名刚出生的婴儿后向公安机关报案，公安机关紧急将婴儿送医院成功抢救后未予立案。关于本案的立案程序，下列哪一选项是正确的?[1]

A. 确定遗弃婴儿的原因后才能立案
B. 马某对公安机关不予立案的决定可申请复议
C. 了解婴儿被谁遗弃的知情人可向检察院控告
D. 检察院可向公安机关发出要求说明不予立案理由通知书

总结梳理

立案相关程序总结如下：

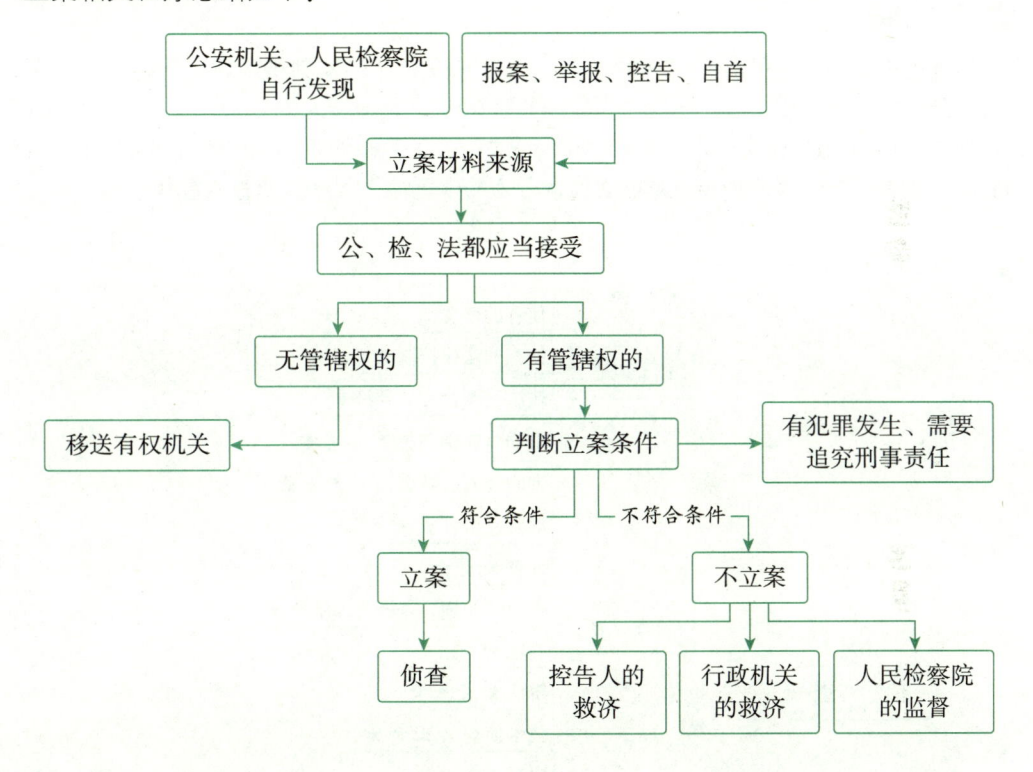

```
公安机关、人民检察院自行发现     报案、举报、控告、自首
                    ↓       ↓
                    立案材料来源
                         ↓
                    公、检、法都应当接受
                    ↓            ↓
              无管辖权的        有管辖权的
                ↓                ↓
            移送有权机关      判断立案条件 ← 有犯罪发生、需要追究刑事责任
                          ↓          ↓
                      符合条件    不符合条件
                          ↓          ↓
                         立案       不立案
                          ↓      ↓    ↓    ↓
                         侦查  控告人的  行政机关  人民检察院
                               救济    的救济   的监督
```

---

[1] D

第 12 讲 侦查

本讲导读

复习提要

侦查机关在侦查中可能使用 9 种不同的侦查手段和 5 种强制措施。在历年的试题中，侦查部分每年考查 2 题左右，出现频率较高的是讯问犯罪嫌疑人的规则、询问证人的规则以及技术侦查和辨认规则。要掌握《刑事诉讼法》关于各种侦查行为的程序性规定以及特殊要求，熟悉补充侦查的种类以及违法侦查行为的申诉控告程序和侦查监督程序。

知识框架

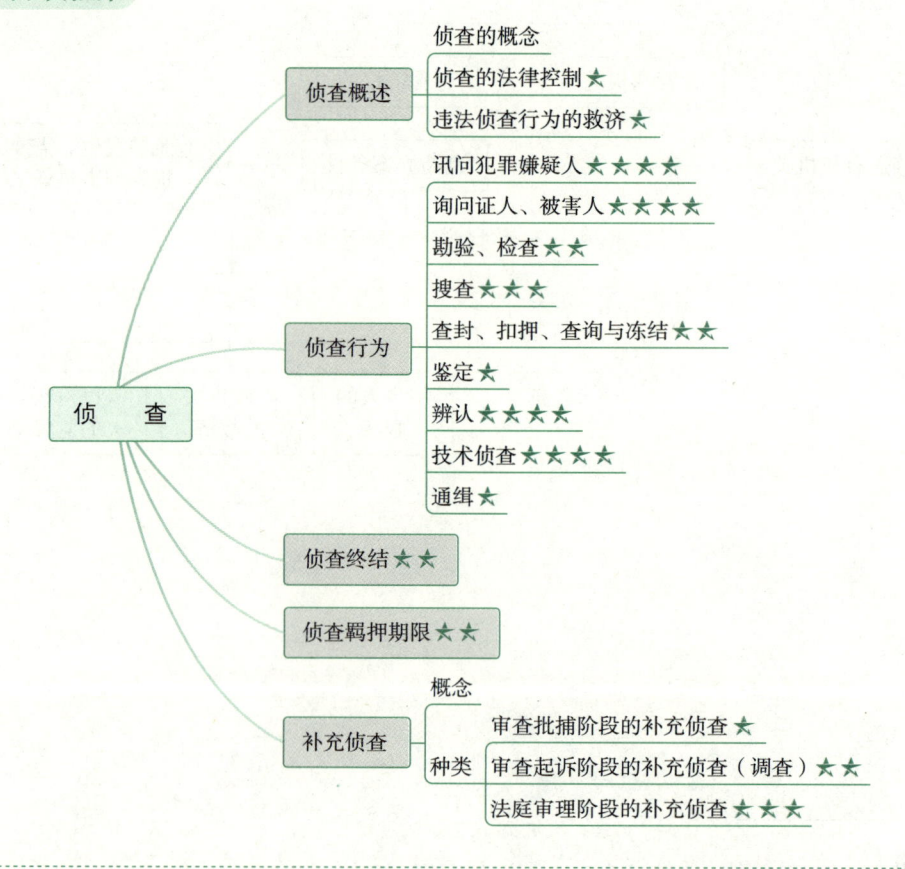

- 侦查
  - 侦查概述
    - 侦查的概念
    - 侦查的法律控制 ★
    - 违法侦查行为的救济 ★
  - 侦查行为
    - 讯问犯罪嫌疑人 ★★★★
    - 询问证人、被害人 ★★★★
    - 勘验、检查 ★★
    - 搜查 ★★★
    - 查封、扣押、查询与冻结 ★★
    - 鉴定 ★
    - 辨认 ★★★★
    - 技术侦查 ★★★★
    - 通缉 ★
  - 侦查终结 ★★
  - 侦查羁押期限 ★★
  - 补充侦查
    - 概念
    - 种类
      - 审查批捕阶段的补充侦查 ★
      - 审查起诉阶段的补充侦查（调查）★★
      - 法庭审理阶段的补充侦查 ★★★

专题 36

侦查概述

一、侦查的概念

侦查，是指公安机关、人民检察院在办理案件的过程中，依照法律进行的收集证据、查明案情的工作和有关的强制性措施。侦查是刑事诉讼的一个基本的、独立的诉讼阶段，它是刑事案件立案后，由侦查机关进行的旨在查明案情、查获犯罪嫌疑人并收集各种证据，确定对犯罪嫌疑人是否起诉的准备活动。

名师点睛《监察法》实施后，公职人员涉嫌的职务犯罪将由监察机关立案调查，不再经历侦查阶段。因此，侦查阶段不再是所有公诉案件的必经阶段。

二、侦查的法律控制

一方面，由于侦查行为的实施大多涉及公民权益，对其进行合理制约显得尤为重要；另一方面，侦查是为了查清案件事实真相，为最终将犯罪嫌疑人交付法院审判做好准备工作。因此，侦查权的运行应主动适应司法的要求，司法权也应介入侦查程序中，对侦查行为进行适当约束。针对侦查手段滥用以及违法侦查缺乏有效制裁的情形，应当分别采取不同的司法控制形式。

事前审查	对于侦查手段的滥用问题，应当实施事前审查。在侦查机关作出影响公民基本权利的侦查行为之前，应由裁判主体，也就是法官来进行司法审查，由其作出决定。 **名师点睛** 理论上认为需要接受事前审查的侦查行为主要包括逮捕、羁押、搜查这些较为严厉的措施，这些行为在作出之前需要经过相关主体的审批。有的学者将其称之为强行性侦查措施。
事后审查	对于侦查过程中违法行为的存在和缺乏制裁的问题，则应对其进行事后审查。具体而言，公民对于侦查机关在侦查过程中对其合法权益的侵害，可以寻求司法途径进行救济，也就是采取提起行政诉讼的方式。

🗒 小试牛刀

对侦查所实施的司法控制，包括对某些侦查行为进行事后审查。对此，下列哪一选项是正确的？[1]

A. 事后审查的对象主要包括逮捕、羁押、搜查等
B. 事后审查主要针对的是强行性侦查措施
C. 采取这类侦查行为不可以由侦查机关独立作出决定

---

[1] D。选项 ABC 表述的都是事前审查，只有选项 D 表述的是事后审查。

D. 对于这类行为，公民认为侦查机关侵犯其合法权益的，可以寻求司法途径进行救济

三、违法侦查行为的救济

(一) 申诉、控告的范围

司法机关及其工作人员有下列行为之一的，当事人和辩护人、诉讼代理人、利害关系人有权向该机关申诉或者控告：

1. 采取强制措施法定期限届满，不予以释放、解除或者变更的。
2. 应当退还取保候审保证金而不退还的。
3. 对与案件无关的财物采取查封、扣押、冻结措施的。
4. 应当解除查封、扣押、冻结而不解除的。
5. 贪污、挪用、私分、调换、违反规定使用查封、扣押、冻结的财物的。

[名师点睛] 上述情形可以概括为："期满不放人、不退保证金、违法查扣冻、贪挪私调用"。

(二) 申诉、控告的提起主体

有权提起申诉、控告的主体包括四类：当事人、辩护人、诉讼代理人以及利害关系人。

[名师点睛] 上述主体可以概括为："当、利、诉、辩"。

(三) 申诉、控告的受理主体

接受申诉、控告的主体只能是该司法机关。需要说明的是，这里的司法机关，并不是我们通常意义上的司法机关，还包括公安机关。

(四) 对申诉、控告的处理不服

1. 对于当事人、辩护人、诉讼代理人以及利害关系人的申诉、控告，该受理机关应当及时处理。对处理不服的，当事人、辩护人、诉讼代理人以及利害关系人还可以向同级人民检察院申诉。

2. 对于人民检察院直接受理的案件，可以向上一级人民检察院申诉。人民检察院对于当事人、辩护人、诉讼代理人以及利害关系人的申诉应当及时进行审查，情况属实的，通知有关机关予以纠正。

[关联法条]《高检规则》第555条第3款：未向办案机关申诉或者控告，或者办案机关在规定时间内尚未作出处理决定，直接向人民检察院申诉的，人民检察院应当告知其向办案机关申诉或者控告。人民检察院在审查逮捕、审查起诉中发现有刑事诉讼法第117条规定的违法情形的，可以直接监督纠正。

[小试牛刀]

罗伯特·翔涉嫌强奸一案，在侦查阶段，辩护人向律师认为超出了最长的羁押期限，而办案机关未及时对罗伯特·翔变更强制措施，向律师该如何救济？

参考答案：向律师可以向违法的侦查机关申诉、控告，该侦查机关应当及时处理。对处理不服的，向律师还可以向同级人民检察院申诉。

专题 37 侦查行为

侦查行为，是指侦查机关在办理案件的过程中，依照法律进行的各种专门调查活动。刑事诉讼法规定的侦查行为有以下九种，每一种侦查行为的程序限制都是考查的重点。

一、讯问犯罪嫌疑人

讯问犯罪嫌疑人，是指侦查人员依照法定程序以言词方式向犯罪嫌疑人查问案件事实的一种侦查行为。讯问犯罪嫌疑人是刑事案件侦查中的必经程序。

主体		由公安机关或者人民检察院的<u>侦查人员</u>负责进行。
人数		<u>侦查人员不得少于2人</u>。（2人以上，含2人） **[关联法条]**《高检规则》第182条第1款：讯问犯罪嫌疑人，由检察人员负责进行。讯问时，<u>检察人员或者检察人员和书记员不得少于2人</u>。
地点	已羁押	犯罪嫌疑人被送交看守所羁押以后，侦查人员对其进行讯问，<u>应当在看守所内进行</u>。 **[关联法条]**《高检规则》第186条第2款：因辨认、鉴定、侦查实验或者追缴犯罪有关财物的需要，经检察长批准，可以提押犯罪嫌疑人出所，并应当由2名以上司法警察押解。不得以讯问为目的将犯罪嫌疑人提押出所进行讯问。
	未羁押	根据《公安部规定》第198条第1、4款的规定，讯问犯罪嫌疑人，除下列情形以外，应当在公安机关执法办案场所的讯问室进行：①紧急情况下在现场进行讯问的；②对有严重伤病或者残疾、行动不便的，以及正在怀孕的犯罪嫌疑人，在其<u>住处</u>或者就诊的<u>医疗机构</u>进行讯问的。对于不需要拘留、逮捕的犯罪嫌疑人，经办案部门负责人批准，可以传唤到犯罪嫌疑人所在市、县公安机关执法办案场所或者到他的住处进行讯问。
		根据《刑事诉讼法》第119条第1款的规定，对不需要逮捕、拘留的犯罪嫌疑人，可以传唤到犯罪嫌疑人<u>所在市、县内的指定地点</u>或者到他的<u>住处</u>进行讯问，但是应当出示人民检察院或者公安机关的证明文件。对在现场发现的犯罪嫌疑人，经出示工作证件，可以口头传唤，但应当在讯问笔录中注明。
		[名师点睛] 讯问地点可以概括为："羁押仅在看守所，未押可在'现''住''办'（指）"。
时间	拘留、逮捕	已经被拘留或逮捕的犯罪嫌疑人，应当在拘留或逮捕后24小时以内讯问。

续表

时间	传唤、拘传	应当立即讯问。传唤、拘传持续的时间最长不得超过12小时，案情特别重大、复杂，需要采取拘留、逮捕措施的，传唤、拘传持续的时间不得超过24小时。 **名师点睛** 两次传唤间隔的时间一般不得少于12小时，不得以连续传唤、拘传的形式变相拘禁犯罪嫌疑人。传唤、拘传犯罪嫌疑人，应当保证犯罪嫌疑人必要的饮食、休息时间。
方法		（1）讯问犯罪嫌疑人，应当首先讯问犯罪嫌疑人是否有犯罪行为。如果承认有犯罪行为，则让其陈述有罪的情节；如果否认有犯罪行为，则让其陈述无罪的辩解，然后根据其陈述向犯罪嫌疑人提出问题。 （2）犯罪嫌疑人对侦查人员的提问应当如实回答，但是对与本案无关的问题，有权拒绝回答。 （3）侦查人员在讯问犯罪嫌疑人的时候，应当告知犯罪嫌疑人享有的诉讼权利，如实供述自己罪行可以从宽处理的法律规定和认罪认罚的法律后果。 （4）讯问同案的犯罪嫌疑人，应当分别进行。 （5）严禁刑讯逼供以及以威胁、引诱、欺骗的手段获取口供。
特殊对象		（1）未成年人：应当通知其法定代理人到场；无法通知、法定代理人不能到场或者法定代理人是共犯的，也可以通知其他成年亲属，所在学校、单位、居住地基层组织或者未成年人保护组织的代表到场，并将有关情况记录在案。到场的法定代理人可以代为行使未成年犯罪嫌疑人、被告人的诉讼权利。 （2）女性未成年人：应当有女性工作人员在场。 （3）聋哑人、不通晓当地语言的人：应当为其聘请翻译。
讯问笔录		讯问笔录应当交犯罪嫌疑人核对，对于没有阅读能力的，应当向他宣读。如果记载有遗漏或者差错，犯罪嫌疑人可以提出补充或者改正。犯罪嫌疑人承认笔录没有错误后，应当签名或者盖章。侦查人员也应当在笔录上签名。犯罪嫌疑人请求自行书写供述的，应当准许，但不得以其自行书写的供述代替讯问笔录。 **考点提示** 犯罪嫌疑人没有核对、确认的笔录不能作为定案依据，侦查人员没有签名的笔录可以补正、解释。
录音录像		（1）侦查人员在讯问犯罪嫌疑人的时候，可以对讯问过程进行录音录像；对于可能判处无期徒刑、死刑的案件或者其他重大犯罪案件，应当对讯问过程进行录音录像。录音录像应当全程进行，保持完整性。 **名师点睛** 公安机关讯问应当录音录像的情形可以概括为："死、无、重大录音像"。 **关联法条**《公安部规定》第208条第2款：前款规定的"可能判处无期徒刑、死刑的案件"，是指应当适用的法定刑或者量刑档次包含无期徒刑、死刑的案件。"其他重大犯罪案件"，是指致人重伤、死亡的严重危害公共安全犯罪、严重侵犯公民人身权利犯罪，以及黑社会性质组织犯罪、严重毒品犯罪等重大故意犯罪案件。 （2）如果是检察院自侦案件或者监察机关调查案件，讯问均应当全程录音录像。 **名师点睛** 职务犯罪的讯问通通都要录音录像。

> 小试牛刀

关于讯问犯罪嫌疑人，下列哪些选项是正确的？[1]
A. 在拘留犯罪嫌疑人之前，一律不得对其进行讯问
B. 在拘留犯罪嫌疑人之后，可在将其送看守所羁押前进行讯问
C. 犯罪嫌疑人被拘留送看守所之后，讯问应当在看守所内进行
D. 对于被指定居所监视居住的犯罪嫌疑人，应当在指定的居所对其进行讯问

二、询问证人、被害人

询问证人、被害人，是指侦查人员依照法定程序以言词方式向证人、被害人调查了解案件情况的一种侦查行为。

主 体	询问证人只能由侦查人员进行。(2人以上，含2人)
地 点	侦查人员询问证人，可以在现场进行，也可以到证人所在单位、住处或者证人提出的地点进行，在必要的时候，可以通知证人到人民检察院或者公安机关提供证言。 名师点睛 询问地点可以概括为："提""住""侦""现""单"。 举案说法 罗某抢劫张某一案，侦查人员如果通知目击证人高某到指定的咖啡厅接受询问，则不符合法定程序。询问证人不得另行为其指定地点，此处不同于讯问嫌疑人。
方 法	(1) 询问证人应当个别进行。这样做有利于避免证人之间互相影响，保证证言的真实性。 (2) 为了保证证人如实提供证据，询问证人时，应当告知他应当如实地提供证据、证言以及有意作伪证或者隐匿罪证要负的法律责任。 (3) 严禁以暴力、威胁、引诱、欺骗的手段取证。 (4) 询问重大或者有社会影响的案件的重要证人，应当对询问过程实行全程录音、录像，并在询问笔录中注明。(《高检规则》第194条第2款)
特殊对象	同前文"讯问犯罪嫌疑人"的特殊对象内容。
询问笔录	对证人的叙述，应当制作笔录，交证人核对或者向他宣读。如果记载有遗漏或者差错，证人可以提出补充或者改正。证人承认笔录没有错误后，应当签名或者盖章，侦查人员也应当在笔录上签名。

考点提示 询问被害人的规则，同询问证人。

> 小试牛刀

一起聚众斗殴案件发生时，证人甲、乙、丙、丁四人在现场目睹事实经过，侦查人员对上述四名证人进行询问。关于询问证人的程序和方式，下列哪一选项是错误的？[2]
A. 在现场立即询问证人甲
B. 传唤证人乙到公安机关提供证言

---

[1] BC
[2] B。虽然在必要的时候，可以通知证人到公安机关提供证言，但选项B中的"传唤"一词使用错误。传唤的对象是当事人，对于证人不适用"传唤"，而适用"通知"。选项B错误，当选。

C. 到证人丙租住的房屋询问证人丙
D. 到证人丁提出的其工作单位附近的快餐厅询问证人丁

三、勘验、检查

（一）概念

勘验、检查，是指侦查人员对于与犯罪有关的场所、物品、尸体、人身进行勘查和检验的一种侦查行为。

主 体	勘验、检查的主体必须是<u>侦查人员</u>。必要时，<u>可以指派或者聘请具有专门知识的人，在侦查人员的主持下进行</u>。
对 象	勘验和检查的对象有所不同。勘验的对象是场所、物品和尸体，而<u>检查的对象是活人的身体</u>。

（二）种类

1. 现场勘验	(1) 任何单位和个人，都有义务保护犯罪现场，并且立即通知公安机关派员勘验。 (2) 侦查人员进行现场勘验时，<u>必须持有证明文件</u>。 (3) 现场勘验在必要时，可以指派或聘请具有专门知识的人，在侦查人员的主持下进行勘验。<u>应邀请与案件无关的见证人在场</u>。 (4) 现场勘验的情况<u>应制成笔录</u>，侦查人员、参加勘验的其他人员和见证人都应当在笔录上签名或盖章。对于重大案件、特别重大案件的现场，应当录音录像。
2. 物证检验	物证检验，是指对在侦查活动中收集到的<u>物品或者痕迹</u>进行检查、验证，以确定该物证与案件事实之间的关系的一种侦查活动。
3. 尸体检验	尸体检验，是指由侦查机关指派或聘请的法医或医师对<u>非正常死亡</u>的尸体进行尸表检验或者尸体解剖的一种侦查活动。对于死因不明的尸体，公安机关有权决定解剖，并且通知死者家属到场。
4. 人身检查	(1) 对被害人身体检查的特殊要求：应征求本人的同意，不得强制进行。 名师点睛 犯罪嫌疑人如果拒绝检查，侦查人员认为必要的时候，可以<u>强制检查</u>。 (2) 对妇女身体检查的特殊要求：应当由女工作人员或者医师进行。 名师点睛 男医师也可以检查妇女身体。
5. 强制取样	为了确定被害人、犯罪嫌疑人的某些特征、伤害情况或者生理状态，可以对其人身进行检查，可以提取指纹信息，采集血液、尿液等生物样本。 名师点睛 犯罪嫌疑人如果拒绝检查、提取、采集，侦查人员认为必要的时候，经办案部门负责人批准，可以强制检查、提取、采集。
6. 侦查实验	(1) 为查明案情，必要时，<u>经县级以上公安机关负责人批准</u>，可以进行侦查实验； (2) 进行侦查实验时，<u>禁止一切足以造成危险、侮辱人格或者有伤风化的行为</u>； (3) 在必要的时候，可以聘请有关人员参加，也可以要求犯罪嫌疑人、被害人、证人参加； (4) 进行侦查实验，<u>应当全程录音录像</u>，并制作侦查实验笔录，<u>由参加实验的人签名</u>。

小试牛刀

关于勘验、检查,下列哪一选项是正确的?[1]

A. 为保证侦查活动的规范性与合法性,只有侦查人员可进行勘验、检查
B. 侦查人员进行勘验、检查,必须持有侦查机关的证明文件
C. 检查妇女的身体,应当由女工作人员或者女医师进行
D. 勘验、检查应当有见证人在场,勘验、检查笔录上没有见证人签名的,不得作为定案的根据

四、搜查

搜查,是指侦查人员对犯罪嫌疑人以及可能隐藏罪犯或者罪证的人的身体、物品、住处和其他有关的地方进行搜索、检查的一种侦查行为。

主 体	只能由公安机关或者人民检察院的 2 名以上侦查人员进行。 **名师点睛** 搜查不同于勘验、检查,不需要指派或者聘请具有专门知识的人参加。
对 象	可以是犯罪嫌疑人,也可以是其他可能隐藏罪犯或者犯罪证据的人;可以对人身进行,也可以对被搜查人的住处、物品和其他有关场所进行。
程 序	(1) 必须向被搜查人出示搜查证;否则,被搜查人有权拒绝搜查。 **名师点睛** 根据《高检规则》第 205 条第 2、3 款的规定,在执行逮捕、拘留的时候,遇有下列紧急情况之一,不另用搜查证也可以进行搜查:①可能随身携带凶器的;②可能隐藏爆炸、剧毒等危险物品的;③可能隐匿、毁弃、转移犯罪证据的;④可能隐匿其他犯罪嫌疑人的;⑤其他紧急情况。搜查结束后,搜查人员应当在 24 小时以内补办有关手续。 (2) 公安机关的搜查证,要由县级以上公安机关负责人签发;人民检察院的搜查证,要由检察长签发。 (3) 搜查的时候,应当有被搜查人或者他的家属、邻居或者其他见证人在场。 (4) 搜查妇女的身体,应当由女工作人员进行。 (5) 搜查的情况应当写成笔录,由侦查人员和被搜查人或者他的家属、邻居或者其他见证人签名或者盖章。如果被搜查人或者他的家属在逃或者拒绝签名、盖章,应当在笔录上注明。 **名师点睛** 如果被搜查人或者他的家属在逃或者拒绝签名、盖章,应当在笔录上注明,这些人没有签名并不会影响搜查笔录的效力。

小试牛刀

某公安机关对涉嫌盗窃罪的钱某及其妻子范某执行拘留时搜查了他们的住处。在搜查时,因情况紧急未用搜查证,但钱某夫妇一直在场。由于没有女侦查人员在场,所以由男侦查人员对钱某、范某的身体进行了搜查。搜查结束时,侦查人员要求被搜查人在搜查笔录上签名时遭到拒绝,侦查人员就此结束搜查活动。该案哪些搜查活动违反了法律

---

[1] B

规定?[1]

A. 在搜查时因情况紧急未用搜查证
B. 在搜查时钱某夫妇一直在场
C. 由男侦查人员对范某的身体进行了搜查
D. 侦查人员要求被搜查人在搜查笔录上签名遭拒绝后，就此结束了搜查活动

五、查封、扣押、查询与冻结

主体	只能由侦查人员进行。（2人以上，含2人）	
对象	查封、扣押	(1) 在侦查活动中发现的可用以证明犯罪嫌疑人有罪或者无罪的各种财物、文件，应当查封、扣押；但与案件无关的财物、文件，不得查封、扣押。持有人拒绝交出应当查封、扣押的财物、文件的，公安机关可以强制查封、扣押。 (2) 土地、房屋等不动产，或者船舶、航空器以及其他不宜移动的大型机器、设备等特定动产，应当经县级以上公安机关负责人批准并制作查封决定书。 **关联法条**《刑事诉讼法》第143条：侦查人员认为需要扣押犯罪嫌疑人的邮件、电报的时候，经公安机关或者人民检察院批准，即可通知邮电机关将有关的邮件、电报检交扣押。 不需要继续扣押的时候，应即通知邮电机关。
	查询、冻结	根据侦查犯罪的需要，可以依照规定查询、冻结犯罪嫌疑人的存款、汇款、证券交易结算资金、期货保证金等资金、债券、股票、基金份额和其他证券，以及股权、保单权益和其他投资权益等财产，并可以要求有关单位和个人配合。不得划转、转账或者以其他方式变相扣押。 **关联法条**《公安部规定》第242条：犯罪嫌疑人的财产已被冻结的，不得重复冻结，但可以轮候冻结。
程序	(1) 对于查封、扣押的财物、文件，应当会同在场见证人和被查封、扣押财物、文件持有人查点清楚，当场开列清单一式两份，由侦查人员、见证人和持有人签名或者盖章，一份交给持有人，另一份附卷备查。 **名师点睛** 扣押无需扣押证，只需要制作扣押物品清单。 (2) 对于扣押的物品、文件、邮件、电报或者冻结的存款、汇款，经查明确实与案件无关的，应当在3日以内解除扣押、冻结，退还原主或者原邮电机关。 (3) 根据《高检规则》第211条的规定，对犯罪嫌疑人使用违法所得与合法收入共同购置的不可分割的财产，可以先行查封、扣押、冻结。对无法分割退还的财产，应当在结案后予以拍卖、变卖，对不属于违法所得的部分予以退还。 (4) 查封、扣押的情况应当制作笔录，由侦查人员、见证人和持有人签名。对于无法确定持有人或者持有人拒绝签名的，侦查人员应当在笔录中注明。	

---

[1] CD。选项C的做法是错误的，当选。因为搜查妇女的身体，应当由女工作人员进行。选项D的做法是错误的，当选。因为搜查的情况应当写成笔录，由侦查人员和被搜查人或者他的家属、邻居或者其他见证人签名或者盖章。如果被搜查人或者他的家属在逃或者拒绝签名、盖章，应当在笔录上注明。

> 小试牛刀

关于查封、扣押措施，下列选项正确的是：[1]

A. 查封、扣押犯罪嫌疑人与案件有关的各种财物、文件，只能在勘验、搜查中实施
B. 根据侦查犯罪的需要，可以依照规定扣押犯罪嫌疑人的存款、汇款、债券、股票、基金份额等财产
C. 侦查人员认为需要扣押犯罪嫌疑人的邮件、电报的时候，可通知邮电机关将有关的邮件、电报检交扣押
D. 对于查封、扣押的财物、文件、邮件、电报，经查明确实与案件无关的，应当在3日以内解除查封、扣押，予以退还

六、鉴定

鉴定，是指公安机关、人民检察院为了查明案情，指派或者聘请具有专门知识的人对案件中的某些专门性问题进行鉴别和判断的一种侦查活动。

主体	由侦查机关指派或者聘请，只能是自然人。 (1) 指派：即由公安机关或者人民检察院，指派其内部的刑事技术鉴定部门具有鉴定资格的专业人员进行鉴定； (2) 聘请：即由公安机关或者人民检察院聘请其他部门的专业人员进行鉴定。
对象	专业性问题。
程序	(1) 鉴定人进行鉴定后，应当写出鉴定意见，并且签名。鉴定人故意作虚假鉴定的，应当承担法律责任。多人参加鉴定，鉴定人有不同意见的，应当注明。 (2) 对犯罪嫌疑人、被告人在押的案件，除对犯罪嫌疑人、被告人作精神病鉴定的时间不计入办案期限外，其他鉴定时间都应当计入办案期限。 (3) 根据《高检规则》第221条的规定，用作证据的鉴定意见，人民检察院办案部门应当告知犯罪嫌疑人、被害人；被害人死亡或者没有诉讼行为能力的，应当告知其法定代理人、近亲属或诉讼代理人。犯罪嫌疑人、被害人或被害人的法定代理人、近亲属、诉讼代理人提出申请，可以补充鉴定或者重新鉴定，鉴定费用由请求方承担。但原鉴定违反法定程序的，由人民检察院承担。犯罪嫌疑人的辩护人或者近亲属以犯罪嫌疑人有患精神病可能而申请对犯罪嫌疑人进行鉴定的，鉴定费用由申请方承担。

> 小试牛刀

关于司法鉴定，下列哪些选项是正确的？[2]

A. 某鉴定机构的3名鉴定人共同对某杀人案进行法医类鉴定，这3名鉴定人依照诉讼法律规定实行回避

---

[1] D。选项A错误，因为查封、扣押并不限于在勘验、搜查中，在侦查活动中也可以进行。选项B错误，因为对于存款、汇款、债券、股票、基金份额可以查询、冻结，但是不可以扣押。选项C错误，因为忽视了需要经过公安机关或者检察院批准的环节。

[2] ABC

B. 某鉴定机构的鉴定人钱某对某盗窃案进行了声像资料鉴定，该司法鉴定应由钱某负责

C. 当事人对鉴定人胡某的鉴定意见有异议，经法院通知，胡某应当出庭作证

D. 鉴定人罗某、廖某、徐某共同对被告人的精神状况进行了鉴定，罗某和廖某意见一致，但徐某有不同意见，应当按照罗某和廖某的意见作出结论

七、辨认

辨认，是指侦查人员为了查明案情，在必要时让被害人、证人以及犯罪嫌疑人对与犯罪有关的物品、文件、场所或者犯罪嫌疑人进行辨认的一种侦查行为。

主 持	主持辨认的侦查人员不得少于2人。 名师点睛 如果只有1名侦查人员主持，属于程序违法，该辨认笔录经补正、解释后方可使用。如果没有侦查人员主持，该辨认笔录需要排除，不能作为定案依据。	
主 体	被害人、证人和犯罪嫌疑人都可以是辨认主体。	
对 象	与犯罪有关的物品、文件、尸体、场所、犯罪嫌疑人。 名师点睛 证人和被害人可能成为辨认主体，不可能成为辨认对象。	
程 序	单独原则	几名辨认人对同一对象进行辨认时，应当由每名辨认人单独进行。
	混杂原则	（1）公安机关侦查的案件，辨认犯罪嫌疑人时，被辨认的人数不得少于7人；辨认照片时，被辨认的照片不得少于10张；辨认物品时，混杂的同类物品不得少于5件。 （2）人民检察院自侦的案件，辨认犯罪嫌疑人时，被辨认的人数不得少于7人，照片不得少于10张；辨认物品时，同类物品不得少于5件，照片不得少于5张。 名师点睛 对场所、尸体等特定辨认对象进行辨认，或者辨认人能够准确描述物品独有特征的，陪衬物不受数量的限制。
	防止预断	应当向辨认人详细询问被辨认对象的具体特征，尤其要避免辨认人见到被辨认对象，并应当告知辨认人有意作虚假辨认应承担的法律责任。
	禁止暗示	不得给辨认人任何暗示。
	现场监督	应当有见证人[1]在场。
	制作笔录	对于辨认的情况，应当制作笔录，由主持和参加辨认的侦查人员、辨认人、见证人签名或盖章。 对辨认对象应当拍照，必要时可以对辨认过程进行录音录像。
	保密原则	辨认人不愿公开进行的，侦查人员应当为其保密。

---

〔1〕 关联法条《公安部规定》第194条：公安机关开展勘验、检查、搜查、辨认、查封、扣押等侦查活动，应当邀请有关公民作为见证人。

下列人员不得担任侦查活动的见证人：

（一）生理上、精神上有缺陷或者年幼，不具有相应辨别能力或者不能正确表达的人；

（二）与案件有利害关系，可能影响案件公正处理的人；

（三）公安机关的工作人员或者其聘用的人员。

确因客观原因无法由符合条件的人员担任见证人的，应当对有关侦查活动进行全程录音录像，并在笔录中注明有关情况。

小试牛刀

关于侦查辨认,下列哪一选项是正确的?[1]

A. 强制猥亵案,让犯罪嫌疑人对被害人进行辨认
B. 盗窃案,让犯罪嫌疑人到现场辨认藏匿赃物的房屋
C. 故意伤害案,让犯罪嫌疑人和被害人一起对凶器进行辨认
D. 刑讯逼供案,让被害人在4张照片中辨认犯罪嫌疑人

八、技术侦查

技术侦查,是指国家安全机关和公安机关为了侦查犯罪而采取的特殊侦查措施,包括电子侦听,电话监听,电子监控,秘密拍照或录像,秘密获取某些物证、邮件等秘密的专门技术手段。

主体	决定主体	公安机关(国家安全机关)、人民检察院。
	执行主体	公安机关(国家安全机关)。 **名师点睛** 人民检察院只有技术侦查的决定权,没有执行权。
案件范围	公安机关	**关联法条**《刑事诉讼法》第150条第1款:公安机关在立案后,对于危害国家安全犯罪、恐怖活动犯罪、黑社会性质的组织犯罪、重大毒品犯罪或者其他严重危害社会的犯罪案件,根据侦查犯罪的需要,经过严格的批准手续,可以采取技术侦查措施。
	人民检察院	**关联法条**《刑事诉讼法》第150条第2款:人民检察院在立案后,对于利用职权实施的严重侵犯公民人身权利的重大犯罪案件,根据侦查犯罪的需要,经过严格的批准手续,可以采取技术侦查措施,按照规定交有关机关执行。
	追捕在逃犯	**关联法条**《刑事诉讼法》第150条第3款:追捕被通缉或者批准、决定逮捕的在逃的犯罪嫌疑人、被告人,经过批准,可以采取追捕所必需的技术侦查措施。
	监察机关	**关联法条**《监察法》第28条第1款:监察机关调查涉嫌重大贪污贿赂等职务犯罪,根据需要,经过严格的批准手续,可以采取技术调查措施,按照规定交有关机关执行。
批准程序		(1)批准决定应当根据侦查犯罪的需要,确定采取技术侦查措施的种类和适用对象。 (2)批准决定自签发之日起3个月以内有效。对于不需要继续采取技术侦查措施的,应当及时解除;对于复杂、疑难案件,期限届满后仍有必要继续采取技术侦查措施的,经过批准,有效期可以延长,每次不得超过3个月。
执行程序		(1)采取技术侦查措施,必须严格按照批准的措施种类、适用对象和期限执行。 (2)侦查人员对采取技术侦查措施过程中知悉的国家秘密、商业秘密和个人隐私,应当保密;对采取技术侦查措施获取的与案件无关的材料,必须及时销毁。

---

[1] B。被害人并不属于辨认对象,选项A错误。让犯罪嫌疑人和被害人一起对凶器进行辨认违反了单独原则,选项C错误。对犯罪嫌疑人照片进行辨认的,照片不得少于10张,选项D错误。

续表

执行程序		（3）采取技术侦查措施获取的材料，只能用于对犯罪的侦查、起诉和审判，<u>不得用于其他活动</u>。公安机关依法采取技术侦查措施，有关单位和个人应当配合，并对有关情况予以保密。 **名师点睛** 上述程序可以概括为："3秘要保密，无关要销毁，不得作他用"。
秘密侦查措施的适用	隐匿身份	为了查明案情，在必要的时候，<u>经公安机关负责人决定</u>，可以由有关人员隐匿其身份实施侦查。但是，<u>不得诱使他人犯罪，不得采用可能危害公共安全或者发生重大人身危险的方法</u>。
	控制交付	对涉及给付毒品等违禁品或者财物的犯罪活动，公安机关根据侦查犯罪的需要，可以依照规定实施控制下交付。
证据使用		（1）采取侦查措施收集的材料在刑事诉讼中<u>可以作为证据使用</u>。 （2）如果使用该证据可能危及有关人员的人身安全，或者可能产生其他严重后果，应当采取<u>不暴露有关人员身份、技术方法</u>等保护措施。必要的时候，可以由审判人员在庭外对证据进行核实。 （3）采取技术侦查措施收集的材料作为证据使用的，<u>批准采取技术侦查措施的法律文书应当附卷</u>，辩护律师可以依法查阅、摘抄、复制，在审判过程中可以向法庭出示。

📖 小试牛刀

关于技术侦查，下列哪些说法是正确的？[1]

A. 适用于严重危害社会的犯罪案件
B. 必须在立案后实施
C. 公安机关和检察院都有权决定并实施
D. 获得的材料需要经过转化才能在法庭上使用

九、通缉

通缉，是指公安机关通令缉拿应当逮捕而在逃的犯罪嫌疑人的一种侦查行为。

决定主体	公安机关和人民检察院。
发布主体	经县级以上公安机关负责人批准，可以发布通缉令。 **名师点睛** 人民检察院需要追捕在逃的犯罪嫌疑人时，应当由公安机关发布通缉令。但是人民检察院可以决定通缉。
发布范围	公安机关在发布通缉令时，有发布范围的限制。各级公安机关在自己管辖的地区以内，可以直接发布通缉令；通缉范围超出自己管辖的地区的，<u>应当报请有权决定的上级机关发布</u>。
通缉对象	只能是依法应当逮捕而在逃的犯罪嫌疑人，当然包括已被捕而在羁押期间逃跑的犯罪嫌疑人。

---

[1] AB。检察院有决定权，但是没有执行权，执行该措施需要交公安机关进行，选项C错误。使用技术侦查措施获得的材料不需要经过转化就能在法庭上使用，选项D错误。

续表

通缉对象	**[关联法条]**《监察法》第 29 条：依法应当留置的被调查人如果在逃，监察机关可以决定在本行政区域内通缉，由公安机关发布通缉令，追捕归案。通缉范围超出本行政区域的，应当报请有权决定的上级监察机关决定。 **[名师点睛]** 重点注意监察机关在调查程序中的通缉对象以及决定机关与刑事侦查程序的差异。

🔔 小试牛刀

某市检察院对卢某涉嫌刑讯逼供案进行立案侦查。掌握有关证据后，检察院决定依法对卢某进行逮捕。卢某闻讯潜逃市外。对此，下列哪一说法是正确的?[1]

A. 符合通缉条件，由该市公安机关作出通缉决定
B. 符合通缉条件，由该市检察院报请有权决定的上级检察院作出通缉决定
C. 符合通缉条件，由该市检察院报请上一级检察院发布通缉令
D. 不符合通缉条件，检察院发布协查通报

专题 38 侦查终结、侦查羁押期限与补充侦查

一、侦查终结

侦查终结，是指侦查机关对于自己立案侦查的案件，经过一系列的侦查活动，根据已经查明的事实、证据，依照法律的规定，足以对案件作出起诉、不起诉或者撤销案件的结论，决定不再进行侦查，并对犯罪嫌疑人作出处理的一种诉讼活动。

（一）案件侦查终结的条件

《刑事诉讼法》第 162 条第 1 款规定，公安机关侦查终结的案件，应当做到犯罪事实清楚，证据确实、充分，并且写出起诉意见书，连同案卷材料、证据一并移送同级人民检察院审查决定；同时将案件移送情况告知犯罪嫌疑人及其辩护律师。根据法律的规定和实践中的做法，侦查终结的条件是：①案件事实清楚；②证据确实、充分；③法律手续完备。

（二）听取辩护意见

根据《刑事诉讼法》第 161 条的规定，在案件侦查终结前，辩护律师提出要求的，侦查机关应当听取辩护律师的意见，并记录在案。辩护律师提出书面意见的，应当附卷。

[名师点睛] 此处听取辩护律师意见是以其提出要求为前提，并不属于应当主动听取辩护人意见的情形。

---

[1] B

（三）案件侦查终结的处理

1. 移送审查起诉	对于犯罪事实清楚，证据确实、充分，依法应当追究犯罪嫌疑人刑事责任的，即应制作起诉意见书，然后连同案卷材料、证据一并移送同一级人民检察院审查决定；同时将案件移送情况告知犯罪嫌疑人及其辩护律师。 [关联法条]《刑事诉讼法》第162条第2款：犯罪嫌疑人自愿认罪的，应当记录在案，随案移送，并在起诉意见书中写明有关情况。
2. 撤销案件	对于不应当对犯罪嫌疑人追究刑事责任的，应当撤销案件；犯罪嫌疑人已经被逮捕的，应当立即释放，发给释放证明，并且通知原批准的人民检察院。 [关联法条]《公安部规定》第186条第1款：经过侦查，发现具有下列情形之一的，应当撤销案件： （一）没有犯罪事实的； （二）情节显著轻微、危害不大，不认为是犯罪的； （三）犯罪已过追诉时效期限的； （四）经特赦令免除刑罚的； （五）犯罪嫌疑人死亡的； （六）其他依法不追究刑事责任的。

[关联法条]《公安部规定》第186条第2款：对于经过侦查，发现有犯罪事实需要追究刑事责任，但不是被立案侦查的犯罪嫌疑人实施的，或者共同犯罪案件中部分犯罪嫌疑人不够刑事处罚的，应当对有关犯罪嫌疑人终止侦查，并对该案件继续侦查。

• 举案说法

❶ 罗某组织卖淫一案，如果公安机关撤销案件以后又发现新的事实或者证据，或者发现原认定事实错误，认为罗某有犯罪事实需要追究刑事责任，根据《公安部规定》第190条第1款的规定，公安机关应当对罗某重新立案侦查。

❷ 甲某、高某贩毒一案，公安机关认为高某不够刑事处罚，对高某终止侦查。如果公安机关对高某终止侦查后又发现新的事实或者证据，或者发现原认定事实错误，需要对高某继续追究刑事责任，根据《公安部规定》第190条第2款的规定，公安机关应当继续侦查。

（四）涉案财物的处置

1. 公安机关侦查的案件，对查封、扣押的财物及其孳息、文件或冻结的财产作为证据使用的，应当随案移送，并制作随案移送清单。

2. 对于实物不宜移送的，应当将其清单、照片或者其他证明文件随案移送。待人民法院作出生效判决后，按照人民法院送达的生效判决书、裁定书依法作出处理，并向人民法院送交回执。

二、侦查羁押期限

侦查中的羁押期限，是指犯罪嫌疑人在侦查中自被逮捕以后到侦查终结的期限。我国刑事诉讼法对侦查羁押期限明确加以规定，目的是切实保障犯罪嫌疑人的人身自由和合法权益，防止案件久拖不决，提高侦查工作效率，保证侦查工作顺利进行。

一般情形	最长 2 个月	对犯罪嫌疑人逮捕后的侦查羁押期限<u>不得超过 2 个月</u>。
案情复杂	延长 1 个月	可以经<u>上一级人民检察院</u>批准延长 1 个月。
交集流广	延长 2 个月	下列案件在 3 个月的期限内仍不能侦查终结的，<u>经省、自治区、直辖市人民检察院批准或者决定</u>，可以延长 2 个月：①<u>交通十分不便的边远地区</u>的重大复杂案件；②重大的犯罪集团案件；③<u>流窜作案</u>的重大复杂案件；④犯罪涉及<u>面广</u>，取证困难的重大复杂案件。
10 年以上	延长 2 个月	对犯罪嫌疑人可能判处 <u>10 年有期徒刑以上刑罚</u>，依照上述规定的延长期限届满，仍不能侦查终结的，<u>经省、自治区、直辖市人民检察院批准或者决定</u>，可以再延长 2 个月。
特殊原因	无限期	由于特殊原因，在较长时间内不宜交付审判的特别重大复杂的案件，由最高人民检察院报请全国人大常委会批准延期审理。

名师点睛 侦查羁押期限可以总结为一个公式：2+1+2+2+X。

考点提示

❶ 如果犯罪嫌疑人在被逮捕前已经被拘留，拘留期限不包括在侦查羁押期限内。

❷ 在侦查期间，发现犯罪嫌疑人另有重要罪行的，自发现之日起依照《刑事诉讼法》第 156 条的规定<u>重新计算侦查羁押期限</u>。重新计算侦查羁押期限的，由公安机关决定，无需报检察院批准，公安机关只需要向检察院备案。

❸ 犯罪嫌疑人不讲真实姓名、住址、身份不明的，侦查羁押期限自查清其身份之日起计算，但不得停止对犯罪行为的侦查取证。对于犯罪事实清楚，证据确实、充分的，也可以按其自报的姓名移送检察院审查起诉。

❹ 对被羁押的犯罪嫌疑人作<u>精神病鉴定</u>的时间，不计入侦查羁押期限。其他鉴定时间则应当计入羁押期限。

拓展阅读

《监察法》第 43 条第 2 款：留置时间不得超过 3 个月。在特殊情况下，可以延长 1 次，延长时间不得超过 3 个月。省级以下监察机关采取留置措施的，延长留置时间应当报上一级监察机关批准。监察机关发现采取留置措施不当的，应当及时解除。（此条文是《监察法》关于监察机关的留置期间的规定，要注意和侦查羁押期限相区别）

小试牛刀

黄某住甲市 A 区，因涉嫌诈骗罪被甲市检察院批准逮捕。由于案情复杂，期限届满后侦查不能终结，侦查机关报请有关检察机关批准延长 1 个月。其后，由于该案重大复杂，涉及面广，取证困难，侦查机关报请有关检察机关批准后，又延长了 2 个月。但是，延长 2 个月后，仍不能侦查终结，且根据已查明的犯罪事实，对黄某可能判处无期徒刑，侦查机关第三次报请检察院批准再延长 2 个月。在报请延长手续问题上，下列哪一选项是错误的？[1]

---

[1] A。本题中，甲市为地级市，因此，甲市检察院的上一级就是省级检察院。选项 A 错误，当选。因为第一次延长需要经过上一级检察院批准。

A. 第一次延长，须经甲市检察院批准
B. 第二次延长，须经甲市检察院的上一级检察院批准
C. 第二次延长，须经甲市所属的省检察院批准
D. 第三次延长，须经甲市所属的省检察院批准

三、补充侦查

补充侦查，是指公安机关或者人民检察院依照法定程序，在原有侦查工作的基础上进行补充收集证据的一种侦查活动。补充侦查并不是每个案件都必须进行的活动，它只适用于事实不清、证据不足或者遗漏罪行、遗漏同案犯罪嫌疑人的案件。补充侦查由人民检察院决定，公安机关或者人民检察院实施。

举案说法 人民检察院审查公安机关移送的罗某强奸案，经审查认为本案罪名认定错误，应当认定罗某构成强制猥亵罪。这种情形不构成补充侦查的理由。罪名认定错误，人民检察院可以直接变更罪名，无需补充侦查。

根据《刑事诉讼法》第90、175、204条的规定，补充侦查在程序上有三种，即审查批捕时的补充侦查、审查起诉时的补充侦查和法庭审理时的补充侦查。

（一）审查批捕阶段的补充侦查

根据《刑事诉讼法》第90条的规定，人民检察院对于公安机关提请批准逮捕的案件进行审查后，应当根据情况分别作出批准逮捕或者不批准逮捕的决定。对于批准逮捕的决定，公安机关应当立即执行，并且将执行情况及时通知人民检察院。对于不批准逮捕的，人民检察院应当说明理由，需要补充侦查的，应当同时通知公安机关。

名师点睛 此处用的是通知公安机关补充侦查，人民检察院不能自行补充侦查，也不能退回公安机关补充侦查。

（二）审查起诉阶段的补充侦查（调查）

| 补充侦查的形式 | （1）可以退回公安机关、自侦部门、监察机关补充侦查（调查）；
（2）也可以自行侦查，必要时可以要求公安机关提供协助。
[关联法条]《高检规则》
第342条：人民检察院认为犯罪事实不清、证据不足或者存在遗漏罪行、遗漏同案犯罪嫌疑人等情形需要补充侦查的，应当制作补充侦查提纲，连同案卷材料一并退回公安机关补充侦查。人民检察院也可以自行侦查，必要时可以要求公安机关提供协助。
第343条第1款：人民检察院对于监察机关移送起诉的案件，认为需要补充调查的，应当退回监察机关补充调查。必要时，可以自行补充侦查。
第345条：人民检察院负责捕诉的部门对本院负责侦查的部门移送起诉的案件进行审查后，认为犯罪事实不清、证据不足或者存在遗漏罪行、遗漏同案犯罪嫌疑人等情形需要补充侦查的，应当制作补充侦查提纲，连同案卷材料一并退回负责侦查的部门补充侦查。必要时，也可以自行侦查，可以要求负责侦查的部门予以协助。
名师点睛 对于不同机关移送的案件，退回补充侦查（调查）的原则有所区别：①公安移送：可退回可自侦；②监察委移送：原则退回，必要自侦；③自侦案件：原则退回，必要自侦。 |

续表

补充侦查的期限	退回公安机关补充侦查、退回监察委补充调查、退回人民检察院自侦部门补充侦查的，均应当在1个月以内补充侦查完毕。（凡是"退回"均限1个月） **关联法条**《高检规则》第348条：人民检察院在审查起诉中决定自行侦查的，应当在审查起诉期限内侦查完毕。
补充侦查的次数	退回公安机关补充侦查、退回监察委补充调查、退回人民检察院自侦部门补充侦查的，均以2次为限。（凡是"退回"均限2次） **关联法条**《高检规则》第350条：对于在审查起诉期间改变管辖的案件，改变后的人民检察院对于符合刑事诉讼法第175条第2款规定的案件，可以经原受理案件的人民检察院协助，直接退回原侦查案件的公安机关补充侦查，也可以自行侦查。改变管辖前后退回补充侦查的次数总共不得超过2次。
补充侦查后的处理	（1）补充侦查完毕移送人民检察院后，人民检察院重新计算审查起诉期限。 （2）对于经过2次补充侦查仍然证据不足，不符合起诉条件的案件，人民检察院应当作出不起诉决定。人民检察院对于经过1次退回补充侦查的案件，认为证据不足，不符合起诉条件，且没有退回补充侦查必要的，可以作出不起诉决定。

（三）法庭审理阶段的补充侦查

补充侦查的启动	根据《刑事诉讼法》第204条第2项的规定，在法庭审判过程中，检察人员发现提起公诉的案件需要补充侦查，提出延期审理建议的，合议庭可以同意。 **名师点睛** 法院作为消极中立的裁判者，不会主动启动补充侦查程序。但是根据《刑诉解释》第277条的规定，审判期间，合议庭发现被告人可能有自首、坦白、立功等法定量刑情节，而人民检察院移送的案卷中没有相关证据材料的，应当通知人民检察院在指定时间内移送。审判期间，被告人提出新的立功线索的，人民法院可以建议人民检察院补充侦查。
补充侦查的主体	（1）根据《高检规则》第422条第1款的规定，在审判过程中，对于需要补充提供法庭审判所必需的证据或者补充侦查的，人民检察院应当自行收集证据和进行侦查，必要时可以要求监察机关或者公安机关提供协助；也可以书面要求监察机关或者公安机关补充提供证据。 **名师点睛** 此情形主要是针对已经受指控的犯罪事实的补充侦查，只能由人民检察院自行进行，不得再退回侦查机关或监察机关。 **举案说法** 罗某涉嫌盗窃一案，审判阶段，对该盗窃事实需要补充提供法庭审判所必需的证据或者补充侦查的，人民检察院应当自行收集证据和进行侦查，必要时可以要求公安机关提供协助。 （2）根据《高检规则》第423条的规定，人民法院宣告判决前，人民检察院发现遗漏同案犯罪嫌疑人或者罪行的，应当要求公安机关补充移送起诉或者补充侦查；对于犯罪事实清楚，证据确实、充分的，可以直接追加、补充起诉。 **名师点睛** 此情形主要是针对漏罪、漏人的补充侦查，应当要求公安机关补充侦查或者补充移送起诉，满足起诉条件的，也可以径行起诉。

续表

补充侦查的主体	**举案说法** 罗某涉嫌盗窃一案，在审判阶段，如果发现罗某还有强奸的犯罪事实，应当要求公安机关补充移送起诉或者补充侦查；对于犯罪事实清楚，证据确实、充分的，可以直接补充起诉。
补充侦查的期限和次数	应当在 1 个月内补充侦查完毕。 补充侦查 2 次为限。
补充侦查后的处理	（1）人民检察院补充侦查的案件，补充侦查完毕移送人民法院后，人民法院重新计算审理期限； （2）根据《刑诉解释》第 274 条第 3 款的规定，补充侦查期限届满后，人民检察院未将补充的证据材料移送人民法院的，人民法院可以根据在案证据作出判决、裁定。

小试牛刀

关于补充侦查，下列哪些选项是正确的？[1]
A. 审查批捕阶段，只有不批准逮捕的，才能通知公安机关补充侦查
B. 审查起诉阶段的补充侦查以 2 次为限
C. 审判阶段法院可以自行补充侦查
D. 审判阶段法院不得建议检察院补充侦查

总结梳理

侦查相关程序总结如下：

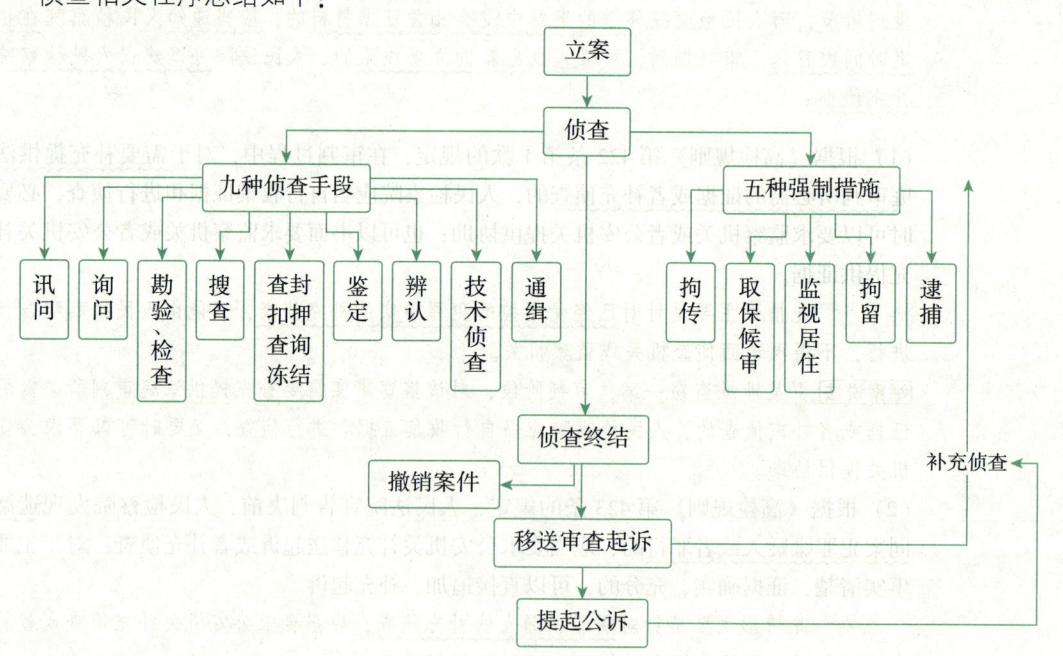

[1] AB

第 13 讲 起 诉

本讲导读

📈 复习提要

本讲需要掌握检察院审查起诉中针对不同特殊情形的处理方式，还需要掌握审查起诉后的处理结果——起诉或者不起诉。考生还需要重点掌握不起诉的种类，分别是法定不起诉、酌定不起诉、存疑不起诉、附条件不起诉。最后，还要注意检察院如果不起诉，相关主体的救济方法。

👤 知识框架

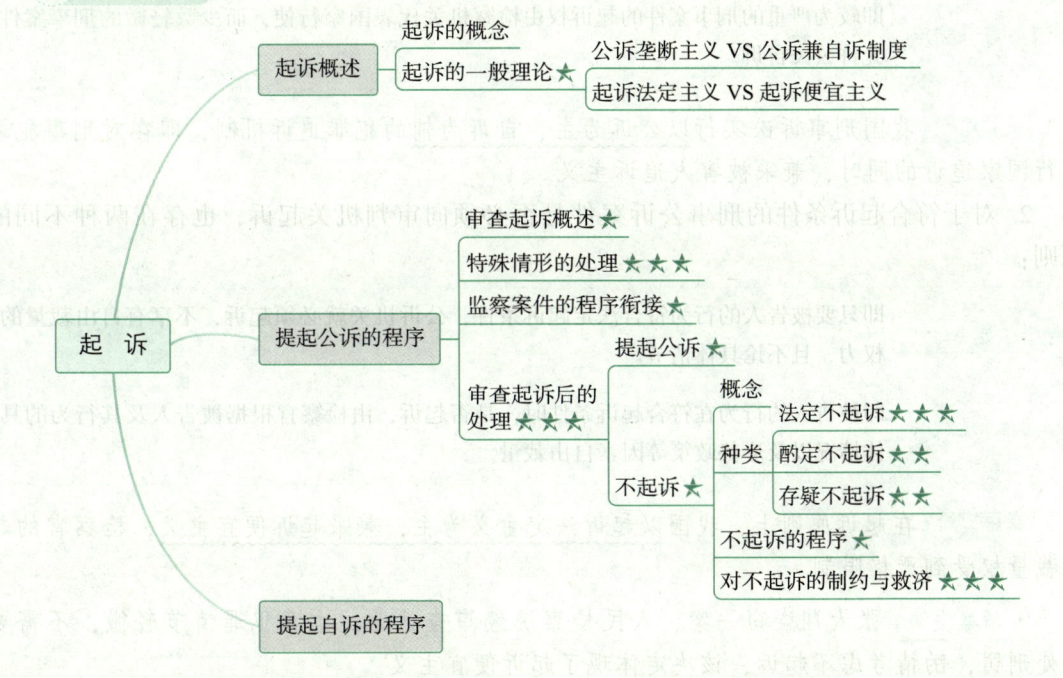

- 起诉
  - 起诉概述
    - 起诉的概念
    - 起诉的一般理论
      - 公诉垄断主义 VS 公诉兼自诉制度
      - 起诉法定主义 VS 起诉便宜主义
  - 提起公诉的程序
    - 审查起诉概述 ★
    - 特殊情形的处理 ★★★
    - 监察案件的程序衔接 ★
    - 提起公诉 ★
    - 审查起诉后的处理 ★★★
    - 不起诉
      - 概念
      - 种类
        - 法定不起诉 ★★★
        - 酌定不起诉 ★★
        - 存疑不起诉 ★★
      - 不起诉的程序 ★
      - 对不起诉的制约与救济 ★★★
  - 提起自诉的程序

专题 39 起诉概述

一、起诉的概念

刑事起诉，是指享有控诉权的国家机关和公民依法向法院提起诉讼，请求法院对指控的内容进行审判，以确定被告人刑事责任并依法予以刑事制裁的诉讼活动。刑事起诉可分为两种，即自诉和公诉。

公诉	即依法享有刑事起诉权的国家专门机关代表国家向法院提起诉讼，要求法院通过审判确定被告人犯有被指控的罪行并给予相应的刑事制裁的诉讼活动。
自诉	即刑事被害人及其法定代理人、近亲属等，以个人的名义向法院起诉，要求保护被害人的合法权益，追究被告人刑事责任的诉讼活动。

【举案说法】罗小翔一夜暴富后，同时娶了18个老婆。本案除了可以由人民检察院向人民法院提起公诉之外，还可以由被害人依法向人民法院提起自诉。

二、起诉的一般理论

1. 现代各国的刑事公诉制度主要分为两种类型：

公诉垄断主义	即刑事案件的起诉权被国家垄断，排除被害人自诉。
公诉兼自诉制度	即较为严重的刑事案件的起诉权由检察机关代表国家行使，而少数轻微的刑事案件允许公民自诉。

【名师点睛】我国刑事诉讼实行以公诉为主、自诉为辅的犯罪追诉机制，即在对刑事犯罪实行国家追诉的同时，兼采被害人追诉主义。

2. 对于符合起诉条件的刑事公诉案件是否必须向审判机关起诉，也存在两种不同的原则：

起诉法定主义	即只要被告人的行为符合法定起诉条件，公诉机关就必须起诉，不享有自由裁量的权力，且不论具体情节。
起诉便宜主义	即被告人的行为在符合起诉条件时，是否起诉，由检察官根据被告人及其行为的具体情况以及形势政策等因素自由裁量。

【名师点睛】在起诉原则上，我国以起诉法定主义为主，兼采起诉便宜主义，检察官的起诉裁量权受到严格限制。

【举案说法】张大翔盗窃一案，人民检察院经审查认为，本案犯罪情节轻微，不需要判处刑罚，酌情考虑不起诉，该决定体现了起诉便宜主义。

专题 40 提起公诉的程序

一、审查起诉概述

审查起诉，是指人民检察院在提起公诉阶段，为了确定经侦查终结和调查终结的刑事案件是否应当提起公诉，而对侦查机关和监察机关确认的犯罪事实和证据、犯罪性质和罪名进行审查核实，并作出处理决定的一项诉讼活动。

审查主体	凡需要提起公诉的案件，一律由人民检察院审查决定。 **举案说法** 向某行贿一案，监察机关经调查认为犯罪事实清楚、证据确实、充分的，制作起诉意见书，连同案卷材料、证据一并移送人民检察院依法审查，提起公诉。
受理程序	对于公安机关移送审查起诉的案件，应当在 7 日内进行审查，审查的期限计入审查起诉的期限。
审查内容（了解）	根据《刑事诉讼法》第 171 条的规定，人民检察院审查案件的时候，必须查明： （1）犯罪事实、情节是否清楚，证据是否确实、充分，犯罪性质和罪名的认定是否正确； （2）有无遗漏罪行和其他应当追究刑事责任的人； （3）是否属于不应追究刑事责任的； （4）有无附带民事诉讼； （5）侦查活动是否合法。
审查期限	根据《刑事诉讼法》第 172 条第 1 款的规定，人民检察院对于监察机关、公安机关移送起诉的案件，应当在 1 个月以内作出决定，重大、复杂的案件，可以延长 15 日；犯罪嫌疑人认罪认罚，符合速裁程序适用条件的，应当在 10 日以内作出决定，对可能判处的有期徒刑超过 1 年的，可以延长至 15 日。 **名师点睛** ❶对于补充侦查的案件，补充侦查完毕移送人民检察院后，重新计算审查起诉期限；改变管辖的，从改变后的人民检察院收到案件之日起重新计算审查起诉期限。 ❷以上规定的审查起诉期限是针对犯罪嫌疑人被羁押的案件来说的，实践中对犯罪嫌疑人未被羁押的案件，人民检察院不受上述期限的限制。
必经程序	根据《刑事诉讼法》第 173 条第 1 款的规定，人民检察院审查案件，应当讯问犯罪嫌疑人，听取辩护人或者值班律师、被害人及其诉讼代理人的意见，并记录在案。辩护人或者值班律师、被害人及其诉讼代理人提出书面意见的，应当附卷。 **名师点睛** 2018 年《刑事诉讼法》修正后，该条内容增加了听取值班律师意见的程序。

二、审查起诉中特殊情形的处理

（一）材料不齐备

《高检规则》第 158 条第 2 款规定，经审查，认为案卷材料不齐备的，应当及时要求移送案件的单位补送相关材料。对于案卷装订不符合要求的，应当要求移送案件的单位重新装订后移送。

（二）同案犯在逃

《高检规则》第 158 条第 3 款规定，对于移送起诉的案件，犯罪嫌疑人在逃的，应当要求公安机关采取措施保证犯罪嫌疑人到案后再移送起诉。共同犯罪案件中部分犯罪嫌疑人在逃的，对在案犯罪嫌疑人的移送起诉应当受理。

（三）管辖问题

1.《高检规则》第 328 条

各级人民检察院提起公诉，应当与人民法院审判管辖相适应。负责捕诉的部门收到移送起诉的案件后，经审查认为不属于本院管辖的，应当在发现之日起 5 日以内经由负责案件管理的部门移送有管辖权的人民检察院，同时通知移送起诉的公安机关。

• **举案说法** 罗伯特·翔强奸一案，经朝阳区公安分局侦查终结，移送至朝阳区人民检察院。经审查，朝阳区人民检察院认为本案应当由海淀区人民法院审理，于是朝阳区人民检察院将案件移送海淀区人民检察院，同时通知朝阳区公安分局。

2.《高检规则》第 357 条

检察院误查了监察委的案件	人民检察院立案侦查时认为属于直接受理侦查的案件，在审查起诉阶段发现属于监察机关管辖的，应当及时商监察机关办理。
检察院误查了公安的案件	人民检察院立案侦查时认为属于直接受理侦查的案件，在审查起诉阶段发现属于公安机关管辖，案件事实清楚、证据确实、充分，符合起诉条件的，可以直接起诉；事实不清、证据不足的，应当及时移送有管辖权的机关办理。
公安、监察委误查了彼此的案件	在审查起诉阶段，发现公安机关移送起诉的案件属于监察机关管辖，或者监察机关移送起诉的案件属于公安机关管辖，但案件事实清楚、证据确实、充分，符合起诉条件的，经征求监察机关、公安机关意见后，没有不同意见的，可以直接起诉；提出不同意见，或者事实不清、证据不足的，应当将案件退回移送案件的机关并说明理由，建议其移送有管辖权的机关办理。

• **举案说法** 人民检察院在审查起诉中，发现公安机关移送的罗某受贿案属于监察机关调查的案件范围，如果案件事实清楚、证据确实、充分，符合起诉条件，经征求监察机关、公安机关意见后，没有不同意见的，可以直接起诉；如果提出不同意见，或者事实不清、证据不足，应当将案件退回公安机关并说明理由，建议其移送监察机关办理。

（四）鉴定问题

根据《高检规则》第 332 条的规定，人民检察院认为需要对案件中某些专门性问题进行鉴定而监察机关或者公安机关没有鉴定的，应当要求监察机关或者公安机关进行鉴定。

必要时，也可以由人民检察院进行鉴定，或者由人民检察院聘请有鉴定资格的人进行鉴定。人民检察院自行进行鉴定的，可以商请监察机关或者公安机关派员参加，必要时可以聘请有鉴定资格或者有专门知识的人参加。

（五）复验、复查问题

根据《高检规则》第335条的规定，人民检察院审查案件时，对监察机关或者公安机关的勘验、检查，认为需要复验、复查的，应当要求其复验、复查，人民检察院可以派员参加；也可以自行复验、复查，商请监察机关或者公安机关派员参加，必要时也可以指派检察技术人员或者聘请其他有专门知识的人参加。

（六）漏罪、漏人问题

根据《高检规则》第356条的规定，人民检察院在办理公安机关移送起诉的案件中，发现遗漏罪行或者有依法应当移送起诉的同案犯罪嫌疑人未移送起诉的，应当要求公安机关补充侦查或者补充移送起诉。对于犯罪事实清楚，证据确实、充分的，也可以直接提起公诉。

• 举案说法 人民检察院审查罗伯特·翔涉嫌强奸一案，发现了罗伯特·翔的表哥李某某的诈骗案犯罪线索。由于李某某诈骗案既不属于漏罪，也不属于漏人，因此人民检察院的正确做法是将李某某诈骗案的犯罪线索移送公安机关另案处理。

（七）发现新罪

根据《高检规则》第349条的规定，人民检察院对已经退回监察机关2次补充调查或者退回公安机关2次补充侦查的案件，在审查起诉中又发现新的犯罪事实，应当将线索移送监察机关或者公安机关。对已经查清的犯罪事实，应当依法提起公诉。

• 举案说法 人民检察院审查罗伯特·翔涉嫌强奸一案，在退回公安机关2次补充侦查后，又发现罗伯特·翔还涉嫌一起聚众淫乱案。人民检察院应当将聚众淫乱的犯罪线索移送公安机关，已经查清的强奸罪，应当依法提起公诉。

（八）证据的核实与排除问题

根据《高检规则》第264条的规定，发现讯问笔录与讯问犯罪嫌疑人录音、录像内容有重大实质性差异的，或者公安机关、本院负责侦查的部门不能补正或者作出合理解释的，该讯问笔录不能作为批准或者决定逮捕、提起公诉的依据。

根据《高检规则》第341条的规定，人民检察院在审查起诉中发现有应当排除的非法证据，应当依法排除，同时可以要求监察机关或者公安机关另行指派调查人员或者侦查人员重新取证。必要时，人民检察院也可以自行调查取证。

名师点睛 在审前阶段，排除非法证据后，还允许重新调取。在审判阶段，非法证据被法官排除的，不允许重新调取。

（九）审查起诉阶段的认罪认罚程序

详见第2讲专题5之"认罪认罚从宽原则"。

（十）审查起诉阶段的补充侦查问题

详见第12讲专题38之"补充侦查"。

📖 小试牛刀

检察院在审查起诉时，下列处理方式错误的是：[1]

A. 审查公安机关移送起诉的高某投毒案，经 2 次退回公安机关补充侦查后，又发现高某还涉嫌贩毒的犯罪事实，本案可以再次退回公安机关补充侦查
B. 审查吴某、郑某共同抢劫案的过程中，吴某在押但郑某潜逃，遂全案中止审查起诉
C. 甲县公安局将蔡某抢劫案移送甲县检察院审查起诉，甲县检察院审查认为蔡某可能会被判处死刑，遂将案件退回
D. 甲县检察院受理移送起诉的殷某诈骗案，发现遗漏同案犯鄢某，甲县检察院应当将鄢某另案移送公安机关立案侦查

三、监察案件的程序衔接

自《监察法》实施后，公职人员的职务犯罪由监察机关立案调查，监察机关经调查认为犯罪事实清楚，证据确实、充分的，同样应当制作起诉意见书，连同案卷材料、证据一并移送人民检察院依法审查、提起公诉。备考中需重点掌握监察程序与刑事诉讼程序的衔接问题。

补充侦查、调查问题	根据《刑事诉讼法》第 170 条第 1 款的规定，人民检察院对于监察机关移送起诉的案件，依照本法和监察法的有关规定进行审查。人民检察院经审查，认为需要补充核实的，应当退回监察机关补充调查，必要时可以自行补充侦查。 名师点睛 根据《监察法》第 47 条第 3 款的规定，对于补充调查的案件，应当在 1 个月内补充调查完毕。补充调查以 2 次为限。 关联法条《高检规则》第 343 条第 3 款：人民检察院决定退回补充调查的案件，犯罪嫌疑人已被采取强制措施的，应当将退回补充调查情况书面通知强制措施执行机关。监察机关需要讯问的，人民检察院应当予以配合。
强制措施衔接问题	根据《刑事诉讼法》第 170 条第 2 款的规定，对于监察机关移送起诉的已采取留置措施的案件，人民检察院应当对犯罪嫌疑人先行拘留，留置措施自动解除。人民检察院应当在拘留后的 10 日以内作出是否逮捕、取保候审或者监视居住的决定。在特殊情况下，决定的时间可以延长 1~4 日。人民检察院决定采取强制措施的期间不计入审查起诉期限。
律师帮助衔接问题	根据《高检规则》第 145 条的规定，人民检察院应当自收到移送起诉的案卷材料之日起 3 日以内告知犯罪嫌疑人有权委托辩护人。对已经采取留置措施的，应当在执行拘留时告知。 举案说法 向某盗窃一案，在侦查阶段，向某有权委托辩护律师为其辩护。向某贪污一案，监察机关调查阶段向某无权委托辩护人，自案件移送审查起诉之日起，向某方可委托辩护人。
证据衔接	根据《监察法》第 33 条的规定，监察机关依照《监察法》规定收集的物证、书证、证人证言、被调查人供述和辩解、视听资料、电子数据等证据材料，在刑事诉讼中可以作为证据使

---

[1] ABCD

	续表
证据衔接	用。监察机关在收集、固定、审查、运用证据时，<u>应当与刑事审判关于证据的要求和标准相一致</u>。以非法方法收集的证据应当依法予以排除，不得作为案件处置的依据。
审查决定	根据《监察法》第47条第4款的规定，对监察机关移送的案件，人民检察院对于有《刑事诉讼法》规定的<u>不起诉的情形</u>的，<u>经上一级人民检察院批准</u>，依法作出不起诉的决定。监察机关认为不起诉的决定有错误的，<u>可以向上一级人民检察院提请复议</u>。

四、审查起诉后的处理

根据《高检规则》第339条的规定，人民检察院对案件进行审查后，应当依法作出起诉或者不起诉以及是否提起附带民事诉讼、附带民事公益诉讼的决定。

（一）提起公诉

根据《刑事诉讼法》第176条第1款的规定，人民检察院认为犯罪嫌疑人的犯罪事实已经查清，证据确实、充分，依法应当追究刑事责任的，应当作出起诉决定，按照审判管辖的规定，向人民法院提起公诉，并将案卷材料、证据移送人民法院。根据该条文可知，提起公诉需要满足下列条件：

实质要件	（1）<u>犯罪嫌疑人的犯罪事实已经查清</u>。 **名师点睛** 根据《高检规则》第355条第2款的规定，具有下列情形之一的，可以认为犯罪事实已经查清：①属于单一罪行的案件，查清的事实足以定罪量刑或者与定罪量刑有关的事实已经查清，不影响定罪量刑的事实无法查清的；②属于数个罪行的案件，部分罪行已经查清并符合起诉条件，其他罪行无法查清的（以已经查清的罪行起诉）；③无法查清作案工具、赃物去向，但有其他证据足以对被告人定罪量刑的；④证人证言、犯罪嫌疑人供述和辩解、被害人陈述的内容主要情节一致，个别情节不一致，但不影响定罪的。 （2）<u>证据确实、充分</u>。 （3）<u>依法应当追究刑事责任</u>。
形式要件	（1）制作起诉书； （2）按照审判管辖要求，向同级人民法院提起公诉。

（二）不起诉

1. 概念

不起诉，是指人民检察院对监察机关或者公安机关移送起诉的案件或者对自行侦查终结的案件，经过审查后，认为犯罪嫌疑人没有犯罪事实，或者具有《刑事诉讼法》第16条规定的不追究刑事责任的情形之一，或者犯罪嫌疑人犯罪情节轻微，依法不需要判处刑罚或免除刑罚，或者经补充侦查尚未达到起诉条件，而作出的不将案件移送人民法院进行审判的决定。不起诉是人民检察院审查案件的结果之一，具有终止诉讼的法律效力。

2. 不起诉的种类

（1）法定不起诉（绝对不起诉）

法定不起诉，是指犯罪嫌疑人没有犯罪事实，或者具有《刑事诉讼法》第16条规定

的不追究刑事责任情形之一的，经检察长批准，"应当"作出不起诉决定。法定不起诉有以下几种情形：①犯罪嫌疑人实施的行为情节显著轻微，危害不大，不认为是犯罪的；②犯罪嫌疑人的犯罪已过追诉时效期限的；③犯罪嫌疑人的犯罪经特赦令免除刑罚的；④依照《刑法》告诉才处理的犯罪，没有告诉或者撤回告诉的；⑤犯罪嫌疑人、被告人死亡的；⑥犯罪嫌疑人没有犯罪事实的；⑦其他法律规定免予刑事责任的。

名师点睛 法定不起诉的情形可以概括为："显著轻、过时效、特赦、告诉和死掉，还有无罪绝不诉"。

小试牛刀

某市检察院审理市公安局移送审查起诉的下列案件中，具有何种情形时应当作出不起诉决定？[1]

A. 犯罪嫌疑人甲，犯罪已过追诉时效期限
B. 犯罪嫌疑人乙，为犯罪准备工具、创造条件
C. 犯罪嫌疑人丙已经死亡
D. 犯罪嫌疑人丁是聋哑人

关联法条《高检规则》

第365条第1款：人民检察院对于监察机关或者公安机关移送起诉的案件，发现犯罪嫌疑人没有犯罪事实，或者符合刑事诉讼法第16条规定的情形之一的，经检察长批准，应当作出不起诉决定。

举案说法 例如，人民检察院在审查起诉罗某盗窃案中，发现根本就没有盗窃行为发生。本案经检察长批准，应当作出不起诉决定。又如，人民检察院在审查起诉张某受贿案中，发现本案并无受贿事实发生。本案需要经过（上一级人民检察院）检察长批准，应当作不起诉决定。

第365条第2款：对于犯罪事实并非犯罪嫌疑人所为，需要重新调查或者侦查的，应当在作出不起诉决定后书面说明理由，将案卷材料退回监察机关或者公安机关并建议重新调查或者侦查。

名师点睛 对于监察机关或者公安机关移送起诉的案件，如果发现并非犯罪嫌疑人所为，处理方式分两步：①作出法定不起诉的决定；②书面说明理由，将案卷材料退回监察机关或者公安机关并建议重新调查或者侦查。

举案说法 人民检察院在审查起诉鄢某盗窃案中，发现该盗窃行为并非鄢某所为。本案应当对鄢某作出不起诉决定后书面说明理由，将案卷材料退回公安机关并建议公安机关重新侦查。

第366条：负责捕诉的部门对于本院负责侦查的部门移送起诉的案件，发现具有本规则第365条第1款规定情形的，应当退回本院负责侦查的部门，建议撤销案件。

名师点睛 对于检察院自侦案件，如果出现法定不起诉的情形，正确的处理方式是：应当退回本院负责侦查的部门，建议撤销案件。

---

[1] AC

> **举案说法** 人民检察院捕诉部门在审查起诉向某刑讯逼供案时，发现向某没有实施犯罪行为，应当退回本院侦查部门，建议作出撤销案件的处理。

（2）酌定不起诉（相对不起诉）

酌定不起诉，是指人民检察院对于犯罪情节轻微，依照《刑法》规定不需要判处刑罚或者免除刑罚的，经检察长批准，可以作出不起诉决定。

酌定不起诉必须同时具备的两个条件：①犯罪嫌疑人实施的行为触犯了刑律，符合犯罪构成的要件，已经构成犯罪；②犯罪行为情节轻微，依照《刑法》规定不需要判处刑罚或者免除刑罚。

> **名师点睛**
>
> ❶在同时具备以上两个条件时，人民检察院不是必须作出不起诉决定，而是可以斟酌具体案情和犯罪嫌疑人的悔罪表现来确定，或者提起公诉，追究犯罪嫌疑人的责任；或者不起诉，终结诉讼。因此，酌定不起诉是人民检察院行使起诉裁量权的表现。
>
> ❷酌定不起诉的条件可以概括为："有罪、轻微、不判刑，可以酌情不起诉"。

> **拓展阅读**
>
> 常见的刑法规定免除刑罚的情形：①犯罪嫌疑人在中华人民共和国领域外犯罪，依照我国《刑法》规定应当负刑事责任，但在外国已经受过刑事处罚的；②犯罪嫌疑人又聋又哑，或者是盲人犯罪的；③犯罪嫌疑人因防卫过当或紧急避险超过必要限度，并造成不应有危害而犯罪的；④为犯罪准备工具，制造条件的；⑤在犯罪过程中自动中止或自动有效地防止犯罪结果发生的；⑥在共同犯罪中，起次要或辅助作用的；⑦被胁迫、被诱骗参加犯罪的；⑧犯罪嫌疑人自首或者在自首后有立功表现的。

> **举案说法** 甲涉嫌故意伤害罪，经鉴定，如果被害人受到的伤害为轻微伤，则不认为是犯罪，人民检察院应当法定不起诉；如果被害人受到的伤害为轻伤，但情节轻微，此时人民检察院可以酌定不起诉。

（3）存疑不起诉（证据不足的不起诉）

根据《高检规则》第367条第1款的规定，人民检察院对于2次退回补充调查或者补充侦查的案件，仍然认为证据不足，不符合起诉条件的，经检察长批准，依法作出不起诉决定。

根据《高检规则》第367条第2款的规定，人民检察院对于经过1次退回补充调查或者补充侦查的案件，认为证据不足，不符合起诉条件，且没有再次退回补充调查或者补充侦查必要的，经检察长批准，可以作出不起诉决定。

> **名师点睛**
>
> ❶因证据不足决定不起诉的，在发现新的证据，符合起诉条件时，还可以再次提起公诉。
>
> ❷存疑不起诉的情形可以概括为："退补1次可不诉，退补2次应不诉"。

> **举案说法** 罗伯特·翔强奸一案，人民检察院如果退回公安机关补充侦查2次后，仍然证据不足，应当作出存疑不起诉的决定；如果退回公安机关补充侦查1次后，认为证据不足，可以作出存疑不起诉的决定，也可以再退回补充侦查1次。

小试牛刀

甲、乙、丙、丁四人涉嫌多次结伙盗窃，公安机关侦查终结移送审查起诉后，甲突然死亡。检察院审查后发现，甲和乙共同盗窃1次，数额未达刑事立案标准；乙和丙共同盗窃1次，数额刚达刑事立案标准；甲、丙、丁三人共同盗窃1次，数额巨大，但经2次退回公安机关补充侦查后仍证据不足；乙对其参与的2起盗窃有自首情节。关于本案，下列哪一选项是正确的?[1]

A. 对甲可作出酌定不起诉决定
B. 对乙可作出法定不起诉决定
C. 对丙应作出证据不足不起诉决定
D. 对丁应作出证据不足不起诉决定

3. 不起诉的程序

不起诉的宣告	(1) 凡是不起诉的案件，人民检察院都应当制作不起诉决定书； (2) 不起诉的决定书应当公开宣布，自公开宣布之日起生效。
不起诉的送达	(1) 被不起诉人及其辩护人以及被不起诉人的所在单位； (2) 对于监察机关或者公安移送起诉的案件，应当将不起诉决定书送达监察机关或者公安机关； (3) 应当送达被害人或者其近亲属及其诉讼代理人。
解除强制措施	被不起诉人在押的，应当立即释放；被采取其他强制措施的，应当通知执行机关解除。
涉案财物处理	应当同时书面通知作出查封、扣押、冻结决定的机关或者执行查封、扣押、冻结决定的机关解除查封、扣押、冻结。
移送有关主管机关	对被不起诉人需要给予行政处罚、处分或者需要没收其违法所得的，人民检察院应当提出检察意见，移送有关主管机关处理。有关主管机关应当将处理结果及时通知人民检察院。
特殊案件不起诉程序	根据《高检规则》第371条的规定，人民检察院直接受理侦查的案件，以及监察机关移送起诉的案件，拟作不起诉决定的，应当报请上一级人民检察院批准。 **名师点睛** 只有公安机关移送的案件不起诉决定可以由审查起诉的人民检察院作出。

4. 对不起诉的制约与救济

公安机关	(1) 如果公安机关认为人民检察院的不起诉决定有错误，可以要求复议； (2) 如果意见不被接受，可以向上一级人民检察院提请复核。
监察机关	监察机关认为不起诉的决定有错误的，可以向上一级人民检察院提请复议。
被害人	(1) 被害人对不起诉决定不服，可以自收到不起诉决定书后7日内直接向作出不起诉决定的上一级人民检察院申诉，请求提起公诉。

---

[1] D

续表

被害人	（2）对于上一级人民检察院维持不起诉决定的，被害人可以向人民法院起诉。被害人也可以不经申诉，直接向人民法院起诉。 **考点提示** 被害人针对人民检察院对未成年犯罪嫌疑人作出的附条件不起诉的决定和不起诉的决定，可以向上一级人民检察院申诉，不适用《刑事诉讼法》第180条关于被害人可以向人民法院起诉的规定。
被不起诉人	对酌定不起诉不服，可以自收到不起诉决定书后7日内向作出不起诉决定的人民检察院申诉，人民检察院应当作出复查决定，通知被不起诉人，同时抄送公安机关。 **考点提示** 被不起诉人只能针对酌定不起诉向本级人民检察院申诉。被害人可以针对所有不起诉决定向上一级人民检察院申诉。

小试牛刀

公安人员张三，因涉嫌对李四刑讯逼供被立案侦查。在审查起诉期间，A地基层检察院认为张三情节显著轻微，不构成犯罪，遂作不起诉处理。关于该决定，下列哪一选项是正确的？[1]

  A. 公安机关有权申请复议、复核
  B. 张三有权向原决定检察院申诉
  C. 李四有权向上一级检察院申诉
  D. 申诉后，上级检察院维持不起诉决定的，李四可以向该地的中级法院提起自诉

专题41
提起自诉的程序

一、自诉案件的范围

详见第4讲"管辖"。

二、自诉案件的提起条件

依据自诉案件的特征和法律的有关规定，自诉案件提起诉讼的条件有以下五点：
1. 有适格的自诉人
在法律规定的自诉案件范围内，遭受犯罪行为直接侵害的被害人有权向人民法院提起自诉。被害人死亡、丧失行为能力或者因受强制威吓等原因无法告诉，或者是限制行为能

---

[1] C。本案属于检察院自侦的案件，公安机关无权申请复议复核，所以选项A错误。对于酌定不起诉决定，被不起诉人如果不服，可以自收到决定书后7日以内向检察院申诉。故被不起诉人张三只有对酌定不起诉决定才能提出异议，而本案属于法定不起诉，所以选项B错误。李四作为被害人有权向上一级检察院申诉，所以选项C正确。对于申诉后，上级检察院维持不起诉决定的，被害人提起自诉时，应遵守法院级别管辖的规定，本案由A地检察院审查起诉，则李四应向基层法院提起自诉，所以选项D错误。

力以及由于年老、患病、盲、聋、哑等原因不能亲自告诉的，被害人的法定代理人、近亲属有权向人民法院起诉。

2. 有明确的被告人和具体的诉讼请求

自诉人起诉时应当明确提出控诉的对象，如果不能提出明确的被告人或者被告人下落不明，自诉案件不能成立。自诉人起诉时还应当提出具体的起诉请求，包括指明控诉的罪名和要求人民法院追究被告人何种刑事责任。

3. 属于自诉案件范围

自诉案件的范围仅限下列三类情况：

（1）告诉才处理的案件；

（2）人民检察院没有提起公诉，被害人有证据证明的轻微刑事案件；

（3）被害人有证据证明对被告人侵犯自己人身、财产权利的行为应当依法追究刑事责任，且有证据证明曾经提出控告，而公安机关或者人民检察院不予追究被告人刑事责任的案件。

4. 被害人有证据证明

被害人提起刑事自诉必须有能够证明被告人犯有被指控的犯罪事实的证据。

5. 属于受诉人民法院管辖

自诉人应当依据《刑事诉讼法》关于级别管辖和地区管辖的规定，向有管辖权的人民法院提起自诉。

总结梳理

审查起诉相关程序总结如下：

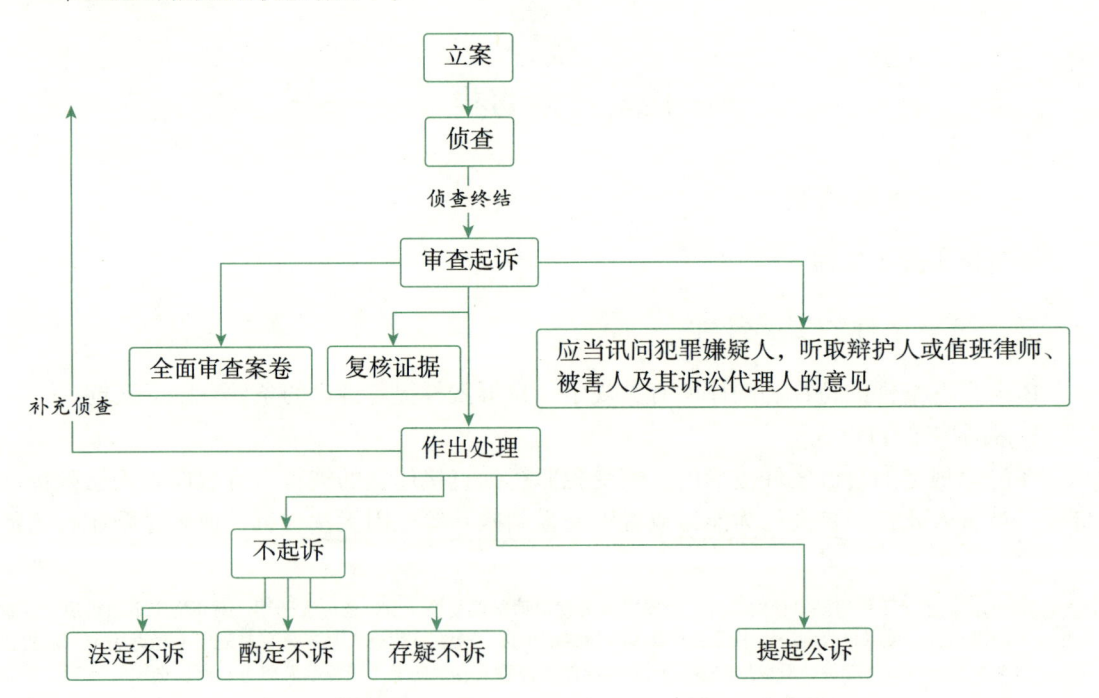

```
                立案
                 ↓
                侦查
                 ↓ 侦查终结
              审查起诉
        ┌────────┼────────┐
   全面审查案卷  复核证据   应当讯问犯罪嫌疑人，听取辩护人或值班律师、
        │        │         被害人及其诉讼代理人的意见
补充侦查 └────────┼────────┘
                 ↓
              作出处理
        ┌────────┴────────┐
      不起诉             提起公诉
   ┌────┼────┐
法定不诉 酌定不诉 存疑不诉
```

第14讲 刑事审判概述

本讲导读

复习提要

由于所要解决的纠纷性质不同，现代审判大致分为刑事审判、民事审判、行政审判三种。其中，刑事审判解决涉嫌犯罪的主体与国家之间刑法上的纠纷。本讲的重点是掌握审判中的基本原则和基本制度。审判基本原则包括审判公开原则、直接言词原则、集中审理原则、辩论原则，这些原则每年都有试题考查，考生需要重视这些原则的含义以及在制度中的体现。审判的基本制度，需要重点掌握审判组织（独任庭、合议庭、审委会）和审级制度（两审终审制）。

知识框架

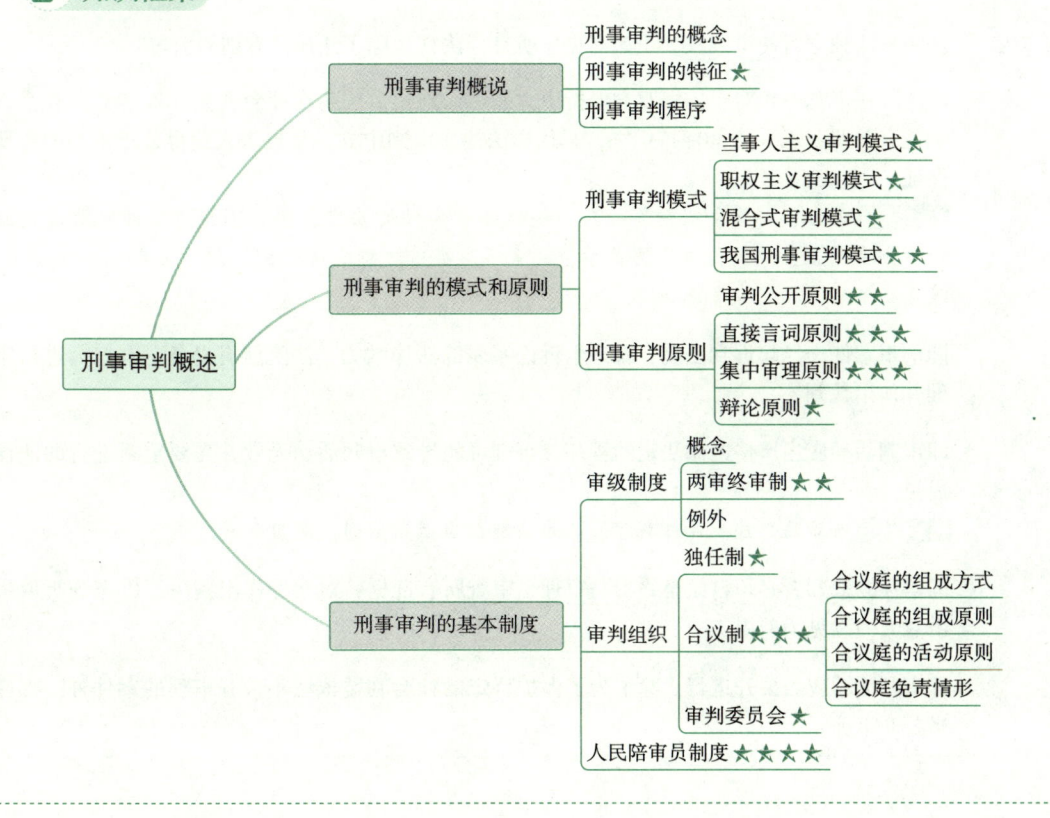

- 刑事审判概述
  - 刑事审判概说
    - 刑事审判的概念
    - 刑事审判的特征 ★
    - 刑事审判程序
  - 刑事审判的模式和原则
    - 刑事审判模式
      - 当事人主义审判模式 ★
      - 职权主义审判模式 ★
      - 混合式审判模式 ★
      - 我国刑事审判模式 ★★
    - 刑事审判原则
      - 审判公开原则 ★★
      - 直接言词原则 ★★★
      - 集中审理原则 ★★★
      - 辩论原则 ★
  - 刑事审判的基本制度
    - 审级制度
      - 概念
      - 两审终审制 ★★
      - 例外
    - 审判组织
      - 独任制 ★
      - 合议制 ★★★
        - 合议庭的组成方式
        - 合议庭的组成原则
        - 合议庭的活动原则
        - 合议庭免责情形
      - 审判委员会 ★
    - 人民陪审员制度 ★★★★

专题 42 刑事审判概说

一、刑事审判的概念

刑事审判，是指人民法院在控辩双方和其他诉讼参与人的参加下，依照法定的程序对于提交审判的刑事案件进行审理并作出裁判的活动。刑事审判活动由审理和裁判两部分活动组成。审理是裁判的前提和基础，裁判是审理的目的和结果。

二、刑事审判特征

被动性	即法院审判案件奉行"不告不理"原则，也就是没有起诉，就没有审判。而公安、检察机关行使追诉权则具有主动性，即当发现犯罪事实，需要追究刑事责任的时候，必须立案并进行侦查以及提起公诉。 考点提示 审判程序启动的被动性表现在很多方面。例如，没有检察机关或者自诉人的起诉，不能主动审判一个案件；不能审判控方未指控的犯罪事实；自诉案件的被告人没有提起反诉，不能主动审理反诉案件；没有被告人一方的上诉或检察机关的抗诉，上一级法院不得启动第二审程序。但是，法院可以主动启动再审程序。
独立性	法院依法独立行使审判权，正如马克思所言，法官"除了法律没有别的上司"。
中立性	即法院在审判中相对于控辩双方保持中立的诉讼地位。法院在社会利益（检察官）和个人利益（被指控人）之间保持中立，只代表法律。审判中立，是被告人获得公正审判的重要保证。 考点提示 例如，与案件有牵连的人不能担任该案件的法官，法官不得与案件的结果或纠纷各方有利益上或其他方面的关系，法官不应存有支持或反对某一方诉讼参与者的偏见，等等。
职权性	即刑事案件一经起诉到法院，就产生诉讼系属的法律效力，法院就有义务、有权力进行审理并作出裁判。
程序性	即审判活动应当严格遵循法定的程序，否则可能导致审判活动无效并需要重新进行的法律后果。 考点提示 一审法院违反法律程序，二审法院应当撤销原判，发回重审。
亲历性	即案件的裁判者必须自始至终参与审理，审查所有证据，对案件作出判决须以充分听取控辩双方的意见为前提。
公开性	即审判活动应当公开进行，除了为了保护特定的社会利益依法不公开审理的案件外，都应当公开审理。

续表

公正性	公正是诉讼的终极目标，是诉讼的生命。审判应依照公正的程序进行，进而最大限度地实现实体上的公正。审判的公正性也源自于裁判者的独立性与中立性。
终局性	即法院的生效裁判对于案件的解决具有最终决定意义。判决一旦生效，诉讼的任何一方原则上不能要求法院再次审判该案件，其他任何机关也不得对该案重新处理，有关各方都有履行裁判或不妨害裁判执行的义务。 **名师点睛** 终局性并不影响司法机关对确实存在错误的生效裁判启动审判监督程序。

考点提示 考生需要掌握每种特征在刑事诉讼具体制度和程序中的体现。

• **举案说法**

❶ 罗伯特·翔强奸一案，在首次开庭并对出庭证人的证言质证后，某合议庭成员因病无法参与审理，由另一人民陪审员担任合议庭成员继续审理并作出判决。该做法违背了法院审判的亲历性特征。

❷ 罗伯特·翔强奸一案，法院在审理中发现了罗伯特·翔还有贩毒的线索，法院主动将强奸罪、贩卖毒品罪合并审理。该做法违背了法院审判的被动性特征。

三、刑事审判程序

刑事审判程序是指人民法院审判刑事案件的步骤和方式、方法的总和。我国《刑事诉讼法》规定了以下四种基本的审判程序：

第一审程序	即人民法院根据审判管辖的规定，对人民检察院提起公诉和自诉人自诉的案件进行初次审判的程序。
第二审程序	即人民法院对上诉、抗诉案件进行审判的程序。
复核程序	包括死刑复核程序以及人民法院根据《刑法》第 63 条第 2 款的规定在法定刑以下判处刑罚的案件的复核程序。
审判监督程序	即对已经发生法律效力的判决、裁定，在发现确有错误时，进行重新审判的程序。

专题 43 刑事审判的模式和原则

一、刑事审判模式

所谓刑事审判模式，是指控诉、辩护、审判三方在刑事审判程序中的诉讼地位和相互关系，以及与之相适应的审判程序组合方式。现代刑事审判模式大体上分为当事人主义和职权主义两种，前者主要实行于英美法系国家，后者主要实行于大陆法系国家。两种审判模式各有所长，长期以来，相互取长补短。此外，还出现了兼采当事人主义和职权主义审判模式优点的混合式审判模式。

（一）当事人主义审判模式

概 念	当事人主义审判模式，又称对抗制审判模式、抗辩式审判模式，是指法官（陪审团）居于中立且被动的裁判者地位，法庭审判的进行由控方的举证和辩方的反驳共同推动和控制的一种审判模式。
特 征	（1）法官消极中立； （2）控辩双方积极主动和平等对抗； （3）控辩双方共同控制法庭审理的进程。
代 表	英美法系。

（二）职权主义审判模式

概 念	职权主义审判模式，又称审问式审判模式，是指法官在审判程序中居于主导和控制地位，而限制控辩双方积极性的审判模式。
特 征	（1）法官居于中心地位，主导法庭审理的进行； （2）控辩双方的积极性受到抑制，处于消极被动的地位； （3）法官掌握程序控制权。
代 表	大陆法系。

（三）混合式审判模式（日本、意大利）

混合式审判模式，是指吸收当事人主义审判模式和职权主义审判模式的长处，使两种审判模式融合的一种审判模式。即使在这种混合的审判模式中，还是可以看出其中更多地体现了当事人主义审判模式或职权主义审判模式的一些程序特征。

（四）我国刑事审判模式（注意发展历程）

1979 年	我国 1979 年《刑事诉讼法》确立的刑事审判模式体现出超职权主义的特点： （1）庭前审查为实体性审查。负责案件审判的法官不仅阅卷，还要预先讯问被告人、询问证人、鉴定人，而且必要时进行勘验、检查、搜查、扣押等一系列补充收集证据、审查核实证据的活动。 （2）法官完全主导和控制法庭审判程序，审判程序以法官积极主动地证据调查为中心。 （3）被告人诉讼地位弱化，辩护权受到抑制。 （4）控审不分，法官协助检察官行使控诉职能。法官与检察官实质上站在同一方共同对付被告人及其辩护人。
1996 年	1996 年修正的《刑事诉讼法》对审判模式进行了重大改革，主要是吸收了英美法系当事人主义的对抗性因素，并保留了职权主义的某些特征： （1）庭前审查由实体性审查改为程序性审查； （2）强化了控方的举证责任和辩方的辩护职能，弱化了法官的事实调查功能； （3）扩大了辩方的权利范围，强化了庭审的对抗性。 [名师点睛] 这些改革还只是初步的，只是弱化了超职权主义而已，职权主义色彩仍然相当严重，平等对抗机制还没有完全形成。

续表

2012 年	2012 年《刑事诉讼法》的再次修正，沿着控辩式庭审方式改革的方向取得了新的进展： （1）完善回避制度，规定辩护人有权申请回避及复议。 （2）改革辩护制度，完善了法律援助制度，扩大了强制辩护的适用范围，强化了辩护律师的会见权、阅卷权、申请调取证据权及保守职业秘密权等执业权利。 （3）修改证据制度，《刑事诉讼法》第49条（现为第51条）规定了"公诉案件中被告人有罪的举证责任由人民检察院承担"的规则，建立了非法证据排除规则，完善了证人保护制度，建立了证人作证补偿制度。 （4）完善审判程序，《刑事诉讼法》第188条（现为第193条）建立了强制证人出庭作证制度。此外，辩护人有权申请法庭通知有专门知识的人出庭就鉴定人作出的鉴定意见提出意见，辩护人可以就定罪、量刑问题进行辩论，等等。 [名师点睛] 上述新规定都有助于控辩式庭审方式改革的深化。
2018 年	2018 年《刑事诉讼法》第三次修正，庭审程序有了新变化：建立了缺席审判制度，同时规定了缺席审判案件被告人权利的保障措施，增加了速裁程序。上述规定都有助于控辩式庭审方式改革的深化。

二、刑事审判原则

审判原则，是指贯穿于整个刑事审判过程中，并对审判机关开展诉讼活动起指导作用的行为准则，它对审判程序的各个阶段都适用，是一种强制性的抽象性规范。

审判公开原则	概　念	审判公开原则，是指人民法院审理案件和宣告判决除了法律规定的特殊情形外都公开进行。
	例　外	（1）绝对不公开的案件：①有关国家秘密的案件（如间谍案等）；②有关个人隐私的案件（如强奸案等）；③审判的时候被告人不满18周岁的案件。 （2）相对不公开的案件：涉及商业秘密的案件，当事人申请不公开审理的，可以不公开审理。 [考点提示] 无论如何，宣判一律公开，合议庭评议一律不公开。 [举案说法] 罗伯特·翔强奸一案，由于涉及个人隐私，不能公开审理，但是宣判仍然要公开。
直接言词原则	概　念	直接言词原则是直接原则和言词原则的合称，是指法官必须在法庭上亲自听取被告人、证人及其他诉讼参与人的陈述，案件事实和证据必须以口头方式向法庭提出，调查证据以口头辩论、质证、辨认方式进行。
	体　现	（1）及时通知有关人员出庭。 （2）开庭审理中，合议庭成员必须始终在庭，参加庭审的全过程。 （3）所有证据都必须当庭出示、当庭质证。证人不出庭只能是例外。 （4）保证控辩双方有充分陈述和辩论的机会和时间。 [举案说法] 罗伯特·翔强奸一案，向法官在审理中途离开法庭接电话，辩护人提出异议并要求休庭，审判长予以拒绝。40 分钟后，向法官返回法庭继续参与审理。向法官长时间离开法庭的行为违反了直接言词原则。

续表

集中审理原则	概 念	集中审理原则，又称不中断审理原则，是指法院开庭审理案件，应在不更换审判人员的条件下连续进行，不得中断审理的诉讼原则。
	体 现	（1）每起案件自始至终应由同一法庭进行审判； （2）法庭成员不得更换； （3）集中证据调查与法庭辩论； （4）庭审不中断并迅速作出裁判。 [名师点睛] 万不得已更换法官或者庭审中断时间较长的，则应当重新进行审理。 [举案说法] 罗伯特·翔强奸一案，向法官在审理中途离开法庭接电话，由高法官代替其进入法庭继续参与审理。该行为违反了集中审理原则。
辩论原则		辩论原则，是指在法庭审理中起诉方和被告方应以公开的、口头的、对抗性的方式进行辩论，未经充分的辩论，不得进行裁判。辩论原则包括以下两方面的内容：①辩论的主体是控辩双方和其他当事人；②辩论的内容包括证据问题、事实问题、程序问题和法律适用问题。 [考点提示] 除了在法庭辩论阶段集中进行辩论以外，在法庭调查过程中，控辩双方也可以围绕某一证据的合法性、相关性问题进行辩论。

专题 44 刑事审判的基本制度

一、审级制度

审级制度，是指法律规定案件在起诉后，最多能经过几级法院审判就必须终结的诉讼制度。

	含 义	两审终审制，是指一个案件最多经过两级法院审判即告终结的制度。
两审终审制	内 容	（1）根据两审终审制的要求，地方各级人民法院按照第一审程序对案件审理后所作的判决、裁定，尚不能立即发生法律效力。只有在法定上诉期限内，有上诉权的人没有上诉，同级人民检察院也没有抗诉，第一审法院所作出的判决、裁定才发生法律效力。 （2）在法定期限内，如果有上诉权的人提出上诉，或者同级人民检察院提出了抗诉，上一级人民法院应依照第二审程序对该案件进行审判。上一级人民法院审理第二审案件作出的判决、裁定，是终审的判决、裁定，立即发生法律效力。
例 外	一审就终审的	最高人民法院审理的第一审案件为一审终审，其判决、裁定一经作出，立即发生法律效力，不存在启动二审程序的问题。

例外	二审仍不生效的	（1）判处死刑的案件，必须依法经过死刑复核程序核准后，才能发生法律效力，交付执行； （2）地方各级人民法院根据《刑法》第 63 条第 2 款的规定在法定刑以下判处刑罚的案件，必须经最高人民法院的核准，其判决、裁定才能发生法律效力并交付执行。

小试牛刀

下列哪一选项属于两审终审制的例外？[1]

A. 自诉案件的刑事调解书经双方当事人签收后，即具有法律效力，不得上诉
B. 地方各级法院的第一审判决，法定期限内没有上诉、抗诉，期满即发生法律效力
C. 在法定刑以下判处刑罚的判决，报请最高法院核准后生效
D. 法院可通过再审，撤销或者改变已生效的二审判决

二、审判组织

审判组织，是指人民法院审判案件的组织形式。人民法院审判刑事案件的组织形式有三种，即独任制、合议制和审判委员会。

（一）独任制

独任制，是指由审判员 1 人独任审判的制度。
1. 独任制只能在基层人民法院适用，其他三级人民法院不能适用。
2. 独任制只能在简易程序、速裁程序中适用，普通程序和其他审判程序不能适用。
3. 独任制只能由审判员独任审判，不能是人民陪审员。

关联法条《刑事诉讼法》第 183 条第 1 款：……基层人民法院适用简易程序、速裁程序的案件可以由审判员 1 人独任审判。

考点提示 简易程序并非都是独任制，只有 3 年以下的简易程序才可以出现独任制，超过 3 年的简易程序都是合议制。速裁程序都由审判员 1 人独任审理。

名师点睛 独任庭适用情形可以概括为："基层简速可独任，简易未必是独任，速裁一定是独任"。

（二）合议制

合议制，又称合议庭，是由审判人员或者由审判人员和人民陪审员组成审判集体，对具体案件进行审判的制度。

名师点睛 合议制是人民法院审判案件的基本组织形式。除基层人民法院适用简易程序或速裁程序审判案件可以采用独任制外，人民法院审判刑事案件均须采取合议庭的组织形式。

1. 合议庭的组成方式

根据《刑事诉讼法》第 183 条等的规定，各级法院审判组织构成归纳如下：

---

[1] C

一审合议庭 （可有陪审员）	基 层	1人	适用简易程序、速裁程序的案件可以由审判员1人独任审判。
		3人	审判员3人组成合议庭。
		3、7人	审判员和人民陪审员共3或7人组成合议庭。
	中 院	3人	审判员3人组成合议庭。
		3、7人	审判员和人民陪审员共3或7人组成合议庭。
	高 院	3、5、7人	由审判员3人至7人组成合议庭。
		3、7人	审判员和人民陪审员共3或7人组成合议庭。
	最高院	3、5、7人	审判员3人至7人组成合议庭。（无陪审员）
二审合议庭			上诉和抗诉案件，由审判员3人或5人组成合议庭。（无陪审员）
复核庭			最高院复核死刑和高院复核死缓案件，由审判员3人组成合议庭。（无陪审员）
重审、再审			应当另行组成合议庭进行审理，应当分别按照一审、二审程序组成合议庭。

[名师点睛] 上述内容可以概括归纳为："基层简速可独任，其他通通用合议；法官低3高到357，法陪通通3或7；地方一审可以陪，最高专业不用陪；二审法官3或5，复核法官仅3人；再审具体看几审，重审另组合议庭"。

小试牛刀

张某系某基层法院陪审员，可以参与审判下列哪些案件？[1]

A. 所在区基层法院适用简易程序审理的案件
B. 所在市中级法院审理的二审案件
C. 所在省高级法院审理的一审案件
D. 最高法院审理的一审案件

2. 合议庭的组成原则

（1）合议庭的成员人数应当是单数。

（2）合议庭由审判员或者人民陪审员随机组成。

（3）合议庭由审判员担任审判长。院长或者庭长参加审理案件时，由其本人担任审判长。审判员依法独任审判时，行使与审判长相同的职权。

（4）不得随意更换合议庭成员。开庭审理和评议案件，应当由同一合议庭进行。

3. 合议庭的活动原则

（1）合议庭成员地位与权责平等原则

[名师点睛] 关于陪审员与法官"同权"的问题，《人民陪审员法》第2条第2款规定，人民陪审员依法参加人民法院的审判活动，除法律另有规定外，同法官有同等权利。

（2）合议庭全体成员参加审理与评议原则

❶开庭审理时，合议庭全体成员应当共同参加，不得缺席、中途退庭或者从事与该庭审无关的活动。合议庭成员未参加庭审、中途退庭或者从事与该庭审无关的活动，当事人

---

[1] AC

提出异议的，应当纠正。合议庭仍不纠正的，当事人可以要求休庭，并将有关情况记入庭审笔录。

❷合议庭全体成员均应当参加案件评议。评议案件时，合议庭成员应当针对案件的证据采信、事实认定、法律适用、裁判结果以及诉讼程序等问题充分发表意见。必要时，合议庭成员还可提交书面评议意见。合议庭成员评议时发表意见不受追究。

❸依法不开庭审理的案件，合议庭全体成员均应当阅卷，必要时提交书面阅卷意见。

（3）审判长最后发表评议意见原则

合议庭评议案件时，先由承办法官介绍案件涉及的相关法律、审查判断证据的有关规则，后由人民陪审员及合议庭其他成员充分发表意见，审判长最后发表意见并总结合议庭意见。

（4）少数服从多数原则

合议庭成员在评议案件时，应当独立表达意见并说明理由。意见分歧的，应当按多数意见作出决定，但少数意见应当记入笔录。评议笔录由合议庭的组成人员在审阅确认无误后签名。评议情况应当保密。

（5）开庭审理并且评议后作出判决原则。

4. 合议庭免责情形

合议庭组成人员存在违法审判行为的，应当追究相应责任。合议庭审理案件有下列情形之一的，合议庭成员不承担责任：

（1）因对法律理解和认识上的偏差而导致案件被改判或者发回重审的；
（2）因对案件事实和证据认识上的偏差而导致案件被改判或者发回重审的；
（3）因新的证据而导致案件被改判或者发回重审的；
（4）因法律修订或者政策调整而导致案件被改判或者发回重审的；
（5）因裁判所依据的其他法律文书被撤销或变更而导致案件被改判或者发回重审的；
（6）其他依法履行审判职责不应当承担责任的情形。

📝 小试牛刀

下列哪些情形下，合议庭成员不承担责任？[1]

A. 发现了新的无罪证据，合议庭作出的判决被改判的
B. 合议庭认为审前供述虽非自愿，但能够与其他证据相印证，因此予以采纳，该供述后来被上级法院排除后而改判的
C. 辩护方提出被告人不在犯罪现场的线索和证据材料，合议庭不予调查，作出有罪判决而被改判无罪的
D. 合议庭对某一事实的认定以生效的民事判决为依据，后来该民事判决被撤销，导致刑事判决发回重审的

（三）审判委员会

审判委员会，是指人民法院内部设立的对审判工作实行集体领导的组织。根据《人民

---

[1] ABD。选项 C 中，合议庭对于被告人的不在场线索和证据不予调查，存在过错，因此合议庭成员应当承担责任，选项 C 不当选。

《法院组织法》第 36 条第 1 款的规定，各级人民法院设审判委员会。审判委员会由院长、副院长和若干资深法官组成，成员应当为单数。

1. 审判委员会是审判组织的一种。但比较特殊，经过审判委员会讨论过的案件，仍然必须以合议庭成员的名义而不能以审判委员会的名义发布判决书或裁定书。

2. 审判委员会讨论案件，应当在<u>法庭开庭并且评议以后进行</u>，而不应当先由审判委员会讨论案件后开庭审理案件。

3. 并不是所有的疑难、复杂、重大的刑事案件都要提交审判委员会讨论，只有当合议庭难以作出决定时，才提请院长决定提交审判委员会讨论。

【考点提示】
❶ 独任审判的案件，开庭审理后，独任审判员认为有必要的，也可以提请院长决定提交审判委员会讨论决定。
❷ 人民陪审员可以要求合议庭将案件提请院长决定是否提交审委会讨论决定。

4. 审判委员会的决定，合议庭应当执行，合议庭有不同意见，可以建议院长提交审判委员会复议。

5. 合议庭讨论的案件范围

应当提交的	根据《刑诉解释》第 216 条第 2 款的规定，对下列案件，合议庭应当提请院长决定提交审判委员会讨论决定：①高级人民法院、中级人民法院拟判处死刑立即执行的案件，以及中级人民法院拟判处死刑缓期执行的案件；②本院已经发生法律效力的判决、裁定确有错误需要再审的案件；③人民检察院依照审判监督程序提出抗诉的案件。
可以提交的	根据《刑诉解释》第 216 条第 3 款的规定，对合议庭成员意见有重大分歧的案件、新类型案件、社会影响重大的案件以及其他疑难、复杂、重大的案件，合议庭认为难以作出决定的，可以提请院长决定提交审判委员会讨论决定。

【名师点睛】审委会的特点可以概括为："评议后""不留名""非必经""需执行"。

三、人民陪审员制度（《人民陪审员法》）

2018 年 4 月 27 日，第十三届全国人大常委会第二次会议表决通过了《人民陪审员法》。根据中央司法体制改革部署和司法实践需要，《人民陪审员法》明确了人民陪审员的权利义务，完善了担任人民陪审员的条件、选任程序、参审规则、管理保障措施等内容，有利于拓宽人民群众有序参与司法的渠道，充分发挥人民陪审员的参审作用，促进司法公正，提升司法公信。

（一）担任条件

积极条件	第 5 条：公民担任人民陪审员，应当具备下列条件： （一）拥护中华人民共和国宪法； （二）年满 28 周岁； （三）遵纪守法、品行良好、公道正派； （四）具有正常履行职责的身体条件。 　　担任人民陪审员，一般应当具有高中以上文化程度。

续表

消极条件	第6条：下列人员不能担任人民陪审员： （一）人民代表大会常务委员会的组成人员，监察委员会、人民法院、人民检察院、公安机关、国家安全机关、司法行政机关的工作人员； （二）律师、公证员、仲裁员、基层法律服务工作者； （三）其他因职务原因不适宜担任人民陪审员的人员。 第7条：有下列情形之一的，不得担任人民陪审员： （一）受过刑事处罚的； （二）被开除公职的； （三）被吊销律师、公证员执业证书的； （四）被纳入失信被执行人名单的； （五）因受惩戒被免除人民陪审员职务的； （六）其他有严重违法违纪行为，可能影响司法公信的。 **名师点睛** 关于不能担任陪审员的人员以及相关禁止情形可以概括为："公检法司常安监；仲基律师公证员；受刑开除吊执照；纳入失信惩戒严"。

🗡 小试牛刀

下列哪些人员不得担任人民陪审员？[1]

A. 甲，司法行政机关工作人员
B. 乙，曾经是监察委员会工作人员，因违纪被开除
C. 丙，所学专业为法律专业但只具有大学专科文化程度
D. 丁，具有大学本科文化程度但所学专业为非法律专业

（二）适用范围

适用审级	一审程序合议庭。	
案件范围	依职权	第15条：人民法院审判第一审刑事、民事、行政案件，有下列情形之一的，由人民陪审员和法官组成合议庭进行： （一）涉及群体利益、公共利益的； （二）人民群众广泛关注或者其他社会影响较大的； （三）案情复杂或者有其他情形，需要由人民陪审员参加审判的。 人民法院审判前款规定的案件，法律规定由法官独任审理或者由法官组成合议庭审理的，从其规定。 **名师点睛** 本条规定了陪审员介入三大诉讼案件审判工作的法定情形。陪审员参加的案件仅限于一审程序，且考量因素主要包括群体利益、公共利益、社会影响、复杂程度等。 第16条：人民法院审判下列第一审案件，由人民陪审员和法官组成七人合议庭进行： （一）可能判处10年以上有期徒刑、无期徒刑、死刑，社会影响重大的刑事案件；

---

[1] AB

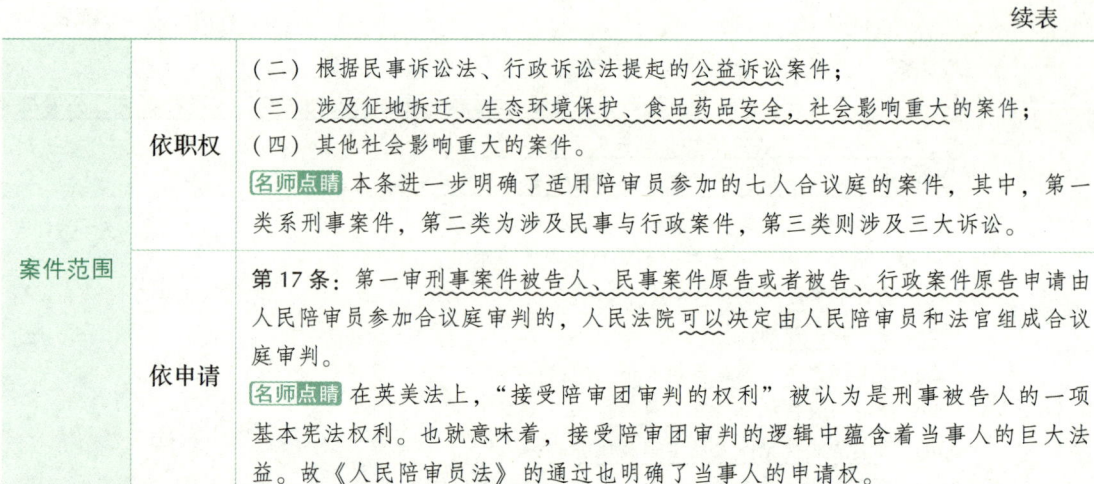

续表

案件范围	依职权	（二）根据民事诉讼法、行政诉讼法提起的公益诉讼案件； （三）涉及征地拆迁、生态环境保护、食品药品安全，社会影响重大的案件； （四）其他社会影响重大的案件。 **名师点睛** 本条进一步明确了适用陪审员参加的七人合议庭的案件，其中，第一类系刑事案件，第二类为涉及民事与行政案件，第三类则涉及三大诉讼。
	依申请	第17条：第一审刑事案件被告人、民事案件原告或者被告、行政案件原告申请由人民陪审员参加合议庭审判的，人民法院可以决定由人民陪审员和法官组成合议庭审判。 **名师点睛** 在英美法上，"接受陪审团审判的权利"被认为是刑事被告人的一项基本宪法权利。也就意味着，接受陪审团审判的逻辑中蕴含着当事人的巨大法益。故《人民陪审员法》的通过也明确了当事人的申请权。

（三）陪审员选任程序

确定名额	第8条：人民陪审员的名额，由基层人民法院根据审判案件的需要，提请同级人民代表大会常务委员会确定。 　　人民陪审员的名额数不低于本院法官数的3倍。
候选人员	第9条：司法行政机关会同基层人民法院、公安机关，从辖区内的常住居民名单中随机抽选拟任命人民陪审员数5倍以上的人员作为人民陪审员候选人，对人民陪审员候选人进行资格审查，征求候选人意见。 **名师点睛**《人民陪审员法》旨在改革原有陪审员机制中的"陪而不审、审而不判"的弊端，消除陪审员的摆设性。"随机抽选候选人"强化了其代表性与广泛性，以真正体现司法民主。
确定人选	第10条：司法行政机关会同基层人民法院，从通过资格审查的人民陪审员候选人名单中随机抽选确定人民陪审员人选，由基层人民法院院长提请同级人民代表大会常务委员会任命。
申请推荐	第11条：因审判活动需要，可以通过个人申请和所在单位、户籍所在地或者经常居住地的基层群众性自治组织、人民团体推荐的方式产生人民陪审员候选人，经司法行政机关会同基层人民法院、公安机关进行资格审查，确定人民陪审员人选，由基层人民法院院长提请同级人民代表大会常务委员会任命。 　　依照前款规定产生的人民陪审员，不得超过人民陪审员名额数的1/5。 **名师点睛** 考虑到在实际审判中有时需要具备特定专业知识和素养的人民陪审员，本条规定，根据审判工作的需要，可以由组织推荐和个人申请的方式产生一定比例的陪审员，这是对"随机抽选"选任方式的有益补充。通过这种方式产生的陪审员不得超过陪审员名额数的1/5，既满足审判工作实际需要，又保证人民陪审员的广泛性。
任期限制	第13条：人民陪审员的任期为5年，一般不得连任。
组合方式	第14条：人民陪审员和法官组成合议庭审判案件，由法官担任审判长，可以组成三人合议庭，也可以由法官3人与人民陪审员4人组成七人合议庭。 **名师点睛** 本条明确规定了能够适用陪审员的三人合议庭与七人合议庭。三人合议庭的组成方式可以是1+2模式（2名陪审员），也可以是2+1模式（1名陪审员）。而针对七人合议

续表

组合方式	庭，则明确限定为3+4模式（4名陪审员）。这又是为何？①立法者主要考虑到在七人合议庭当中，若陪审员数量占劣势的话会导致陪审员的表决意义被大幅削弱，造成陪审员制度的形式主义，故陪审员数量必须过半；②在七人合议庭当中，陪审员不会实质参与法律审，法律适用问题由专业法官单独进行表决，而表决时又要保障人数为单数的"小合议庭"，故专业法官至少应为3人。
参审人员	**第19条**：基层人民法院审判案件需要由人民陪审员参加合议庭审判的，应当在人民陪审员名单中随机抽取确定。 中级人民法院、高级人民法院审判案件需要由人民陪审员参加合议庭审判的，在其辖区内的基层人民法院的人民陪审员名单中随机抽取确定。 名师点睛 随机选人参审。基层人民法院审判案件需要由人民陪审员参加合议庭审判的，应当在人民陪审员名单中随机抽取确定。中级人民法院、高级人民法院需要人民陪审员则从辖区内的基层人民法院的人民陪审员名单中随机抽取。该条实际排除了人民陪审员在最高人民法院一审案件中的适用。

（四）人民陪审员的权利和义务

权利	**第2条**：公民有依法担任人民陪审员的权利和义务。 人民陪审员依照本法产生，依法参加人民法院的审判活动，除法律另有规定外，同法官有同等权利。 **第21条**：人民陪审员参加三人合议庭审判案件，对事实认定、法律适用，独立发表意见，行使表决权。 **第22条**：人民陪审员参加七人合议庭审判案件，对事实认定，独立发表意见，并与法官共同表决；对法律适用，可以发表意见，但不参加表决。 **第23条**：合议庭评议案件，实行少数服从多数的原则。人民陪审员同合议庭其他组成人员意见分歧的，应当将其意见写入笔录。 合议庭组成人员意见有重大分歧的，人民陪审员或者法官可以要求合议庭将案件提请院长决定是否提交审判委员会讨论决定。 名师点睛 陪审员与法官有同等的权利，但是要注意例外情况：①从审判案件范围来说，有的案件陪审员是不参与的。例如，简易程序、速裁程序由法官独任审判的案件，单个陪审员是不能审理案件的；又如，二审案件根据法律规定只能由法官组成合议庭审判，陪审员不参加。②审理案件的审判长只能由法官担任，主持庭审的只能是法官，陪审员没有这项权利。③合议庭合议，原则上陪审员与法官是同权的，在三人合议庭里面法官和陪审员完全同权，事实问题、法律问题都一样，但是在七人合议庭中有一个区分，对于事实问题的认定、发表意见等，陪审员和法官同权，但对法律适用问题，只有3位合议庭法官参与表决，陪审员不参加表决，只发表意见。七人合议庭，即由3名法官、4名人民陪审员组成的合议庭，已经有3位法官，就法律适用问题已经可以形成合议，这也就明确了3+4的合议方式，在事实问题上7人合议，法律问题上3人合议。
义务	**第3条第2款**：人民陪审员应当忠实履行审判职责，保守审判秘密，注重司法礼仪，维护司法形象。 **第18条**：人民陪审员的回避，适用审判人员回避的法律规定。

小试牛刀

关于人民陪审员，下列哪些选项是正确的?[1]

A. 各级法院审判刑事案件，均可吸收人民陪审员作为合议庭成员参与审判
B. 一审刑事案件被告人有权申请由人民陪审员参加合议庭审判
C. 执业律师不得担任人民陪审员
D. 人民陪审员参加审判可能判无期徒刑的案件，同法官有同等权利

---

[1] BC

第 15 讲 第一审程序

本讲导读

复习提要

本讲是历年考试的重中之重，每年都有大量试题出现，考查分值在 10 分左右。本讲要重点掌握的考点有：庭前审查以及审查后的处理，庭前会议，法庭审判的基本流程，自诉案件的审理特点，简易程序、速裁程序的审理范围和审理特点，判决、裁定、决定的异同等。

知识框架

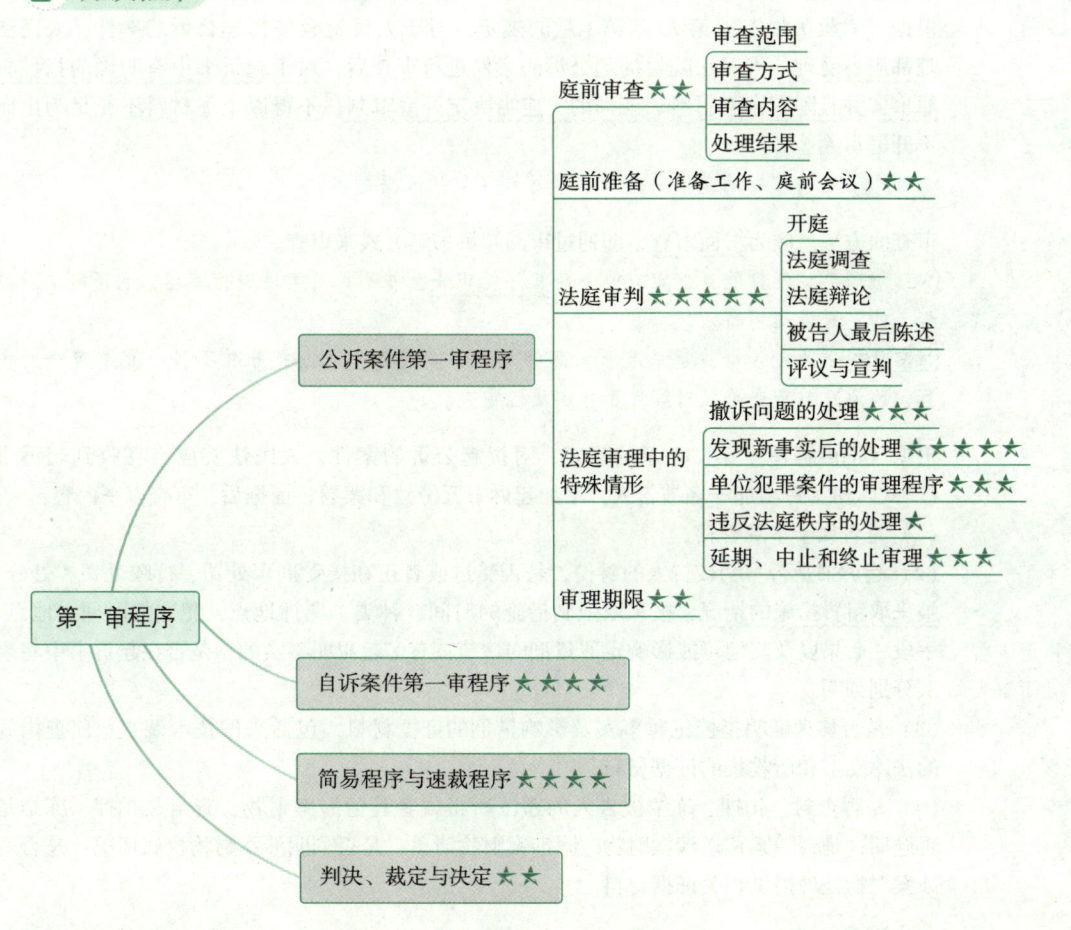

- 第一审程序
  - 公诉案件第一审程序
    - 庭前审查 ★★
      - 审查范围
      - 审查方式
      - 审查内容
      - 处理结果
    - 庭前准备（准备工作、庭前会议）★★
    - 法庭审判 ★★★★
      - 开庭
      - 法庭调查
      - 法庭辩论
      - 被告人最后陈述
      - 评议与宣判
    - 法庭审理中的特殊情形
      - 撤诉问题的处理 ★★★
      - 发现新事实后的处理 ★★★★
      - 单位犯罪案件的审理程序 ★★★
      - 违反法庭秩序的处理 ★
      - 延期、中止和终止审理 ★★★
    - 审理期限 ★★
  - 自诉案件第一审程序 ★★★★
  - 简易程序与速裁程序 ★★★★
  - 判决、裁定与决定 ★★

专题 45
公诉案件第一审程序

公诉案件第一审程序，是指人民法院对人民检察院提起公诉的案件进行初次审判时应遵循的步骤和方式、方法。公诉案件第一审程序包括庭前审查、庭前准备、法庭审判等诉讼环节。

一、公诉案件的庭前审查

公诉案件庭前审查，是指人民法院对人民检察院提起公诉的案件进行庭前审查，以决定是否开庭审判的活动。

[名师点睛] 人民法院对人民检察院提起的公诉案件，并非径直开庭审判，而是需要经过初步审查，然后才能决定是否开庭审理。因此，对公诉案件的审查是公诉案件第一审程序中的一个必经阶段。

审查范围	根据《六机关规定》第25条第1款的规定，对于人民检察院提起公诉的案件，人民法院都应当受理。人民法院对提起公诉的案件进行审查后，对于起诉书中有明确的指控犯罪事实并且附有案卷材料、证据的，应当决定开庭审判，不得以上述材料不充足为由而不开庭审判。 [名师点睛] 庭前审查的范围是全部案卷材料（包括证据材料）。
审查方式	审查的方法，应为书面审查，即通过审阅起诉书等方式来审查。 [名师点睛] 公诉案件的庭前审查是一种程序性审查，并不是对案件进行审理，它不解决对被告人的定罪量刑问题。 [举案说法] 罗小翔涉嫌故意杀人罪，案件是否事实清楚、证据充分并不属于庭前审查的内容，因为庭前审查阶段对案件不作实质性审查。
审查内容 （了解）	根据《刑诉解释》第218条的规定，对提起公诉的案件，人民法院应当在收到起诉书（一式八份，每增加一名被告人，增加起诉书五份）和案卷、证据后，审查以下内容： （1）是否属于本院管辖。 （2）起诉书是否写明被告人的身份，是否受过或者正在接受刑事处罚、行政处罚、处分，被采取留置措施的情况，被采取强制措施的时间、种类、羁押地点，犯罪的时间、地点、手段、后果以及其他可能影响定罪量刑的情节；有多起犯罪事实的，是否在起诉书中将事实分别列明。 （3）是否移送证明指控犯罪事实及影响量刑的证据材料，包括采取技术调查、侦查措施的法律文书和所收集的证据材料。 （4）是否查封、扣押、冻结被告人的违法所得或者其他涉案财物，查封、扣押、冻结是否逾期；是否随案移送涉案财物、附涉案财物清单；是否列明涉案财物权属情况；是否就涉案财物处理提供相关证据材料。

续表

审查内容（了解）	(5) 是否列明被害人的姓名、住址、联系方式；是否附有证人、鉴定人名单；是否申请法庭通知证人、鉴定人、有专门知识的人出庭，并列明有关人员的姓名、性别、年龄、职业、住址、联系方式；是否附有需要保护的证人、鉴定人、被害人名单。 (6) 当事人已委托辩护人、诉讼代理人或者已接受法律援助的，是否列明辩护人、诉讼代理人的姓名、住址、联系方式。 (7) 是否提起附带民事诉讼；提起附带民事诉讼的，是否列明附带民事诉讼当事人的姓名、住址、联系方式等，是否附有相关证据材料。 (8) 监察调查、侦查、审查起诉程序的各种法律手续和诉讼文书是否齐全。 (9) 被告人认罪认罚的，是否提出量刑建议、移送认罪认罚具结书等材料。 (10) 有无《刑事诉讼法》第16条第2~6项规定的不追究刑事责任的情形。
处理结果（重点）	根据《刑诉解释》第219条第1款的规定，人民法院对提起公诉的案件审查后，应当按照下列情形分别处理： (1) 不属于本院管辖的，应当退回人民检察院。 (2) 属于《刑事诉讼法》第16条第2~6项规定情形的，应当退回人民检察院；属于告诉才处理的案件，应当同时告知被害人有权提起自诉。 (3) 被告人不在案的，应当退回人民检察院；但是，对人民检察院按照缺席审判程序提起公诉的，应当依照《刑诉解释》第二十四章的规定作出处理。 (4) 不符合前条第2~9项规定之一，需要补充材料的，应当通知人民检察院在3日以内补送。 (5) 依照《刑事诉讼法》第200条第3项规定宣告被告人无罪后，人民检察院根据新的事实、证据重新起诉的，应当依法受理。 (6) 依照《刑诉解释》第296条规定裁定准许撤诉的案件，没有新的影响定罪量刑的事实、证据，重新起诉的，应当退回人民检察院。 (7) 被告人真实身份不明，但符合《刑事诉讼法》第160条第2款规定的，应当依法受理。 名师点睛 庭前审查后应当退回检察院的情形可以概括为："管辖错、人不在、无新证再起诉、16条2~6，通通退回检察院"。 对公诉案件是否受理，应当在7日以内审查完毕。

小试牛刀

某县法院在对杨某绑架案进行庭前审查中，发现下列哪些情形时，应当将案件退回检察机关？[1]

A. 杨某在绑架的过程中杀害了人质

B. 杨某在审查起诉期间从看守所逃脱

C. 检察机关移送的起诉材料未附证据目录

D. 检察机关移送的起诉材料欠缺已经委托辩护人的住址、通讯处

---

[1] AB。选项A中的情形说明该案可能判无期徒刑、死刑，所以本案不属于基层法院管辖。选项B中的情形说明被告人不在案。所以，选项AB中的情形都应当退回检察院。

二、庭前准备

（一）开庭审判前的准备工作

1. 确定审判长及合议庭组成人员。

[名师点睛] 书记员不属于合议庭的组成人员，其职责是担任审判庭的记录工作。

2. 开庭 10 日以前将起诉书副本送达被告人、辩护人。

3. 通知当事人、法定代理人、辩护人、诉讼代理人在开庭 5 日以前提供证人、鉴定人名单，以及拟当庭出示的证据；申请证人、鉴定人、有专门知识的人出庭的，应当列明有关人员的姓名、性别、年龄、职业、住址、联系方式。

4. 开庭 3 日以前将开庭的时间、地点通知人民检察院。

5. 开庭 3 日以前将传唤当事人的传票和通知辩护人、诉讼代理人、法定代理人、证人、鉴定人等出庭的通知书送达；通知有关人员出庭，也可以采取电话、短信、传真、电子邮件、即时通讯等能够确认对方收悉的方式；对被害人人数众多的涉众型犯罪案件，可以通过互联网公布相关文书，通知有关人员出庭。

6. 公开审理的案件，在开庭 3 日以前公布案由、被告人姓名、开庭时间和地点。

[名师点睛] 如果是简易程序或者速裁程序，不受上述庭前送达期限的限制。

（二）庭前会议

庭前会议，是指在开庭以前，审判人员可以召集公诉人、当事人和辩护人、诉讼代理人，对回避、出庭证人名单、非法证据排除等与审判相关的问题，了解情况，听取意见的一种会议。

召开情形	依职权	根据《刑诉解释》第 226 条的规定，案件具有下列情形之一的，人民法院可以决定召开庭前会议：①证据材料较多、案情重大复杂的；②控辩双方对事实、证据存在较大争议的；③社会影响重大的；④需要召开庭前会议的其他情形。
	依申请	根据《刑诉解释》第 227 条的规定，控辩双方可以申请人民法院召开庭前会议，提出申请应当说明理由。人民法院经审查认为有必要的，应当召开庭前会议；决定不召开的，应当告知申请人。 [名师点睛] 2021 年《刑诉解释》新增了依申请召开庭前会议的规定。
主要内容	[关联法条]《刑诉解释》第 228 条：庭前会议可以就下列事项向控辩双方了解情况，听取意见： （一）是否对案件管辖有异议； （二）是否申请有关人员回避； （三）是否申请不公开审理； （四）是否申请排除非法证据； （五）是否提供新的证据材料； （六）是否申请重新鉴定或者勘验； （七）是否申请收集、调取证明被告人无罪或者罪轻的证据材料； （八）是否申请证人、鉴定人、有专门知识的人、调查人员、侦查人员或者其他人员出庭，是否对出庭人员名单有异议； （九）是否对涉案财物的权属情况和人民检察院的处理建议有异议； （十）与审判相关的其他问题。	

续表

主要内容	庭前会议中，人民法院可以开展附带民事调解。 对第1款规定中可能导致庭审中断的程序性事项，人民法院可以在庭前会议后依法作出处理，并在庭审中说明处理决定和理由。控辩双方没有新的理由，在庭审中再次提出有关申请或者异议的，法庭可以在说明庭前会议情况和处理决定理由后，依法予以驳回。 庭前会议情况应当制作笔录，由参会人员核对后签名。 [名师点睛]庭前会议的任务就是归纳事实、证据和争议焦点，但是不对实体问题进行裁判。第1款规定中可能导致庭审中断的程序性事项，人民法院可以在"庭前会议后"依法作出处理，并在庭审中说明处理决定和理由。 [举案说法]被告人向某诈骗案，法院召开庭前会议，可以就是否排除非法证据问题听取双方意见，但不能就是否排除非法证据直接作出决定。
证据异议	根据《刑诉解释》第229条的规定，庭前会议中，审判人员可以询问控辩双方对证据材料有无异议，对有异议的证据，应当在庭审时重点调查；无异议的，庭审时举证、质证可以简化。
参会人员	根据《刑诉解释》第230条的规定，庭前会议由审判长主持，合议庭其他审判员也可以主持庭前会议。召开庭前会议应当通知公诉人、辩护人到场。庭前会议准备就非法证据排除了解情况、听取意见，或者准备询问控辩双方对证据材料的意见的，应当通知被告人到场。有多名被告人的案件，可以根据情况确定参加庭前会议的被告人。 [名师点睛] ❶合议庭的人民陪审员主持庭前会议并不合适，故将庭前会议的主持人限定为"审判长"或者"合议庭其他审判员"。但是，人民陪审员可以参加庭前会议。 ❷参加庭前会议并非被告人的一项诉讼权利，只有当庭前会议准备就非法证据排除了解情况、听取意见，或者准备询问控辩双方对证据材料的意见的，才应当通知被告人到场。
会议方式	根据《刑诉解释》第231条的规定，庭前会议一般不公开进行。根据案件情况，庭前会议可以采用视频等方式进行。
建议撤诉	根据《刑诉解释》第232条的规定，人民法院在庭前会议中听取控辩双方对案件事实、证据材料的意见后，对明显事实不清、证据不足的案件，可以建议人民检察院补充材料或者撤回起诉。建议撤回起诉的案件，人民检察院不同意的，开庭审理后，没有新的事实和理由，一般不准许撤回起诉。
庭中反悔	根据《刑诉解释》第233条的规定，对召开庭前会议的案件，可以在开庭时告知庭前会议情况。对庭前会议中达成一致意见的事项，法庭在向控辩双方核实后，可以当庭予以确认；未达成一致意见的事项，法庭可以归纳控辩双方争议焦点，听取控辩双方意见，依法作出处理。控辩双方在庭前会议中就有关事项达成一致意见，在庭审中反悔的，除有正当理由外，法庭一般不再进行处理。

小试牛刀

关于庭前会议，下列哪些选项是正确的？[1]

A. 被告人有参加庭前会议的权利

---

[1] BD

B. 被害人提起附带民事诉讼的，审判人员可在庭前会议中进行调解
C. 辩护人申请排除非法证据的，可在庭前会议中就是否排除作出决定
D. 对明显事实不清、证据不足的案件，可以建议人民检察院补充材料或者撤回起诉

（三）出庭要求

公诉人	人民法院审判公诉案件，人民检察院应当派员出席法庭支持公诉。 **关联法条**《高检规则》第390条第2款：公诉人应当由检察官担任。检察官助理可以协助检察官出庭。根据需要可以配备书记员担任记录。
刑事被告人	一般案件被告人必须到庭，为了保障刑事被告人的程序参与权，不允许对刑事被告人缺席判决。 **考点提示** 2018年修正后的《刑事诉讼法》新增了刑事缺席审判制度，对符合缺席审判程序适用条件的刑事被告人可以缺席审判。
被害人	经传唤未到庭，不影响开庭审理的，人民法院可以开庭审理。
诉讼代理人	经通知未到庭，不影响开庭审理的，人民法院可以开庭审理。
辩护人	经通知未到庭，被告人同意的，人民法院可以开庭审理。 **名师点睛** 被告人属于应当提供法律援助情形的除外。

> **拓展阅读**
>
> 附带民事诉讼原告人经传唤，无正当理由拒不到庭，或者未经法庭许可中途退庭的，应当按撤诉处理。刑事被告人以外的附带民事诉讼被告人经传唤，无正当理由拒不到庭，或者未经法庭许可中途退庭的，附带民事部分可以缺席判决。

（四）分案、并案

同案同审是诉讼的一般原则，但是从实践看，有的案件中，同案被告人多达几十甚至上百人，如作为一个案件审理，势必会大大延长诉讼周期，既影响庭审质量和效率，也会大大增加当事人等诉讼参与人的诉累。因此，对此类案件分案审理有其现实必要性。但是，分案审理不能随意为之，更不能通过分案审理的方式变相剥夺当事人质证权。实践中，还存在起诉分案不当的现象，即本应作为一案起诉、一案审理的案件被分拆为两个甚至多个案件起诉。为此，《刑诉解释》第220条第2款规定："对分案起诉的共同犯罪或者关联犯罪案件，人民法院经审查认为，合并审理更有利于查明案件事实、保障诉讼权利、准确定罪量刑的，可以并案审理。"

关联法条《刑诉解释》第220条：对一案起诉的共同犯罪或者关联犯罪案件，被告人人数众多、案情复杂，人民法院经审查认为，分案审理更有利于保障庭审质量和效率的，可以分案审理。分案审理不得影响当事人质证权等诉讼权利的行使。

对分案起诉的共同犯罪或者关联犯罪案件，人民法院经审查认为，合并审理更有利于查明案件事实、保障诉讼权利、准确定罪量刑的，可以并案审理。

举案说法 唐山暴力伤人案，被告人人数众多，人民检察院对所有被告人一案起诉。如果人民法院认为分案审理更有利于保障庭审质量和效率，可以决定分案审理。

[关联法条]《刑诉解释》第224条：被害人人数众多，且案件不属于附带民事诉讼范围的，被害人可以推选若干代表人参加庭审。

[名师点睛]有的案件被害人人数成千上万，均到庭参与庭审显然不符合实际，也没有必要。所以，被害人可以推选若干代表人参加庭审。

[举案说法]罗某非法吸收公众存款案，被害人过万。本案被害人可以推选若干代表人参加庭审。

三、法庭审判

法庭审判由合议庭的审判长主持。法庭审判程序大体可分为开庭、法庭调查、法庭辩论、被告人最后陈述、评议和宣判五个阶段。

[名师点睛]为了进一步规范量刑程序，促进量刑活动的公开、公正，最高法、最高检、公安部、国家安全部、司法部于2020年联合修订了《关于规范量刑程序若干问题的意见》。根据该意见第1条第1款的规定，人民法院审理刑事案件，在法庭审理中应当保障量刑程序的相对独立性。

（一）开庭

书记员	根据《刑诉解释》第234条的规定，开庭审理前，书记员应当依次进行下列工作： （1）受审判长委托，查明公诉人、当事人、辩护人、诉讼代理人、证人及其他诉讼参与人是否到庭； （2）核实旁听人员中是否有证人、鉴定人、有专门知识的人； （3）请公诉人、辩护人、诉讼代理人及其他诉讼参与人入庭； （4）宣读法庭规则； （5）请审判长、审判员、人民陪审员入庭； （6）审判人员就座后，向审判长报告开庭前的准备工作已经就绪。
审判长	（1）审判长宣布开庭，传被告人到庭后，应当查明被告人的基本情况。 （2）审判长宣布案件的来源、起诉的案由、附带民事诉讼当事人的姓名及是否公开审理；不公开审理的，应当宣布理由。 （3）审判长宣布合议庭组成人员、法官助理、书记员、公诉人的名单，以及辩护人、诉讼代理人、鉴定人、翻译人员等诉讼参与人的名单。 （4）审判长应当告知当事人及其法定代理人、辩护人、诉讼代理人在法庭审理过程中依法享有的诉讼权利。 （5）审判长应当询问当事人及其法定代理人、辩护人、诉讼代理人是否申请回避，申请何人回避和申请回避的理由。 [关联法条]《刑事诉讼法》第190条第2款：被告人认罪认罚的，审判长应当告知被告人享有的诉讼权利和认罪认罚的法律规定，审查认罪认罚的自愿性和认罪认罚具结书内容的真实性、合法性。 [名师点睛]对于共同犯罪案件，应将各被告人同时传唤到庭，逐一查明身份及基本情况后，集中宣布上述事项和被告人在法庭审理过程中享有的权利，询问是否申请回避，以避免重复，节省开庭时间。

（二）法庭调查

法庭调查，是指在公诉人、当事人和其他诉讼参与人的参加下，由合议庭主持对案件事实和证据进行调查核对的诉讼活动。法庭调查是案件进入实体审理的一个重要阶段，是法庭审判的中心环节。

1. 公诉人宣读起诉书

根据《刑诉解释》第240条的规定，审判长宣布法庭调查开始后，应当先由公诉人宣读起诉书；公诉人宣读起诉书后，审判长应当询问被告人对起诉书指控的犯罪事实和罪名有无异议。有附带民事诉讼的，公诉人宣读起诉书后，由附带民事诉讼原告人或者其法定代理人、诉讼代理人宣读附带民事起诉状。

【名师点睛】起诉书是人民法院审判的合法依据，没有起诉，就没有辩护和审判；起诉书又是法庭审判的基础，法庭对案件的审判仅限于起诉的内容和范围。

【关联法条】《刑诉解释》第289条：公诉人当庭发表与起诉书不同的意见，属于变更、追加、补充或者撤回起诉的，人民法院应当要求人民检察院在指定时间内以书面方式提出；必要时，可以宣布休庭。人民检察院在指定时间内未提出的，人民法院应当根据法庭审理情况，就起诉书指控的犯罪事实依法作出判决、裁定。

人民检察院变更、追加、补充起诉的，人民法院应当给予被告人及其辩护人必要的准备时间。

【举案说法】人民检察院起诉书指控的是罗某抢劫罪，在法庭调查阶段，公诉人当庭口头提出要补充起诉罗某涉嫌的组织卖淫罪。此时，人民法院应当要求人民检察院在指定时间内以书面方式提出；否则，人民法院应当根据法庭审理情况，就起诉书指控的抢劫的犯罪事实依法作出裁判。

2. 被告人、被害人陈述

公诉人宣读起诉书后，在审判长主持下，被告人、被害人可以就起诉书指控的犯罪事实分别进行陈述。

3. 讯问、发问被告人、被害人

（1）公诉人讯问被告人。在审判长主持下，公诉人可以就起诉书指控的犯罪事实讯问被告人。

【考点提示】讯问同案审理的被告人，应当分别进行。

（2）经审判长准许，被害人及其法定代理人、诉讼代理人、附带民事诉讼原告人及其法定代理人、诉讼代理人，被告人的法定代理人、辩护人，附带民事诉讼被告人及其法定代理人、诉讼代理人，可以向被告人发问。

【考点提示】被害人与附带民事诉讼的原告人，发问内容不同。被害人及其法定代理人、诉讼代理人经审判长准许，可以就公诉人讯问的情况进行补充性发问。而附带民事诉讼的原告人及其法定代理人或者诉讼代理人经审判长准许，就附带民事部分的事实向被告人发问，可以证实被告人的犯罪行为给自己造成的物质损失和应承担的赔偿责任。

（3）经审判长准许，控辩双方可以向被害人、附带民事诉讼原告人发问。

(4) 审判人员讯问（询问）、发问被告人、被害人及附带民事诉讼原告人、被告人。

[关联法条]《刑诉解释》第 269 条：审理过程中，法庭认为有必要的，可以传唤同案被告人、分案审理的共同犯罪或者关联犯罪案件的被告人等到庭对质。

4. 出示、核实证据

证据只有经过查证核实才能成为定案的根据。因此，在讯问、发问当事人以后，应当核查各种证据。核实证据应当从控方向法庭举证开始。

根据《刑诉解释》第 246 条的规定，公诉人可以提请法庭通知证人、鉴定人、有专门知识的人、调查人员、侦查人员或者其他人员出庭，或者出示证据。被害人及其法定代理人、诉讼代理人，附带民事诉讼原告人及其诉讼代理人也可以提出申请。在控诉方举证后，被告人及其法定代理人、辩护人可以提请法庭通知证人、鉴定人、有专门知识的人、调查人员、侦查人员或者其他人员出庭，或者出示证据。

[关联法条]《刑诉解释》第 248 条：已经移送人民法院的案卷和证据材料，控辩双方需要出示的，可以向法庭提出申请，法庭可以准许。案卷和证据材料应当在质证后当庭归还。

需要播放录音录像或者需要将证据材料交由法庭、公诉人或者诉讼参与人查看的，法庭可以指令值庭法警或者相关人员予以协助。

[名师点睛] 实践中，对已经移送人民法院的案卷和证据材料，控辩双方只能申请当庭借用。对于控辩双方提出取回已移送人民法院的案卷和证据材料的，法庭不予准许。

(1) 证人出庭

出庭条件	根据《刑事诉讼法》第 192 条第 1 款的规定，公诉人、当事人或者辩护人、诉讼代理人对证人证言有异议，且该证人证言对案件定罪量刑有重大影响，人民法院认为证人有必要出庭作证的，证人应当出庭作证。 **[名师点睛]** 证人应当出庭的条件可以概括为："有异议、有影响、有必要"。
出庭例外	根据《刑诉解释》第 253 条的规定，证人具有下列情形之一，无法出庭作证的，人民法院可以准许其不出庭：①庭审期间身患严重疾病或者行动极为不便的；②居所远离开庭地点且交通极为不便的；③身处国外短期无法回国的；④有其他客观原因，确实无法出庭的。具有前述规定情形的，可以通过视频等方式作证。 **[名师点睛]** 证人可以不出庭的例外可以概括为："小孩、有病、太远、在国外"。 **[关联法条]**《刑诉解释》第 558 条：开庭审理涉及未成年人的刑事案件，未成年被害人、证人一般不出庭作证；必须出庭的，应当采取保护其隐私的技术手段和心理干预等保护措施。
拒绝出庭	根据《刑事诉讼法》第 193 条的规定，经人民法院通知，证人没有正当理由不出庭作证的，人民法院可以强制其到庭，但是被告人的配偶、父母、子女除外。证人没有正当理由拒绝出庭或者出庭后拒绝作证的，予以训诫，情节严重的，经院长批准，处以 10 日以下的拘留。被处罚人对拘留决定不服的，可以向上一级人民法院申请复议。复议期间不停止执行。 **[名师点睛]** 证人拒绝出庭的后果可以概括为："强制、训诫、拘留"。 **[关联法条]**《刑诉解释》第 255 条：强制证人出庭的，应当由院长签发强制证人出庭令，由法警执行。必要时，可以商请公安机关协助。

续表

发问证人	根据《刑诉解释》第 258 条的规定，证人出庭的，法庭应当核实其身份、与当事人以及本案的关系，并告知其有关权利义务和法律责任。证人应当保证向法庭如实提供证言，并在保证书上签名。 根据《刑诉解释》第 259 条的规定，证人出庭后，一般先向法庭陈述证言；其后，经审判长许可，由申请通知证人出庭的一方发问，发问完毕后，对方也可以发问。法庭依职权通知证人出庭的，发问顺序由审判长根据案件情况确定。

🐂 小试牛刀

关于证人出庭作证，下列哪些说法是正确的？[1]

A. 需要出庭作证的警察就其执行职务时目击的犯罪情况出庭作证，适用证人作证的规定
B. 警察就其非执行职务时目击的犯罪情况出庭作证，不适用证人作证的规定
C. 对了解案件情况的人，确有必要时，可以强制到庭作证
D. 证人没有正当理由拒绝出庭作证的，只有情节严重，才可以处以拘留，且拘留不可以超过 10 日

（2）鉴定人出庭

出庭条件	根据《刑事诉讼法》第 192 条第 3 款的规定，公诉人、当事人或者辩护人、诉讼代理人对鉴定意见有异议，人民法院认为鉴定人有必要出庭的，鉴定人应当出庭作证。 **名师点睛** 鉴定人应当出庭的条件可以概括为："有异议、有必要"。
鉴定人拒绝出庭的后果	根据《刑诉解释》第 99 条的规定，经人民法院通知，鉴定人拒不出庭作证的，鉴定意见不得作为定案的根据。鉴定人由于不能抗拒的原因或者有其他正当理由无法出庭的，人民法院可以根据情况决定延期审理或者重新鉴定。鉴定人无正当理由拒不出庭作证的，人民法院应当通报司法行政机关或者有关部门。 **名师点睛** 证人和鉴定人拒绝出庭的后果也是不一样的。

（3）侦查人员、调查人员出庭

根据《刑诉解释》第 249 条第 2 款的规定，控辩双方对侦破经过、证据来源、证据真实性或者合法性等有异议，申请调查人员、侦查人员或者有关人员出庭，人民法院认为有必要的，应当通知调查人员、侦查人员或者有关人员出庭。

名师点睛 应当通知调查人员、侦查人员出庭的条件可以概括为："有异议、有必要"。

（4）有专门知识的人出庭

根据《刑诉解释》第 250 条的规定，公诉人、当事人及其辩护人、诉讼代理人申请法庭通知有专门知识的人出庭，就鉴定意见提出意见的，应当说明理由。法庭认为有必要的，应当通知有专门知识的人出庭。申请有专门知识的人出庭，不得超过 2 人。有多种类鉴定意见的，可以相应增加人数。

名师点睛 应当通知有专门知识的人出庭的条件可以概括为："有理由、有必要"。

---

[1] AD

拓展阅读

《刑诉解释》中发问作证人员的相关规则

第251条：为查明案件事实、调查核实证据，人民法院可以依职权通知证人、鉴定人、有专门知识的人、调查人员、侦查人员或者其他人员出庭。

第261条：向证人发问应当遵循以下规则：

（一）发问的内容应当与本案事实有关；

（二）不得以诱导方式发问；

（三）不得威胁证人；

（四）不得损害证人的人格尊严。

对被告人、被害人、附带民事诉讼当事人、鉴定人、有专门知识的人、调查人员、侦查人员或者其他人员的讯问、发问，适用前款规定。

第262条：控辩双方的讯问、发问方式不当或者内容与本案无关的，对方可以提出异议，申请审判长制止，审判长应当判明情况予以支持或者驳回；对方未提出异议的，审判长也可以根据情况予以制止。

第263条：审判人员认为必要时，可以询问证人、鉴定人、有专门知识的人、调查人员、侦查人员或者其他人员。

第264条：向证人、调查人员、侦查人员发问应当分别进行。

第265条：证人、鉴定人、有专门知识的人、调查人员、侦查人员或者其他人员不得旁听对本案的审理。有关人员作证或者发表意见后，审判长应当告知其退庭。

（5）出示宣读其他证据

公诉人、辩护人应当向法庭出示物证，让当事人辨认，对未到庭的证人的证言笔录、鉴定人的鉴定意见、勘验笔录和其他作为证据的文书，应当当庭宣读。审判人员应当听取公诉人、当事人和辩护人、诉讼代理人的意见。

（6）质证

根据《刑诉解释》第267条的规定，举证方当庭出示证据后，由对方发表质证意见。

关联法条《刑诉解释》

第268条：对可能影响定罪量刑的关键证据和控辩双方存在争议的证据，一般应当单独举证、质证，充分听取质证意见。

对控辩双方无异议的非关键证据，举证方可以仅就证据的名称及拟证明的事实作出说明。

召开庭前会议的案件，举证、质证可以按照庭前会议确定的方式进行。

根据案件和庭审情况，法庭可以对控辩双方的举证、质证方式进行必要的指引。

第270条：当庭出示的证据，尚未移送人民法院的，应当在质证后当庭移交。

5. 证据突袭

根据《刑诉解释》第272条的规定，公诉人申请出示开庭前未移送或者提交人民法院的证据，辩护方提出异议的，审判长应当要求公诉人说明理由；理由成立并确有出示必要的，应当准许。辩护方提出需要对新的证据作辩护准备的，法庭可以宣布休庭，并确定准备辩护的时间。辩护方申请出示开庭前未提交的证据，参照适用前述规定。

6. 调取新证据

根据《刑诉解释》第 273 条的规定，法庭审理过程中，控辩双方申请通知新的证人到庭、调取新的证据、申请重新鉴定或者勘验的，应当提供证人的基本信息、证据的存放地点，说明拟证明的事项，申请重新鉴定或者勘验的理由。法庭认为有必要的，应当同意，并宣布休庭；根据案件情况，可以决定延期审理。人民法院决定重新鉴定的，应当及时委托鉴定，并将鉴定意见告知人民检察院、当事人及其辩护人、诉讼代理人。

7. 补充侦查

根据《刑诉解释》第 274 条的规定，审判期间，公诉人发现案件需要补充侦查，建议延期审理的，合议庭可以同意，但建议延期审理不得超过 2 次。人民检察院将补充收集的证据移送人民法院的，人民法院应当通知辩护人、诉讼代理人查阅、摘抄、复制。补充侦查期限届满后，人民检察院未将补充的证据材料移送人民法院的，人民法院可以根据在案证据作出判决、裁定。

名师点睛 司法实践中，检察机关以补充侦查为由建议延期审理的，案件通常仍在人民法院并未退回。补充侦查期限届满后，经通知，人民检察院未将补充的证据材料移送人民法院的，人民法院原则上应当根据在案证据材料作出判决、裁定。但是，如果人民检察院未将补充侦查时退回的案卷移送人民法院，或者拒不派员出席法庭，可以按人民检察院撤诉处理。

关联法条 《刑诉解释》第 277 条：审判期间，合议庭发现被告人可能有自首、坦白、立功等法定量刑情节，而人民检察院移送的案卷中没有相关证据材料的，应当通知人民检察院在指定时间内移送。

审判期间，被告人提出新的立功线索的，人民法院可以建议人民检察院补充侦查。

考点提示 人民法院作为消极中立的裁判者一般不会主动建议人民检察院补充侦查，除非被告人提出新的立功线索，考虑到被告人的利益，人民法院可以建议人民检察院补充侦查。

8. 合议庭调查核实证据

根据《刑事诉讼法》第 196 条的规定，法庭审理过程中，合议庭对证据有疑问的，可以宣布休庭，对证据进行调查核实。人民法院调查核实证据，可以进行勘验、检查、查封、扣押、鉴定和查询、冻结。

名师点睛 法院调查核实证据的手段中没有搜查。

关联法条 《刑诉解释》第 271 条：法庭对证据有疑问的，可以告知公诉人、当事人及其法定代理人、辩护人、诉讼代理人补充证据或者作出说明；必要时，可以宣布休庭，对证据进行调查核实。

对公诉人、当事人及其法定代理人、辩护人、诉讼代理人补充的和审判人员庭外调查核实取得的证据，应当经过当庭质证才能作为定案的根据。但是，对不影响定罪量刑的非关键证据、有利于被告人的量刑证据以及认定被告人有犯罪前科的裁判文书等证据，经庭外征求意见，控辩双方没有异议的除外。

有关情况，应当记录在案。

9. 对量刑事实、证据的调查

根据《刑诉解释》第 276 条的规定，法庭审理过程中，对与量刑有关的事实、证据，应当进行调查。人民法院除应当审查被告人是否具有法定量刑情节外，还应当根据案件情况审查以下影响量刑的情节：①案件起因；②被害人有无过错及过错程度，是否对矛盾激化负有责任及责任大小；③被告人的近亲属是否协助抓获被告人；④被告人平时表现，有无悔罪态度；⑤退赃、退赔及赔偿情况；⑥被告人是否取得被害人或者其近亲属谅解；⑦影响量刑的其他情节。

[关联法条]《刑诉解释》第278条：对被告人认罪的案件，在确认被告人了解起诉书指控的犯罪事实和罪名，自愿认罪且知悉认罪的法律后果后，法庭调查可以主要围绕量刑和其他有争议的问题进行。

对被告人不认罪或者辩护人作无罪辩护的案件，法庭调查应当在查明定罪事实的基础上，查明有关量刑事实。

10. 对查封、扣押、冻结财物的调查

根据《刑诉解释》第279条的规定，法庭审理过程中，应当对查封、扣押、冻结财物及其孳息的权属、来源等情况，是否属于违法所得或者依法应当追缴的其他涉案财物进行调查，由公诉人说明情况、出示证据、提出处理建议，并听取被告人、辩护人等诉讼参与人的意见。案外人对查封、扣押、冻结的财物及其孳息提出权属异议的，人民法院应当听取案外人的意见；必要时，可以通知案外人出庭。经审查，不能确认查封、扣押、冻结的财物及其孳息属于违法所得或者依法应当追缴的其他涉案财物的，不得没收。

（三）法庭辩论

根据《刑诉解释》第280条的规定，合议庭认为案件事实已经调查清楚的，应当由审判长宣布法庭调查结束，开始就定罪、量刑、涉案财物处理的事实、证据、适用法律等问题进行法庭辩论。

辩论顺序	根据《刑诉解释》第281条的规定，法庭辩论应当在审判长的主持下，按照下列顺序进行：①公诉人发言；②被害人及其诉讼代理人发言；③被告人自行辩护；④辩护人辩护；⑤控辩双方进行辩论。 [名师点睛]检察官（公诉人）在法庭审判过程中有两次"首先发言"，分别是起诉书与公诉词，两者不同。第一次，在法庭调查阶段，即公诉人在法庭上宣读起诉书；第二次，在法庭辩论阶段，即发表公诉词。 [关联法条]《刑诉解释》第290条：辩护人应当及时将书面辩护意见提交人民法院。
量刑辩论	根据《刑诉解释》第283条的规定，对被告人认罪的案件，法庭辩论时，应当指引控辩双方主要围绕量刑和其他有争议的问题进行。对被告人不认罪或者辩护人作无罪辩护的案件，法庭辩论时，可以指引控辩双方先辩论定罪问题，后辩论量刑和其他问题。
附带民事	根据《刑诉解释》第284条的规定，附带民事部分的辩论应当在刑事部分的辩论结束后进行，先由附带民事诉讼原告人及其诉讼代理人发言，后由附带民事诉讼被告人及其诉讼代理人答辩。
恢复调查	根据《刑诉解释》第286条的规定，法庭辩论过程中，合议庭发现与定罪、量刑有关的新的事实，有必要调查的，审判长可以宣布恢复法庭调查，在对新的事实调查后，继续法庭辩论。

（四）被告人最后陈述

被告人最后陈述是法庭审判中一个独立的阶段。审判长宣布法庭辩论终结后，合议庭

应当保证被告人充分行使最后陈述的权利。

可以制止	被告人在最后陈述中多次重复自己的意见的，审判长可以制止。
应当制止	（1）陈述内容蔑视法庭、公诉人，损害他人及社会公共利益，或者与本案无关的，应当制止； （2）在公开审理的案件中，被告人最后陈述的内容涉及国家秘密、个人隐私或者商业秘密的，应当制止。

【关联法条】《刑诉解释》第288条：被告人在最后陈述中提出新的事实、证据，合议庭认为可能影响正确裁判的，应当恢复法庭调查；被告人提出新的辩解理由，合议庭认为可能影响正确裁判的，应当恢复法庭辩论。

【举案说法】高某抢劫一案，在最后陈述阶段，高某提出自己有重大立功的证据材料。此时，合议庭认为可能影响正确裁判的，应当恢复法庭调查。

（五）评议与宣判

在被告人最后陈述后，审判长宣布休庭，合议庭进行评议，根据已经查明的事实、证据和有关的法律规定，分别作出不同判决和裁定。

1. 判决类型

有罪判决	（1）起诉指控的事实清楚，证据确实、充分，依据法律认定指控被告人的罪名成立的，应当作出有罪判决； （2）起诉指控的事实清楚，证据确实、充分，但指控的罪名不当的，应当依据法律和审理认定的事实作出有罪判决。 【举案说法】检察院以罗某涉嫌强奸罪诉至法院，经过审理，法院认为应当定强制猥亵罪，法院应当按照审理认定的强制猥亵罪作出有罪判决。此情形，法院应当在判决前听取控辩双方的意见，保障被告人、辩护人充分行使辩护权。必要时，可以再次开庭，组织控辩双方围绕被告人的行为构成何罪及如何量刑进行辩论。
无罪判决	（1）案件事实清楚，证据确实、充分，依据法律认定被告人无罪的，应当判决宣告被告人无罪。 （2）证据不足，不能认定被告人有罪的，应当以证据不足、指控的犯罪不能成立，判决宣告被告人无罪。 【名师点睛】根据《刑诉解释》第298条的规定，在第2种情形下，有新的事实和证据重新起诉的，人民法院应当在判决中写明被告人曾被人民检察院提起公诉，因证据不足，指控的犯罪不能成立，被人民法院依法判决宣告无罪的情况；前案作出的无罪判决不予撤销。 （3）案件部分事实清楚，证据确实、充分的，应当作出有罪或者无罪的判决；对事实不清、证据不足部分，不予认定。
不负刑事责任判决	（1）被告人因未达到刑事责任年龄，不予刑事处罚，应当判决宣告被告人不负刑事责任。 【名师点睛】不负刑事责任的前提是有确凿的证据证明其实施了相关的犯罪行为，只不过无需承担刑事责任。 【举案说法】检察院以盗窃罪对罗某提起公诉。经审理，法院认为证明指控事实的证据间存在矛盾且无法排除，同时查明罗某年龄认定有误，该案发生时罗某未满16周岁。关于本案，法院应当作证据不足、指控的犯罪不能成立的无罪判决。

续表

不负刑事责任判决	（2）被告人是精神病人，在不能辨认或者不能控制自己行为时造成危害结果，不予刑事处罚的，应当判决宣告被告人不负刑事责任。 **名师点睛** 此情形，被告人如果符合强制医疗条件，应当依照《刑诉解释》第二十六章的规定进行审理并作出判决。

考点提示 根据《刑诉解释》第295条第1款的规定，审判阶段，有下列情形的，法院应当裁定终止审理：

（1）犯罪已过追诉时效期限且不是必须追诉，或者经特赦令免除刑罚的，应当裁定终止审理。

（2）属于告诉才处理的案件，应当裁定终止审理，并告知被害人有权提起自诉。

（3）被告人死亡的，应当裁定终止审理；但有证据证明被告人无罪，经缺席审理确认无罪的，应当判决宣告被告人无罪。

举案说法 检察院以强奸罪对罗某提起公诉。审理中被告人罗某咬舌自尽，法院应当裁定终止审理。但有证据证明被告人罗某无罪，经缺席审理确认无罪的，应当判决宣告被告人罗某无罪。

2．宣判

（1）宣告判决，一律公开进行。

（2）宣判的两种形式

当庭宣判	应当在5日以内将判决书送达当事人和提起公诉的人民检察院。
定期宣判	应当在宣告后立即将判决书送达当事人和提起公诉的人民检察院。 **名师点睛** 判决书应当同时送达辩护人、诉讼代理人。

关联法条《刑诉解释》

第304条第2款：公诉人、辩护人、诉讼代理人、被害人、自诉人或者附带民事诉讼原告人未到庭的，不影响宣判的进行。

第301条：庭审结束后、评议前，部分合议庭成员不能继续履行审判职责的，人民法院应当依法更换合议庭组成人员，重新开庭审理。

评议后、宣判前，部分合议庭成员因调动、退休等正常原因不能参加宣判，在不改变原评议结论的情况下，可以由审判本案的其他审判员宣判，裁判文书上仍署审判本案的合议庭成员的姓名。

举案说法 罗伯特·翔抢劫一案，合议庭评议之前，向法官因重病不能继续参加审判活动，此时，法院应当依法更换合议庭组成人员，重新开庭审理。如果在评议后、宣判前，向法官因重病不能继续参加宣判，此时，可以由审判本案的其他审判员宣判。

3．裁判文书

签名问题	根据《刑诉解释》第299条的规定，合议庭成员、法官助理、书记员应当在评议笔录上签名，在判决书、裁定书等法律文书上署名。

续表

裁判理由	根据《刑诉解释》第300条的规定，裁判文书应当写明裁判依据，阐释裁判理由，反映控辩双方的意见并说明采纳或者不予采纳的理由。适用普通程序审理的被告人认罪的案件，裁判文书可以适当简化。
送达文书	根据《刑诉解释》第303条的规定，判决书应当送达人民检察院、当事人、法定代理人、辩护人、诉讼代理人，并可以送达被告人的近亲属。被害人死亡，其近亲属申请领取判决书的，人民法院应当及时提供。判决生效后，还应当送达被告人的所在单位或者户籍地的公安派出所，或者被告单位的注册登记机关。被告人系外国人，且在境内有居住地的，应当送达居住地的公安派出所。

小试牛刀

按照我国《刑事诉讼法》的规定，法庭审理有如下事项：①宣读勘验笔录；②公诉人发表公诉词；③讯问被告人；④询问证人、鉴定人；⑤出示物证；⑥被告人最后陈述。下列哪一选项的组合是正确的？[1]

A. ②③⑤④①⑥
B. ③④⑤①②⑥
C. ②④⑤①⑥③
D. ③④①⑤②⑥

总结梳理

公诉一审普通程序总结如下：

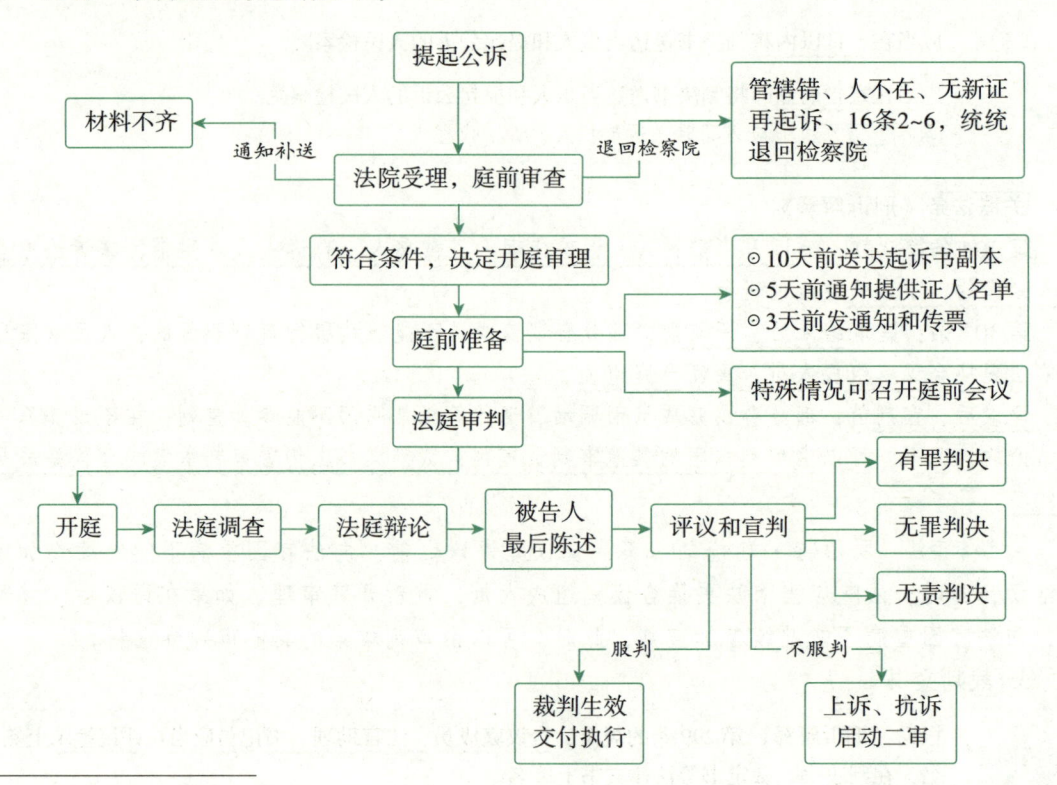

[流程图：提起公诉 → 法院受理，庭前审查（材料不齐→通知补送；退回检察院：管辖错、人不在、无新证再起诉、16条2~6，统统退回检察院）→ 符合条件，决定开庭审理 → 庭前准备（⊙10天前送达起诉书副本；⊙5天前通知提供证人名单；⊙3天前发通知和传票；特殊情况可召开庭前会议）→ 法庭审判 → 开庭 → 法庭调查 → 法庭辩论 → 被告人最后陈述 → 评议和宣判 → 有罪判决/无罪判决/无责判决；服判→裁判生效交付执行；不服判→上诉、抗诉启动二审]

---

[1] B

四、法庭审理中的特殊情形

（一）撤诉问题的处理

公 诉	根据《刑诉解释》第296条的规定，在开庭后、宣告判决前，人民检察院要求撤回起诉的，人民法院应当审查撤回起诉的理由，作出是否准许的裁定。 **举案说法** 罗小翔强奸张大翔一案，人民检察院依法提起了公诉。被害人张大翔表示谅解，还愿意和罗小翔结为夫妻，希望可以撤回起诉。此情形人民法院应当不予准许。强奸罪作为公诉案件，被害人谅解并不构成撤诉的理由。 **关联法条**《高检规则》第424条：人民法院宣告判决前，人民检察院发现具有下列情形之一的，经检察长批准，可以撤回起诉： （一）不存在犯罪事实的； （二）犯罪事实并非被告人所为的； （三）情节显著轻微、危害不大，不认为是犯罪的； （四）证据不足或证据发生变化，不符合起诉条件的； （五）被告人因未达到刑事责任年龄，不负刑事责任的； （六）法律、司法解释发生变化导致不应当追究被告人刑事责任的； （七）其他不应当追究被告人刑事责任的。 对于撤回起诉的案件，人民检察院应当在撤回起诉后30日以内作出不起诉决定。需要重新调查或者侦查的，应当在作出不起诉决定后将案卷材料退回监察机关或者公安机关，建议监察机关或者公安机关重新调查或者侦查，并书面说明理由。 对于撤回起诉的案件，没有新的事实或者新的证据，人民检察院不得再行起诉。 新的事实是指原起诉书中未指控的犯罪事实。该犯罪事实触犯的罪名既可以是原指控罪名的同一罪名，也可以是其他罪名。 新的证据是指撤回起诉后收集、调取的足以证明原指控犯罪事实的证据。
自 诉	根据《刑诉解释》第329条的规定，判决宣告前，自诉案件的当事人可以自行和解，自诉人可以撤回自诉。人民法院经审查，认为和解、撤回自诉确属自愿的，应当裁定准许；认为系被强迫、威吓等，并非自愿的，不予准许。 **举案说法** 罗某强奸张某一案，人民检察院决定不起诉后，被害人张某提起了自诉。审理中，自诉人张某当庭谅解罗某，还愿意和罗某结为夫妻，希望可以撤回起诉。人民法院经审查，认为和解、撤回自诉确属自愿的，应当裁定准许。

考点提示 不论公诉还是自诉，撤诉后，没有新的事实或者新的证据，不得再行起诉。

（二）发现新事实后的处理

法院发现 新事实	根据《刑诉解释》第297条的规定，审判期间，人民法院发现新的事实，可能影响定罪量刑，或者需要补查补证的，应当通知人民检察院，由其决定是否补充、变更、追加起诉或者补充侦查。人民检察院不同意或者在指定时间内未回复书面意见的，人民法院应当就起诉指控的事实，依照《刑诉解释》第295条的规定作出判决、裁定。 **关联法条**《高检规则》 第425条：在法庭审理过程中，人民法院建议人民检察院补充侦查、补充起诉、追加起诉或者变更起诉的，人民检察院应当审查有关理由，并作出是否补充侦查、补充起诉、追加起诉

续表

法院发现新事实	或者变更起诉的决定。人民检察院不同意的，可以要求人民法院就起诉指控的犯罪事实依法作出裁判。 第426条：变更、追加、补充或者撤回起诉应当以书面方式在判决宣告前向人民法院提出。 [举案说法]人民法院在审理罗某持有毒品案时发现，罗某不但持有毒品数量较大，而且向他人出售毒品，构成贩卖毒品罪。人民法院应当通知人民检察院，由其决定是否补充、变更、追加起诉或者补充侦查。人民检察院不同意或者在指定时间内未回复书面意见的，人民法院应当就起诉指控的非法持有毒品罪作出裁判。
检察院发现漏罪、漏人	[关联法条]《高检规则》第423条：人民法院宣告判决前，人民检察院发现被告人的真实身份或者犯罪事实与起诉书中叙述的身份或者指控犯罪事实不符的，或者事实、证据没有变化，但罪名、适用法律与起诉书不一致的，可以变更起诉。发现遗漏同案犯罪嫌疑人或者罪行的，应当要求公安机关补充移送起诉或者补充侦查；对于犯罪事实清楚、证据确实、充分的，可以直接追加、补充起诉。 [举案说法]在人民法院审理罗某持有毒品案中，人民检察院发现罗某不但持有毒品数量较大，而且向他人出售毒品，构成贩卖毒品罪。人民检察院应当要求公安机关补充移送起诉或者补充侦查；对于犯罪事实清楚、证据确实、充分的，可以直接补充起诉贩卖毒品罪。

🥋 小试牛刀

法院审理郑某涉嫌滥用职权犯罪案件，在宣告判决前，检察院发现郑某和张某接受秦某巨款，涉嫌贿赂犯罪。对于新发现犯罪嫌疑人和遗漏罪行的处理，下列哪些做法是正确的？[1]

A. 法院可以主动将张某、秦某追加为被告人一并审理
B. 检察院可以补充起诉郑某、张某和秦某的贿赂犯罪
C. 检察院可以将张某、秦某追加为被告人，要求法院一并审理
D. 检察院应当撤回起诉，将三名犯罪嫌疑人以两个罪名重新起诉

（三）单位犯罪案件的审理程序

诉讼代表人的确定	根据《刑诉解释》第336条第1、2款的规定，确定被告单位的诉讼代表人的规则如下： （1）被告单位的诉讼代表人，应当是法定代表人、实际控制人或者主要负责人。 （2）法定代表人、实际控制人或者主要负责人被指控为单位犯罪直接责任人员或者因客观原因无法出庭的，应当由被告单位委托其他负责人或者职工作为诉讼代表人。但是，有关人员被指控为单位犯罪直接责任人员或者知道案件情况、负有作证义务的除外。 （3）依据上述规定难以确定诉讼代表人的，可以由被告单位委托律师等单位以外的人员作为诉讼代表人。 [名师点睛]确定诉讼代表人的基本方式可以概括为："首选'老大'，不然'其他'，最后编外"。 [考点提示]诉讼代表人不得同时担任被告单位或者被指控为单位犯罪直接责任人员的有关人员的辩护人。将诉讼代表职责与辩护代理职责合二为一，由诉讼代表人兼任辩护人，容易引发社会公众质疑，影响司法公信力。

---

[1] BC

续表

诉讼代表人的出庭	根据《刑诉解释》第337条的规定，开庭审理单位犯罪案件，应当通知被告单位的诉讼代表人出庭；诉讼代表人不符合前条规定的，应当要求人民检察院另行确定。被告单位的诉讼代表人不出庭的，应当按照下列情形分别处理： (1) 诉讼代表人系被告单位的法定代表人、实际控制人或者主要负责人，无正当理由拒不出庭的，可以拘传其到庭；因客观原因无法出庭，或者下落不明的，应当要求人民检察院另行确定诉讼代表人。 (2) 诉讼代表人系其他人员的，应当要求人民检察院另行确定诉讼代表人。 **名师点睛** 诉讼代表人拒绝出庭的处理可以概括为："'老大'拒绝可拘传，'其他'拒绝只能换"。 **举案说法** 向律师被委托担任被告单位的诉讼代表人，如果向律师拒绝出庭，不能拘传向律师到庭，只能要求人民检察院另行确定诉讼代表人。因为向律师并非被告单位的法定代表人、实际控制人或者主要负责人。
诉讼代表人的权限	根据《刑诉解释》第338条的规定，被告单位的诉讼代表人享有《刑事诉讼法》规定的有关被告人的诉讼权利。开庭时，诉讼代表人席位置于审判台前左侧，与辩护人席并列。 **名师点睛** 被告单位的诉讼代表人享有《刑事诉讼法》规定的有关被告人的所有诉讼权利，包括最后陈述权。
遗漏单位当事人的处理	根据《刑诉解释》第340条的规定，对应当认定为单位犯罪的案件，人民检察院只作为自然人犯罪起诉的，人民法院应当建议人民检察院对犯罪单位追加起诉。人民检察院仍以自然人犯罪起诉的，人民法院应当依法审理，按照单位犯罪直接负责的主管人员或者其他直接责任人员追究刑事责任，并援引刑法分则关于追究单位犯罪中直接负责的主管人员和其他直接责任人员刑事责任的条款。 **名师点睛** 此处体现了法院不告不理原则，法院审判范围要受到检察院起诉范围的限制。
法院追缴或者扣押、冻结相关财物	(1) 根据《刑诉解释》第341条的规定，被告单位的违法所得及其他涉案财物，尚未被依法追缴或者查封、扣押、冻结的，人民法院应当决定追缴或者查封、扣押、冻结； (2) 根据《刑诉解释》第342条的规定，为保证判决的执行，人民法院可以先行查封、扣押、冻结被告单位的财产，或者由被告单位提出担保。
被告单位注销、变更的处理	单位没了	根据《刑诉解释》第344条的规定，审判期间，被告单位被吊销营业执照、宣告破产但尚未完成清算、注销登记的，应当继续审理；被告单位被撤销、注销的，对单位犯罪直接负责的主管人员和其他直接责任人员应当继续审理。 **名师点睛** 在被告单位被撤销、注销的情况下，可以认为被告单位主体消亡，此时对单位不再追究，而直接追究单位犯罪直接责任人员的责任是合适的。但是，在被告单位只是被吊销营业执照或者宣告破产但未完成清算、注销登记的情况下，被告单位这一责任主体还是存在的，并未消亡，其可以承担民事责任，同理也可以承担刑事责任，故此时应当对案件继续审理，并对被告单位作出刑事判决。

续表

被告单位注销、变更的处理	单位变了	根据《刑诉解释》第345条的规定，审判期间，被告单位合并、分立的，应当将原单位列为被告单位，并注明合并、分立情况。对被告单位所判处的罚金以其在新单位的财产及收益为限。 **考点提示** 民诉中，被告单位如果合并、分立成新单位，应当起诉新单位。

🔖 小试牛刀

小翔制药股份公司主要生产健骨消痛丸，公司法定代表人罗小翔指令保管员张大翔采用不登记入库、销售人员打白条领取产品的方法销售，逃避缴税65万元。小翔制药股份公司及罗小翔因逃税罪被起诉到人民法院。关于单位犯罪的相关诉讼程序，下列说法正确的有：[1]

A. 公司法定代表人罗小翔可以担任被告单位的诉讼代表人
B. 诉讼代表人可以行使最后陈述权
C. 为保证判决的执行，人民法院应当先行查封、扣押、冻结被告单位的财产
D. 审理期间，小翔制药股份公司宣告破产的，人民法院应当裁定终止审理
E. 审理期间，小翔制药股份公司分立成为小小公司和翔翔公司的，仍然应当将小翔公司列为被告单位

（四）违反法庭秩序的处理

1. 情节较轻的	应当警告制止；根据具体情况，也可以进行训诫。
2. 训诫无效的	责令退出法庭。
3. 拒不退出的	指令法警强行带出法庭。
4. 情节严重的	经报请院长批准后，可以处以1000元以下的罚款或者15日以下的拘留。 **考点提示** ❶ 有关人员对罚款、拘留的决定不服，可以直接向上一级人民法院申请复议，也可以通过决定罚款、拘留的人民法院向上一级人民法院申请复议。复议期间，不停止决定的执行。 ❷ 担任辩护人、诉讼代理人的律师严重扰乱法庭秩序，被强行带出法庭或者被处以罚款、拘留的，人民法院应当通报司法行政机关，并可以建议依法给予相应处罚。
5. 违规拍摄的	未经许可对庭审活动进行录音、录像、拍照或者使用即时通讯工具等传播庭审活动的，可以暂扣相关设备及存储介质，删除相关内容。
6. 构成犯罪的	危害法庭安全或者扰乱法庭秩序，构成犯罪的，依法追究刑事责任。

关联法条《刑诉解释》第310条第2、3款：辩护人、诉讼代理人被责令退出法庭、强行带出法庭或者被处以罚款后，具结保证书，保证服从法庭指挥、不再扰乱法庭秩序的，经法庭许可，可以继续担任辩护人、诉讼代理人。

辩护人、诉讼代理人具有下列情形之一的，不得继续担任同一案件的辩护人、诉讼代理人：

---

[1] BE

（一）擅自退庭的；
（二）无正当理由不出庭或者不按时出庭，严重影响审判顺利进行的；
（三）被拘留或者具结保证书后再次被责令退出法庭、强行带出法庭的。

• **举案说法** 罗伯特·翔强奸案的辩护律师向某，当庭对审判长破口大骂，被强行带出法庭。如果向某签署具结保证书，保证服从法庭指挥、不再扰乱法庭秩序，经法庭许可，可以继续担任辩护人。但如果向某一怒之下擅自退庭，则不得继续担任罗伯特·翔的辩护人。

（五）延期、中止和终止审理

1. 延期审理

概　念	即在法庭审判过程中，遇有足以影响审判进行的情形时，法庭决定延期审理，待影响审判进行的原因消失后，再行开庭审理。
情　形	《刑事诉讼法》第204条规定，在法庭审判过程中，遇有下列情形之一，影响审判进行的，可以延期审理： （1）需要通知新的证人到庭、调取新的物证，重新鉴定或者勘验的； （2）检察人员发现提起公诉的案件需要补充侦查，提出建议的； （3）由于申请回避而不能进行审判的。 [名师点睛] 延期审理情形可以概括为："新证、补侦和回避，法院'决定'延期审"。
方　式	"决定"延期审理。
期限计算	一般计入审理期限，但是特殊情形不计入办案期限，如补充侦查的情形。

• **举案说法** 罗某投放危险物质一案，法庭审判中，辩护人向某申请新的证人张某出庭，法庭认为有必要的，应当同意，并宣布休庭，根据案件情况，可以决定延期审理。

2. 中止审理

概　念	即人民法院在审判案件过程中，因发生某种情况影响了审判的正常进行，而决定暂停审理，待其消失后，再行开庭审理。
情　形	《刑事诉讼法》第206条第1款规定，在审判过程中，有下列情形之一，致使案件在较长时间内无法继续审理的，可以中止审理： （1）被告人患有严重疾病，无法出庭的； （2）被告人脱逃的； （3）自诉人患有严重疾病，无法出庭，未委托诉讼代理人出庭的； （4）由于不能抗拒的原因。 [名师点睛] 中止审理情形可以概括为："他跑、他病、耐心等；法院'裁定'中止审"。 [关联法条]《刑诉解释》第314条：有多名被告人的案件，部分被告人具有刑事诉讼法第206条第1款规定情形的，人民法院可以对全案中止审理；根据案件情况，也可以对该部分被告人中止审理，对其他被告人继续审理。 　　对中止审理的部分被告人，可以根据案件情况另案处理。
方　式	"裁定"中止审理。
期限计算	中止审理的期间都不计入审理期限。

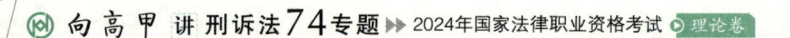

• 举案说法

❶ 罗某诽谤张某一案，如果自诉人张某患有严重疾病，无法出庭，也未委托诉讼代理人出庭，法庭裁定中止审理。

❷ 罗某诽谤张某一案，如果自诉人张某经2次传唤，无正当理由拒不到庭，或者未经法庭准许中途退庭，人民法院应当裁定按撤诉处理。

3. 终止审理

概 念	即人民法院在审判案件过程中，遇有法律规定的情形使审判不应当或者不需要继续进行时终结案件的诉讼活动。
情 形	（1）犯罪已过追诉时效期限的； （2）经特赦令免除刑罚的； （3）依照《刑法》告诉才处理的犯罪，没有告诉或者撤回告诉的； （4）被告人死亡的； （5）其他法律规定免予追究刑事责任的。 名师点睛 ❶《刑事诉讼法》第16条规定的第1种情形"情节显著轻微、危害不大，不认为是犯罪的"不属于终止审理的情形，而是判决宣告无罪。 ❷ 终止审理情形可以概括为："过时效、特赦、告诉和死掉；无需再等终结审"。
方 式	"裁定"终止审理。

• 举案说法 检察院以盗窃罪起诉罗某，经过审理，法院认为罗某构成的是侵占罪而非盗窃罪，此时法院应当裁定终止审理。

五、公诉案件一审程序的审理期限

2个月	人民法院审理公诉案件，应当在受理后2个月以内宣判。
+1个月	至迟不得超过3个月。
+3个月	对于可能判处死刑的案件或者附带民事诉讼的案件，以及有下列情形之一的，经上一级人民法院批准，可以延长3个月： （1）交通十分不便的边远地区的重大复杂案件； （2）重大的犯罪集团案件； （3）流窜作案的重大复杂案件； （4）犯罪涉及面广，取证困难的重大复杂案件。
+未知数	因特殊情况还需要延长审理期限的，报请最高人民法院批准。

名师点睛 一审的审理期限可总结为：2+1+3+X。

考点提示 人民法院改变管辖的案件，从改变后的人民法院收到案件之日起计算审理期限。人民检察院补充侦查的案件，补充侦查完毕移送人民法院后，人民法院重新计算审理期限。

专题 46 自诉案件第一审程序

一、自诉案件的受理条件

1. 属于法律规定的自诉案件范围：
（1）告诉才处理的案件；
（2）被害人有证据证明的轻微刑事案件；
（3）公诉转自诉案件。
2. 属于受诉法院管辖。
3. 刑事案件的被害人告诉的。

举案说法 罗某被张某侮辱后，因为觉得很没面子不敢去法院起诉。此时罗某的父亲老罗不能直接向法院起诉。根据《刑诉解释》第317条第1款的规定，自诉案件，如果被害人死亡、丧失行为能力或者因受强制、威吓等无法告诉，或者是限制行为能力人以及因年老、患病、盲、聋、哑等不能亲自告诉，其法定代理人、近亲属告诉或者代为告诉的，人民法院应当依法受理。本案被害人罗某并非不能或不敢告诉，只是不想告诉。

4. 有明确的被告人、具体的诉讼请求。
5. 有证明被告人犯罪事实的证据。

二、自诉的受理程序

起诉方式	提起自诉应当提交刑事自诉状；同时提起附带民事诉讼的，应当提交刑事附带民事自诉状。
受理审查	对自诉案件，人民法院应当在15日内审查完毕。经审查，符合受理条件的，应当决定立案，并书面通知自诉人或者代为告诉人。
不予受理的情形	根据《刑诉解释》第320条第2款的规定，具有下列情形之一的，应当说服自诉人撤回起诉；自诉人不撤回起诉的，裁定不予受理：①不属于《刑诉解释》第1条规定的案件的；②缺乏罪证的；③犯罪已过追诉时效期限的；④被告人死亡的；⑤被告人下落不明的；⑥除因证据不足而撤诉以外，自诉人撤诉后，就同一事实又告诉的；⑦经人民法院调解结案后，自诉人反悔，就同一事实再行告诉的；⑧属于《刑诉解释》第1条第2项规定的案件，公安机关正在立案侦查或者人民检察院正在审查起诉的；⑨不服人民检察院对未成年犯罪嫌疑人作出的附条件不起诉决定或者附条件不起诉考验期满后作出的不起诉决定，向人民法院起诉的。 **名师点睛** 上述第8、9两项为新增内容。另外，需要注意人民法院对提起的自诉应当进行全面审查，既要审查自诉材料是否符合形式要求，也要审查犯罪事实是否清楚，证据是否足够。但是，对于自诉的审查并不需要判断被告人是否构成犯罪，故不得以"被告人的行为不构成犯罪"为由，说服自诉人撤回起诉或者裁定不予受理。

续表

驳回起诉的情形	对已经立案，经审查缺乏罪证的自诉案件，自诉人提不出补充证据的，人民法院应当说服其撤回起诉或者裁定驳回起诉。 名师点睛 自诉人撤回起诉或者被驳回起诉后，又提出了新的足以证明被告人有罪的证据，再次提起自诉的，人民法院应当受理。
不予受理和驳回起诉的救济	自诉人对不予受理或者驳回起诉的裁定不服的，可以提起上诉： （1）第二审人民法院查明第一审人民法院作出的不予受理裁定有错误的，应当在撤销原裁定的同时，指令第一审人民法院立案受理； （2）第二审人民法院查明第一审人民法院驳回起诉裁定有错误的，应当在撤销原裁定的同时，指令第一审人民法院进行审理。

• 举案说法 罗某诽谤张某一案，被害人张某向某县人民法院提起自诉。人民法院经审查发现，被告人罗某早已畏罪自杀，应当说服张某撤回起诉；张某不撤回起诉的，裁定不予受理。

三、自诉的审判程序

1. 自诉人经过2次依法传唤，无正当理由拒不到庭的，或者未经法庭许可中途退庭的，按撤诉处理。

名师点睛 附带民事诉讼的原告人经过传唤无正当理由拒不到庭的，按撤诉处理，没有次数要求。

• 举案说法 罗某诉殷某虐待一案，自诉人罗某因患严重疾病，无法出庭，也未委托诉讼代理人出庭。此时，人民法院不能按撤诉处理，而是可以裁定中止审理。

2. 自诉案件自诉人承担证明责任。自诉案件当事人因客观原因不能取得的证据，申请人民法院调取的，应当说明理由，并提供相关线索或者材料。人民法院认为有必要的，应当及时调取。

关联法条《刑诉解释》第325条第2款：对通过信息网络实施的侮辱、诽谤行为，被害人向人民法院告诉，但提供证据确有困难的，人民法院可以要求公安机关提供协助。

• 举案说法
❶ 罗某诉殷某虐待一案，即使自诉人罗某提供证据确有困难，人民法院也不能要求公安机关提供协助。
❷ 罗某诉鄢某在微信朋友圈诽谤其娶过18个老婆，罗某提供证据确有困难的，人民法院可以要求公安机关提供协助。

3. 被告人实施2个以上犯罪行为，分别属于公诉案件和自诉案件，人民法院可以一并审理。对自诉部分的审理，适用《刑诉解释》第十章的规定。

考点提示 如果正在审理自诉案件，发现还有尚未起诉的公诉案件，法院不能直接审理，只能移送侦查机关立案侦查。

• 举案说法
❶ 马某涉嫌盗窃罪，法院决定开庭审理时，马某的母亲牛某也到该院递交自诉状，对

马某长期虐待自己的行为提起自诉。法院可以合并审理盗窃和虐待两案。

❷法院在审理马某虐待牛某一案过程中，发现马某还涉嫌强奸羊某，此时法院不能直接合并审理两案。法院不告不理，只能移送侦查机关立案侦查强奸案，对虐待案继续审理。

4. 根据《刑诉解释》第332条的规定，被告人在自诉案件审判期间下落不明的，人民法院<u>可以裁定中止审理</u>；符合条件的，<u>可以对被告人依法决定逮捕</u>。

名师点睛 对于自诉案件中被告人在审判期间下落不明的，人民法院之前一律裁定中止审理并不合适，还可能存在应当由人民法院对被告人决定逮捕的情形。鉴于此，2021年《刑诉解释》作了相应调整。

5. 根据《刑诉解释》第333条的规定，对自诉案件，应当参照《刑事诉讼法》第200条和《刑诉解释》第295条的有关规定作出判决。对依法宣告无罪的案件，有附带民事诉讼的，其附带民事部分可以依法进行<u>调解或者一并作出判决</u>，也可以<u>告知附带民事诉讼原告人另行提起民事诉讼</u>。

四、自诉案件第一审程序的特点

自诉案件第一审程序，一般参照《刑事诉讼法》关于公诉案件第一审程序的规定进行。此外，《刑事诉讼法》对自诉案件的审判程序作了一些特殊性规定。自诉案件第一审程序有以下特点：

1. 可以调解	人民法院对于<u>告诉才处理和被害人有证据证明的轻微刑事案件</u>，可以在查明事实、分清是非的基础上进行调解。 考点提示 对于公诉转自诉案件不适用调解。
2. 可以反诉	<u>告诉才处理和被害人有证据证明的轻微刑事案件</u>的被告人或者其法定代理人在诉讼过程中，可以对自诉人提起反诉。 考点提示 对于公诉转自诉案件不适用反诉。 拓展阅读 在有反诉发生的自诉案件中，诉讼双方当事人都同时具有双重身份，即既是自诉人又是被告人，形成互诉。反诉案件适用自诉的规定，即在反诉的审理和处理程序上，适用自诉的所有规定。反诉人的诉讼地位、诉讼权利、诉讼义务等与自诉人完全相同。反诉案件应当与自诉案件一并审理。由于反诉又是一个相对独立的诉，自诉人撤诉的，不影响反诉案件的继续审理。如果对双方当事人都必须判处刑罚，应根据各自应负的罪责分别判处，不能互相抵销刑罚。
3. 可以适用简易程序	自诉案件，符合简易程序适用条件的，可以适用简易程序审理。 考点提示 三类自诉案件都可能适用简易程序。 名师点睛 自诉案件不能适用速裁程序。因为自诉案件由自诉人自行提起，案件没有经过侦查、审查起诉，人民法院在开庭前很难判断证据是否确实、充分。同时，自诉案件自诉人与被告人往往对案件事实等存在较大争议。此外，由于没有检察机关等国家机关主持，也无法在审前提出量刑建议、签署认罪认罚具结书。从这些情况来看，自诉案件是不适合适用速裁程序审理的。

续表

4. 可以和解与撤诉		自诉人在宣告判决前，可以同被告人自行和解或者撤回自诉。对于自诉人要求撤诉的，人民法院应当审查，确属自愿的，应当允许撤诉。经审查后，认为自诉人系由于被强迫、威吓等原因而被迫撤诉的，人民法院不予准许。 **考点提示** 三类自诉案件都可以和解、撤诉。 **关联法条**《刑诉解释》第330条：裁定准许撤诉的自诉案件，被告人被采取强制措施的，人民法院应当立即解除。
5. 可分性	被告人可分	自诉人明知有其他共同侵害人，但只对部分侵害人提起自诉的，人民法院应当受理，并告知其放弃告诉的法律后果；自诉人放弃告诉，判决宣告后又对其他共同侵害人就同一事实提起自诉的，人民法院不予受理。
	自诉人可分	共同被害人中只有部分人告诉的，人民法院应当通知其他被害人参加诉讼，并告知其不参加诉讼的法律后果。被通知人接到通知后表示不参加诉讼或者不出庭的，视为放弃告诉。第一审宣判后，被通知人就同一事实又提起自诉的，人民法院不予受理。但是，当事人另行提起民事诉讼的，不受《刑诉解释》限制。
6. 审限特殊	被告人未羁押	适用普通程序审理的被告人未被羁押的自诉案件，应当在立案后6个月内宣判。
	被告人已羁押	被告人被羁押的，审理期限与公诉案件的审理期限相同。

小试牛刀

方某涉嫌在公众场合侮辱高某和任某，高某向法院提起自诉。关于本案的审理，下列哪些选项是正确的？[1]

A. 如果任某担心影响不好不愿起诉，任某的父亲可代为起诉

B. 法院通知任某参加诉讼并告知其不参加的法律后果，任某仍未到庭，视为放弃告诉，该案宣判后，任某不得再行自诉

C. 方某的弟弟系该案关键目击证人，经法院通知其无正当理由不出庭作证的，法院可强制其到庭

D. 本案应当适用简易程序审理

---

[1] BC。选项A的情形并非被害人死亡、丧失行为能力或者因受强制、威吓等无法告诉，或者是限制行为能力人以及因年老、患病、盲、聋、哑等不能亲自告诉，因此不能由其近亲属来起诉，选项A错误。根据《刑诉解释》第327条的规定，自诉案件符合简易程序适用条件的，可以适用简易程序审理。不适用简易程序审理的自诉案件，参照适用公诉案件第一审普通程序的有关规定。可知，自诉案件并不都适用简易程序，还需要符合简易程序的条件才行，选项D错误。

专题 47 简易程序与速裁程序

一、简易程序

（一）概念

简易程序，是指基层人民法院审理某些事实清楚、被告人承认自己所犯罪行并对起诉书指控的犯罪事实没有异议的刑事案件时，所适用的比普通程序相对简化的审判程序。

（二）适用条件和范围

积极条件	基层人民法院管辖的案件，同时符合下列条件的，可以适用简易程序审判： （1）案件事实清楚、证据充分的； （2）被告人承认自己所犯罪行，对指控的犯罪事实没有异议的； （3）被告人对适用简易程序没有异议的。 **名师点睛** ❶三个条件要同时具备，归纳为："清楚、认罪、同意"。 **举案说法** 罗伯特·翔强奸一案，如果被害人以强奸罪是重罪为由拒绝适用简易程序，人民法院仍然可以适用简易程序。因为简易程序并不排斥重罪，只要本案事实清楚、证据充分，被告人认罪且同意适用，就可以适用。 ❷人民法院应当询问被告人对指控的犯罪事实的意见，确认其是否同意适用简易程序。对未成年人刑事案件，人民法院决定适用简易程序审理的，应当征求未成年被告人及其法定代理人、辩护人的意见。上述人员提出异议的，不适用简易程序。
禁止范围	根据《刑诉解释》第360条的规定，具有下列情形之一的，不适用简易程序：①被告人是盲、聋、哑人的；②被告人是尚未完全丧失辨认或者控制自己行为能力的精神病人的；③案件有重大社会影响的；④共同犯罪案件中部分被告人不认罪或者对适用简易程序有异议的；⑤辩护人作无罪辩护的；⑥被告人认罪但经审查认为可能不构成犯罪的；⑦不宜适用简易程序审理的其他情形。 **名师点睛** 简易程序禁止范围可以概括为："盲聋哑、半疯傻、影响大、无罪啊"。

小试牛刀

下列哪一案件可适用简易程序审理？[1]

A. 甲为境外非法提供国家秘密案，情节较轻，可能判处3年以下有期徒刑
B. 乙抢劫案，可能判处10年以上有期徒刑，检察院未建议适用简易程序
C. 丙传播淫秽物品案，经审查认为，情节显著轻微，可能不构成犯罪
D. 丁暴力取证案，可能被判处拘役，丁的辩护人作无罪辩护

---

[1] B

（三）程序特点

程序启动	（1）符合简易程序条件的，人民法院可以主动决定适用简易程序。 **名师点睛** 人民法院决定适用简易程序，需要征求被告人同意。 （2）人民检察院对于符合简易程序条件的案件，可以建议人民法院适用。 （3）被告人及其辩护人可以申请适用简易程序审理。 **名师点睛** 无论是被告人申请，还是检察院建议，最终都由人民法院决定是否适用简易程序。	
法院审级	只适用于基层人民法院第一审程序。 **名师点睛** ❶简易程序不适用于第二审程序、死刑复核程序和审判监督程序。相比之下，第二审程序、死刑复核程序和审判监督程序审理的刑事案件相对复杂、重大。 ❷基层人民法院管辖案情简单、影响较小、处罚较轻的刑事案件。只有这些案件才具有适用简易程序审判的条件。	
审判组织	3年以下	可以组成合议庭审判，也可以由审判员1人独任审判。
	超过3年	应当组成合议庭进行审判。 **名师点睛** 在适用简易程序独任审判的过程中，发现对被告人可能判处的有期徒刑超过3年的，应当转由合议庭审理。
审理期限	3年以下	应当在受理后20日以内审结。
	超过3年	可以延长至一个半月。
公诉人出庭	即使是适用简易程序审理的公诉案件，人民检察院也应当派员出席法庭。	
辩护人出庭	适用简易程序审理案件，被告人有辩护人的，应当通知其出庭。 **名师点睛** 应当通知并不等于应当出庭，辩护人经通知未到庭，被告人同意的，人民法院可以开庭审理，但应当提供法律援助情形的除外。	
程序简化	（1）根据《刑诉解释》第362条的规定，适用简易程序审理案件，人民法院应当在开庭前将开庭的时间、地点通知人民检察院、自诉人、被告人、辩护人，也可以通知其他诉讼参与人。通知可以采用简便方式，但应当记录在案。 （2）根据《刑诉解释》第365条第1款的规定，适用简易程序审理案件，可以对庭审作如下简化：①公诉人可以摘要宣读起诉书。②公诉人、辩护人、审判人员对被告人的讯问、发问可以简化或者省略。③对控辩双方无异议的证据，可以仅就证据的名称及所证明的事项作出说明；对控辩双方有异议或者法庭认为有必要调查核实的证据，应当出示，并进行质证。④控辩双方对与定罪量刑有关的事实、证据没有异议的，法庭审理可以直接围绕罪名确定和量刑问题进行。 **名师点睛** 简易程序审理中，判决宣告前应当听取被告人的最后陈述。	
当庭宣判	根据《刑诉解释》第367条的规定，适用简易程序审理案件，裁判文书可以简化。适用简易程序审理案件，一般应当当庭宣判。	

📝 小试牛刀

甲犯抢夺罪，法院经审查决定适用简易程序审理。关于本案，下列哪一选项是正确的?[1]

A. 适用简易程序必须由检察院提出建议
B. 如被告人已提交承认指控犯罪事实的书面材料,则无需再当庭询问其对指控的意见
C. 不需要调查证据,直接围绕罪名确定和量刑问题进行审理
D. 如无特殊情况,应当庭宣判

(四)简易程序向普通程序的转化

转化事由	根据《刑诉解释》第368条第1款的规定,适用简易程序审理案件,在法庭审理过程中,具有下列情形之一的,应当转为普通程序审理:①被告人的行为可能不构成犯罪的;②被告人可能不负刑事责任的;③被告人当庭对起诉指控的犯罪事实予以否认的;④案件事实不清、证据不足的;⑤不应当或者不宜适用简易程序的其他情形。 名师点睛 简易转普通的情形可以概括为:"无罪""无责""否认""不清"。
期限的计算	决定转为普通程序审理的案件,审理期限应当从作出决定之日起计算。 名师点睛 民事诉讼中,简易程序转为普通程序,审判期限不需要重新计算。
转化后的程序要求	转为普通程序审理的案件,公诉人需要为出席法庭进行准备的,可以建议人民法院延期审理。 名师点睛 一经确定为适用普通程序审理的案件,不得转换为适用简易程序。

• 举案说法 罗某涉嫌故意伤害一案,法院决定适用简易程序审理。经审理,法院认为可能不构成犯罪,此时不能直接用简易程序判决无罪,而是应当转为普通程序重新审理。

二、刑事速裁程序

(一)概念

刑事速裁程序,是指基层人民法院审理可能判处3年有期徒刑以下刑罚,事实清楚,证据确实、充分,被告人认罪认罚且民事赔偿问题已经解决的案件,在被告人同意的前提下,所适用的比简易程序更为简化的审判程序。

名师点睛 2018年修正的《刑事诉讼法》关于速裁程序的增设,使我国刑事一审程序形成了普通程序、简易程序、速裁程序多元化繁简分流模式。

(二)适用条件和范围

适用条件	根据《刑事诉讼法》第222条第1款的规定,基层人民法院管辖的可能判处3年有期徒刑以下刑罚的案件,案件事实清楚、证据确实、充分,被告人认罪认罚并同意适用速裁程序的,可以适用速裁程序,由审判员一人独任审判。本条明确规定了速裁程序的适用条件: (1)可能判处3年有期徒刑以下刑罚的案件; (2)案件事实清楚、证据确实、充分;

---

[1] D。如果认为可以适用简易程序,检察院是"可以"向法院提出建议,而非必须由检察院提出建议,选项A错误。必须当庭询问被告人对指控的犯罪事实的意见,选项B错误。只有当控辩双方对与定罪量刑有关的事实、证据没有异议的,法庭审理才可以直接围绕罪名确定和量刑问题进行,选项C错误。

续表

适用条件	(3) 被告人认罪认罚； (4) 被告人同意适用速裁程序。 名师点睛 速裁程序适用条件可以概括为："轻微、清楚、认罪、同意"。
禁止范围	根据《刑诉解释》第370条的规定，具有下列情形之一的，不适用速裁程序： (1) 被告人是盲、聋、哑人的； (2) 被告人是尚未完全丧失辨认或者控制自己行为能力的精神病人的； (3) 被告人是未成年人的； (4) 案件有重大社会影响的； (5) 共同犯罪案件中部分被告人对指控的犯罪事实、罪名、量刑建议或者适用速裁程序有异议的； (6) 被告人与被害人或者其法定代理人没有就附带民事诉讼赔偿等事项达成调解、和解协议的； (7) 辩护人作无罪辩护的； (8) 其他不宜适用速裁程序的情形。 名师点睛 速裁程序的禁止范围可以概括为："幼、聋、傻、影响大、共犯异议、民未达、无罪辩护或其他"。

• 举案说法 罗某诈骗一案，由于辩护律师向某坚持无罪辩护，本案不能适用速裁程序审理，也不能适用简易程序，只能适用普通程序。

（三）特点

启动方式	(1) 人民法院依职权决定； (2) 人民检察院可以建议； (3) 被告人及其辩护人可以向人民法院提出适用速裁程序的申请。 名师点睛 无论是被告人申请，还是人民检察院建议，最终都由人民法院决定是否适用速裁程序。
法院审级	基层人民法院一审程序。
审判组织	由审判员1人独任审判。
审限较短	受理后10日以内审结；对可能判处的有期徒刑超过1年的，可以延长至15日。
送达简化	根据《刑诉解释》第371条的规定，适用速裁程序审理案件，人民法院应当在开庭前将开庭的时间、地点通知人民检察院、被告人、辩护人，也可以通知其他诉讼参与人。通知可以采用简便方式，但应当记录在案。
公诉人出庭	人民检察院应当派员出席法庭。公诉人可以简要宣读起诉书指控的犯罪事实、证据、适用法律及量刑建议，一般不再讯问被告人。
集中审理	可以集中开庭，逐案审理。人民检察院可以指派公诉人集中出庭支持公诉。
庭审简化	一般不进行法庭调查、法庭辩论。 考点提示 但在判决宣告前应当听取辩护人的意见和被告人的最后陈述。

当庭宣判	根据《刑诉解释》第374条的规定，适用速裁程序审理案件，裁判文书可以简化。适用速裁程序审理案件，应当当庭宣判。

（四）速裁程序的转化

转化事由	根据《刑诉解释》第375条的规定，适用速裁程序审理案件，在法庭审理过程中，具有下列情形之一的，应当转为普通程序或者简易程序审理： （1）被告人的行为可能不构成犯罪或者不应当追究刑事责任的； （2）被告人违背意愿认罪认罚的； （3）被告人否认指控的犯罪事实的； （4）案件疑难、复杂或者对适用法律有重大争议的； （5）其他不宜适用速裁程序的情形。 **名师点睛** 速裁程序向普通、简易程序转化的具体情形可以概括为："无罪、无责、违意愿；否认、疑难、争议大"。
期限的计算	根据《刑诉解释》第376条的规定，决定转为普通程序或者简易程序审理的案件，审理期限应当从作出决定之日起计算。
转化后的程序要求	根据《高检规则》第444条的规定，转为普通程序审理的案件，公诉人需要为出席法庭进行准备的，可以建议人民法院延期审理。

• 举案说法 罗某重婚一案，法院适用速裁程序审理。庭审中，法院发现被告人是被迫认罪认罚的，且本案事实不清、证据不足，应当转为普通程序审理。

（五）速裁程序的二审

根据《认罪认罚意见》第45条的规定，被告人不服适用速裁程序作出的第一审判决提出上诉的案件，可以不开庭审理。第二审人民法院审查后，按照下列情形分别处理：

1. 发现被告人以事实不清、证据不足为由提出上诉的，应当裁定撤销原判，发回原审法院适用普通程序重新审理，不再按认罪认罚案件从宽处罚。

2. 发现被告人以量刑不当为由提出上诉的，原判量刑适当的，应当裁定驳回上诉，维持原判；原判量刑不当的，经审理后依法改判。

关联法条《刑诉解释》第377条：适用速裁程序审理的案件，第二审人民法院依照刑事诉讼法第236条第1款第3项的规定发回原审人民法院重新审判的，原审人民法院应当适用第一审普通程序重新审判。

小试牛刀

罗某故意伤害张某一案，被告人罗某认罪认罚，一审法院适用了速裁程序审理。罗某对一审判决结果不服，可否上诉？如果以事实不清为由上诉，二审法院可否查清依法改判？

参考答案：适用速裁程序审理的案件，被告人不服一审判决也可以上诉。但是如果以事实不清为由上诉，意味着一审法院不满足适用速裁程序的条件，属于程序违法，二审法

院应当裁定撤销原判,发回原审法院适用普通程序重新审理,不再按认罪认罚案件从宽处罚。

[归纳总结] 速裁程序与简易程序的差异

	速裁程序	简易程序
适用条件	(1) 可能判处 3 年有期徒刑以下刑罚的; (2) 案件事实清楚,证据确实、充分的; (3) 被告人认罪认罚的; (4) 被告人同意适用速裁程序的。	(1) 案件事实清楚、证据充分的; (2) 被告人承认自己所犯罪行,对指控的犯罪事实没有异议的; (3) 被告人对适用简易程序没有异议的。
禁止范围	(1) 被告人是盲、聋、哑人的; (2) 被告人是尚未完全丧失辨认或者控制自己行为能力的精神病人的; (3) 被告人是未成年人的; (4) 案件有重大社会影响的; (5) 共同犯罪案件中部分被告人对指控的犯罪事实、罪名、量刑建议或者适用速裁程序有异议的; (6) 被告人与被害人或者其法定代理人没有就附带民事诉讼赔偿等事项达成调解、和解协议的; (7) 辩护人作无罪辩护的; (8) 其他不宜适用速裁程序的情形。	(1) 被告人是盲、聋、哑人的; (2) 被告人是尚未完全丧失辨认或者控制自己行为能力的精神病人的; (3) 案件有重大社会影响的; (4) 共同犯罪案件中部分被告人不认罪或者对适用简易程序有异议的; (5) 辩护人作无罪辩护的; (6) 被告人认罪但经审查认为可能不构成犯罪的; (7) 不宜适用简易程序审理的其他情形。
审判组织	应当由审判员 1 人独任审判。	可能判处 3 年有期徒刑以下刑罚的,可以组成合议庭审判,也可以由审判员 1 人独任审判;可能判处超过 3 年有期徒刑刑罚的,应当组成合议庭进行审判。
审理期限	受理后 10 日以内审结;对可能判处的有期徒刑超过 1 年的,可以延长至 15 日。	可能判 3 年以下刑罚的,应当在受理后 20 日以内审结;可能判超过 3 年刑罚的,可以延长至一个半月。
宣判方式	应当当庭宣判。	一般应当当庭宣判,并在 5 日内将判决书送达被告人和提起公诉的人民检察院。
程序转化	(1) 被告人的行为可能不构成犯罪或者不应当追究刑事责任的; (2) 被告人违背意愿认罪认罚的; (3) 被告人否认指控的犯罪事实的; (4) 案件疑难、复杂或者对适用法律有重大争议的; (5) 其他不宜适用速裁程序的情形。	(1) 被告人的行为可能不构成犯罪的; (2) 被告人可能不负刑事责任的; (3) 被告人当庭对起诉指控的犯罪事实予以否认的; (4) 案件事实不清、证据不足的; (5) 不应当或者不宜适用简易程序的其他情形。

[小试牛刀]

罗某盗窃一案,被告人罗某主动供述自己的罪行,法院决定适用简易程序或速裁程序

审理本案。关于本案的审理程序，下列选项正确的是：[1]

A. 如果罗某可能被判处 3 年有期徒刑以上刑罚，本案可以适用简易程序，但不能适用速裁程序
B. 如果罗某是未成年人，则本案既不能适用简易程序，也不能适用速裁程序
C. 法院在适用简易程序或速裁程序审理时，都可以组成合议庭
D. 法院适用简易程序或速裁程序审理中，如果认为罗某可能不负刑事责任，都应当转为普通程序审理

专题48 判决、裁定与决定

判决、裁定与决定，是人民法院在审理案件过程中或者审理案件结束后，根据事实和法律，解决案件实体问题和诉讼程序问题，对当事人及其他诉讼参与人所作的具有拘束力的处理决定。

判决	对象	专门用来解决实体问题，即定罪量刑问题。
	类型	有罪判决/无罪判决/不负刑事责任的判决。
	主体	只能由法院作出。
	方式	必须以书面形式作出。
	效力	未生效的判决，可以上诉或抗诉。（上诉、抗诉期为10日）
	数量	发生法律效力并被执行的判决只有1个。（未生效的判决可以有多个）
裁定	对象	有关诉讼程序和部分实体问题。
	类型	程序性问题：终止（中止）审理/维持原判/撤销原判并发回重审/驳回起诉。 实体性问题：减刑/假释/撤销缓刑/减免罚金。
	主体	只能由法院作出。
	方式	可以书面，也可以口头。
	效力	未生效的裁定，可以上诉或抗诉。（上诉、抗诉期为5日）
	数量	发生法律效力的裁定可以有若干个。
决定	对象	只用于解决诉讼程序问题。
	类型	是否回避/是否立案/有关强制措施/实施各种侦查行为/撤销案件/延长羁押期限/起诉或不起诉/开庭审判/调取新证据/延期审理/抗诉/提起再审程序等。
	主体	公、检、法都可以决定。
	方式	可以书面，也可以口头。

---

[1] AD

决 定	效 力	一经作出立即生效，不得上诉或抗诉，部分决定可申请复议1次。
	数 量	发生法律效力的决定可以有若干个。

名师点睛 判决、裁定、决定的考点可以用几句话概括："裁定好比墙头草，实体程序都能搞；公检只能作决定，判决裁定法院行；判决只能书面出，生效判决要唯一；决定作出就生效，不能上诉不能抗"。

小试牛刀

法院在刑事案件的审理过程中，根据对案件的不同处理需要使用判决、裁定和决定。关于判决、裁定、决定的说法，下列选项正确的是：[1]

A. 裁定不适用于解决案件的实体问题
B. 在一个案件中，可以有多个判决
C. 判决只有经过法定上诉、抗诉期限才能发生法律效力
D. 有些决定可以申请复议，复议期间不影响决定的效力

---

[1] BD

第16讲 第二审程序

本讲导读

复习提要

本讲首先要掌握二审程序的启动方式，包括上诉和抗诉两种，具体需要掌握上诉和抗诉在主体、理由、方式、途径上的差异。其次，二审中的两个基本原则是每年必考的：一个是全面审查原则，另一个是上诉不加刑原则。最后，考生需要掌握二审审理方式、审理程序和审理的结果。

知识框架

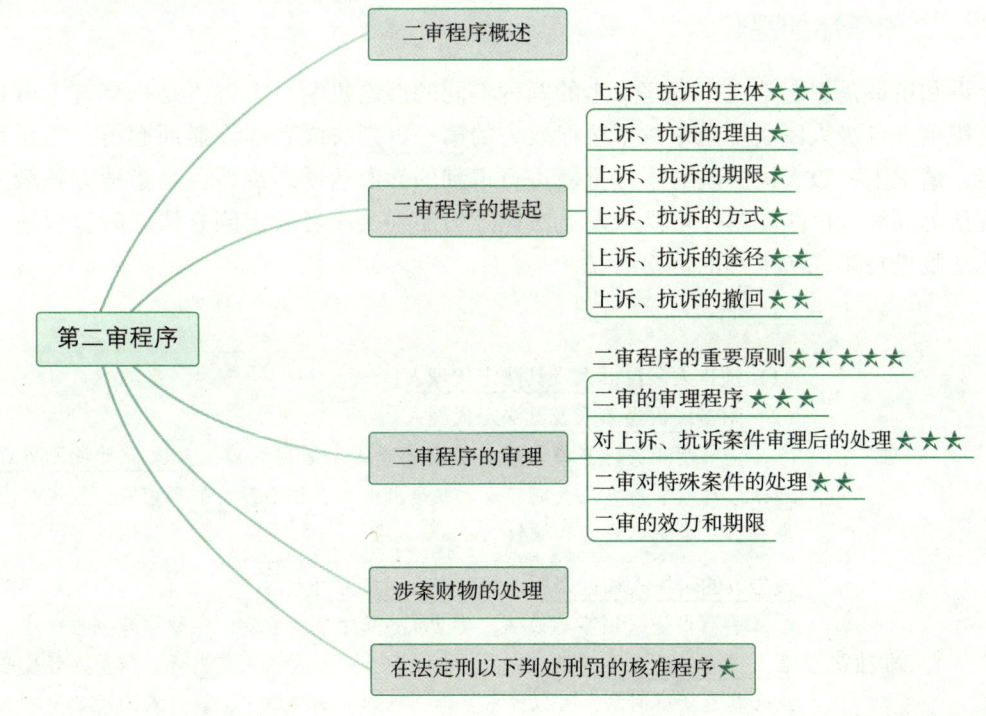

第二审程序
- 二审程序概述
- 二审程序的提起
  - 上诉、抗诉的主体 ★★★
  - 上诉、抗诉的理由 ★
  - 上诉、抗诉的期限 ★
  - 上诉、抗诉的方式 ★
  - 上诉、抗诉的途径 ★★
  - 上诉、抗诉的撤回 ★★
- 二审程序的审理
  - 二审程序的重要原则 ★★★★★
  - 二审的审理程序 ★★★
  - 对上诉、抗诉案件审理后的处理 ★★★
  - 二审对特殊案件的处理 ★★
  - 二审的效力和期限
- 涉案财物的处理
- 在法定刑以下判处刑罚的核准程序 ★

专题49 二审程序的提起

相对于人民法院的第一审程序而言，第二审程序往往被称为"普通救济程序"，是指第一审人民法院的上一级人民法院，对不服第一审人民法院尚未发生法律效力的判决或裁定而提出上诉或者抗诉的案件进行审理时所适用的诉讼程序。

一、二审程序概述

第二审程序，又称上诉审程序，是指第二审人民法院根据上诉人的上诉或者人民检察院的抗诉，对第一审人民法院尚未发生法律效力的判决或裁定进行审判所应遵循的程序。

二审程序有下列特征：

1. 第二审程序并不是审理刑事案件的必经程序。一个案件是否经过第二审程序，关键在于上诉权人是否提起上诉或人民检察院是否提起抗诉。

2. 不能将第二审程序简单地理解为是对同一案件进行的第二次审理的程序。对同一个案件的第二次审理，既可能是第二审程序，也可能是第一审程序，还可能是审判监督程序。例如，上一级法院认为下级法院审理、裁判了应由自己作为第一审法院审理的案件，有权依法撤销判决、变更管辖，将案件管辖权收归自己，作为第一审案件重新审理。

3. 除了基层人民法院以外，其他各级人民法院都可以成为第二审人民法院。

二、二审程序的提起

上诉和抗诉是引起第二审程序发生的两种不同的诉讼机制。上诉，是指享有上诉权的主体不服地方各级人民法院尚未发生法律效力的第一审判决或者准许撤回起诉、终止审理等裁定，请求上一级人民法院对案件重新进行审判的诉讼活动。抗诉，是指地方各级人民检察院认为同级人民法院第一审尚未发生法律效力的判决或者裁定确有错误时，提请上一级人民法院进行第二次审判的诉讼活动。

（一）上诉、抗诉的主体

上诉	独立	（1）被告人、自诉人及其法定代理人； （2）附带民诉当事人及其法定代理人。 **名师点睛** 附带民诉当事人及其法定代理人上诉的内容，只限于附带民事诉讼部分，对刑事判决、裁定部分无权提出上诉，且不影响刑事判决、裁定在上诉期满后发生法律效力和执行。
	非独立	被告人的辩护人和近亲属，经被告人同意方可上诉。 **名师点睛** 根据《刑事诉讼法》第294条第1款的规定，在缺席审判程序中，被告人或者其近亲属不服判决的，有权向上一级人民法院上诉。辩护人经被告人或者其近亲属同意，可以提出上诉。可知，此程序中，被告人的近亲属享有独立的上诉权。

续表

抗 诉	《刑事诉讼法》第228条规定，地方各级人民检察院认为本级人民法院第一审的判决、裁定确有错误的时候，应当向上一级人民法院提出抗诉。 [名师点睛] 被害人没有上诉权，根据《刑事诉讼法》第229条的规定，被害人及其法定代理人不服地方各级人民法院第一审的判决的，自收到判决书后5日以内，有权请求人民检察院提出抗诉。

[名师点睛] 最高人民法院是国家的最高审判机关，它的一审判决和裁定就是终审的判决和裁定，对它的一审判决和裁定既不能提出上诉，也不能按照二审程序提出抗诉。最高人民检察院如果认为最高人民法院的判决和裁定确有错误，只能按照审判监督程序提出抗诉。

• 举案说法 罗某与张某发生口角，罗某一怒之下顺手将向某放在桌子上的手机打向张某，致张某轻伤。如张某提起自诉，对本案刑事部分判决有权上诉的是罗某（被告人）和张某（自诉人）。但本案如果由检察院提起公诉，那么对本案刑事部分判决有权上诉的只有罗某，张某作为被害人如果不服一审判决，只能请求检察院提起抗诉。

（二）上诉、抗诉的理由

上 诉	无需理由，上诉主体只要不服第一审判决、裁定，并在法定期限内依法提出上诉，人民法院就应当受理，并启动第二审程序。 [关联法条]《刑事诉讼法》第227条第3款：对被告人的上诉权，不得以任何借口加以剥夺。
抗 诉	抗诉的理由是认为一审判决或裁定确有错误。 [关联法条]《刑事诉讼法》第228条：地方各级人民检察院认为本级人民法院第一审的判决、裁定确有错误的时候，应当向上一级人民法院提出抗诉。

（三）上诉、抗诉的期限

判 决	不服判决的上诉和抗诉期限为10日。
裁 定	不服裁定的上诉和抗诉期限为5日。 [关联法条]《刑诉解释》第380条：上诉、抗诉必须在法定期限内提出。不服判决的上诉、抗诉的期限为10日；不服裁定的上诉、抗诉的期限为5日。上诉、抗诉的期限，从接到判决书、裁定书的第二日起计算。 对附带民事判决、裁定的上诉、抗诉期限，应当按照刑事部分的上诉、抗诉期限确定。附带民事部分另行审判的，上诉期限也应当按照刑事诉讼法规定的期限确定。 [名师点睛] 权利人是否上诉，以他们在上诉期满前最后一次的意思表示为准。

• 举案说法 鄢某因犯挪用资金罪被判处有期徒刑1年，缓刑2年，判决宣告时鄢某表示不上诉。其被解除羁押后经向他人咨询，认为自己不构成犯罪，于是又想提出上诉。只要在上诉期满前，鄢某依然有权提出上诉。

(四) 上诉、抗诉的方式

上诉	上诉可以用书面和口头两种形式提出，口头上诉的，人民法院应当制作笔录。
抗诉	抗诉应以书面形式，即必须制作抗诉书，不能采用口头形式。

(五) 上诉、抗诉的途径

上诉	上诉可以通过原审人民法院提出，也可以直接向上一级人民法院提出。 【关联法条】《刑诉解释》 第381条：上诉人通过第一审人民法院提出上诉的，第一审人民法院应当审查。上诉符合法律规定的，应当在上诉期满后3日以内将上诉状连同案卷、证据移送上一级人民法院，并将上诉状副本送交同级人民检察院和对方当事人。 第382条：上诉人直接向第二审人民法院提出上诉的，第二审人民法院应当在收到上诉状后3日以内将上诉状交第一审人民法院。第一审人民法院应当审查上诉是否符合法律规定。符合法律规定的，应当在接到上诉状后3日以内将上诉状连同案卷、证据移送上一级人民法院，并将上诉状副本送交同级人民检察院和对方当事人。
抗诉	抗诉只能向原审人民法院提出，不能直接向第二审人民法院提出抗诉。 【关联法条】《刑诉解释》第384条：地方各级人民检察院对同级人民法院第一审判决、裁定的抗诉，应当通过第一审人民法院提交抗诉书。第一审人民法院应当在抗诉期满后3日以内将抗诉书连同案卷、证据移送上一级人民法院，并将抗诉书副本送交当事人。 【名师点睛】二审抗诉是向原审法院提出抗诉书，但是向上一级法院抗诉。 【举案说法】罗伯特·翔强奸一案，一审判决后，朝阳区人民检察院认为朝阳区人民法院第一审未生效裁判确有错误时，应当通过本级人民法院提出抗诉书，向上一级人民法院提出抗诉。 【关联法条】《高检规则》第589条：上一级人民检察院对下级人民检察院按照第二审程序提出抗诉的案件，认为抗诉正确的，应当支持抗诉。 上一级人民检察院认为抗诉不当的，应当听取下级人民检察院的意见。听取意见后，仍然认为抗诉不当的，应当向同级人民法院撤回抗诉，并且通知下级人民检察院。 上一级人民检察院在上诉、抗诉期限内，发现下级人民检察院应当提出抗诉而没有提出抗诉的案件，可以指令下级人民检察院依法提出抗诉。 上一级人民检察院支持或者部分支持抗诉意见的，可以变更、补充抗诉理由，及时制作支持抗诉意见书，并通知提出抗诉的人民检察院。 【举案说法】长沙市雨花区法院一审判决被告人向某无罪，雨花区检察院依法向长沙市中院提起二审抗诉。如果长沙市检察院听取雨花区检察院意见后，仍然认为抗诉不当，有权向长沙市中院撤回抗诉，并通知雨花区检察院。

(六) 上诉、抗诉的撤回

撤回上诉	期满前	根据《刑诉解释》第383条第1款的规定，上诉人在上诉期限内要求撤回上诉的，人民法院应当准许。

续表

撤回上诉	期满后	根据《刑诉解释》第383条第2款的规定，上诉人在上诉期满后要求撤回上诉的，第二审人民法院经审查，认为原判认定事实和适用法律正确，量刑适当的，应当裁定准许；认为原判确有错误的，应当不予准许，继续按照上诉案件审理。
		名师点睛 上诉期满前，撤回上诉的，想撤就能撤；上诉期满后，撤回上诉的，判错不许撤。
		根据《刑诉解释》第383条第3款的规定，被判处死刑立即执行的被告人提出上诉，在第二审开庭后宣告裁判前申请撤回上诉的，应当不予准许，继续按照上诉案件审理。
撤回抗诉	期满前	根据《刑诉解释》第385条第1款的规定，人民检察院在抗诉期限内要求撤回抗诉的，人民法院应当准许。
	期满后	根据《刑诉解释》第385条第2款的规定，人民检察院在抗诉期满后要求撤回抗诉的，第二审人民法院可以裁定准许，但是认为原判存在将无罪判为有罪、轻罪重判等情形的，应当不予准许，继续审理。
		名师点睛 抗诉期满前，撤回抗诉的，想撤就能撤；抗诉期满后，撤回抗诉的，判重不许撤。
		考点提示 上级人民检察院认为下级人民检察院抗诉不当，向第二审人民法院要求撤回抗诉的，适用同样的规定。

• 举案说法 罗某因强奸罪被Z县人民法院判处有期徒刑8年。判决宣告后，罗某以量刑过重为理由提出上诉，但在上诉期满后又提出申请撤回上诉。对于罗某撤回上诉的申请，二审人民法院应当进行审查，如果原判认定事实和适用法律正确，量刑适当，应当裁定准许罗某撤回上诉；如果原判认定事实不清、证据不足或者适用法律错误、量刑不当，应当裁定不允许罗某撤回上诉。

（七）撤回上诉、抗诉后第一审裁判的生效问题

期满前	对于在上诉、抗诉期满前撤回上诉、抗诉的案件，第一审判决、裁定在上诉、抗诉期满之日起生效。
期满后	对于在上诉、抗诉期满后要求撤回上诉、抗诉的案件，第二审人民法院裁定准许的，第一审判决、裁定应当自第二审人民法院裁定书送达原上诉人或者抗诉的检察机关之日起生效。

• 举案说法 黄某倒卖文物一案于2014年5月28日一审终结。6月9日（星期一），法庭宣判黄某犯倒卖文物罪，判处有期徒刑4年并立即送达了判决书，黄某当即提起上诉，但于6月13日经法院准许撤回上诉；检察院以量刑畸轻为由于6月12日提起抗诉，上级检察院认为抗诉不当，于6月17日向同级法院撤回了抗诉。本案一审判决于6月20日生效。因为本案是在抗诉期内撤回抗诉的，一审判决、裁定在上诉、抗诉期满之日起生效。

[归纳总结] 上诉、抗诉的异同

	上 诉	抗 诉
主体不同	除被害人以外的所有当事人及其法定代理人有独立上诉权。被告人的辩护人和近亲属，经被告人同意也可以上诉。	一审法院同级的地方检察院。
理由不同	无需理由，只要不服一审判决、裁定即可。	一审判决或裁定确有错误。
形式不同	书面或者口头。	只有书面。
途径不同	上诉状提交原法院或上一级法院。	抗诉书只能提交原法院。
法院相同	不管上诉还是抗诉，审理法院都是一审法院的上一级法院。	
对象相同	都是针对地方法院一审未生效的裁判。	
期限相同	判决 10 日，裁定 5 日。	
效力相同	（1）上诉、抗诉必然引起二审程序； （2）权利人是否提出上诉，以他们在上诉期满前最后一次的意思表示为准。	

专题 50 二审程序的审理

一、二审程序的重要原则

（一）全面审查原则

1. 概念

第二审人民法院应当就第一审判决认定的事实和适用法律进行全面审查，不受上诉或者抗诉范围的限制。共同犯罪的案件只有部分被告人上诉的，应当对全案进行审查，一并处理。这就是第二审程序的全面审查原则。

2. 具体体现

事实、法律	既要审查一审判决认定的事实是否正确，证据是否确实、充分，又要审查一审判决适用法律有无错误。
上诉、抗诉	既要审查上诉或者抗诉的部分，又要审查没有上诉或者抗诉的部分。
实体、程序	既要审查实体问题，又要审查程序问题。
共同犯罪	共同犯罪案件，只有部分被告人提出上诉的，或者人民检察院只就第一审人民法院对部分被告人的判决提出抗诉的，第二审人民法院应当对全案进行审查，一并处理。 [关联法条]《刑诉解释》第 390 条：共同犯罪案件，上诉的被告人死亡，其他被告人未上诉的，第二审人民法院应当对死亡的被告人终止审理；但有证据证明被告人无罪，经缺席审理确认无罪的，应当判决宣告被告人无罪。

续表

共同犯罪	具有前款规定的情形，第二审人民法院仍应对全案进行审查，对其他同案被告人作出判决、裁定。 [名师点睛] 全面审查不等于所有被告人都要出庭。对同案审理案件中未上诉的被告人，未被申请出庭或者法院认为没有必要到庭的，可以不再传唤到庭；被告人要求出庭的，应当准许。出庭的被告人可以参加法庭调查和辩论。
附带民事诉讼	审理附带民事诉讼的上诉案件，应当对全案进行审查。 [关联法条]《刑诉解释》第409条：第二审人民法院审理对附带民事部分提出上诉，刑事部分已经发生法律效力的案件，应当对全案进行审查，并按照下列情形分别处理： （一）第一审判决的刑事部分并无不当的，只需就附带民事部分作出处理； （二）第一审判决的刑事部分确有错误的，依照审判监督程序对刑事部分进行再审，并将附带民事部分与刑事部分一并审理。

小试牛刀

甲、乙二人共同盗窃金融机构，第一审分别被判有期徒刑10年、6年。甲上诉，乙表示服判，未上诉。在第二审法院审理期间，甲死亡。关于本案第二审，下列哪一选项是正确的？[1]

A. 在上诉期满后，对乙的判决生效，可以交付执行
B. 第二审法院应当对甲、乙的案件一并进行审查、处理
C. 第二审法院认为甲构成犯罪，但量刑过重，应当改判
D. 第二审法院认为第一审对乙量刑过轻，应当改判加重其刑罚

（二）上诉不加刑原则

1. 概念

上诉不加刑原则是第二审人民法院审判只有被告人一方上诉的案件，在作出新的判决时，不得对被告人判处重于原判的刑罚的一项原则。

[关联法条]《刑事诉讼法》第237条：第二审人民法院审理被告人或者他的法定代理人、辩护人、近亲属上诉的案件，不得加重被告人的刑罚。第二审人民法院发回原审人民法院重新审判的案件，除有新的犯罪事实，人民检察院补充起诉的以外，原审人民法院也不得加重被告人的刑罚。

人民检察院提出抗诉或者自诉人提出上诉的，不受前款规定的限制。

[考点提示] 人民检察院抗诉或者自诉人上诉的案件，不受此原则限制。换言之，人民检察院对谁抗诉、自诉人对谁上诉，谁就可以被加重刑罚（被上、被抗可加刑）。人民法院作为消极中立的裁判者，不能在没有求刑的情况下主动加重被告人的刑罚，该原则旨在保障被告人的上诉权利。

2. 上诉不加刑的对象（对谁不加刑）

一并原则	同案审理的案件，只有部分被告人上诉的，既不得加重上诉人的刑罚，也不得加重其他同案被告人的刑罚。

---

[1] B

续表

| 分别原则 | 根据《刑诉解释》第402条的规定，人民检察院只对部分被告人的判决提出抗诉，或者自诉人只对部分被告人的判决提出上诉的，第二审人民法院<u>不得对其他同案被告人加重刑罚</u>。 |

名师点睛 在判断二审法院究竟可以对谁加重刑罚时，关键就看谁被检察院抗诉或者被自诉人上诉了，对于没有被抗诉或者被上诉的被告人，二审就不能加重他的刑罚。可以概括为："被上、被抗可加刑，其他通通不加刑"。

小试牛刀

朱某自诉陈某犯诽谤罪，法院审理后，陈某反诉朱某侮辱罪。法院审查认为，符合反诉条件，合并审理此案，判处陈某有期徒刑1年，判处朱某有期徒刑1年。两人不服，均以对对方量刑过轻、己方量刑过重为由提出上诉。关于二审法院的判决，下列哪些选项是正确的?[1]

A. 如认为对两人量刑均过轻，可同时加重朱某和陈某的刑罚
B. 如认为对某一人的量刑过轻，可加重该人的刑罚
C. 即使认为对两人量刑均过轻，也不得同时加重朱某和陈某的刑罚
D. 如认为一审量刑过轻，只能通过审判监督程序纠正

3. 上诉不加刑的表现

根据《刑诉解释》第401条第1款的规定，审理被告人或者其法定代理人、辩护人、近亲属提出上诉的案件，不得对被告人的刑罚作出实质不利的改判，并应当执行下列规定:

（1）不加同案犯	同案审理的案件，只有部分被告人上诉的，<u>既不得加重上诉人的刑罚，也不得加重其他同案被告人的刑罚</u>。
（2）改罪不加刑	原判认定的罪名不当的，<u>可以改变罪名，但不得加重刑罚或者对刑罚执行产生不利影响</u>。 **举案说法** 一审法院判决被告人牛鹏飞犯盗窃罪，判处有期徒刑10年，被告人牛鹏飞不服上诉，检察院未抗诉。二审法院将一审法院认定的盗窃罪改判为抢劫罪，仍维持10年有期徒刑的刑罚。该判决违反了上诉不加刑原则。因为根据《刑法》第81条第2款的规定，对累犯以及因故意杀人、强奸、抢劫、绑架、放火、爆炸、投放危险物质或者有组织的暴力性犯罪被判处10年以上有期徒刑、无期徒刑的犯罪分子，不得假释。如果二审法院改判抢劫罪，则不得假释，将对被告人产生不利影响。
（3）数罪不加总刑期	原判认定的罪数不当的，可以改变罪数，并调整刑罚，<u>但不得加重决定执行的刑罚或者对刑罚执行产生不利影响</u>。 **举案说法** 一审法院认定盗窃罪、诈骗罪两个罪名，分别判处盗窃罪5年有期徒刑和诈骗罪3年有期徒刑，数罪并罚决定执行7年有期徒刑。被告人不服，提出上诉，

---

[1] AB。因为本案双方都被对方上诉了，所以在二审中均可被加重刑罚。

续表

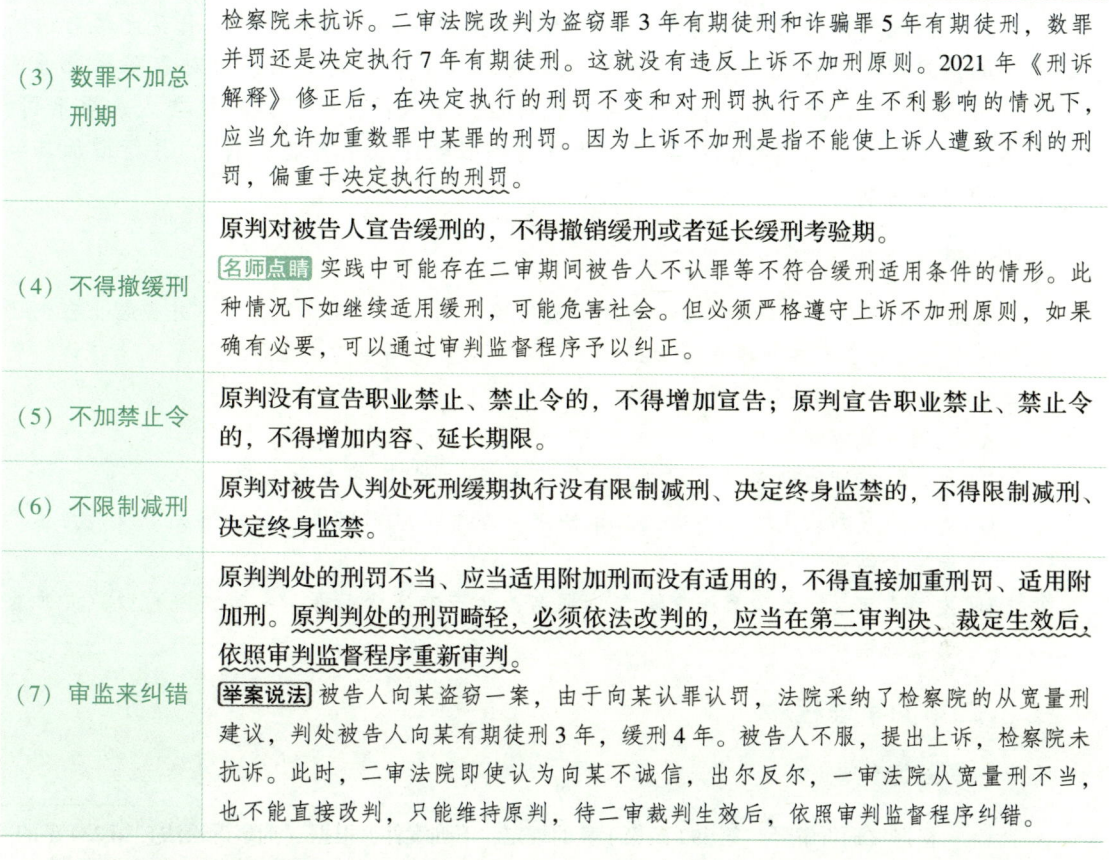

(3) 数罪不加总刑期	检察院未抗诉。二审法院改判为盗窃罪3年有期徒刑和诈骗罪5年有期徒刑，数罪并罚还是决定执行7年有期徒刑。这就没有违反上诉不加刑原则。2021年《刑诉解释》修正后，在决定执行的刑罚不变和对刑罚执行不产生不利影响的情况下，应当允许加重数罪中某罪的刑罚。因为上诉不加刑是指不能使上诉人遭致不利的刑罚，偏重于决定执行的刑罚。
(4) 不得撤缓刑	原判对被告人宣告缓刑的，不得撤销缓刑或者延长缓刑考验期。 **名师点睛** 实践中可能存在二审期间被告人不认罪等不符合缓刑适用条件的情形。此种情况下如继续适用缓刑，可能危害社会。但必须严格遵守上诉不加刑原则，如果确有必要，可以通过审判监督程序予以纠正。
(5) 不加禁止令	原判没有宣告职业禁止、禁止令的，不得增加宣告；原判宣告职业禁止、禁止令的，不得增加内容、延长期限。
(6) 不限制减刑	原判对被告人判处死刑缓期执行没有限制减刑、决定终身监禁的，不得限制减刑、决定终身监禁。
(7) 审监来纠错	原判判处的刑罚不当、应当适用附加刑而没有适用的，不得直接加重刑罚、适用附加刑。原判判处的刑罚畸轻，必须依法改判的，应当在第二审判决、裁定生效后，依照审判监督程序重新审判。 **举案说法** 被告人向某盗窃一案，由于向某认罪认罚，法院采纳了检察院的从宽量刑建议，判处被告人向某有期徒刑3年，缓刑4年。被告人不服，提出上诉，检察院未抗诉。此时，二审法院即使认为向某不诚信，出尔反尔，一审法院从宽量刑不当，也不能直接改判，只能维持原判，待二审裁判生效后，依照审判监督程序纠错。

关联法条《刑诉解释》

第403条第1款：被告人或者其法定代理人、辩护人、近亲属提出上诉，人民检察院未提出抗诉的案件，第二审人民法院发回重新审判后，除有新的犯罪事实且人民检察院补充起诉的以外，原审人民法院不得加重被告人的刑罚。

名师点睛 本款将"除有新的犯罪事实，人民检察院补充起诉的以外"修改为"除有新的犯罪事实且人民检察院补充起诉的以外"，旨在提醒司法实践中侧重根据人民检察院是否补充起诉来对是否系"新的犯罪事实"作出判断。

举案说法 一审人民法院判决被告人殷某犯盗窃罪，判处有期徒刑3年。被告人殷某上诉，人民检察院未抗诉。如果二审人民法院以本案事实不清、证据不足为由发回重审，人民检察院将盗窃罪变更起诉为抢劫罪，原审人民法院仍然不能加重殷某的量刑，因为此情形并不符合"有新的犯罪事实且人民检察院补充起诉"的条件。

第403条第2款：对前款规定的案件，原审人民法院对上诉发回重新审判的案件依法作出判决后，人民检察院抗诉的，第二审人民法院不得改判为重于原审人民法院第一次判处的刑罚。

名师点睛 对发回重审的案件，如未发现被告人有新的犯罪事实，人民检察院未补充起诉，原审人民法院不得加重刑罚。如果宣判后人民检察院再抗诉，二审人民法院可以改判为重于原审人民法院第一次判处的刑罚的话，那么原审人民法院不得加重刑罚的规定就形同虚设。

● **举案说法** 一审人民法院以盗窃罪、故意伤害罪判处 7 年有期徒刑的案件，被告人上诉、人民检察院未提出抗诉。二审人民法院发回重审后，人民检察院没有补充起诉新的犯罪事实的，原审人民法院以故意伤害罪判处被告人 3 年有期徒刑，而对盗窃罪未予认定。此种情形下，人民检察院再抗诉，再次抗诉后二审人民法院可以对被告人加重刑罚、增加罪名，但不得超过原判"以盗窃罪、故意伤害罪判处 7 年有期徒刑"、另行增加其他罪名和判处更高的刑罚。

小试牛刀

龚某因生产不符合安全标准的食品罪被一审法院判处有期徒刑 5 年，并被禁止在刑罚执行完毕之日起 3 年内从事食品加工行业。龚某以量刑畸重为由上诉，检察院未抗诉。关于本案二审，下列哪一选项是正确的？[1]

A. 应当开庭审理
B. 可维持有期徒刑 5 年的判决，并将职业禁止的期限变更为 4 年
C. 如认为原判认定罪名不当，二审法院可在维持原判刑罚不变的情况下改判为生产有害食品罪
D. 发回重审后，如检察院变更起诉罪名为生产有害食品罪，一审法院可改判并加重龚某的刑罚

二、二审的审理程序

（一）审理方式

应当开庭的案件（重点）	根据《刑诉解释》第 393 条第 1 款的规定，下列案件，根据《刑事诉讼法》第 234 条的规定，应当开庭审理：①被告人、自诉人及其法定代理人对第一审认定的事实、证据提出异议，可能影响定罪量刑的上诉案件；②被告人被判处死刑的上诉案件（含死缓）；③人民检察院抗诉的案件；④应当开庭审理的其他案件。 名师点睛 被判处死刑的被告人没有上诉，同案的其他被告人上诉的案件，第二审人民法院应当开庭审理。
可以不开庭的案件（了解）	根据《刑诉解释》第 394 条的规定，对上诉、抗诉案件，第二审人民法院经审查，认为原判事实不清、证据不足，或者具有《刑事诉讼法》第 238 条规定的违反法定诉讼程序情形，需要发回重新审判的，可以不开庭审理。 关联法条《刑诉解释》第 400 条：第二审案件依法不开庭审理的，应当讯问被告人，听取其他当事人、辩护人、诉讼代理人的意见。合议庭全体成员应当阅卷，必要时应当提交书面阅卷意见。

小试牛刀

下列哪些二审案件依法应当开庭审理？[2]

---

[1] C
[2] ACD

A. 甲犯贪污罪被一审判处有期徒刑 5 年，检察院认为量刑畸轻而抗诉的
B. 乙犯伤害罪被一审判处无期徒刑，乙上诉的
C. 丙犯抢劫罪被一审判处死刑缓期二年执行，丙对事实、证据无异议，以量刑过重为由上诉的
D. 丁犯杀人罪被一审判处死刑立即执行，丁上诉的

（二）二审的审理程序

开庭地点	第二审人民法院开庭审理上诉、抗诉案件，可以到案件发生地或者原审人民法院所在地进行。
检察院出庭	根据《刑诉解释》第 397 条第 1 款的规定，开庭审理上诉、抗诉的公诉案件，应当通知同级人民检察院派员出庭。 名师点睛 根据《刑诉解释》第 397 条第 2 款的规定，抗诉案件，人民检察院接到开庭通知后不派员出庭，且未说明原因的，人民法院可以裁定按人民检察院撤回抗诉处理。
检察院阅卷	第二审人民法院应当在决定开庭审理后及时通知人民检察院查阅案卷。人民检察院应当在 1 个月以内查阅完毕。人民检察院查阅案卷的时间不计入审理期限。
二审辩护	根据《刑诉解释》第 392 条的规定，第二审期间，被告人除自行辩护外，还可以继续委托第一审辩护人或者另行委托辩护人辩护。共同犯罪案件，只有部分被告人提出上诉，或者自诉人只对部分被告人的判决提出上诉，或者人民检察院只对部分被告人的判决提出抗诉的，其他同案被告人也可以委托辩护人辩护。
新证据处理	根据《刑诉解释》第 395 条的规定，第二审期间，人民检察院或者被告人及其辩护人提交新证据的，人民法院应当及时通知对方查阅、摘抄或者复制。
同案被告人的出庭	对同案审理案件中未上诉的被告人，未被申请出庭或者人民法院认为没有必要到庭的，可以不再传唤到庭。 名师点睛 同案审理的案件，未提出上诉、人民检察院也未对其判决提出抗诉的被告人要求出庭的，应当准许。出庭的被告人可以参加法庭调查和辩论。
二审宣判	第二审人民法院可以委托第一审人民法院代为宣判，并向当事人送达第二审判决书、裁定书。第一审人民法院应当在代为宣判后 5 日内将宣判笔录送交第二审人民法院，并在送达完毕后及时将送达回证送交第二审人民法院。 考点提示 委托宣判的，第二审人民法院应当直接向同级人民检察院送达第二审判决书、裁定书。

🔖 小试牛刀

甲、乙、丙三人共同实施故意杀人，一审法院判处甲死刑立即执行、乙无期徒刑、丙有期徒刑 10 年。丙以量刑过重为由上诉，甲和乙未上诉，检察院未抗诉。关于本案的第二审程序，下列哪一选项是正确的？[1]

---

[1] B。本案属于死刑案件，其他同案犯未上诉，也应当开庭审理。选项 A 错误。对同案审理案件中未上诉的被告人，未被申请出庭或者人民法院认为没有必要到庭的，可以不再传唤到庭。选项 B 正确。共同犯罪案件，只有部分被告人提出上诉，或者自诉人只对部分被告人的判决提出上诉，或者人民检察院只对部分被告人的判决提出抗诉的，

A. 可不开庭审理
B. 认为没有必要的，甲可不再到庭
C. 由于乙没有上诉，其不得另行委托辩护人为其辩护
D. 审理后认为原判事实不清且对丙的量刑过轻，发回一审法院重审，一审法院重审后可加重丙的刑罚

三、对上诉、抗诉案件审理后的处理

（裁定）维持原判	认定事实和适用法律正确、量刑适当的，应当裁定驳回上诉、抗诉，维持原判。	
	名师点睛 即使一审量刑过轻，但受上诉不加刑原则的限制，也只能维持原判。	
（判决）改 判	应当改判	原判决认定事实没有错误，但适用法律有错误或者量刑不当的。
	可以改判	原判决事实不清楚或者证据不足的，可以在查清事实后改判。
（裁定）发回重审	可以发回	原判决事实不清楚或者证据不足的，可以裁定撤销原判，发回原审人民法院重新审判。 考点提示 此情形发回重审只能发回1次。 关联法条《刑诉解释》第404条第2款：有多名被告人的案件，部分被告人的犯罪事实不清、证据不足或者有新的犯罪事实需要追诉，且有关犯罪与其他同案被告人没有关联的，第二审人民法院根据案件情况，可以对该部分被告人分案处理，将该部分被告人发回原审人民法院重新审判。原审人民法院重新作出判决后，被告人上诉或者人民检察院抗诉，其他被告人的案件尚未作出第二审判决、裁定的，第二审人民法院可以并案审理。（先分后并）
	应当发回	有下列违反法律规定的诉讼程序的情形之一的，应当裁定撤销原判，发回重审： (1) 违反《刑事诉讼法》有关公开审判的规定的； (2) 违反回避制度的； (3) 审判组织的组成不合法的； (4) 剥夺、限制了当事人的法定诉讼权利，可能影响公正审判的； (5) 其他违反法律规定的诉讼程序，可能影响公正审判的。 考点提示 ❶ 此情形的发回重审不限制次数。 ❷ 原审法院对于发回重新审判的案件，应当另行组成合议庭，依照第一审程序进行审判。对于重新审判后的判决，可以上诉、抗诉。

小试牛刀

鲁某与关某涉嫌贩卖冰毒500余克，B省A市中级法院开庭审理后，以鲁某犯贩卖毒品罪，判处死刑立即执行，关某犯贩卖毒品罪，判处死刑缓期二年执行。一审宣判后，关某以量刑过重为由向B省高级法院提起上诉，鲁某未上诉，检察院也未提起抗诉。如B

其他同案被告人也可以委托辩护人辩护。选项C错误。《刑诉解释》第403条第1款规定，被告人或者其法定代理人、辩护人、近亲属提出上诉，人民检察院未提出抗诉的案件，第二审人民法院发回重新审判后，除有新的犯罪事实且人民检察院补充起诉的以外，原审人民法院不得加重被告人的刑罚。选项D错误。

省高级法院审理后认为，本案事实清楚、证据确实充分，对鲁某的量刑适当，但对关某应判处死刑缓期二年执行同时限制减刑，则对本案正确的做法是：[1]

A. 二审应开庭审理
B. 由于未提起抗诉，同级检察院可不派员出席法庭
C. B省高级法院可将全案发回A市中级法院重新审判
D. B省高级法院可维持对鲁某的判决，并改判关某死刑缓期二年执行同时限制减刑

四、二审对特殊案件的处理

（一）刑事附带民事案件的二审程序

上诉期限	对附带民事判决、裁定的上诉、抗诉期限，应当按照刑事部分的上诉、抗诉期限确定。附带民事部分另行审判的，上诉期限也应当按照刑事诉讼法规定的期限确定。
民刑分开生效	（1）只有附带民事部分上诉的，一审刑事判决在上诉期满后即发生法律效力； （2）对刑事部分提出上诉、抗诉，附带民事部分在上诉期满后即发生法律效力。
刑上民不上	根据《刑诉解释》第407条的规定，第二审人民法院审理对刑事部分提出上诉、抗诉，附带民事部分已经发生法律效力的案件，发现第一审判决、裁定中的附带民事部分确有错误的，应当依照审判监督程序对附带民事部分予以纠正。
民上刑不上	根据《刑诉解释》第408条的规定，刑事附带民事诉讼案件，只有附带民事诉讼当事人及其法定代理人上诉的，第一审刑事部分的判决在上诉期满后即发生法律效力。应当送监执行的第一审刑事被告人是第二审附带民事诉讼被告人的，在第二审附带民事诉讼案件审结前，可以暂缓送监执行。 **关联法条**《刑诉解释》第409条：第二审人民法院审理对附带民事部分提出上诉，刑事部分已经发生法律效力的案件，应当对全案进行审查，并按照下列情形分别处理： （一）第一审判决的刑事部分并无不当的，只需就附带民事部分作出处理； （二）第一审判决的刑事部分确有错误的，依照审判监督程序对刑事部分进行再审，并将附带民事部分与刑事部分一并审理。
二审增加独立请求或者反诉	对附带民事部分提出上诉的案件，第一审民事原告人增加独立的诉讼请求或者第一审民事被告人提出反诉的，第二审人民法院可以根据自愿、合法的原则就新增加的诉讼请求或者反诉进行调解，调解不成的，告知当事人另行起诉。

🗒 小试牛刀

控辩双方对第一审刑事判决未提出抗诉或者上诉，但被告人对第一审刑事附带民事诉讼判决中的附带民事部分不服，提起上诉。第二审法院审查后，认为第一审民事部分判决正确，但刑事部分判决有错误。第二审法院应当如何处理？[2]

A. 指令下级法院按审判监督程序再审刑事部分

---

[1] A. 本案鲁某一审被判处死刑立即执行，二审法院应当开庭审理，选项A当选。本案二审法院开庭审理，同级检察院应当派员出席法庭，选项B不当选。本案属于量刑错误，不属于发回重审的情形，选项C不当选。根据上诉不加刑原则，只有部分被告人上诉的，既不得加重上诉人的刑罚，也不得加重其他同案被告人的刑罚，选项D不当选。

[2] C

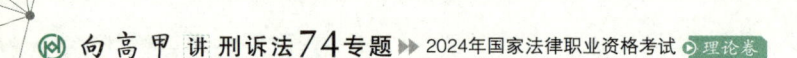

B. 裁定将全案发回重审刑事部分
C. 按审判监督程序再审刑事部分，同附带民事部分一并审理，依法判决
D. 裁定将刑事部分发回重审

（二）自诉案件的二审程序

二审的反诉	自诉案件在二审反诉的，人民法院应当告知其另行起诉。
二审的调解	可以进行调解，应当制作调解书，第一审判决、裁定视为自动撤销。
二审的和解	自行和解的，人民法院裁定准许撤回自诉，应当撤销第一审判决或者裁定。

小试牛刀

关于自诉案件的程序，下列哪一选项是正确的？[1]
A. 不论被告人是否被羁押，自诉案件与普通公诉案件的审理期限都相同
B. 不论在第一审程序还是第二审程序中，在宣告判决前，当事人都可和解
C. 不论当事人在第一审还是第二审审理中提出反诉，法院都应当受理
D. 在第二审程序中调解结案的，应当裁定撤销第一审裁判

五、二审的效力和期限

（一）效力

第二审的判决、裁定（死刑案件以及在法定刑以下判处刑罚的必须报经最高人民法院核准的除外）和最高人民法院的判决、裁定，都是终审的判决、裁定，一经宣告即发生法律效力，不得对其再行上诉或按二审程序提起抗诉。

新增法条 《刑诉解释》第413条第3款：第二审判决、裁定是终审的判决、裁定的，自宣告之日起发生法律效力。

（二）审限

2个月	第二审人民法院受理上诉、抗诉案件，应当在2个月以内审结。
+2个月	对于可能判处死刑的案件或者附带民事诉讼的案件，以及有下列规定情形之一的，经省、自治区、直辖市高级人民法院批准或者决定，可以延长2个月： （1）交通十分不便的边远地区的重大复杂案件； （2）重大的犯罪集团案件； （3）流窜作案的重大复杂案件； （4）犯罪涉及面广、取证困难的重大复杂案件。
+未知数	因特殊情况还需要延长的，报请最高人民法院批准。

---

[1] B。自诉案件中，被告人是否被羁押，审判期限是不同的。如果被告人没有被羁押，自诉案件的审判期限就不同于公诉案件，选项A错误。对第二审自诉案件，必要时可以调解，当事人也可以自行和解，选项B正确。第二审期间，自诉案件的当事人提出反诉的，应当告知其另行起诉。可知，二审不能提起反诉，选项C错误。对第二审自诉案件，必要时可以调解，当事人也可以自行和解。调解结案的，应当制作调解书，第一审判决、裁定视为自动撤销；当事人自行和解的，应当裁定准许撤回自诉，并撤销第一审判决、裁定。可知，二审中调解的结果是导致一审裁判视为自动撤销，选项D错误。

名师点睛

❶ 最高人民法院受理上诉、抗诉案件的审理期限，由最高人民法院决定。
❷ 二审的审理期限总结为：2+2+X。
❸ 第二审人民法院发回原审人民法院重新审判的案件，原审人民法院从收到发回的案件之日起，重新计算审理期限。

总结梳理

二审相关程序总结如下：

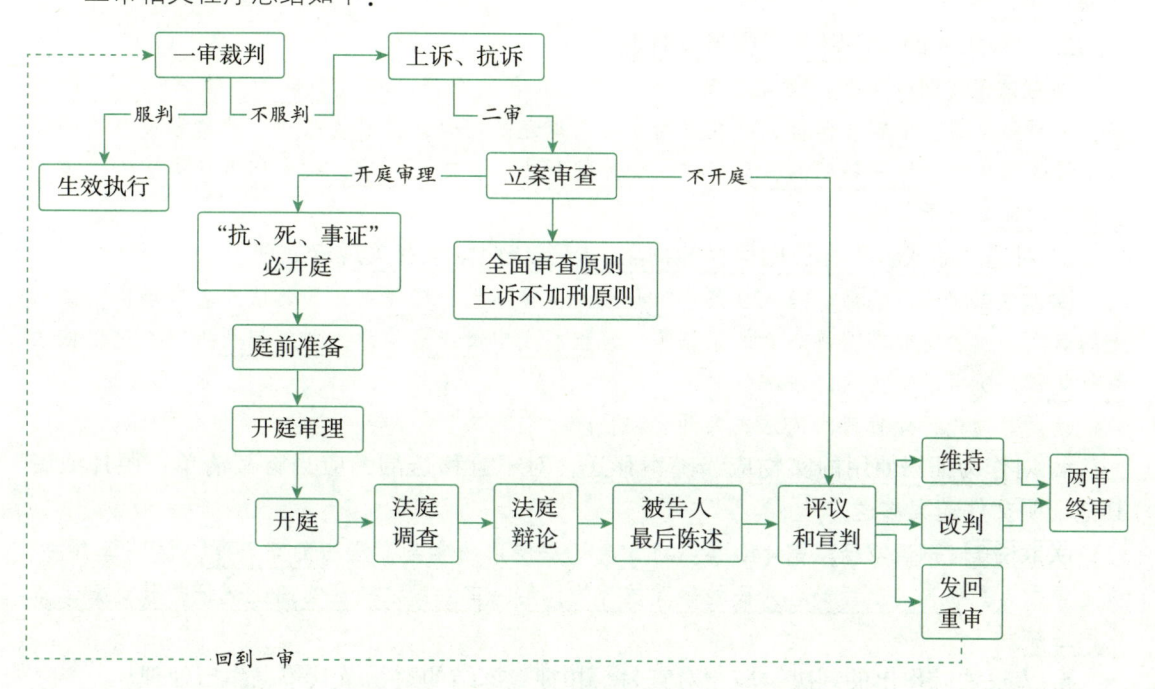

```
一审裁判 ──→ 上诉、抗诉
  │服判  │不服判        │二审
  ↓      ↓              ↓
生效执行  开庭审理    立案审查 ──不开庭──→
          ↓           ↓
       "抗、死、事证"  全面审查原则
        必开庭         上诉不加刑原则
          ↓
        庭前准备
          ↓
        开庭审理
          ↓
  开庭→法庭调查→法庭辩论→被告人最后陈述→评议和宣判→维持/改判/发回重审→两审终审
       （回到一审）
```

专题 51 涉案财物的处理（了解）

1. 公安机关、人民检察院和人民法院对查封、扣押、冻结的犯罪嫌疑人、被告人的财物及其孳息，应当妥善保管，以供核查，并制作清单，随案移送。任何单位和个人不得挪用或者自行处理。

（1）查封不动产、车辆、船舶、航空器等财物，应当扣押其权利证书，经拍照或者录像后原地封存，或者交持有人、被告人的近亲属保管，登记并写明财物的名称、型号、权属、地址等详细情况，并通知有关财物的登记、管理部门办理查封登记手续。

（2）扣押物品，应当登记并写明物品名称、型号、规格、数量、重量、质量、成色、纯度、颜色、新旧程度、缺损特征和来源等。扣押货币、有价证券，应当登记并写明货币、有价证券的名称、数额、面额等，货币应当存入银行专门账户，并登记银行存款凭证的名称、内容。扣押文物、金银、珠宝、名贵字画等贵重物品以及违禁品，应当拍照，需要鉴定的，应当及时鉴定。对扣押的物品应当根据有关规定及时估价。

（3）冻结存款、汇款、债券、股票、基金份额等财产，应当登记并写明编号、种类、面值、张数、金额等。

【名师点睛】人民检察院、公安机关不能扣划存款、汇款、债券、股票、基金份额等财产。对于犯罪嫌疑人、被告人死亡，依照《刑法》规定应当追缴其违法所得及其他涉案财产的，适用《刑事诉讼法》第五编第四章规定的程序，由人民检察院向人民法院提出没收违法所得的申请。

2. 对被害人的合法财产，应当及时返还。

【关联法条】《刑诉解释》第438条：对被害人的合法财产，权属明确的，应当依法及时返还，但须经拍照、鉴定、估价，并在案卷中注明返还的理由，将原物照片、清单和被害人的领取手续附卷备查；权属不明的，应当在人民法院判决、裁定生效后，按比例返还被害人，但已获退赔的部分应予扣除。

3. 对违禁品或者不宜长期保存的物品，应当依照国家有关规定处理。

【关联法条】《刑诉解释》第439条：审判期间，对不宜长期保存、易贬值或者市场价格波动大的财产，或者有效期即将届满的票据等，经权利人申请或者同意，并经院长批准，可以依法先行处置，所得款项由人民法院保管。

涉案财物先行处置应当依法、公开、公平。

4. 对作为证据使用的实物应当随案移送，对不宜移送的，应当将其清单、照片或者其他证明文件随案移送。

【关联法条】《刑诉解释》第440条：对作为证据使用的实物，应当随案移送。第一审判决、裁定宣告后，被告人上诉或者人民检察院抗诉的，第一审人民法院应当将上述证据移送第二审人民法院。

5. 人民法院作出的判决，应当对查封、扣押、冻结的财物及其孳息作出处理。

【关联法条】《刑诉解释》

第443条：被告人将依法应当追缴的涉案财物用于投资或者置业的，对因此形成的财产及其收益，应当追缴。

被告人将依法应当追缴的涉案财物与其他合法财产共同用于投资或者置业的，对因此形成的财产中与涉案财物对应的份额及其收益，应当追缴。

第444条：对查封、扣押、冻结的财物及其孳息，应当在判决书中写明名称、金额、数量、存放地点及其处理方式等。涉案财物较多，不宜在判决主文中详细列明的，可以附清单。

判决追缴违法所得或者责令退赔的，应当写明追缴、退赔的金额或者财物的名称、数量等情况；已经发还的，应当在判决书中写明。

6. 人民法院作出的判决生效以后，有关机关应当根据判决对查封、扣押、冻结的财物及其孳息进行处理。对查封、扣押、冻结的赃款赃物及其孳息，除依法返还被害人的以外，一律上缴国库。

（1）对判决时尚未追缴到案或者尚未足额退赔的违法所得，应当判决继续追缴或者责令退赔。

(2) 判决返还被害人的涉案财物，应当通知被害人认领；无人认领的，应当公告通知；公告满1年无人认领的，应当上缴国库；上缴国库后有人认领，经查证属实的，应当申请退库予以返还；原物已经拍卖、变卖的，应当返还价款。

(3) 对侵犯国有财产的案件，被害单位已经终止且没有权利义务继受人，或者损失已经被核销的，查封、扣押、冻结的财物及其孳息应当上缴国库。

[关联法条]《刑诉解释》

第446条：第二审期间，发现第一审判决未对随案移送的涉案财物及其孳息作出处理的，可以裁定撤销原判，发回原审人民法院重新审判，由原审人民法院依法对涉案财物及其孳息一并作出处理。

判决生效后，发现原判未对随案移送的涉案财物及其孳息作出处理的，由原审人民法院依法对涉案财物及其孳息另行作出处理。

第447条：随案移送的或者人民法院查封、扣押的财物及其孳息，由第一审人民法院在判决生效后负责处理。

实物未随案移送、由扣押机关保管的，人民法院应当在判决生效后10日以内，将判决书、裁定书送达扣押机关，并告知其在1个月以内将执行回单送回，确因客观原因无法按时完成的，应当说明原因。

第449条：查封、扣押、冻结的财物与本案无关但已列入清单的，应当由查封、扣押、冻结机关依法处理。

查封、扣押、冻结的财物属于被告人合法所有的，应当在赔偿被害人损失、执行财产刑后及时返还被告人。

7. 司法工作人员贪污、挪用或者私自处理查封、扣押、冻结的财物及其孳息的，依法追究刑事责任；不构成犯罪的，给予处分。

专题52 在法定刑以下判处刑罚的核准程序

在法定刑以下判处刑罚的案件，不能直接发生法律效力，必须报请最高人民法院核准方可生效。这也是两审终审制的一个例外。

一、上报的程序和途径

根据《刑诉解释》第414条的规定，报请最高人民法院核准在法定刑以下判处刑罚的案件，应当按照下列情形分别处理：

| 不上诉、不抗诉 | (1) 在上诉、抗诉期满后3日以内报请上一级人民法院复核。
(2) 上级人民法院复核的处理
① 上级人民法院同意原判的，应当书面层报最高人民法院核准；（"层层上报"）
② 上一级法院不同意的，应当裁定发回重新审判，或者按照第二审程序提审。（"上报路上不改判"） |

续表

| 上诉、抗诉 | 一审后上诉、抗诉的，应当按二审程序审理。
（1）二审维持原判或改判后仍在法定刑以下判处刑罚，应当书面层报最高人民法院核准；
（2）二审改判法定刑内，二审终审生效。 |

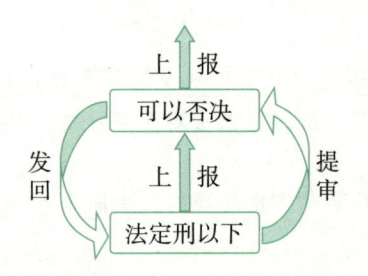

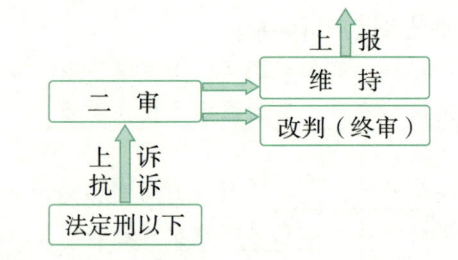

发回 ← 上报 可以否决 ← 上报 法定刑以下 → 提审

二审 → 上报 维持／改判（终审）
上诉抗诉 ← 法定刑以下

🔖 小试牛刀

许霆盗窃一案，广州中院一审在法定刑以下判处许霆5年有期徒刑。如果被告人不上诉、检察院不抗诉，报请广东省高院复核，其不同意法定刑以下量刑，能否直接改判？

参考答案：不能。高院不同意法定刑以下量刑的，应当裁定发回重新审判，或者按照第二审程序提审。

二、最高人民法院复核后的处理

核准	予以核准的，作出核准裁定书。
不核准	不予核准的，应当撤销原判决、裁定，发回原审人民法院重新审判或者指定其他下级人民法院重新审判。 **关联法条**《刑诉解释》第418条：依照本解释第414条、第417条规定发回第二审人民法院重新审判的案件，第二审人民法院可以直接改判；必须通过开庭查清事实、核实证据或者纠正原审程序违法的，应当开庭审理。

🔖 小试牛刀

曲某因涉嫌爆炸罪被检察机关提起公诉。某市中级人民法院经审理认为，曲某的犯罪行为虽然使公私财物遭受了重大损失，也没有法定减轻处罚情节，但根据案件特殊情况，可以在法定刑以下判处刑罚，于是判处曲某有期徒刑8年。曲某在法定期间内没有提出上诉，检察机关也没有提出抗诉。该案在程序上应当如何处理？[1]

A. 在上诉、抗诉期满后3日以内报请上一级人民法院复核
B. 如果上一级人民法院同意原判，应当逐级报请最高人民法院核准
C. 如果上一级人民法院不同意在法定刑以下判处刑罚，应在改判后逐级报请最高人民法院核准
D. 最高人民法院予以核准的，应当作出核准裁定书

---

[1] ABD。如果上一级人民法院不同意原判，应当裁定发回重新审判或者按照第二审程序提审，选项C不当选。

第17讲 死刑复核程序

本讲导读

复习提要

死刑复核程序旨在通过对原审裁判的认定事实和适用法律问题进行全面、有效的审查,来防止死刑裁判可能出现的错误或者随意化。一般刑事案件两审即生效,但是死刑案件两审之后必须上报最高院复核方可生效。考生要掌握死刑案件具体如何上报到最高院,以及最高院针对上报的死刑案件具体的处理结果。另外,考生还需要掌握死缓案件的核准程序以及核准结果。

知识框架

死刑复核程序
- 死刑复核程序概述
- 死刑立即执行案件的复核程序
  - 死刑立即执行案件的核准权 ★
  - 死刑立即执行案件的报请程序 ★★★
  - 死刑立即执行案件的复核 ★★
  - 死刑立即执行案件复核后的处理 ★★★
- 死刑缓期二年执行案件的复核程序 ★
  - 死缓案件的核准权 ★
  - 死缓案件的报请程序 ★
  - 死缓案件的复核程序 ★
  - 死缓案件的复核结果 ★★★
  - 死缓限制减刑案件的审理程序 ★★

专题 53 死刑复核程序概述

死刑复核程序，是我国《刑事诉讼法》规定的一种独立于普通审判程序之外的特别审查核准程序。

死刑复核程序有以下六个不同于普通程序的特点：

1. 审理对象特定	死刑复核程序只适用于判处死刑的案件，包括判处死刑立即执行和判处死刑缓期二年执行的案件。
2. 复核程序是死刑的终审程序	一般刑事案件经过第一审、第二审程序以后，判决就发生法律效力。而死刑案件除经过第一审、第二审程序以外，还必须经过死刑复核程序。只有经过复核并核准的死刑判决才发生法律效力。 **名师点睛** 从这一意义上说，死刑复核程序是两审终审制的一种例外。
3. 所处诉讼阶段特殊	死刑复核程序的进行一般是在死刑判决作出之后、发生法律效力之前。 **名师点睛** 第一审、第二审程序审理时间是在起诉之后、二审判决之前；审判监督程序则是在判决、裁定发生法律效力之后。
4. 核准权专属性	有权进行死刑复核的机关只有最高人民法院和高级人民法院。
5. 程序启动的自动性	死刑复核程序的启动既不需要检察机关提起公诉或者抗诉，也不需要当事人提起自诉或上诉，只要第二审人民法院审理完毕或者一审后经过法定的上诉期或抗诉期被告人没有提出上诉、人民检察院没有提起抗诉，人民法院就应当自动将案件报送高级人民法院或最高人民法院核准。 **名师点睛** 第一审程序和第二审程序的启动都遵循不告不理原则，只有检察机关提起公诉或者自诉人提起自诉，人民法院才能启动第一审程序；只有检察机关提起抗诉或者被告人、自诉人提起上诉，人民法院才能启动第二审程序。
6. 报请复核方式特殊	报请复核应当按照人民法院的组织系统逐级上报，不得越级报核。

专题 54 死刑立即执行案件的复核程序

一、核准权

死刑立即执行的核准权自 2007 年 1 月 1 日起，统一由最高人民法院行使。

二、报请程序

判处死刑立即执行案件的报请程序有以下三种情况：

1. 中院判死刑的一审案件，未上诉、未抗诉的	在上诉、抗诉期满后 10 日以内报请高院复核。高院复核后： (1) 同意判处死刑的，应当在作出裁定后 10 日以内报请最高院核准；（"层层上报"） (2) 认为原判认定的某一具体事实或者引用的法律条款等存在瑕疵，但判处被告人死刑并无不当的，可以在纠正后作出核准的判决、裁定； (3) 不同意判处死刑的，应当依照第二审程序提审或者发回重新审判。（"上报路上不改判"）
2. 中院判死刑的一审案件，上诉、抗诉的	(1) 高院二审裁定维持的，应当在作出裁定后 10 日内报请最高院核准。 (2) 高院二审认为不应当判处死刑，直接对一审裁判量刑进行改判；如果改判后不再是死刑，则无需再上报，二审裁判即发生效力。
3. 高院判死刑的一审案件，未上诉、未抗诉的	应当在上诉、抗诉期满后 10 日内报请最高院核准。

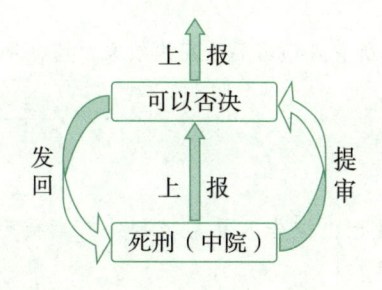

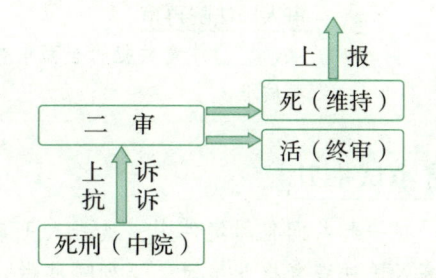

小试牛刀

杭州中院一审以故意杀人罪判处许某死刑立即执行。一审判决后，如果许某不上诉，检察院不抗诉，上诉、抗诉期满后报请浙江省高院复核，其复核后不同意判处死刑，能否直接改判？

参考答案：不能。高院如果不同意判处死刑，应当依照第二审程序提审或发回重新审判。

拓展阅读

根据最高人民法院《关于对被判处死刑的被告人未提出上诉、共同犯罪的部分被告人或者附带民事诉讼原告人提出上诉的案件应适用何种程序审理的批复》的规定：①中级人民法院一审判处死刑的案件，被判处死刑的被告人未提出上诉，共同犯罪的其他被告人提出上诉的，高级人民法院应当适用第二审程序对全案进行审查，并对涉及死刑之罪的事实和适用法律依法开庭审理，一并处理；②中级人民法院一审判处死刑的案件，被判处死刑的被告人未提出上诉，仅附带民事诉讼原告人提出上诉的，高级人民法院应当适用第二审程序对附带民事诉讼依法审理，并由同一审判组织对未提出上诉的被告人的死刑判决进行复核，作出是否同意判处死刑的裁判。

三、死刑立即执行案件的复核

1. 复核庭的组成	审判员3人组成合议庭进行。
2. 讯问被告人	复核死刑案件，应当讯问被告人。
3. 辩护律师意见	辩护律师提出要求的，应当听取辩护律师的意见。 关联法条《刑诉解释》第434条：死刑复核期间，辩护律师要求当面反映意见的，最高人民法院有关合议庭应当在办公场所听取其意见，并制作笔录；辩护律师提出书面意见，应当附卷。
4. 检察院监督	在复核死刑案件过程中，最高人民检察院可以向最高人民法院提出意见。最高人民法院应当将死刑复核结果通报最高人民检察院。死刑复核期间，最高人民检察院提出意见的，最高人民法院应当审查，并将采纳情况及理由反馈最高人民检察院。
5. 共犯的审查	（1）共同犯罪案件中，部分被告人被判处死刑的，最高人民法院或者高级人民法院复核时，应当对全案进行审查，但不影响对其他被告人已经发生法律效力判决、裁定的执行； （2）发现对其他被告人已经发生法律效力的判决、裁定确有错误时，可以指令原审人民法院再审。 名师点睛 注意共犯的全面审查并不等于所有人都需要最高院核准，只有死刑犯需要核准。

小试牛刀

在一起共同犯罪案件中，被告人王某被判处死刑，被告人夏某被判处有期徒刑13年。最高人民法院复核此案时，下列哪些做法是正确的？[1]

A. 既审查被告人王某的判决部分，也审查被告人夏某的判决部分
B. 只对判处死刑的判决部分进行核准
C. 对有关夏某的判决部分应先停止执行，待对死刑判决复核后再开始执行
D. 对全案的审查，不影响对已生效的夏某判决的执行，由于夏某参与实施有关死刑之罪，应当在最高人民法院复核讯问被判处死刑的被告人王某后交付执行

四、判处死刑立即执行案件复核后的处理

（一）复核结果

根据《刑诉解释》第429条的规定，最高人民法院复核死刑案件，应当按照下列情形分别处理：

核准	直接核准	原判认定事实和适用法律正确、量刑适当、诉讼程序合法的，应当裁定核准。
	纠正核准	原判认定的某一具体事实或者引用的法律条款等存在瑕疵，但判处被告人死刑并无不当的，可以在纠正后作出核准的判决、裁定。

---

[1] ABD

第17讲 死刑复核程序

不予核准	（1）原判事实不清、证据不足的，应当裁定不予核准，并撤销原判，发回重新审判。 （2）复核期间出现新的影响定罪量刑的事实、证据的，应当裁定不予核准，并撤销原判，发回重新审判。 （3）原判认定事实正确、证据充分，但依法不应当判处死刑的，应当裁定不予核准，并撤销原判，发回重新审判；根据案件情况，必要时，也可以依法改判。 **名师点睛** 根据《刑诉解释》第429条第5项的最新修改，此情形根据案件情况，必要时，也可以依法改判。应坚持"以发回重审为原则，以依法改判为例外"的原则，即对不予核准死刑的案件，一般应发回重审，只有改判没有"后遗症"的，出于诉讼效率的考虑，才予以直接改判。 （4）原审违反法定诉讼程序，可能影响公正审判的，应当裁定不予核准，并撤销原判，发回重新审判。

名师点睛 最高院核准死刑可以概括为："没错核准、瑕疵纠正、见错发回、不死必要时可改"。

🐂 小试牛刀

罗某因绑架罪被判处死刑，最高法院在对案件进行复核时，发现死刑判决过重，另外还发现一审未开庭审理。最高院应当如何处理？

参考答案：本案一审未开庭审理的情形违反了法定诉讼程序，可能影响公正审判，最高院应当裁定不予核准，并撤销原判，发回重新审判。

（二）复核后发回重审的程序

发回的法院	最高人民法院裁定不予核准死刑的，根据案件情况，可以发回第二审人民法院或者第一审人民法院重新审判。 **名师点睛** 第一审人民法院重新审判的，应当开庭审理。第二审人民法院重新审判的，可以直接改判；必须通过开庭查清事实、核实证据或者纠正原审程序违法的，应当开庭审理。（事实、证据、纠程序，必开庭） **关联法条**《刑诉解释》 第430条第2款：对最高人民法院发回第二审人民法院重新审判的案件，第二审人民法院一般不得发回第一审人民法院重新审判。 第431条：高级人民法院依照复核程序审理后报请最高人民法院核准死刑，最高人民法院裁定不予核准，发回高级人民法院重新审判的，高级人民法院可以依照第二审程序提审或者发回重新审判。 **举案说法** 杭州许某杀妻碎尸一案，最高院认为许某死刑立即执行量刑过重，裁定不予核准，发回浙江省高院。关于浙江省高院还能否将本案发回杭州中院审理的问题，需要分情况讨论：①如果本案是经浙江省高院二审维持死刑判决后再报请最高院核准的，那么最高院不予核准，发回浙江省高院，相当于发回到二审法院，根据《刑诉解释》第430条第2款的规定，二审法院一般不得发回一审法院重新审判；②如果本案是经浙江省高院复核审理后报请最高院核准死刑的，那么最高院裁定不予核准，发回浙江省高院重新审判，根据《刑诉解释》第431条的规定，浙江省高院可以依照二审程序提审或者发回重新审判。

续表

另组合议庭	根据《刑诉解释》第432条的规定，最高人民法院裁定不予核准死刑，发回重新审判的案件，原审人民法院应当另行组成合议庭审理。但有两个例外，发回不需要另行组成合议庭： (1) 复核期间出现新的影响定罪量刑的事实、证据，发回重新审判的； (2) 原判认定事实正确、证据充分，但依法不应当判处死刑，发回重新审判的。

关联法条《刑诉解释》第433条：依照本解释第430条、第431条发回重新审判的案件，第一审人民法院判处死刑、死刑缓期执行的，上一级人民法院依照第二审程序或者复核程序审理后，应当依法作出判决或者裁定，不得再发回重新审判。但是，第一审人民法院有刑事诉讼法第238条规定的情形或者违反刑事诉讼法第239条规定的除外。

名师点睛 本条要点可以概括为："禁止二次发回，除非程序违法"。

小试牛刀

罗某因贩卖毒品罪被市中级法院判处死刑立即执行，罗某上诉后省高级法院维持了一审判决。最高法院复核后认为，原判认定事实清楚、证据充分，但量刑过重，依法不应当判处死刑，不予核准，发回省高级法院重新审判。关于省高级法院重新审判，下列哪一选项是正确的？[1]

A. 应另行组成合议庭
B. 应由审判员5人组成合议庭
C. 应开庭审理
D. 可直接改判死刑缓期二年执行，该判决为终审判决

总结梳理

一审判处死刑立即执行的后续程序总结如下：

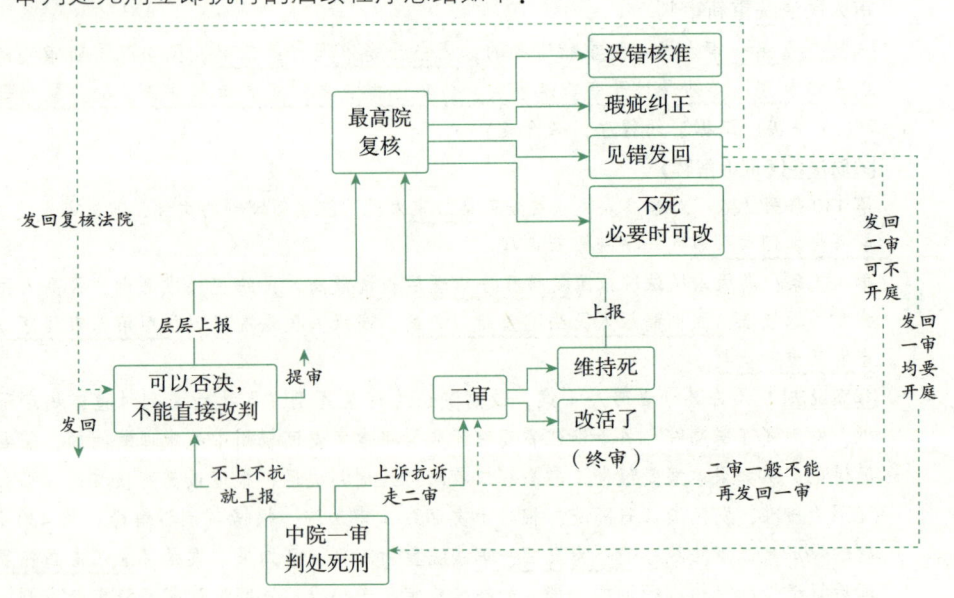

---

[1] D

专题 55 死刑缓期二年执行案件的复核程序

一、核准权

死刑缓期二年执行案件的核准权由高级人民法院统一行使。

二、报请程序

上诉、抗诉	中院判死缓的一审案件,被告人上诉或检察院抗诉的,高院用二审程序审理,如果维持死缓判决,二审即终审。
不上不抗	中院判死缓的一审案件,被告人不上诉、检察院不抗诉的,上诉、抗诉期满后,报请高院核准。

三、复核程序

高级人民法院核准死刑缓期二年执行的案件,应当由审判员 3 人组成合议庭,合议庭在审查时必须讯问被告人。

四、复核结果

根据《刑诉解释》第 428 条第 1 款的规定,高级人民法院复核死刑缓期执行案件,应当按照下列情形分别处理:

予以核准	直接核准	原判认定事实和适用法律正确、量刑适当、诉讼程序合法的,应当裁定核准。
	纠正核准	原判认定的某一具体事实或者引用的法律条款等存在瑕疵,但判处被告人死刑缓期执行并无不当的,可以在纠正后作出核准的判决、裁定。
应当改判		原判认定事实正确,但适用法律有错误,或者量刑过重的,应当改判。 **名师点睛** 死缓复核不能加重被告人的刑罚。(变轻容易变重难)
可以发回重审或改判		(1) 原判事实不清、证据不足的,可以裁定不予核准,并撤销原判,发回重新审判,或者依法改判; (2) 复核期间出现新的影响定罪量刑的事实、证据的,可以裁定不予核准,并撤销原判,发回重新审判,或者依照《刑诉解释》第 271 条的规定审理后依法改判。
应当发回重审		原审违反法定诉讼程序,可能影响公正审判的,应当裁定不予核准,并撤销原判,发回重新审判。

小试牛刀

罗某因犯故意杀人罪被某市中级人民法院一审判处死刑，缓期二年执行。判决后，罗某没有上诉，检察机关也没有抗诉。省高级人民法院在复核该案时认为，一审判决认定事实清楚，适用法律正确，但量刑不当，因为罗某杀人后先奸尸又碎尸，情节恶劣，应当判处死刑立即执行。省高级人民法院应当如何处理该案？

参考答案：省高级人民法院应当裁定维持一审判决，待判决生效后可以通过审判监督程序纠正。

总结梳理

中院一审判处死缓的后续程序总结如下：

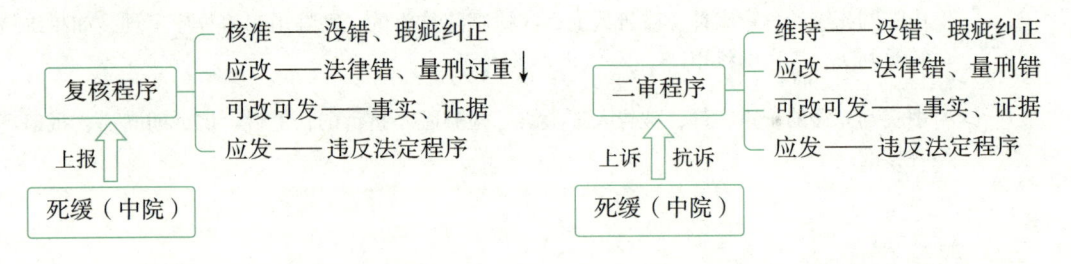

```
                核准——没错、瑕疵纠正                    维持——没错、瑕疵纠正
  复核程序  ┤  应改——法律错、量刑过重↓       二审程序  ┤  应改——法律错、量刑错
                可改可发——事实、证据                    可改可发——事实、证据
                应发——违反法定程序                      应发——违反法定程序
      ↑上报                                        ↑上诉  抗诉
  死缓（中院）                                      死缓（中院）
```

五、死缓限制减刑案件的审理程序

（一）案件范围

对被判处死刑缓期执行的<u>累犯以及因故意杀人、强奸、抢劫、绑架、放火、爆炸、投放危险物质或者有组织的暴力性犯罪被判处死刑缓期执行的犯罪分子</u>，人民法院根据犯罪情节、人身危险性等情况，可以在作出裁判的同时决定对其限制减刑。

（二）中院一审判死缓的二审与核准

不上不抗 就上报	中院判死缓并限制减刑的一审案件，被告人不上诉、检察院不抗诉的，中院上报高院复核，高院认为死缓适当，但限制减刑不当的，应当改判，撤销限制减刑。（变轻容易直接改）
	中院判死缓没有限制减刑的一审案件，被告人不上诉、检察院不抗诉的，中院上报高院复核，高院认为应当限制减刑的，<u>不得对被告人限制减刑</u>。（死缓复核不加刑）
上诉抗诉 走二审	中院判死缓并限制减刑的一审案件，被告人上诉或检察院抗诉的，高院二审认为死缓适当，但限制减刑不当的，应当改判，撤销限制减刑。（变轻容易直接改）
	中院判死缓没有限制减刑的一审案件，只有被告人上诉的，高院二审认为应当限制减刑的，受上诉不加刑限制，<u>不得对被告人限制减刑</u>。（二审上诉不加刑）

小试牛刀

高级法院审理判处死刑缓期执行没有限制减刑的上诉案件，认为原判事实清楚、证据充分，但确有必要限制减刑的，应当如何处理？

参考答案：根据上诉不加刑原理，本案只能在二审裁判生效后，按照审判监督程序重新审判。

(三) 中院一审判死立即的上诉、复核和核准

上诉抗诉走二审	中院判死刑的一审案件，被告人上诉或检察院抗诉的，高院二审认为一审量刑过重，应当对被告人改判死刑缓期执行的，可以同时决定对其限制减刑。（变轻容易直接改）
不上不抗就上报	中院判死刑的一审案件，被告人不上诉、检察院不抗诉的，在上诉、抗诉期满后10日内报请高院复核。高院复核认为应当改判死刑缓期执行并限制减刑的，可以提审或者发回重新审判。（上报路上不改判）
最高院核准结果	认为应当改判死刑缓期执行并限制减刑的，应当裁定不予核准，并撤销原判，发回重新审判；根据案件情况，必要时，也可以依法改判。（《刑诉解释》第429条第5项）

> 📖 **小试牛刀**

杭州中院一审判处许某死刑立即执行。如果被告人不上诉、检察院不抗诉，在上诉、抗诉期满后报请浙江省高院复核，其不同意判处死刑立即执行，能否改判死缓并限制减刑？如果层报至最高院，最高院不同意判处死刑立即执行，能否改判死缓并限制减刑？

参考答案：①浙江省高院复核认为应当改判死刑缓期执行并限制减刑的，不能直接改判，可以提审或者发回重新审判。②最高院认为应当改判许某死刑缓期执行并限制减刑的，应当裁定不予核准，并撤销原判，发回重新审判；必要时，也可以依法改判。

第 18 讲 审判监督程序

本讲导读

复习提要

本讲首先要掌握申诉的主体、申诉的理由、申诉的时间、申诉的程序等；其次需要掌握针对生效裁判，法院和检察院是如何启动再审程序的；最后需要重点掌握审判监督程序的特别规定，如再审合议庭的组成、再审的强制措施以及再审的裁判结果等。

知识框架

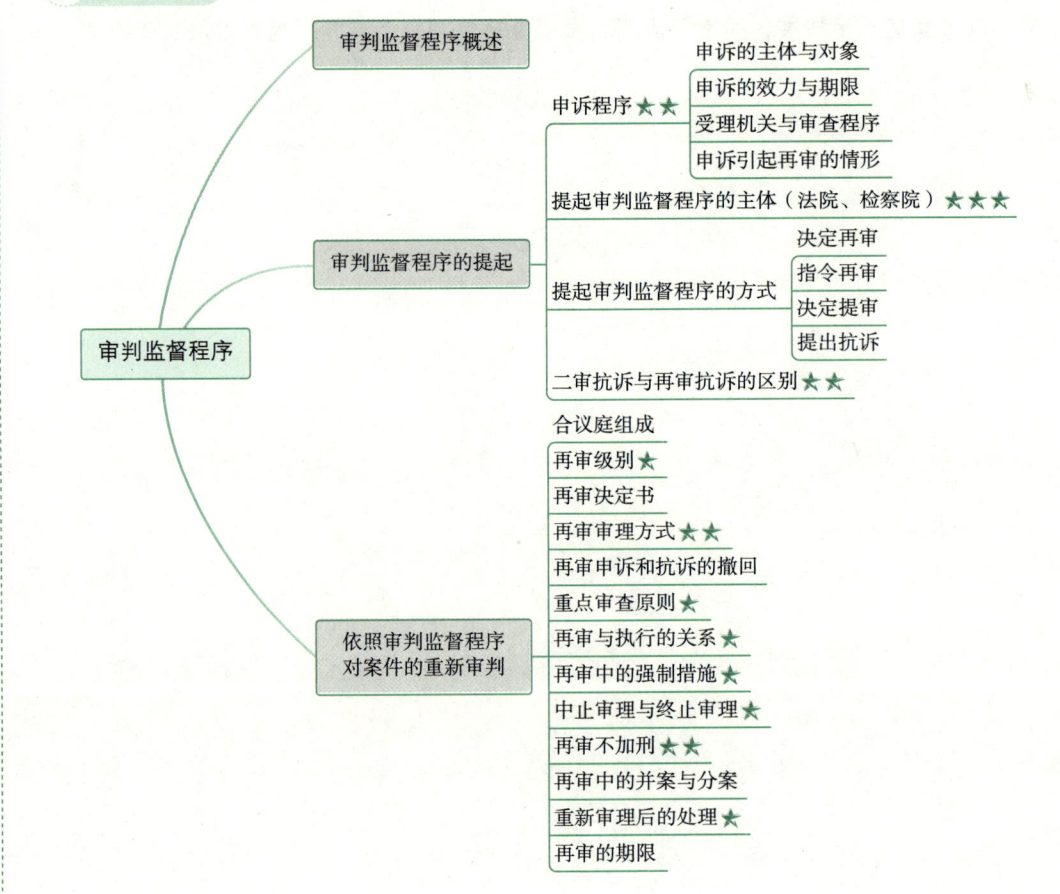

- 审判监督程序
  - 审判监督程序概述
  - 审判监督程序的提起
    - 申诉程序 ★★
      - 申诉的主体与对象
      - 申诉的效力与期限
      - 受理机关与审查程序
      - 申诉引起再审的情形
    - 提起审判监督程序的主体（法院、检察院）★★★
    - 提起审判监督程序的方式
      - 决定再审
      - 指令再审
      - 决定提审
      - 提出抗诉
    - 二审抗诉与再审抗诉的区别 ★★
  - 依照审判监督程序对案件的重新审判
    - 合议庭组成
    - 再审级别 ★
    - 再审决定书
    - 再审审理方式 ★★
    - 再审申诉和抗诉的撤回
    - 重点审查原则 ★
    - 再审与执行的关系 ★
    - 再审中的强制措施 ★
    - 中止审理与终止审理 ★
    - 再审不加刑 ★★
    - 再审中的并案与分案
    - 重新审理后的处理 ★
    - 再审的期限

专题 56 审判监督程序概述

一、概念

审判监督程序,又称再审程序,是指人民法院、人民检察院对于已经发生法律效力的判决、裁定,发现在认定事实或者适用法律上确有错误,予以提出并由人民法院对该案重新审判所应遵循的步骤、方式和方法。

审判监督程序并不是每个案件的必经程序,只有对于已经发生法律效力而且确有错误的判决、裁定才能适用。因此,它是一种特殊的救济程序。

二、特点

审理对象	审理对象是已经发生法律效力的判决、裁定,包括正在执行和已经执行完毕的判决、裁定。 **名师点睛** 二审审理的对象是尚未发生法律效力的裁判。
启动主体	由各级人民法院院长提交本院审判委员会决定,最高人民法院和上级人民法院决定以及最高人民检察院和上级人民检察院提出抗诉而启动。 **名师点睛** 再审程序可以由法院主动启动,也可以通过检察院抗诉启动。但是,二审程序只能通过当事人的上诉,或者检察院的抗诉启动,法院不能主动启动二审程序。
启动原因	必须经有权的人民法院或者人民检察院审查,认为已生效的判决、裁定在认定事实或者适用法律上确有错误时,才能提起。
启动期限	(参见本讲有关申诉受理的内容)
审判法院	按照审判监督程序审判案件的法院,既可以是原审人民法院,也可以是提审的任何上级人民法院。 **名师点睛** 二审程序只能是一审法院的上一级法院。
程序级别	按照审判监督程序审判案件将根据原来是第一审案件或第二审案件而分别依照第一审程序或第二审程序进行。
再审不加刑	除人民检察院抗诉的以外,再审一般不得加重原审被告人的刑罚,再审决定书或者抗诉书只针对部分原审被告人的,不得加重其他同案原审被告人的刑罚。

专题 57 审判监督程序的提起

一、申诉

审判监督程序中的申诉，是当事人及其法定代理人、近亲属认为人民法院已经发生法律效力的判决、裁定有错误，要求人民法院或者人民检察院进行审查处理的一种请求。

申诉主体	根据《刑诉解释》第451条的规定，当事人及其法定代理人、近亲属对已经发生法律效力的判决、裁定提出申诉的，人民法院应当审查处理。案外人认为已经发生法律效力的判决、裁定侵害其合法权益，提出申诉的，人民法院应当审查处理。申诉可以委托律师代为进行。 **名师点睛** 可以申诉的主体可以概括为："当、法、近、外"。注意：被害人没有上诉权，但有申诉权；近亲属无独立上诉权，却有独立的申诉权。
申诉对象	申诉的对象是已经生效的判决、裁定。 **名师点睛** 上诉的对象是第一审尚未生效的裁判。
受理机关	原审人民法院及其上级人民法院，也包括与上述法院对应的人民检察院。 **名师点睛** 上诉只能找第一审人民法院的上一级人民法院。
申诉效力	(1) 申诉不能停止判决、裁定的执行； (2) 申诉不能必然引起审判监督程序。 **名师点睛** 上诉必然引起二审，阻碍第一审人民法院裁判生效。
申诉期限	申诉人最迟在刑罚执行完毕后2年内提出申诉。 **名师点睛** ❶超过2年提出申诉，具有下列情形之一，应当受理：①可能对原审被告人宣告无罪的；②原审被告人在规定的期限内向人民法院提出申诉，人民法院未受理的；③属于疑难、复杂、重大案件的。 ❷上诉期限是判决10天，裁定5天。
法院审查申诉的程序	(1) 原则找终审：申诉由终审人民法院处理。 **名师点睛** 第二审人民法院裁定准许撤回上诉的案件，申诉人对第一审判决提出申诉的，可以由第一审人民法院审查处理。 (2) 越级申诉：上一级人民法院对越级的申诉，可以告知申诉人向终审人民法院提出申诉，或者直接交终审人民法院审查处理，并告知申诉人；案件疑难、复杂、重大的，也可以直接审查处理。 **名师点睛** 对未经终审人民法院及其上一级人民法院审查处理，直接向上级人民法院申诉的，上级人民法院应当告知申诉人向下级人民法院提出。 (3) 死刑申诉：对死刑案件的申诉，可由原核准的人民法院直接审查处理，也可以交

续表

法院审查申诉的程序	由原审人民法院审查。原审人民法院应当制作审查报告，提出处理意见，层报原核准的人民法院审查处理。 （4）两级申诉：申诉人对驳回申诉不服的，可向上一级人民法院申诉。上一级人民法院经审查认为申诉不符合再审理由的，应当说服申诉人撤回申诉；对仍然坚持申诉的，应当驳回或通知不予重新审判。 **举案说法** 罗某盗窃一案，杭州中院二审维持原判。裁判生效后，罗某原则上应当向杭州中院申诉。如果罗某直接向浙江省高院申诉，浙江省高院可以告知罗某向杭州中院提出申诉，或者直接交杭州中院审查处理，并告知罗某；案件疑难、复杂、重大的，浙江省高院也可以直接审查处理。如果罗某直接向最高院申诉，最高院应当告知罗某向下级法院提出。如果罗某向杭州中院、浙江省高院申诉均被驳回后，仍然坚持申诉，法院应当驳回或通知不予重新审判。 （5）异地审查：根据《刑诉解释》第454条的规定，最高人民法院或者上级人民法院可以指定终审人民法院以外的人民法院对申诉进行审查。被指定的人民法院审查后，应当制作审查报告，提出处理意见，层报最高人民法院或者上级人民法院审查处理。 **名师点睛** 指令异地审查制度有利于保证审查的客观公正，符合申请人和社会公众的期待。
检察院审查申诉的程序	**关联法条**《高检规则》 第593条：当事人及其法定代理人、近亲属认为人民法院已经发生法律效力的判决、裁定确有错误，向人民检察院申诉的，由作出生效判决、裁定的人民法院的同级人民检察院依法办理。 　　当事人及其法定代理人、近亲属直接向上级人民检察院申诉的，上级人民检察院可以交由作出生效判决、裁定的人民法院的同级人民检察院受理；案情重大、疑难、复杂的，上级人民检察院可以直接受理。 　　当事人及其法定代理人、近亲属对人民法院已经发生法律效力的判决、裁定提出申诉，经人民检察院复查决定不予抗诉后继续提出申诉的，上一级人民检察院应当受理。 第594条：对不服人民法院已经发生法律效力的判决、裁定的申诉，经两级人民检察院办理且省级人民检察院已经复查的，如果没有新的证据，人民检察院不再复查，但原审被告人可能被宣告无罪或者判决、裁定有其他重大错误可能的除外。 **举案说法** 罗某盗窃一案，杭州中院二审维持原判。裁判生效后，罗某如果向检察院申诉，原则上应当向杭州市检察院申诉。如果罗某直接向上级检察院申诉，上级检察院可以交由杭州市检察院受理；案情重大、疑难、复杂的，上级检察院可以直接受理。如果罗某向杭州市检察院、浙江省检察院申诉经复查均不予抗诉，没有新的证据，检察院不再复查，但罗某如果可能被宣告无罪或者判决、裁定有其他重大错误可能的除外。
申诉引起再审的情形（了解）	根据《刑诉解释》第457条第2、3款的规定，经审查，具有下列情形之一的，应当根据《刑事诉讼法》第253条的规定，决定重新审判：①有新的证据证明原判决、裁定认定的事实确有错误，可能影响定罪量刑的；②据以定罪量刑的证据不确实、不充分、依法应当排除的；③证明案件事实的主要证据之间存在矛盾；④主要事实依据被依法变更或者撤销的；⑤认定罪名错误的；⑥量刑明显不当的；⑦对违法所得或者其他涉案财物的处理确有明显错误的；⑧违反法律关于溯及力规定的；⑨违反法定诉讼程序，可能影响公正裁判的；⑩审判人员在审理该案件时有贪污受贿、徇私舞弊、枉法裁判行为的。申诉不具有上述情形的，应当说服申诉人撤回申诉；对仍然坚持申诉的，应当书面通知驳回。

📖 小试牛刀

下列关于再审的申诉程序，说法正确的是：[1]

A. 申诉的主体可以是当事人及其法定代理人以及近亲属
B. 申诉不能停止判决、裁定的执行
C. 申诉应当向生效裁判作出法院的上一级法院提出
D. 对死刑案件的申诉，应当由原核准的法院直接审查处理

二、提起审判监督程序的主体

法院	本院	本院院长对本院已经生效的裁判，发现确有错误，提交审判委员会讨论决定由本院来审理。 **名师点睛** 提起审判监督程序的权力由院长和审判委员会共同行使，由院长提交审判委员会处理，审判委员会讨论决定是否提起审判监督程序。
	上级法院	最高人民法院对各级人民法院已经发生法律效力的判决和裁定，上级人民法院对下级人民法院已经发生法律效力的判决和裁定，如果发现确有错误，有权提审或者指令下级人民法院再审。
检察院		（1）最高人民检察院对各级人民法院（包括最高人民法院）已经发生法律效力的判决和裁定，有权按照审判监督程序向同级人民法院提出抗诉； （2）上级人民检察院对下级人民法院已经发生法律效力的判决和裁定，如果发现确有错误，有权按照审判监督程序向同级人民法院提出抗诉。 **名师点睛** ❶再审抗诉最大的特点就是"上抗下"。唯有最高人民检察院可以针对同级的最高人民法院的裁判提起再审抗诉。基层人民检察院无权提起再审抗诉。 ❷地方各级人民检察院发现同级人民法院已经发生法律效力的判决和裁定确有错误的，无权按照审判监督程序提出抗诉，应当报请上级人民检察院按照审判监督程序，向它的同级人民法院提出抗诉。

📖 小试牛刀

王某因犯间谍罪被甲省乙市中级法院一审判处死刑，缓期二年执行。王某没有上诉，检察院没有抗诉。判决生效后，发现有新的证据证明原判决认定的事实确有错误。哪些机关有权对本案提起审判监督程序？

参考答案：本案要先判断终审法院为甲省高院（死缓须经高院核准方可生效）。所以甲省高院可以决定再审，最高院可以提审或者指令再审，最高检可以向最高院提再审抗诉。

三、提起审判监督程序的方式

提起审判监督程序的方式有：决定再审、指令再审、决定提审、提出抗诉。

---

[1] AB

决定再审	即各级人民法院院长对本院已生效的判决和裁定提交审判委员会决定的审判监督程序的方式。
指令再审	即上级人民法院对下级人民法院已经发生法律效力的判决和裁定，如果发现确有错误，可以指令下级人民法院再审从而提起审判监督程序的一种方式。 **关联法条**《刑诉解释》第461条第2款：上级人民法院指令下级人民法院再审的，一般应当指令原人民法院以外的下级人民法院审理；由原审人民法院审理更有利于查明案件事实、纠正裁判错误的，可以指令原审人民法院审理。 **名师点睛** 对于指令原审人民法院再审的案件，如果原来是第一审案件，接受抗诉的人民法院应当指令第一审人民法院依照第一审程序进行审判，所作的判决、裁定，可以上诉、抗诉；如果原来是第二审案件，接受抗诉的人民法院应当指令第二审人民法院依照第二审程序进行审判，所作的判决、裁定，是终审的判决、裁定。
决定提审	即上级人民法院对下级人民法院已经发生法律效力的判决和裁定，如果发现确有错误，需要重新审理，而直接组成合议庭，调取原审案卷和材料并进行审判，从而提起审判监督程序的一种方式。 **关联法条**《刑诉解释》第461条第1款：上级人民法院发现下级人民法院已经发生法律效力的判决、裁定确有错误的，可以指令下级人民法院再审；原判决、裁定认定事实正确但适用法律错误，或者案件疑难、复杂、重大，或者有不宜由原审人民法院审理情形的，也可以提审。 **名师点睛** 从该条文可知，上级人民法院一般适用指令再审，当原判决、裁定认定事实正确但适用法律错误，或者案件疑难、复杂、重大，或者有不宜由原审人民法院审理情形的，也可以提审。
提出抗诉	即最高人民检察院对各级人民法院已经发生法律效力的判决和裁定，上级人民检察院对下级人民法院已经发生法律效力的判决和裁定，如果发现确有错误，向同级人民法院提出抗诉从而提起审判监督程序的一种方式。 **关联法条**《刑事诉讼法》第254条第4款：人民检察院抗诉的案件，接受抗诉的人民法院应当组成合议庭重新审理，对于原判决事实不清楚或者证据不足的，可以指令下级人民法院再审。 **名师点睛** 上述条文可以概括为："向谁抗谁来审，事实不清可指令"。

四、二审抗诉与再审抗诉的区别

刑事诉讼中有两种抗诉：一种是二审抗诉，另一种是再审抗诉，注意二者区别。

不同点	二审抗诉	再审抗诉
1. 对象不同	尚未发生法律效力的一审裁判	已经发生法律效力的判决和裁定
2. 抗诉机关不同	原审法院同级地方检察院	原审法院的上级检察院或最高检
3. 接受机关不同	抗诉检察院的上一级法院	抗诉检察院的同级法院
4. 抗诉期限不同	有法定的期限（10天/5天）	法律没有对再审抗诉的期限作规定
5. 效力不同	导致一审裁判不发生法律效力	不会停止原判决、裁定的执行

二审抗诉　　　　　　　　再审抗诉

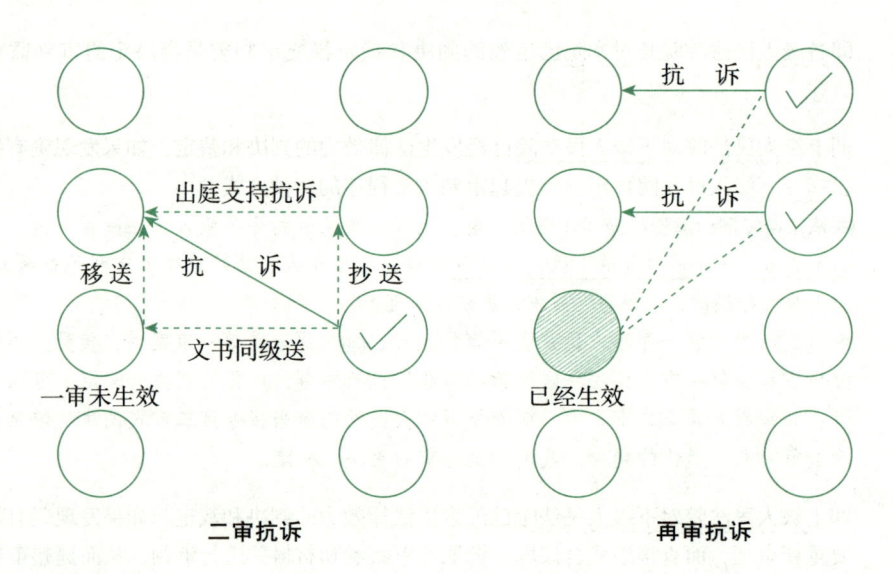

🔖 小试牛刀

关于我国刑事诉讼中按照第二审程序提起抗诉和按照审判监督程序提起抗诉，下列哪一选项是正确的？[1]

A. 二者的抗诉对象均是确有错误的判决、裁定
B. 二者均可以由各级检察院提起
C. 二者均可以由地方各级检察院提起
D. 二者均由抗诉的检察院向同级法院提起

专题 58　依照审判监督程序对案件的重新审判

一、合议庭组成

再审法院应当另行组成合议庭进行再审，原来审判该案的审判人员应当回避。

二、再审级别

一审	如果重新审判的案件，原来是第一审案件，应当按照第一审程序进行审判，所作的判决、裁定可以上诉、抗诉。
二审	原来是第二审案件或者经过提审的案件，应当按照第二审程序进行审判，所作的判决、裁定，是终审的判决、裁定。

---

[1] A

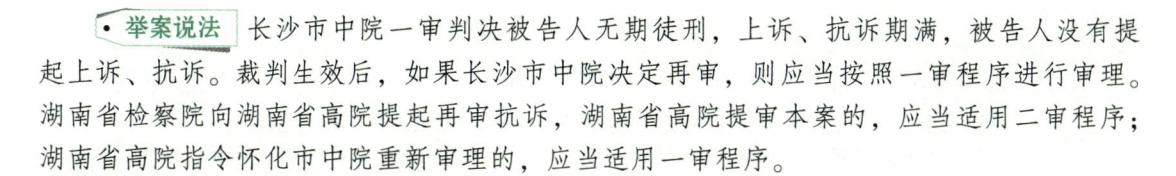

• **举案说法** 长沙市中院一审判决被告人无期徒刑,上诉、抗诉期满,被告人没有提起上诉、抗诉。裁判生效后,如果长沙市中院决定再审,则应当按照一审程序进行审理。湖南省检察院向湖南省高院提起再审抗诉,湖南省高院提审本案的,应当适用二审程序;湖南省高院指令怀化市中院重新审理的,应当适用一审程序。

三、再审决定书

人民法院决定按照审判监督程序重新审判的案件,<u>应当制作再审决定书</u>。

四、再审审理方式

应当开庭	(1) 依照第一审程序审理的; (2) 依照第二审程序需要对事实或者证据进行审理的; (3) 人民检察院按照审判监督程序提出抗诉的; (4) 可能对原审被告人(原审上诉人)<u>加重刑罚</u>的; (5) 有其他应当开庭审理的情形。 **名师点睛** 人民法院开庭审理的再审案件,同级人民检察院应当派员出席法庭。再审应当开庭的情形可以概括为:"一""抗""事证""加重罚"。
可以 不开庭	(1) 原裁判认定事实清楚,证据确实、充分,但适用法律错误,量刑畸重的。 (2) 1979年《刑事诉讼法》施行以前裁判的。 (3) 原审被告人(原审上诉人)、原审自诉人已经死亡或者丧失刑事责任能力的。 (4) 原审被告人(原审上诉人)在交通十分不便的边远地区监狱服刑,提押到庭确有困难的;但人民检察院提出抗诉的,人民法院应征得人民检察院的同意。 (5) 人民法院按照审判监督程序决定再审,经2次通知,人民检察院不派员出庭的。

小试牛刀

刑事再审中,下列哪些情形应当依法开庭审理?[1]
A. 某盗窃案,可能对原审被告人吴某加重刑罚
B. 某杀人案,人民检察院依照审判监督程序提出了抗诉
C. 某强奸案,原审被告人范某已经死亡
D. 某故意伤害案,再审需要依照第一审程序审理

五、再审抗诉和申诉的撤回

撤回抗诉	(1) 人民法院审理人民检察院抗诉的再审案件,人民检察院在开庭审理前撤回抗诉的,<u>应当裁定准许</u>; (2) 人民检察院接到出庭通知后不派员出庭,且未说明原因的,<u>可以裁定按撤回抗诉处理</u>,并通知诉讼参与人。

---

[1] ABD

撤回申诉	（1）人民法院审理申诉人申诉的再审案件，申诉人在再审期间撤回申诉的，可以裁定准许；但认为原判确有错误的，应当不予准许，继续按照再审案件审理。 （2）申诉人经依法通知无正当理由拒不到庭，或者未经法庭许可中途退庭的，可以裁定按撤回申诉处理，但申诉人不是原审当事人的除外。

六、重点审查原则

依照审判监督程序重新审判的案件，人民法院应当重点针对申诉、抗诉和决定再审的理由进行审理。必要时，应当对原判决、裁定认定的事实、证据和适用法律进行全面审查。

[名师点睛] 全面审查并不等于被告人需全部到庭。开庭审理的再审案件，再审决定书或者抗诉书只针对部分原审被告人，其他同案原审被告人不出庭不影响审理，可不出庭参加诉讼。

七、再审与执行的关系

再审期间不停止原判决、裁定的执行。但被告人可能经再审改判无罪，或者可能经再审减轻原判刑罚而致刑期届满的，可以决定中止原判决、裁定的执行，必要时，可以对被告人采取取保候审、监视居住措施。

[名师点睛] 在民事诉讼中，再审期间裁定中止原裁判的执行，但追索赡养费、抚养费、抚育费、抚恤金、医疗费用、劳动报酬等案件，可以不中止执行。

八、再审中的强制措施

法 院	人民法院决定再审的案件，需要对被告人采取强制措施的，由人民法院依法决定。
检察院	人民检察院抗诉的再审案件，需要对被告人采取强制措施的，由人民检察院依法决定。

[名师点睛] 再审中的强制措施的决定主体可以概括为："谁启动，谁决定"。

九、中止审理与终止审理

中止审理	原审被告人（原审上诉人）收到再审决定书或者抗诉书后下落不明或者收到抗诉书后未到庭的，人民法院应当中止审理；待其到案后，恢复审理。
终止审理	超过2年仍查无下落的，应当裁定终止审理。

十、再审不加刑

除人民检察院抗诉的以外，再审一般不得加重原审被告人的刑罚。再审决定书或者抗诉书只针对部分原审被告人的，不得加重其他同案原审被告人的刑罚。

[名师点睛] 此规定区别于二审的上诉不加刑原则。二审程序中，如果只有被告人一方上诉，没有检察院抗诉或自诉人上诉，一律不得加重被告人刑罚。

十一、再审中的并案与分案

根据《刑诉解释》第467条的规定,对依照审判监督程序重新审判的案件,人民法院在依照第一审程序进行审判的过程中,发现原审被告人还有其他犯罪的,一般应当并案审理,但分案审理更为适宜的,可以分案审理。

十二、重新审理后的处理

根据《刑诉解释》第472、473条的规定,再审案件经过重新审理后,应当按照下列情形分别处理:

维持原判	应当维持	原判决、裁定认定事实和适用法律正确、量刑适当的,应当裁定驳回申诉或者抗诉,维持原判决、裁定。
	纠正维持	原判决、裁定定罪准确、量刑适当,但在认定事实、适用法律等方面有瑕疵的,应当裁定纠正并维持原判决、裁定。
应当改判		原判决、裁定认定事实没有错误,但适用法律错误或者量刑不当的,应当撤销原判决、裁定,依法改判。
可以改判可以发回		依照第二审程序审理的案件,原判决、裁定事实不清、证据不足的,可以在查清事实后改判,也可以裁定撤销原判,发回原审人民法院重新审判。
疑罪从无		原判决、裁定事实不清或者证据不足,经审理事实已经查清的,应当根据查清的事实依法裁判;事实仍无法查清,证据不足,不能认定被告人有罪的,应当撤销原判决、裁定,判决宣告被告人无罪。
更正信息		原判决、裁定认定被告人姓名等身份信息有误,但认定事实和适用法律正确、量刑适当的,作出生效判决、裁定的人民法院可以通过裁定对有关信息予以更正。

【关联法条】《高检规则》第599条:对按照审判监督程序提出抗诉的案件,人民检察院认为人民法院再审作出的判决、裁定仍然确有错误的,如果案件是依照第一审程序审判的,同级人民检察院应当按照第二审程序向上一级人民法院提出抗诉;如果案件是依照第二审程序审判的,上一级人民检察院应当按照审判监督程序向同级人民法院提出抗诉。

小试牛刀

罗伯特·翔强奸一案,北京市朝阳区法院经审判监督程序审理,认为原判决、裁定事实不清或者证据不足,应当如何处理?

参考答案:作为基层的朝阳区法院再审肯定是按照一审程序审理。原判决、裁定事实不清或者证据不足,经审理事实已经查清的,应当根据查清的事实依法裁判;事实仍无法查清,证据不足,不能认定被告人罗伯特·翔有罪的,应当撤销原判决、裁定,判决宣告被告人无罪。

十三、再审的期限

1. 人民法院按照审判监督程序重新审判的案件,应当在作出提审、再审决定之日起

3个月以内审结，需要延长期限的，<u>不得超过6个月</u>。

2. 接受抗诉的人民法院按照审判监督程序审判抗诉的案件，审理期限适用上述规定；对需要指令下级人民法院再审的，应当自<u>接受抗诉之日起1个月以内作出决定</u>，下级人民法院审理案件的期限适用上述规定。

小试牛刀

关于审判监督程序，下列哪一选项是正确的？[1]

A. 对于原判决事实不清楚或者证据不足的，应当指令下级法院再审

B. 上级法院指令下级法院再审的，应当指令原审法院以外的下级法院审理；由原审法院审理更为适宜的，也可以指令原审法院审理

C. 不论是否属于由检察院提起抗诉的再审案件，逮捕均由检察院决定

D. 法院按照审判监督程序审判的案件，应当决定中止原判决、裁定的执行

总结梳理

审判监督程序总结如下：

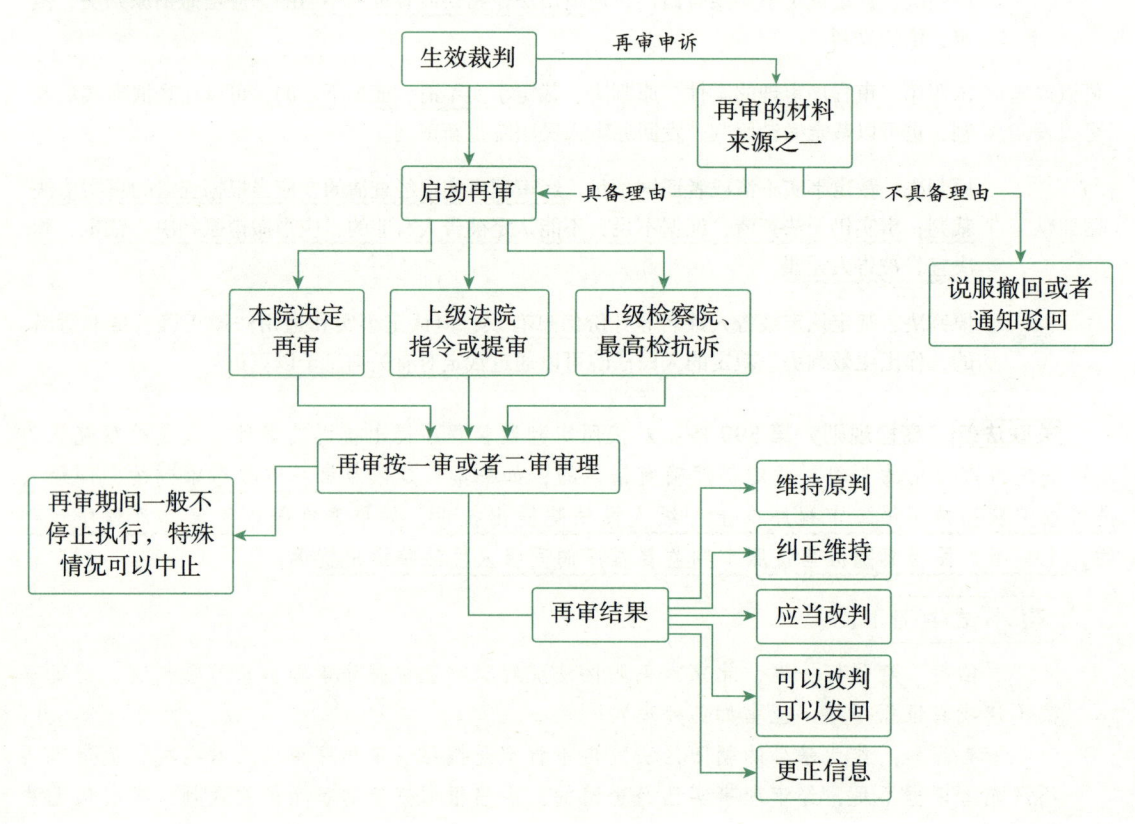

```
生效裁判 ──再审申诉──> 再审的材料来源之一
    │
    ▼
  启动再审 ──具备理由──┐        ┌──不具备理由──> 说服撤回或者通知驳回
    │                 │        │
    ├─────┬─────┐
    ▼     ▼     ▼
 本院决定  上级法院   上级检察院、
  再审   指令或提审   最高检抗诉
    │     │     │
    └─────┴─────┘
          │
          ▼
    再审按一审或者二审审理 ──> 再审结果 ──┬──> 维持原判
          │                              ├──> 纠正维持
          ▼                              ├──> 应当改判
  再审期间一般不停止执行，                 ├──> 可以改判可以发回
  特殊情况可以中止                        └──> 更正信息
```

---

[1] B

第 19 讲 执 行

本讲导读

复习提要

本讲需要重点掌握每一种刑罚的执行机关和执行程序，然后需要重点掌握执行中的变更手续，如死刑的变更、死缓的变更、监外执行、减刑、假释等。

知识框架

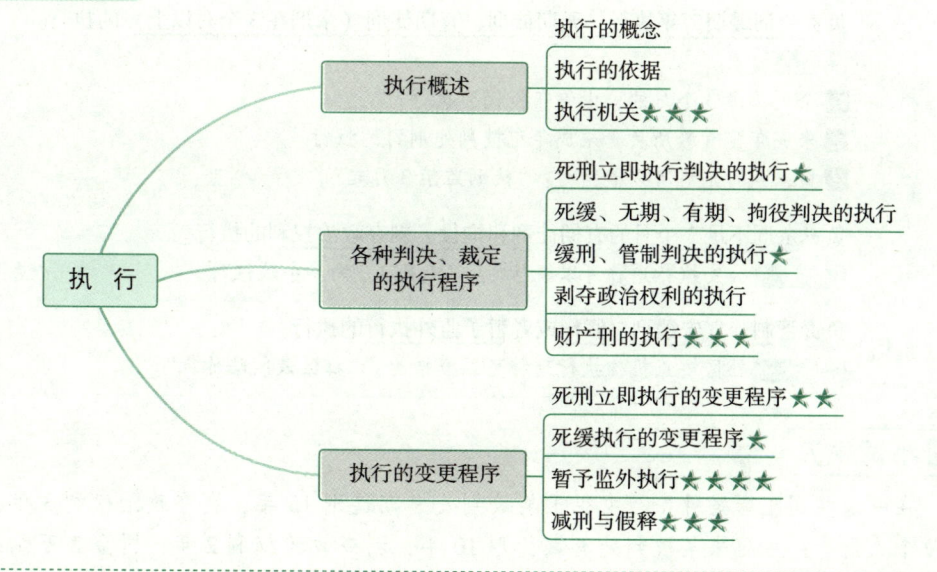

```
                  ┌─ 执行的概念
        ┌ 执行概述 ─┼─ 执行的依据
        │          └─ 执行机关★★★
        │
        │                   ┌─ 死刑立即执行判决的执行★
        │                   ├─ 死缓、无期、有期、拘役判决的执行
执 行 ──┼ 各种判决、裁定 ───┼─ 缓刑、管制判决的执行★
        │   的执行程序      ├─ 剥夺政治权利的执行
        │                   └─ 财产刑的执行★★★
        │
        │                   ┌─ 死刑立即执行的变更程序★★
        │                   ├─ 死缓执行的变更程序★
        └ 执行的变更程序 ───┼─ 暂予监外执行★★★★
                            └─ 减刑与假释★★★
```

专题 59 执行概述

一、执行的概念

刑事诉讼中的执行，是指将人民法院已经发生法律效力的判决、裁定所确定的内容付诸实施以及在此过程中处理与之有关的减刑、假释等刑罚执行变更问题时应遵循的步骤、方式和方法。

二、执行的依据

1. 已过法定期限没有上诉、抗诉的判决、裁定。
2. 终审的判决和裁定。

[名师点睛] 即第二审的判决和裁定以及最高人民法院第一审的判决和裁定。

3. 高级人民法院核准的死刑缓期二年执行的判决、裁定。
4. 最高人民法院核准的死刑以及核准在法定刑以下判处刑罚的判决和裁定。

[名师点睛] 执行依据一定都是生效的裁判。

三、执行机关

人民法院	负责死刑立即执行、罚金和没收财产以及无罪或免除刑罚的判决的执行。 [名师点睛] 法院执行刑种可以概括为："收钱、杀人、不干活"。
监 狱	负责死刑缓期二年执行、无期徒刑、有期徒刑（余刑在3个月以上）的执行。 [名师点睛] ❶余刑不足3个月的，由看守所代为执行。 ❷未成年犯管教所负责未成年犯被判处刑罚的执行。 ❸监狱执行刑种可以概括为："徒刑监禁3月起"。
公安机关	负责余刑不足3个月的有期徒刑和拘役、剥夺政治权利的执行。 [名师点睛] 公安执行刑种可以概括为："不足3、拘、夺政权"。
社区矫正机构	负责管制、宣告缓刑、假释或者暂予监外执行的执行。 [名师点睛] 社区矫正机构执行刑种可以概括为："社区最闲陪你玩"。

小试牛刀

在一起共同犯罪案件中，主犯王某被判处有期徒刑15年，剥夺政治权利3年，并处没收个人财产；主犯朱某被判处有期徒刑10年，剥夺政治权利2年，罚金2万元；从犯李某被判处有期徒刑8个月；从犯周某被判处管制1年，剥夺政治权利1年。在本案中，

由监狱执行刑罚的罪犯是：[1]

A. 王某　　　　　　　　　　　B. 朱某
C. 李某　　　　　　　　　　　D. 周某

专题60 各种判决、裁定的执行程序

一、死刑立即执行判决的执行

死刑命令的签发	应当由最高人民法院院长签发执行死刑的命令。 **名师点睛** 签发死刑令的主体是最高院院长，核准死刑的主体是最高院，执行死刑的主体是一审法院。
执行死刑的机关	（1）执行死刑的机关是第一审人民法院； （2）在死刑缓期执行期间犯罪，最高人民法院核准执行死刑的，由罪犯服刑地的中级人民法院执行。 **举案说法** 罗某因绑架罪被甲省A市中级法院判处死刑缓期二年执行，后交付甲省B市监狱执行。死刑缓期执行期间，罗某脱逃至乙省C市实施抢劫被抓获。C市中级法院一审以抢劫罪判处罗某无期徒刑。罗某不服判决，向乙省高级法院上诉。乙省高级法院二审维持一审判决。此案最终经最高法院核准死刑立即执行。本案执行罗某死刑的应当是服刑地的中级法院（B市中级法院）。
执行的期限	法院接到执行死刑命令后，应当在7日内执行。
执行死刑的场所	死刑可以在刑场或者指定的羁押场所内执行。刑场不得设在繁华地区、交通要道和旅游景点附近。
执行方法	执行死刑的方法是枪决、注射或者其他事先经最高人民法院批准的方法。
死刑犯的会见权	根据《刑诉解释》第505条的规定，第一审人民法院在执行死刑前，应当告知罪犯有权会见其近亲属。罪犯申请会见并提供具体联系方式的，人民法院应当通知其近亲属。确实无法与罪犯近亲属取得联系，或者其近亲属拒绝会见的，应当告知罪犯。罪犯申请通过录音录像等方式留下遗言的，人民法院可以准许。 （1）罪犯近亲属申请会见的，人民法院应当准许并及时安排，但罪犯拒绝会见的除外。罪犯拒绝会见的，应当记录在案并及时告知其近亲属；必要时，应当录音录像。 （2）罪犯申请会见近亲属以外的亲友，经人民法院审查，确有正当理由的，在确保安全的情况下可以准许。 （3）罪犯申请会见未成年子女的，应当经未成年子女的监护人同意；会见可能影响未成年人身心健康的，人民法院可以通过视频方式安排会见，会见时监护人应当在场。

---

[1]　ABC

续表

死刑犯的会见权	（4）会见一般在罪犯羁押场所进行。 （5）会见情况应当记录在案，附卷存档。
检察监督	人民法院将罪犯交付执行死刑，应当在交付执行3日前通知同级人民检察院派员到场监督。
其他程序	（1）执行死刑前，指挥执行的审判人员对罪犯应当验明正身；还要讯问罪犯有无遗言、信札，并制作笔录，再交执行人员执行死刑。 （2）执行死刑应当公布，禁止游街示众或者其他有辱罪犯人格的行为。 （3）执行死刑完毕，应当由法医验明罪犯确实死亡后，在场书记员制作笔录。交付执行的人民法院应当将执行死刑情况（包括执行死刑前后照片）及时逐级上报最高人民法院。

二、死刑缓期二年执行、无期徒刑、有期徒刑和拘役判决的执行

（一）执行机关

监　狱	被判处死刑缓期二年执行、无期徒刑、有期徒刑的罪犯，执行机关是监狱。
公　安	被判处有期徒刑的罪犯，在被交付执行刑罚前，剩余刑期在3个月以下的，由看守所代为执行。被判处拘役的罪犯，由公安机关执行。

（二）执行程序

1. 根据《刑诉解释》第511条的规定，被判处死刑缓期执行、无期徒刑、有期徒刑、拘役的罪犯，第一审人民法院应当在判决、裁定生效后10日以内，将判决书、裁定书、起诉书副本、自诉状复印件、执行通知书、结案登记表送达公安机关、监狱或者其他执行机关。

名师点睛 从人民法院的警力配备和执行手段等现实情况看，人民法院也难以承担抓捕罪犯的工作。据此，判决、裁定生效后，将罪犯送交执行的机关是公安机关，人民法院只负责送达有关法律文书。

2. 同案审理的案件中，部分被告人被判处死刑，对未被判处死刑的同案被告人需要羁押执行刑罚的，应当在其判决、裁定生效后10日内交付执行。但是，该同案被告人参与实施有关死刑之罪的，应当在最高人民法院复核讯问被判处死刑的被告人后交付执行。

3. 判处有期徒刑、拘役的罪犯，执行期满，应当由执行机关发给释放证明书。

三、管制、有期徒刑缓刑和拘役缓刑判决的执行

执行机关	管制、有期徒刑缓刑、拘役缓刑的执行机关是社区矫正机构。
执行程序	（1）根据《刑诉解释》第519条第1款的规定，对被判处管制、宣告缓刑的罪犯，人民法院应当依法确定社区矫正执行地。社区矫正执行地为罪犯的居住地；罪犯在多个地方居住的，可以确定其经常居住地为执行地；罪犯的居住地、经常居住地无法确定或者不适宜执行社区矫正的，应当根据有利于罪犯接受矫正、更好地融入社会的原则，确定执行地。

续表

执行程序	（2）根据《刑诉解释》第519条第2、3款的规定，宣判时，应当告知罪犯自判决、裁定生效之日起10日以内到执行地社区矫正机构报到，以及不按期报到的后果。人民法院应当自判决、裁定生效之日起5日以内通知执行地社区矫正机构，并在10日以内将判决书、裁定书、执行通知书等法律文书送达执行地社区矫正机构，同时抄送人民检察院和执行地公安机关。人民法院与社区矫正执行地不在同一地方的，由执行地社区矫正机构将法律文书转送所在地的人民检察院和公安机关。	
缓刑的考查与处理	情形一	缓刑考验期限内再犯新罪或者发现漏罪，应当依法撤销缓刑的，由审判新罪的人民法院予以撤销；即使是下级人民法院也可以撤销上级人民法院宣告的缓刑，通知原宣告缓刑的人民法院和执行机关即可。
	情形二	在缓刑考验期限内违反法律、行政法规或者国务院公安部门有关缓刑的监督管理规定，原决定的人民法院应当依法撤销缓刑。 **名师点睛** 人民法院撤销缓刑的裁定，一经作出，立即生效。
	情形三	在缓刑考验期限内，如果没有《刑法》第77条规定的情形，缓刑考验期满，原判的刑罚就不再执行。被同时判处附加刑的，附加刑仍应执行。

四、剥夺政治权利的执行

执行机关	剥夺政治权利的执行机关是公安机关。实践中，由罪犯居住地县级公安机关指定派出所执行。
执行程序	（1）对单处剥夺政治权利的罪犯，人民法院应当在判决、裁定生效后10日内，将判决书、裁定书、执行通知书等法律文书送达罪犯居住地的县级公安机关，并抄送罪犯居住地的县级人民检察院； （2）执行机关应当按照人民法院的判决，向罪犯及其原所在单位或者居住地群众宣布其犯罪事实、被剥夺政治权利的期限，以及罪犯在执行期间应当遵守的规定； （3）执行期满，应当由执行机关书面通知本人及其所在单位、居住地基层组织。

五、刑事裁判涉财产部分和附带民事裁判的执行

1. 执行主体	由第一审人民法院负责裁判执行的机构执行。被执行的财产在异地的，第一审人民法院可以委托财产所在地的同级人民法院代为执行。 **名师点睛** 没收财产的判决，无论附加适用或者独立适用，都由人民法院执行；在必要的时候，可以会同公安机关执行。
2. 执行对象	根据《刑诉解释》第521条的规定，刑事裁判涉财产部分的执行，是指发生法律效力的刑事裁判中下列判项的执行： （1）罚金、没收财产； （2）追缴、责令退赔违法所得； （3）处置随案移送的赃款赃物；

续表

2. 执行对象	（4）没收随案移送的供犯罪所用本人财物； （5）其他应当由人民法院执行的相关涉财产的判项。	
3. 执行时间	（1）罚金在判决规定的期限内一次或者分期缴纳。期满无故不缴纳或者未足额缴纳的，人民法院应当强制缴纳。经强制缴纳仍不能全部缴纳的，在任何时候，包括主刑执行完毕后，发现被执行人有可供执行的财产的，应当追缴。 名师点睛 人民法院判处罚金时应当折抵、扣除行政处罚已执行的部分。 （2）判处没收财产的，判决生效后，应当立即执行。	
4. 减免罚金	根据《刑诉解释》第524条的规定，因遭遇不能抗拒的灾祸等原因缴纳罚金确有困难，被执行人申请延期缴纳、酌情减少或者免除罚金的，应当提交相关证明材料。人民法院应当在收到申请后1个月以内作出裁定。符合法定条件的，应当准许；不符合条件的，驳回申请。	
5. 没收范围	判处没收财产的，应当执行刑事裁判生效时被执行人合法所有的财产。 关联法条《刑诉解释》第526条：执行财产刑，应当参照被扶养人住所地政府公布的上年度当地居民最低生活费标准，保留被执行人及其所扶养人的生活必需费用。	
6. 赃款赃物的追缴	（1）被告人将依法应当追缴的涉案财物用于投资或者置业的，对因此形成的财产及其收益，应当追缴。 （2）被告人将依法应当追缴的涉案财物与其他合法财产共同用于投资或者置业的，对因此形成的财产中与涉案财物对应的份额及其收益，应当追缴。	
7. 财产转让的处理	被执行人将刑事裁判认定为赃款赃物的涉案财物用于清偿债务、转让或者设置其他权利负担，具有下列情形之一的，人民法院应予追缴： （1）第三人明知是涉案财物而接受的； （2）第三人无偿或者以明显低于市场的价格取得涉案财物的； （3）第三人通过非法债务清偿或者违法犯罪活动取得涉案财物的； （4）第三人通过其他恶意方式取得涉案财物的。 名师点睛 第三人善意取得涉案财物的，执行程序中不予追缴。作为原所有人的被害人对该涉案财物主张权利的，人民法院应当告知其通过诉讼程序处理。	
8. 清偿顺序	被执行人在执行中同时承担刑事责任、民事责任，其财产不足以支付的，按照下列顺序执行： （1）人身损害赔偿中的医疗费用； （2）退赔被害人的损失； （3）其他民事债务； （4）罚金； （5）没收财产。 名师点睛 财产给付顺序可以概括为："医、赔、债、罚、没"。 债权人对执行标的依法享有优先受偿权，其主张优先受偿的，人民法院应当在前述第1项规定的医疗费用受偿后，予以支持。 名师点睛 如果有债权人主张优先受偿权，给付顺序可以概括为："医、债、赔、罚、没"。	

续表

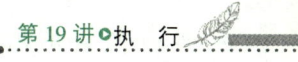

9. 终结执行	执行财产刑过程中，具有下列情形之一的，人民法院应当裁定终结执行：①据以执行的刑事判决、裁定被撤销的；②被执行人死亡或者被执行死刑，且无财产可供执行的；③被判处罚金的单位终止，且无财产可供执行的；④依照《刑法》第53条的规定免除罚金的；⑤其他应当终结执行的情形。 【名师点睛】人民法院裁定终结执行后，发现被执行人有隐匿、转移财产情形的，应当追缴。
10. 执行回转	财产刑全部或者部分被撤销的，已经执行的财产应当全部或者部分返还被执行人；无法返还的，应予赔偿。

【举案说法】甲纠集他人多次在市中心寻衅滋事，造成路人乙轻伤、丙的临街商铺严重受损。甲被起诉到法院后，乙和丙提起附带民事诉讼。法院判处甲有期徒刑6年，罚金1万元，赔偿乙医疗费1万元，赔偿丙财产损失4万元。判决生效交付执行后，查明甲除1辆汽车外无其他财产，且甲曾以该汽车抵押获取小额贷款，尚欠银行贷款2.5万元，银行主张优先受偿。法院以8万元的价格拍卖了甲的汽车。此8万元的执行顺序依次为：医疗费、银行贷款、财产损失、罚金。

专题 61 执行的变更程序

在刑事判决、裁定的执行中，由于出现了法定情形，需要对已确定的刑罚内容或刑罚的执行方法加以变更，其处理程序亦是执行程序的组成部分。下面介绍几种主要的执行变更程序：

一、死刑立即执行的变更程序

变更情形	执行前，发现有下列情形之一的，应当暂停执行，并层报最高人民法院： (1) 罪犯可能有其他犯罪的； (2) 共同犯罪的其他犯罪嫌疑人到案，可能影响罪犯量刑的； (3) 共同犯罪的其他罪犯被暂停或者停止执行死刑，可能影响罪犯量刑的； (4) 罪犯揭发重大犯罪事实或者有其他重大立功表现，可能需要改判的； (5) 罪犯怀孕的； (6) 判决、裁定可能有影响定罪量刑的其他错误的。 【名师点睛】死刑立即执行暂停执行的情形可以概括为："其他、共犯、立功、孕"。	
变更的程序	下级法院发现的错误	(1) 下级法院执行前，发现有上述情形的，应暂停执行死刑，并立即层报最高人民法院审批。 (2) 最高人民法院经审查，认为可能影响罪犯定罪量刑的，应当裁定停止执行死刑；认为不影响的，应当决定继续执行死刑。

续表

变更的程序	下级法院发现的错误	（3）下级人民法院接到最高人民法院停止执行死刑的裁定后，应当会同有关部门调查核实停止执行死刑的事由，并及时将调查结果和意见层报最高人民法院审核。
	最高院发现的错误	（1）最高人民法院在执行死刑命令签发后、执行前，发现有法定停止执行情形的，应当立即裁定下级人民法院停止执行死刑，并将有关材料移交下级人民法院； （2）下级人民法院接到最高人民法院停止执行死刑的裁定后，应当会同有关部门调查核实停止执行死刑的事由，并及时将调查结果和意见层报最高人民法院审核。
最高院的审核		对下级人民法院报送的停止执行死刑的调查结果和意见，由最高人民法院原作出核准死刑判决、裁定的合议庭负责审查，必要时，另行组成合议庭进行审查。
处理结果	依法改判	确认罪犯正在怀孕的，应当依法改判。
	发回重审	（1）确有其他犯罪，依法应当追诉的，应当裁定不予核准死刑，撤销原判，发回重审； （2）确认原裁判有错或罪犯有重大立功表现需改判的，应裁定不予核准，撤销原判，发回重审。
	继续执行	确认原裁判没有错误，罪犯没有重大立功表现，或者重大立功表现不影响原裁判执行的，应当裁定继续执行原核准死刑的裁判，并由院长再签发执行死刑的命令。

• **举案说法** 死刑犯鄢某在枪决前大声呼叫："不要开枪，我肚子里还有个宝宝！"此时中院应当暂停执行，并层报最高院。最高院经审查，认为可能影响罪犯定罪量刑的，应当裁定停止执行死刑。中院接到最高院停止执行死刑的裁定后，应当会同有关部门调查核实，并及时将调查结果和意见层报最高院审核。最高院确认罪犯正在怀孕的，应当依法改判。

二、死刑缓期二年执行的变更程序

执行机关	由公安机关依法将该罪犯送交监狱执行刑罚。
执行期间	根据《刑诉解释》第498条的规定，死刑缓期执行的期间，从判决或者裁定核准死刑缓期执行的法律文书宣告或者送达之日起计算。死刑缓期执行期满，依法应当减刑的，人民法院应当及时减刑。死刑缓期执行期满减为无期徒刑、有期徒刑的，刑期自死刑缓期执行期满之日起计算。
两种结局	减　刑	（1）死缓犯在缓期执行期间，如果没有故意犯罪，2年期满以后，减为无期徒刑； （2）死缓犯在缓期执行期间，如果确有重大立功表现，2年期满以后，减为25年有期徒刑。

续表

两种结局	死　刑	被判处死刑缓期执行的罪犯，在死刑缓期执行期间犯罪的，应当由罪犯服刑地的中级人民法院依法审判，所作的判决可以上诉、抗诉。 （1）认定故意犯罪，情节恶劣，应当执行死刑的，在判决、裁定发生法律效力后，应当层报最高人民法院核准执行死刑。 （2）对故意犯罪未执行死刑的，不再报高级人民法院核准，死刑缓期执行的期间重新计算，并层报最高人民法院备案。备案不影响判决、裁定的生效和执行。最高人民法院经备案审查，认为原判不予执行死刑错误，确需改判的，应当依照审判监督程序予以纠正。

三、暂予监外执行

暂予监外执行，是指被判处无期徒刑、有期徒刑或者拘役的罪犯，具有法律规定的某种特殊情况，不适宜在监狱或者拘役所等场所执行刑罚，暂时采取不予关押的一种变通执行方法。

适用对象	（1）有期徒刑； （2）拘役； （3）无期徒刑（特殊情况）。
适用条件	（1）罪犯有严重疾病需保外就医。 [名师点睛] 对罪犯确有严重疾病，必须保外就医的，由省级人民政府指定的医院诊断并开具证明文件。对适用保外就医可能有社会危险性的罪犯，或者自伤自残的罪犯，不得保外就医。 （2）怀孕或者正在哺乳自己婴儿的妇女。 [名师点睛] 对被判处无期徒刑的罪犯，有此情形的，也可以暂予监外执行。 （3）生活不能自理，适用暂予监外执行不致危害社会的。 [名师点睛] 上述条件可以概述为："疾病、孕乳、不自理"。
决定主体	交付执行前	对具备暂予监外执行条件的罪犯，由交付执行的人民法院决定。 [关联法条]《刑诉解释》 第514条：罪犯在被交付执行前，因有严重疾病、怀孕或者正在哺乳自己婴儿的妇女、生活不能自理的原因，依法提出暂予监外执行的申请的，有关病情诊断、妊娠检查和生活不能自理的鉴别，由人民法院负责组织进行。 第515条第2款：人民法院在作出暂予监外执行决定前，应当征求人民检察院的意见。
	交付执行后	（1）监狱提出书面意见，报省级以上监狱管理机关批准； （2）看守所提出书面意见，报设区的市一级以上公安机关批准。 [考点提示] 监外执行究竟由哪个机关决定或者批准关键要看是在执行前还是执行中。 [举案说法] 罗某因犯盗窃罪被判处有期徒刑5年，在交付执行前，突患严重疾病，需保外就医。有权决定罗某暂予监外执行的是交付执行的人民法院。

续表

执行主体	由社区矫正机构负责执行。
收监执行	情 形	（1）不符合监外执行条件的； （2）严重违反有关规定的； （3）情形消失后，罪犯刑期未满的。 **名师点睛** 上述收监的情形可以概括为："不符条件、违规定，情形消失期未满"。
	主 体	（1）对人民法院决定暂予监外执行的罪犯，依法应当予以收监的，在人民法院作出决定后，由公安机关依照《刑事诉讼法》第264条第2款的规定送交执行刑罚。 **名师点睛** 人民法院收监执行决定书，一经作出，立即生效。 （2）如果罪犯是在执行过程中被决定暂予监外执行的，执行机关应当通知监狱等执行机关收监。 **关联法条**《六机关规定》第35条：被决定收监执行的社区矫正人员在逃的，社区矫正机构应当立即通知公安机关，由公安机关负责追捕。
刑期计算	（1）不符合条件的罪犯通过贿赂等非法手段被暂予监外执行的，在监外执行的期间不计入执行刑期； （2）罪犯在监外执行期间脱逃的，脱逃的期间不计入执行刑期。
监外执行的监督	（1）对意见书的监督：监狱、看守所提出暂予监外执行的书面意见的，应当将书面意见的副本抄送人民检察院。人民检察院发现罪犯不符合暂予监外执行法定条件或者提请暂予监外执行违反法定程序的，应当在10日以内向决定或者批准机关提出书面检察意见，同时也可以向监狱、看守所提出书面纠正意见。 （2）对决定书的监督：决定或者批准机关应当将暂予监外执行决定书抄送人民检察院。人民检察院认为暂予监外执行不当的，应当自接到通知之日起1个月以内将书面意见送交决定或者批准机关，决定或者批准机关接到人民检察院的书面意见后，应当立即对该决定进行重新核查。

小试牛刀

张某居住于甲市A区，曾任甲市B区某局局长，因受贿罪被B区法院判处有期徒刑5年，执行期间突发严重疾病而被决定暂予监外执行。张某在监外执行期间违反规定，被决定收监执行。关于本案，下列哪一选项是正确的?[1]

A. 暂予监外执行由A区法院决定
B. 暂予监外执行由B区法院决定
C. 暂予监外执行期间由A区司法行政机关实行社区矫正
D. 收监执行由B区法院决定

---

[1] C。张某已经被交付执行了，并不属于法院决定监外执行的情形，应由省级以上监狱管理机关或者设区的市一级以上公安机关批准，选项AB错误。本案是在执行过程中被决定暂予监外执行的，执行机关应当通知监狱等执行机关收监，选项D错误。

四、减刑与假释

（一）减刑的概念、对象和条件

概　念	减刑，是指被判处管制、拘役、有期徒刑或者无期徒刑的罪犯，在执行期间确有悔改或者立功表现，由人民法院依法适当减轻其原判刑罚的制度。
对　象	（1）管制； （2）拘役； （3）有期徒刑； （4）无期徒刑。 **名师点睛** 死刑缓期执行罪犯的减刑，是依照法律的特别规定进行的，是死刑缓期执行制度的组成部分，不属于减刑制度的适用范围。
条　件	（1）认真遵守监规，接受教育改造，确有悔改或者立功表现的，可以减刑； （2）有重大立功表现的，应当减刑。

（二）假释的概念、对象和条件

概　念	假释，是指对于被判处有期徒刑、无期徒刑的犯罪分子经过一定期限的服刑改造，确有悔改表现，释放后，不致再危害社会的，附条件地将其提前释放的一种制度。
对　象	（1）有期徒刑； （2）无期徒刑。 **名师点睛** 对累犯以及因故意杀人、强奸、抢劫、绑架、放火、爆炸、投放危险物质或者有组织的暴力性犯罪被判处10年以上有期徒刑、无期徒刑的罪犯，不得假释。
条　件	（1）已实际执行一定的刑期，即被判处有期徒刑的犯罪分子，实际执行原判刑期1/2以上，被判处无期徒刑的犯罪分子，实际执行13年以上； （2）认真遵守监规，接受教育改造，确有悔改表现，释放后不致再危害社会。 **名师点睛** 以上两个条件须同时具备。但根据《刑法》第81条第1款的规定，如果有特殊情况，经最高人民法院核准，可以不受上述执行刑期的限制。所谓特殊情况，是指涉及政治性、外交性的情况等。

（三）减刑、假释的管辖法院及审理期限

死刑缓期	对被判处死刑缓期执行的罪犯的减刑，由罪犯服刑地的高级人民法院在收到同级监狱管理机关审核同意的减刑建议书后1个月以内作出裁定。
无期徒刑	对被判处无期徒刑的罪犯的减刑、假释，由罪犯服刑地的高级人民法院，在收到同级监狱管理机关审核同意的减刑、假释建议书后1个月内作出裁定，案情复杂或者情况特殊的，可以延长1个月。
有期徒刑	对被判处有期徒刑和被减为有期徒刑的罪犯的减刑、假释，由罪犯服刑地的中级人民法院，在收到执行机关提出的减刑、假释建议书后1个月内作出裁定，案情复杂或者情况特殊的，可以延长1个月。

续表

拘役、管制	对被判处拘役、管制的罪犯的减刑，由罪犯服刑地中级人民法院，在收到同级执行机关审核同意的减刑建议书后1个月内作出裁定。
社区矫正	对社区矫正对象的减刑，由社区矫正执行地的中级以上人民法院在收到社区矫正机构减刑建议书后30日以内作出裁定。

（四）减刑、假释的审理（最高人民法院《关于减刑、假释案件审理程序的规定》）

公告程序 （第3条）	人民法院审理减刑、假释案件，应当在立案后5日内将执行机关报请减刑、假释的建议书等材料依法向社会公示。公示内容应当包括罪犯的个人情况、原判认定的罪名和刑期、罪犯历次减刑情况、执行机关的建议及依据。公示应当写明公示期限和提出意见的方式。公示期限为5日。
审判组织 （第4条）	人民法院审理减刑、假释案件，应当依法由审判员或者由审判员和人民陪审员组成合议庭进行。
应当开庭 审理的情形	根据《刑诉解释》第538条的规定，审理减刑、假释案件，应当组成合议庭，可以采用书面审理的方式，但下列案件应当开庭审理：①因罪犯有重大立功表现提请减刑的；②提请减刑的起始时间、间隔时间或者减刑幅度不符合一般规定的；③被提请减刑、假释罪犯系职务犯罪罪犯，组织、领导、参加、包庇、纵容黑社会性质组织罪犯，破坏金融管理秩序罪犯或者金融诈骗罪犯的；④社会影响重大或者社会关注度高的；⑤公示期间收到不同意见的；⑥人民检察院提出异议的；⑦有必要开庭审理的其他案件。 名师点睛 上述应当开庭的情形可以概括为："重大立功不一般，影响重大有意见，有权有势又有钱"。
通知对象 （第7条）	（1）人民法院开庭审理减刑、假释案件，应当通知人民检察院、执行机关及被报请减刑、假释罪犯参加庭审； （2）人民法院根据需要，可以通知证明罪犯确有悔改表现或者立功、重大立功表现的证人，公示期间提出不同意见的人，以及鉴定人、翻译人员等其他人员参加庭审。 名师点睛 减刑、假释案件的审理，不需要辩护人。
书面审理 （第15条）	（1）书面审理减刑案件，可以提讯被报请减刑罪犯； （2）书面审理假释案件，应当提讯被报请假释罪犯。
公布文书 （第19条）	减刑、假释裁定书应当通过互联网依法向社会公布。
法院纠错	根据《刑诉解释》第541条的规定，人民法院发现本院已经生效的减刑、假释裁定确有错误的，应当另行组成合议庭审理；发现下级人民法院已经生效的减刑、假释裁定确有错误的，可以指令下级人民法院另行组成合议庭审理，也可以自行组成合议庭审理。

（五）减刑、假释的监督（《人民检察院办理减刑、假释案件规定》）

事前监督 （第10条）	人民检察院收到执行机关抄送的减刑、假释建议书副本后，应当逐案进行审查，可以向人民法院提出书面意见。发现减刑、假释建议不当或者提请减刑、假释违反法定程序的，应当在收到建议书副本后10日以内，依法向审理减刑、假释案件的人民法院提出

事前监督（第10条）	书面意见，同时将检察意见书副本抄送执行机关。案情复杂或者情况特殊的，可以延长10日。	
事后监督（第20~22条）	（1）人民检察院经审查认为人民法院减刑、假释裁定不当的，应当在收到裁定书副本后20日以内，依法向作出减刑、假释裁定的人民法院提出书面纠正意见； （2）人民检察院对人民法院减刑、假释裁定提出纠正意见的，应当监督人民法院在收到纠正意见后1个月以内重新组成合议庭进行审理并作出最终裁定； （3）人民检察院发现人民法院已经生效的减刑、假释裁定确有错误的，应当向人民法院提出书面纠正意见，提请人民法院按照审判监督程序依法另行组成合议庭重新审理并作出裁定。	

（六）假释的考察和处理

考 察	对于被假释的罪犯，在假释考验期限内，由社区矫正机构执行。	
结 果	执行完毕	被假释的罪犯，在考验期内没有违反法律、行政法规和公安机关有关假释的监督管理规定的行为，则被认为原判刑罚已执行完毕，公安机关应当向本人宣布并通报原裁定假释的人民法院和原关押罪犯的刑罚执行机关，无需另外办理释放手续。 名师点睛 假释期满是认为原判刑罚已执行完毕，而缓刑期满是原判刑罚不再执行。
	撤销假释	（1）罪犯在假释考验期限内犯新罪或者发现漏罪，应当撤销假释的，由审判新罪的人民法院撤销原判决、裁定宣告的假释，并书面通知原审人民法院和执行机关； （2）罪犯在假释考验期限内，有违法违规行为的，原作出假释判决、裁定的人民法院应当在收到社区矫正机构的撤销假释建议书后30日以内，作出撤销假释的裁定。 名师点睛 人民法院撤销缓刑、假释的裁定，一经作出，立即生效。

• 举案说法 罗某在甲市服刑期间，遵守监规，接受教育改造，确有悔改表现，于是监狱向甲市中级人民法院提出假释建议书，并由甲市中级人民法院作出假释裁定。在假释期间，乙县公安机关发现罗某曾参与当地一起组织卖淫案，于是将其抓获归案，并由乙县人民检察院起诉到乙县人民法院审判。本案中，应当由审理漏罪的乙县人民法院来撤销原来的假释裁定。

第20讲 未成年人刑事案件诉讼程序

本讲导读

复习提要

2012年《刑事诉讼法》新增了四个特别程序，未成年人刑事案件诉讼程序就是其中之一。较之刑事诉讼中的普通程序，未成年人刑事案件诉讼程序有自己的特殊方针、原则、程序和制度。考生要重点掌握未成年人刑事案件诉讼制度与程序的特别规定：办案主体专门化、立案程序、辩护制度、适用强制措施、侦查程序、审查起诉程序、审判程序、执行程序、未成年人犯罪记录封存。

知识框架

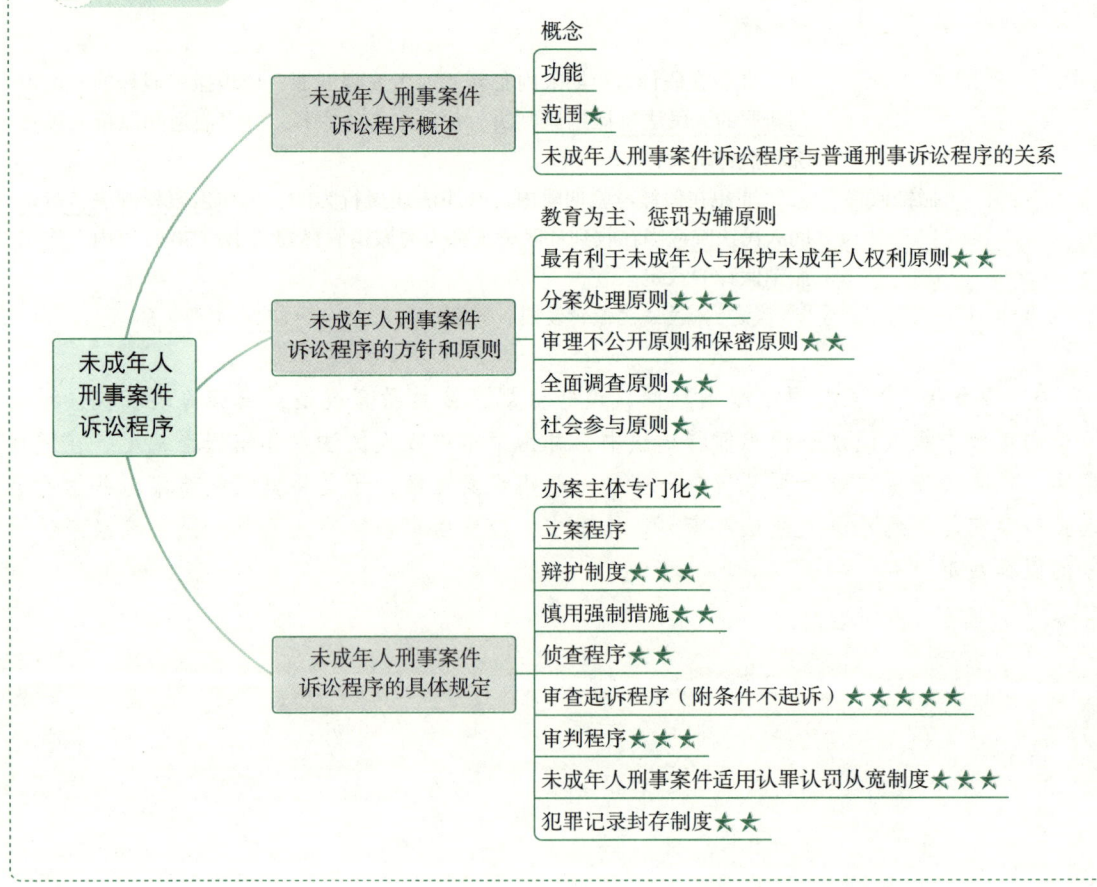

未成年人刑事案件诉讼程序
- 未成年人刑事案件诉讼程序概述
  - 概念
  - 功能
  - 范围★
  - 未成年人刑事案件诉讼程序与普通刑事诉讼程序的关系
- 未成年人刑事案件诉讼程序的方针和原则
  - 教育为主、惩罚为辅原则
  - 最有利于未成年人与保护未成年人权利原则★★
  - 分案处理原则★★★
  - 审理不公开原则和保密原则★★
  - 全面调查原则★★
  - 社会参与原则★
- 未成年人刑事案件诉讼程序的具体规定
  - 办案主体专门化★
  - 立案程序
  - 辩护制度★★★
  - 慎用强制措施★★
  - 侦查程序★★
  - 审查起诉程序（附条件不起诉）★★★★★
  - 审判程序★★★
  - 未成年人刑事案件适用认罪认罚从宽制度★★★
  - 犯罪记录封存制度★★

专题 62 未成年人刑事案件诉讼程序概述

一、概念

未成年人刑事案件诉讼程序，是指专门适用于未成年人刑事案件的侦查、起诉、审判、执行等程序的一种特别刑事诉讼程序。

二、功能

未成年人司法关注行为人而不是行为本身，关注未成年人回归社会、恢复正常生活状态，而不是对犯罪行为本身的报应和制裁。因此，教育和保护贯穿未成年人司法保护程序的始终，也是其基本立场。

设立未成年人刑事案件诉讼程序，一方面旨在为涉罪未成年人提供着眼于其未来发展的处理、分流和矫正机制，避免简单惩罚等干预方式不当对其人格形成带来的负面影响；另一方面，也能够为进入刑事诉讼程序的未成年人提供特定的保护和协助机制。另外，未成年人刑事案件诉讼程序还注重对未成年被害人和证人的保护，避免因诉讼活动给他们带来伤害。

三、范围

未成年人刑事案件诉讼程序适用于未成年人涉嫌犯罪的案件。此外，《刑事诉讼法》及相关司法解释中还有关于未成年被害人、证人参与刑事诉讼的特殊规定，这也属于未成年人刑事案件诉讼程序的适用范围。

名师点睛

❶《刑法》中的未成年人犯罪，是指行为人作出犯罪行为时已满 12 周岁、未满 18 周岁的刑事案件。而《刑事诉讼法》中的未成年人一般是指诉讼过程中未满 18 周岁的人。

❷未成年人案件，年龄很重要。"周岁"，按照公历的年、月、日计算，从周岁生日的第 2 天起算。

小试牛刀

根据《刑事诉讼法》的规定，未成年人犯罪的案件一律或一般不公开审理。关于该规定中未成年人"年龄"的理解，下列哪一选项是正确的?[1]

A. 张某被采取强制措施时 17 岁，不应当公开审理
B. 李某在审理时 15 岁，不应当公开审理
C. 钱某犯罪时 16 岁，不应当公开审理
D. 赵某被立案时 18 岁，不应当公开审理

---

[1] B

四、未成年人刑事案件诉讼程序与普通刑事诉讼程序的关系

未成年人刑事案件诉讼程序依然依附于普通程序，如果没有特别规定的内容，依然适用《刑事诉讼法》关于普通程序的规定。

专题 63 未成年人刑事案件诉讼程序的方针和原则

一、教育为主、惩罚为辅原则

考虑到未成年人的特点，明确规定适用的诉讼原则以教育为主、惩罚为辅。同时明确要求人民法院、人民检察院和公安机关的特定司法人员来处理该类案件。

[关联法条]《刑诉解释》第 576 条：法庭辩论结束后，法庭可以根据未成年人的生理、心理特点和案件情况，对未成年被告人进行法治教育；判决未成年被告人有罪的，宣判后，应当对未成年被告人进行法治教育。

对未成年被告人进行教育，其法定代理人以外的成年亲属或者教师、辅导员等参与有利于感化、挽救未成年人的，人民法院应当邀请其参加有关活动。

适用简易程序审理的案件，对未成年被告人进行法庭教育，适用前两款规定。

二、最有利于未成年人与保护未成年人权利原则

人民法院、人民检察院和公安机关办理未成年人刑事案件，应当保障未成年人行使其诉讼权利，保障未成年人得到法律帮助，并由熟悉未成年人身心特点的审判人员、检察人员、侦查人员承办。

[关联法条]《刑诉解释》

第 555 条：人民法院审理未成年人刑事案件，在讯问和开庭时，应当通知未成年被告人的法定代理人到场。法定代理人无法通知、不能到场或者是共犯的，也可以通知合适成年人到场，并将有关情况记录在案。

到场的法定代理人或者其他人员，除依法行使刑事诉讼法第 281 条第 2 款规定的权利外，经法庭同意，可以参与对未成年被告人的法庭教育等工作。

适用简易程序审理未成年人刑事案件，适用前两款规定。

第 556 条：询问未成年被害人、证人，适用前条规定。

审理未成年人遭受性侵害或者暴力伤害案件，在询问未成年被害人、证人时，应当采取同步录音录像等措施，尽量一次完成；未成年被害人、证人是女性的，应当由女性工作人员进行。

三、分案处理原则

分案处理，即在处理未成年人刑事案件时，应当对未成年人案件与成年人案件实行诉讼程序分离、分案处理，对犯罪的未成年人与犯罪的成年人分别关押、分别执行。分案处

理原则包含三个方面：

1. 在刑事诉讼中运用拘留、逮捕等强制措施关押未成年人时，必须与成年犯罪嫌疑人分开看管。

2. 在处理未成年人与成年人共同犯罪或者有牵连的案件时，尽量适用不同的诉讼程序，在不妨碍审理的前提下，坚持分案处理，包括分案侦查、分案起诉和分案审理。

3. 未成年人犯罪案件审理完毕交付执行阶段，不得与成年罪犯同处一个监所。

关联法条 《人民检察院办理未成年人刑事案件的规定》[1] 第51条：人民检察院审查未成年人与成年人共同犯罪案件，一般应当将未成年人与成年人分案起诉。但是具有下列情形之一的，可以不分案起诉：

（一）未成年人系犯罪集团的组织者或者其他共同犯罪中的主犯的；

（二）案件重大、疑难、复杂，分案起诉可能妨碍案件审理的；

（三）涉及刑事附带民事诉讼，分案起诉妨碍附带民事诉讼部分审理的；

（四）具有其他不宜分案起诉情形的。

对分案起诉至同一人民法院的未成年人与成年人共同犯罪案件，由未成年人刑事检察机构一并办理更为适宜的，经检察长决定，可以由未成年人刑事检察机构一并办理。

分案起诉的未成年人与成年人共同犯罪案件，由不同机构分别办理的，应当相互了解案件情况，提出量刑建议时，注意全案的量刑平衡。

《刑诉解释》第551条：对分案起诉至同一人民法院的未成年人与成年人共同犯罪案件，可以由同一个审判组织审理；不宜由同一个审判组织审理的，可以分别审理。

未成年人与成年人共同犯罪案件，由不同人民法院或者不同审判组织分别审理的，有关人民法院或者审判组织应当互相了解共同犯罪被告人的审判情况，注意全案的量刑平衡。

小试牛刀

未成年人高甲教唆成年人高乙、高丙实施诈骗犯罪，对高甲和高乙、高丙可否并案起诉？

参考答案：由于高甲作为未成年人是共同犯罪中的主犯，因此可以对高甲和高乙、高丙并案起诉。

四、审理不公开原则和保密原则

根据《刑诉解释》第557条的规定，开庭审理时被告人不满18周岁的案件，一律不公开审理。经未成年被告人及其法定代理人同意，未成年被告人所在学校和未成年人保护组织可以派代表到场。到场代表的人数和范围，由法庭决定。经法庭同意，到场代表可以参与对未成年被告人的法庭教育工作。对依法公开审理，但可能需要封存犯罪记录的案件，不得组织人员旁听；有旁听人员的，应当告知其不得传播案件信息。

关联法条 《刑诉解释》第559条：审理涉及未成年人的刑事案件，不得向外界披露未成年人的姓名、住所、照片以及可能推断出未成年人身份的其他资料。

查阅、摘抄、复制的案卷材料，涉及未成年人的，不得公开和传播。

---

[1] 以下简称《未成年人刑案规定》。

- **举案说法** 被告人罗小翔涉嫌故意伤害罪，犯罪时 17 岁，审判时 19 岁。本案由于被告人审判时已成年，应当公开审理。本案如果可能需要封存犯罪记录，不得组织人员旁听。

五、全面调查原则

办理未成年人刑事案件，除了完成与成年人案件同样的查明案情、收集证据和确认犯罪人等各项工作外，诉讼活动还应当对未成年犯罪嫌疑人、被告人的生理与心理、监护教育和犯罪前后的表现等情况进行调查，必要时还要进行医疗检查和心理学、精神病学的调查分析，为教育、挽救未成年人确定有针对性的方案和方法，取得良好的教育改造效果。

【关联法条】《刑事诉讼法》第 279 条：公安机关、人民检察院、人民法院办理未成年人刑事案件，根据情况可以对未成年犯罪嫌疑人、被告人的成长经历、犯罪原因、监护教育等情况进行调查。

《刑诉解释》第 575 条：对未成年被告人情况的调查报告，以及辩护人提交的有关未成年被告人情况的书面材料，法庭应当审查并听取控辩双方意见。上述报告和材料可以作为办理案件和教育未成年人的参考。

人民法院可以通知作出调查报告的人员出庭说明情况，接受控辩双方和法庭的询问。

六、社会参与原则

刑事诉讼法所规定的其他合适成年人讯问到场和审判在场、社会背景调查和附条件不起诉的监督考察等都强调社会参与。

【关联法条】《刑诉解释》第 548 条：人民法院应当加强同政府有关部门、人民团体、社会组织等的配合，对遭受性侵害或者暴力伤害的未成年被害人及其家庭实施必要的心理干预、经济救助、法律援助、转学安置等保护措施。

专题 64 未成年人刑事案件诉讼程序的具体规定

一、办案主体专门化

人民法院、人民检察院和公安机关办理未成年人刑事案件，应当保障未成年人行使其诉讼权利，保障未成年人得到法律帮助，并由熟悉未成年人身心特点的审判人员、检察人员、侦查人员承办。

【关联法条】《刑诉解释》第 550 条：被告人实施被指控的犯罪时不满 18 周岁、人民法院立案时不满 20 周岁的案件，由未成年人案件审判组织审理。

下列案件可以由未成年人案件审判组织审理：
（一）人民法院立案时不满 22 周岁的在校学生犯罪案件；
（二）强奸、猥亵、虐待、遗弃未成年人等侵害未成年人人身权利的犯罪案件；
（三）由未成年人案件审判组织审理更为适宜的其他案件。

共同犯罪案件有未成年被告人的或者其他涉及未成年人的刑事案件，是否由未成年人案件审判组织审理，由院长根据实际情况决定。

📖 小试牛刀

赵某因涉嫌抢劫犯罪被抓获，作案时未满18周岁，案件起诉到法院时刚满18周岁。关于本案，下列哪一说法是正确的？[1]

A. 本案由少年法庭审理
B. 对赵某不公开审理
C. 对赵某进行审判，可以通知其法定代理人到场
D. 对赵某进行审判，应当通知其监护人到场

二、立案程序

公安机关办理未成年人刑事案件时，应当重点查清未成年犯罪嫌疑人实施犯罪行为时是否已满12周岁、14周岁、16周岁、18周岁的临界年龄。

名师点睛 对于没有充分证据证明被告人实施被指控的犯罪时已经达到法定刑事责任年龄且确实无法查明的，应当推定其没有达到相应法定刑事责任年龄。相关证据足以证明被告人实施被指控的犯罪时已经达到法定刑事责任年龄，但是无法准确查明被告人具体出生日期的，应当认定其达到相应法定刑事责任年龄。

三、辩护制度

未成年犯罪嫌疑人、被告人没有委托辩护人的，人民法院、人民检察院、公安机关应当通知法律援助机构指派律师为其提供辩护。

关联法条《高检规则》第460条第3款：对于公安机关未通知法律援助机构指派律师为未成年犯罪嫌疑人提供辩护的，人民检察院应当提出纠正意见。

名师点睛 未成年人强制辩护制度适用的年龄以诉讼时为准。

考点提示 未成年被告人拒绝辩护重新开庭后，未成年被告人再次当庭拒绝辩护人辩护的，不予准许。但是重新开庭后，被告人已满18周岁，再次当庭拒绝辩护人辩护的，可以准许，但被告人不得再次另行委托辩护人或者要求另行指派律师，由其自行辩护。

• 举案说法 审判中，未成年被告人罗某当庭拒绝向律师为其辩护，法院审查理由后，允许其拒绝，并再次为其指派了高律师做辩护人。重新开庭后，已经过完18周岁生日的罗某再次提出拒绝高律师为其辩护，法院可以准许，但是罗某只能自行辩护了。

四、慎用强制措施

在刑事诉讼中，对未成年犯罪嫌疑人应当慎重适用强制措施，尽量不用或少用。

关联法条《刑事诉讼法》第280条：对未成年犯罪嫌疑人、被告人应当严格限制适用逮捕措施。人民检察院审查批准逮捕和人民法院决定逮捕，应当讯问未成年犯罪嫌疑人、被告人，听取辩护律师的意见。

---

[1] A

对被拘留、逮捕和执行刑罚的未成年人与成年人应当分别关押、分别管理、分别教育。

《未成年人刑案规定》第14条：审查逮捕未成年犯罪嫌疑人，应当重点审查其是否已满14、16、18周岁。

对犯罪嫌疑人实际年龄难以判断，影响对该犯罪嫌疑人是否应当负刑事责任认定的，应当不批准逮捕。需要补充侦查的，同时通知公安机关。

《刑诉解释》

第553条：对未成年被告人应当严格限制适用逮捕措施。

人民法院决定逮捕，应当讯问未成年被告人，听取辩护律师的意见。

对被逮捕且没有完成义务教育的未成年被告人，人民法院应当与教育行政部门互相配合，保证其接受义务教育。

第554条：人民法院对无固定住所、无法提供保证人的未成年被告人适用取保候审的，应当指定合适成年人作为保证人，必要时可以安排取保候审的被告人接受社会观护。

小试牛刀

根据《未成年人刑案规定》的规定，关于检察院审查批捕未成年犯罪嫌疑人，下列哪些说法是正确的？[1]

A. 讯问未成年犯罪嫌疑人，应当通知法定代理人到场
B. 讯问女性未成年犯罪嫌疑人，应当有女检察人员参加
C. 讯问未成年犯罪嫌疑人一般不得使用械具
D. 对难以判断犯罪嫌疑人实际年龄，影响案件认定的，应当作出不批准逮捕的决定

五、侦查程序

未成年人刑事案件的侦查程序，除了贯彻上述全面调查原则、保密原则外，尤其应当注意采用与未成年人身心特点相适应的传唤和讯问方法。

关联法条《刑事诉讼法》第281条：对于未成年人刑事案件，在讯问和审判的时候，应当通知未成年犯罪嫌疑人、被告人的法定代理人到场。无法通知、法定代理人不能到场或者法定代理人是共犯的，也可以通知未成年犯罪嫌疑人、被告人的其他成年亲属，所在学校、单位、居住地基层组织或者未成年人保护组织的代表到场，并将有关情况记录在案。到场的法定代理人可以代为行使未成年犯罪嫌疑人、被告人的诉讼权利。

到场的法定代理人或者其他人员认为办案人员在讯问、审判中侵犯未成年人合法权益的，可以提出意见。讯问笔录、法庭笔录应当交给到场的法定代理人或者其他人员阅读或者向他宣读。

讯问女性未成年犯罪嫌疑人，应当有女工作人员在场。

审判未成年人刑事案件，未成年被告人最后陈述后，其法定代理人可以进行补充陈述。

询问未成年被害人、证人，适用第1款、第2款、第3款的规定。

《未成年人刑案规定》第17条第5款：未成年犯罪嫌疑人明确拒绝法定代理人以外的合适成年人到场，人民检察院可以准许，但应当另行通知其他合适成年人到场。

---

[1] ABCD

《高检规则》第 465 条第 6 款：询问未成年被害人、证人，适用本条第 2 款至第 5 款的规定。询问应当以一次为原则，避免反复询问。

> **小试牛刀**
>
> 甲、乙系初三学生，因涉嫌抢劫同学丙被立案侦查（三人均不满 16 周岁）。关于该案的诉讼程序，下列哪些选项是正确的？[1]
>
> A. 审查批捕讯问时，甲拒绝为其提供的合适成年人到场，应另行通知其他合适成年人到场
> B. 讯问乙时，因乙的法定代理人无法到场而通知其伯父到场，其伯父可代行乙的控告权
> C. 法庭审理询问丙时，应通知丙的法定代理人到场
> D. 如该案适用简易程序审理，甲的法定代理人不能到场时可不再通知其他合适成年人到场

六、审查起诉程序

（一）听取意见与讯问未成年人

审查起诉中应当听取其父母或其他法定代理人、辩护人、未成年被害人及其法定代理人的意见。审查起诉中讯问未成年犯罪嫌疑人的程序，同上述侦查中的讯问要求。

（二）安排会见和通话

移送审查起诉的案件具备法定条件，且其法定代理人、近亲属等与本案无牵连的，经公安机关同意，检察人员可以安排在押的未成年犯罪嫌疑人与其法定代理人、近亲属等进行会见、通话。会见、通话时，检察人员可以在场。

（三）附条件不起诉（重点）

1. 适用条件

根据《刑事诉讼法》第 282 条第 1 款的规定，对于未成年人涉嫌刑法分则第四章、第五章、第六章规定的犯罪，可能判处 1 年有期徒刑以下刑罚，符合起诉条件，但有悔罪表现的，人民检察院可以作出附条件不起诉的决定。可知，附条件不起诉需要满足以下几个条件：

（1）适用对象是犯罪时已满 14 周岁不满 18 周岁的未成年人；
（2）涉嫌《刑法》分则第四至六章规定的犯罪；
（3）根据具体犯罪事实、情节，可能被判处 1 年有期徒刑以下刑罚；
（4）犯罪事实清楚，证据确实、充分，符合起诉条件；
（5）具有悔罪表现。

名师点睛 上述附条件不起诉的适用条件可以概括为："小孩"犯罪"456"，"1 年以下""够起诉"，"悔过""可以"附条件。

• **举案说法** 未成年人罗某涉嫌间谍罪，即使本案事实清楚，证据确实充分，人民检

---

[1] AC

察院也不能作附条件不起诉决定，因为间谍罪不属于《刑法》分则第四至六章的罪名。

2. 适用程序

听取意见	人民检察院在作出附条件不起诉的决定以前，<u>应当听取公安机关、被害人、未成年犯罪嫌疑人的法定代理人、辩护人的意见</u>，并制作笔录附卷。被害人是未成年人的，还应当听取被害人的法定代理人、诉讼代理人的意见。 【名师点睛】此处不需要公安机关、被害人同意。
听证程序	公安机关或者被害人对附条件不起诉有异议<u>或争议较大</u>的案件，人民检察院可以召集侦查人员、被害人及其法定代理人、诉讼代理人、未成年犯罪嫌疑人及其法定代理人、辩护人举行<u>不公开听证会</u>，充分听取各方的意见和理由。
送达程序	（1）人民检察院作出附条件不起诉的决定后，<u>应当制作附条件不起诉决定书</u>，并在3日以内送达公安机关、被害人或者其近亲属及其诉讼代理人、未成年犯罪嫌疑人及其法定代理人、辩护人； （2）送达时，<u>应当告知被害人或者其近亲属及其诉讼代理人，如果对附条件不起诉决定不服，可以自收到附条件不起诉决定书后7日以内向上一级人民检察院申诉</u>； （3）人民检察院应当当面向未成年犯罪嫌疑人及其法定代理人宣布附条件不起诉决定，告知考验期限、在考验期内应当遵守的规定和违反规定应负的法律责任，以及可以对附条件不起诉决定提出异议，并制作笔录附卷。
变更措施	未成年犯罪嫌疑人<u>在押的</u>，作出附条件不起诉决定后，人民检察院<u>应当作出释放或者变更强制措施的决定</u>。
备案程序	人民检察院在作出附条件不起诉决定后，应当在10日内将附条件不起诉决定书报<u>上级人民检察院主管部门备案</u>。上级人民检察院认为下级人民检察院作出的附条件不起诉决定不适当的，应当及时撤销下级人民检察院作出的附条件不起诉决定，下级人民检察院应当执行。

3. 附条件不起诉的救济程序

公安机关	复议	公安机关认为附条件不起诉决定有错误，要求复议的，人民检察院应当在收到要求复议意见书后的30日以内作出复议决定，通知公安机关。
	复核	<u>上一级人民检察院应当在收到提请复核意见书后的30日以内作出决定</u>，制作复核决定书送交提请复核的公安机关和下级人民检察院。经复核改变下级人民检察院附条件不起诉决定的，应当撤销下级人民检察院作出的附条件不起诉决定，交由下级人民检察院执行。
被害人		被害人对人民检察院对未成年犯罪嫌疑人作出的附条件不起诉的决定和不起诉的决定有异议的，可以向上一级人民检察院申诉，但不可向人民法院自诉。
被不起诉人		（1）未成年犯罪嫌疑人及其法定代理人对人民检察院决定附条件不起诉有异议的，人民检察院应当作出起诉的决定； （2）未成年犯罪嫌疑人及其法定代理人提出无罪辩解，人民检察院经审查认为无罪辩解理由成立的，<u>应当作出法定不起诉决定</u>；

续表

被不起诉人	(3) 未成年犯罪嫌疑人及其法定代理人对案件作附条件不起诉处理没有异议，仅对所附条件及考验期有异议的，人民检察院可以依法采纳其合理的意见，对考察的内容、方式、时间等进行调整； (4) 人民检察院作出起诉决定前，未成年犯罪嫌疑人及其法定代理人撤回异议的，人民检察院可以依法作出附条件不起诉决定。 名师点睛 上述条文可以概括为："①提出异议，应当起诉；②无罪辩解，理由成立，法定不诉；③对决定没意见，对考察条件和考验期有意见，可调整；④撤回异议，还可以附条件不起诉"。

4. 附条件不起诉的监督考察

考验期限	附条件不起诉的考验期为6个月以上1年以下，从人民检察院作出附条件不起诉的决定之日起计算。 名师点睛 考验期不计入审查起诉期限。审查起诉期限自人民检察院作出附条件不起诉决定之日起中止计算，自考验期限届满之日起或者人民检察院作出撤销附条件不起诉决定之日起恢复计算。
考验机关	在附条件不起诉的考验期内，人民检察院应当对被附条件不起诉的未成年犯罪嫌疑人进行监督考察。 关联法条《未成年人刑案规定》第44条：未成年犯罪嫌疑人经批准离开所居住的市、县或者迁居，作出附条件不起诉决定的人民检察院可以要求迁入地的人民检察院协助进行考察，并将考察结果函告作出附条件不起诉决定的人民检察院。
考验义务	应当：被附条件不起诉的未成年犯罪嫌疑人，应当遵守下列规定： (1) 遵守法律法规，服从监督； (2) 按照考察机关的规定报告自己的活动情况； (3) 离开所居住的市、县或者迁居，应当报经考察机关批准； (4) 按照考察机关的要求接受矫治和教育。 可以：人民检察院可以要求被附条件不起诉的未成年犯罪嫌疑人接受下列矫治和教育： (1) 完成戒瘾治疗、心理辅导或者其他适当的处遇措施； (2) 向社区或者公益团体提供公益劳动； (3) 不得进入特定场所，与特定的人员会见或者通信，从事特定的活动； (4) 向被害人赔偿损失、赔礼道歉等； (5) 接受相关教育； (6) 遵守其他保护被害人安全以及预防再犯的禁止性规定。

5. 附条件不起诉的处理结果

起诉	被附条件不起诉的未成年犯罪嫌疑人，在考验期内有下列情形之一的，人民检察院应当撤销附条件不起诉的决定，提起公诉： (1) 实施新的犯罪的；

续表

起诉	（2）发现决定附条件不起诉以前还有其他犯罪需要追诉的； （3）违反治安管理规定，造成严重后果，或者多次违反治安管理规定的； （4）违反考察机关有关附条件不起诉的监督管理规定，造成严重后果，或者多次违反考察机关有关附条件不起诉的监督管理规定的。 **名师点睛** 上述情形可以概括为："漏罪、新罪、违法、违规"。 **考点提示** 对于未成年犯罪嫌疑人在考验期内实施新的犯罪或者在决定附条件不起诉以前还有其他犯罪需要追诉的，人民检察院应当移送侦查机关立案侦查。
不起诉	被附条件不起诉的未成年犯罪嫌疑人，在考验期内没有上述情形，考验期满的，人民检察院应当作出不起诉的决定。 **考点提示** 考验期满作出不起诉的决定以前，应当听取被害人意见。

🗒 小试牛刀

未成年人小周涉嫌故意伤害被取保候审，A县检察院审查起诉后决定对其适用附条件不起诉，监督考察期限为6个月。关于本案的处理，下列哪一选项是正确的？[1]

A. 作出附条件不起诉决定后，应释放小周
B. 本案审查起诉期限自作出附条件不起诉决定之日起中止
C. 监督考察期间，如小周经批准迁居B县继续上学，改由B县检察院负责监督考察
D. 监督考察期间，如小周严格遵守各项规定，表现优异，可将考察期限缩短为5个月

七、审判程序

告知权利	人民法院向未成年被告人送达起诉书副本时，应当向其讲明被指控的罪行和有关法律规定，并告知其审判程序和诉讼权利、义务。
简易程序	对未成年人刑事案件适用简易程序审理，应当征求未成年被告人及其法定代理人、辩护人的意见。 **考点提示** 上述任何人员提出异议的，不适用简易程序。
法代到场	应当通知未成年犯罪嫌疑人、被告人的法定代理人或者其他合适的成年人到场。到场的法定代理人可以代为行使未成年被告人的诉讼权利。 **考点提示** 上述程序同样适用于简易程序和询问未成年被害人、证人。
法庭设置	应当在辩护台靠近旁听区一侧为法定代理人或者合适的成年人设置席位。
庭审语言	发现有对未成年被告人威胁、训斥、诱供或者讽刺等情形的，审判长应当制止。
量刑建议	控辩双方提出判处管制、宣告缓刑等量刑建议的，应当向法庭提供有关未成年被告人能够获得监护、帮教以及对所居住社区无重大不良影响的书面材料。
法庭教育	（1）法庭辩论结束后，法庭可以根据未成年人的生理、心理特点和案件情况，对未成年被告人进行法治教育；判决未成年被告人有罪的，宣判后，应当对未成年被告人进行法治教育。

[1] B

续表

法庭教育	(2) 对未成年被告人进行教育，应当邀请法定代理人以外的成年亲属或者教师、辅导员等参加。
补充陈述	未成年被告人最后陈述后，法庭应当询问其法定代理人是否补充陈述。
公开宣判	(1) 对未成年人刑事案件，宣告判决应当公开进行。 (2) 对依法应当封存犯罪记录的案件，宣判时，不得组织人员旁听；有旁听人员的，应当告知其不得传播案件信息。
心理疏导	人民法院根据情况，可以对未成年被告人、被害人、证人进行心理疏导。
心理测评	根据实际需要并经未成年被告人及其法定代理人同意，可以对未成年被告人进行心理测评。 **名师点睛** 心理测评报告可以作为办理案件和教育未成年人的参考。
亲人会见	开庭前和休庭时，法庭根据情况，可以安排未成年被告人与其法定代理人或者其他合适的成年人会见。

八、未成年人刑事案件适用认罪认罚从宽制度

认罪认罚从宽制度所关注的促进犯罪者的认罪悔罪与教育改造，实现预防再犯的刑罚目的与未成年人刑事案件诉讼程序所秉承的教育、感化、挽救的原则在一定程度上具有相同性，可以适用于未成年人刑事案件。但基于未成年人年龄尚小和发育不健全的情况，其适用认罪认罚从宽制度存在一些不同于成年人案件之处：

1. 未成年犯罪嫌疑人认罪认罚的，在签署具结书时应当有其法定代理人、辩护人在场，未成年犯罪嫌疑人及其法定代理人、辩护人都对认罪认罚没有异议且愿意签署具结书的，应当签署具结书。未成年犯罪嫌疑人法定代理人应当到场并签字确认。法定代理人无法到场的，合适成年人应当到场签字确认。

2. 未成年犯罪嫌疑人的法定代理人、辩护人对认罪认罚有异议，但未成年人本人同意认罪认罚的，不需要签署具结书。同时，基于处理未成年人犯罪以教育为主、惩罚为辅的方针，虽然未签署具结书，同样可以对其适用认罪认罚制度从宽处理。

3. 与成年人案件适用认罪认罚从宽制度通常适用速裁程序不同，鉴于速裁程序一般不进行法庭调查、法庭辩论，且采取集中审理和集中宣判的方式，不利于对未成年被告人开展法庭教育，难以充分贯彻教育、感化、挽救的方针，因此未成年人刑事案件适用认罪认罚从宽制度的也不适用速裁程序。

小试牛刀

未成年人罗某涉嫌强奸一案。诉讼中，罗某如实供述自己的犯罪事实，愿意接受处罚。关于本案的程序，下列选项错误的有：[1]

A. 本案应当在辩护人或者值班律师在场的情况下签署认罪认罚具结书

---

[1] ABCD

B. 如果罗某的法定代理人、辩护人对未成年人认罪认罚有异议，则本案不适用认罪认罚从宽原则

C. 由于罗某认罪认罚，在满足条件的情况下，可以适用速裁程序

D. 人民法院依法作出判决时，应当采纳人民检察院指控的罪名和量刑建议

九、犯罪记录封存制度

为严格落实《刑事诉讼法》第286条规定的未成年人犯罪记录封存制度，切实解决实践中未成年人犯罪记录和相关记录管理不当导致信息泄露，影响失足未成年人重新回归社会等问题，2022年5月，最高人民法院、最高人民检察院、公安部、司法部会签下发了《关于未成年人犯罪记录封存的实施办法》。《关于未成年人犯罪记录封存的实施办法》全文共计26条，涵盖未成年人犯罪记录的定义及范围、封存情形、封存主体及程序、查询主体及申请条件、提供查询服务的主体及程序、解除封存的条件及后果、保密义务及相关责任等内容，基本上解决了目前未成年人犯罪记录封存中遇到的主要问题。

新增法条《关于未成年人犯罪记录封存的实施办法》

封存范围	第2条：本办法所称未成年人犯罪记录，是指国家专门机关对未成年犯罪人员情况的客观记载。应当封存的未成年人犯罪记录，包括侦查、起诉、审判及刑事执行过程中形成的有关未成年人犯罪或者涉嫌犯罪的全部案卷材料与电子档案信息。 第3条：不予刑事处罚、不追究刑事责任、不起诉、采取刑事强制措施的记录，以及对涉罪未成年人进行社会调查、帮教考察、心理疏导、司法救助等工作的记录，按照本办法规定的内容和程序进行封存。 **举案说法** 未成年人罗小翔因抢劫罪被立案侦查，检察院认为其犯罪情节轻微，酌定不起诉。本案应当对罗小翔的不起诉的案卷记录予以封存。 第7条：未成年人因事实不清、证据不足被宣告无罪的案件，应当对涉罪记录予以封存；但未成年被告人及其法定代理人申请不予封存或者解除封存的，经人民法院同意，可以不予封存或者解除封存。 **举案说法** 未成年人张大翔因强奸罪被提起公诉，法院以本案证据不足为由宣告张大翔无罪。如果张大翔及其法定代理人申请不予封存记录，法院同意，可以不予封存。
封存条件	第4条：犯罪的时候不满18周岁，被判处5年有期徒刑以下刑罚以及免予刑事处罚的未成年人犯罪记录，应当依法予以封存。 　　对在年满18周岁前后实施数个行为，构成一罪或者一并处理的数罪，主要犯罪行为是在年满18周岁前实施的，被判处或者决定执行5年有期徒刑以下刑罚以及免予刑事处罚的未成年人犯罪记录，应当对全案依法予以封存。 **举案说法** 罗某在16~19岁期间多次盗窃同学的零花钱，法院以盗窃罪判处罗某1年有期徒刑。本案中，如果罗某的主要犯罪行为是在18岁前实施的，应当对罗某全案的犯罪记录予以封存。
封存措施	第5条：对于分案办理的未成年人与成年人共同犯罪案件，在封存未成年人案卷材料和信息的同时，应当在未封存的成年人卷宗封面标注"含犯罪记录封存信息"等明显标识，并对相关信息采取必要保密措施。对于未分案办理的未成年人与成年人共同犯罪案件，应当在全案卷宗封面标注"含犯罪记录封存信息"等明显标识，并对相关信息采取必要保密措施。

续表

封存措施	**第6条**：其他刑事、民事、行政及公益诉讼案件，因办案需要使用了被封存的未成年人犯罪记录信息的，应当在相关卷宗封面标明"含犯罪记录封存信息"，并对相关信息采取必要保密措施。 **第9条**：未成年人犯罪记录封存应当贯彻及时、有效的原则。对于犯罪记录被封存的未成年人，在入伍、就业时免除犯罪记录的报告义务。 被封存犯罪记录的未成年人因涉嫌再次犯罪接受司法机关调查时，应当主动、如实地供述其犯罪记录情况，不得回避、隐瞒。 **第10条**：对于需要封存的未成年人犯罪记录，应当遵循《中华人民共和国个人信息保护法》不予公开，并建立专门的未成年人犯罪档案库，执行严格的保管制度。 对于电子信息系统中需要封存的未成年人犯罪记录数据，应当加设封存标记，未经法定查询程序，不得进行信息查询、共享及复用。 封存的未成年人犯罪记录数据不得向外部平台提供或对接。
封存机关	**第11条**：人民法院依法对犯罪时不满18周岁的被告人判处5年有期徒刑以下刑罚以及免予刑事处罚的，判决生效后，应当将刑事裁判文书、《犯罪记录封存通知书》及时送达被告人，并同时送达同级人民检察院、公安机关，同级人民检察院、公安机关在收到上述文书后应当在3日内统筹相关各级检察机关、公安机关将涉案未成年人的犯罪记录整体封存。 **第12条**：人民检察院依法对犯罪时不满18周岁的犯罪嫌疑人决定不起诉后，应当将《不起诉决定书》、《犯罪记录封存通知书》及时送达被不起诉人，并同时送达同级公安机关，同级公安机关收到上述文书后应当在3日内将涉案未成年人的犯罪记录封存。 **第13条**：对于被判处管制、宣告缓刑、假释或者暂予监外执行的未成年罪犯，依法实行社区矫正，执行地社区矫正机构应当在刑事执行完毕后3日内将涉案未成年人的犯罪记录封存。
封存效果	**第15条**：被封存犯罪记录的未成年人本人或者其法定代理人申请为其出具无犯罪记录证明的，受理单位应当在3个工作日内出具无犯罪记录的证明。
解除封存	**第18条**：对被封存犯罪记录的未成年人，符合下列条件之一的，封存机关应当对其犯罪记录解除封存： （一）在未成年时实施新的犯罪，且新罪与封存记录之罪数罪并罚后被决定执行刑罚超过5年有期徒刑的； （二）发现未成年时实施的漏罪，且漏罪与封存记录之罪数罪并罚后被决定执行刑罚超过5年有期徒刑的； （三）经审判监督程序改判5年有期徒刑以上刑罚的。 被封存犯罪记录的未成年人，成年后又故意犯罪的，人民法院应当在裁判文书中载明其之前的犯罪记录。

第21讲
当事人和解的公诉案件诉讼程序

本讲导读

复习提要

当事人和解的公诉案件诉讼程序，也是2012年《刑事诉讼法》新增的四大特别程序之一。学习当事人和解的公诉案件诉讼程序，要掌握公诉案件和解与自诉案件和解、附带民事诉讼和解的区别，公诉案件和解程序的适用范围与适用条件，公诉案件和解的法律效果。2021年《刑诉解释》对被害人死亡情形下近亲属与被告人和解的问题作了适当完善。

知识框架

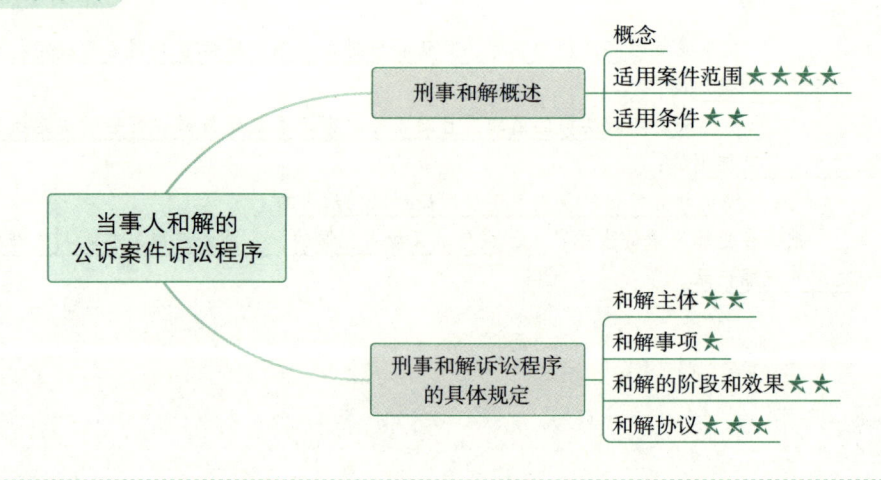

当事人和解的公诉案件诉讼程序
- 刑事和解概述
  - 概念
  - 适用案件范围★★★★
  - 适用条件★★
- 刑事和解诉讼程序的具体规定
  - 和解主体★★
  - 和解事项★
  - 和解的阶段和效果★★
  - 和解协议★★★

专题 65 刑事和解概述

一、刑事和解的概念

刑事和解有广义和狭义之分。广义的刑事和解，既包括刑事公诉案件的和解也包括刑事自诉案件以及附带民事诉讼案件的和解；狭义的刑事和解，仅指刑事公诉案件的和解。本讲所指的刑事和解，如无特殊说明，仅指狭义的刑事和解，即公诉案件的刑事和解。

二、刑事和解的适用案件范围

根据《刑事诉讼法》第288条的规定，仅在以下两类案件中可以适用刑事和解：

1. 因民间纠纷引起，涉嫌《刑法》分则第四、五章规定的犯罪案件，可能判处3年有期徒刑以下刑罚的。

[名师点睛] 此处"3年有期徒刑以下刑罚"是指宣告刑而非法定刑，也就是说，即便法定刑在3年有期徒刑以上的，只要综合全案证据判断其有可能被处以3年有期徒刑以下刑罚，也可以适用刑事和解的规定。

[关联法条]《公安部规定》第334条：有下列情形之一的，不属于因民间纠纷引起的犯罪案件：
（一）雇凶伤害他人的；
（二）涉及黑社会性质组织犯罪的；
（三）涉及寻衅滋事的；
（四）涉及聚众斗殴的；
（五）多次故意伤害他人身体的；
（六）其他不宜和解的。

[举案说法] 唐山暴力伤人案，涉及寻衅滋事，因此不能适用刑事和解程序。

2. 除渎职犯罪以外的可能判处7年有期徒刑以下刑罚的过失犯罪案件。

[名师点睛] 上述公诉和解案件范围可以概括为："民间'人''财'3年下，7年过失渎职外"。

[小试牛刀]

关于可以适用当事人和解的公诉案件诉讼程序的案件范围，下列哪些选项是正确的？[1]
A. 交通肇事罪　　　　　　　　　　B. 暴力干涉婚姻自由罪
C. 过失致人死亡罪　　　　　　　　D. 刑讯逼供罪

---

[1] AC

三、刑事和解的适用条件

积极条件	根据《高检规则》第492条第2款的规定，当事人和解的公诉案件应当同时符合下列条件： （1）犯罪嫌疑人真诚悔罪，向被害人赔偿损失、赔礼道歉等； （2）被害人明确表示对犯罪嫌疑人予以谅解； （3）双方当事人自愿和解，符合有关法律规定； （4）属于侵害特定被害人的故意犯罪或者有直接被害人的过失犯罪； （5）案件事实清楚，证据确实、充分。
消极条件	犯罪嫌疑人、被告人在5年以内未曾故意犯罪。 【名师点睛】犯罪嫌疑人在5年内曾故意犯罪，无论该故意犯罪是否已经追究，均应当认定为上述的5年以内曾经故意犯罪。

【举案说法】 2年前曾因交通肇事罪被判刑的罗某，出狱后因琐事将邻居老王打成轻伤。案发后，罗家积极赔偿，赔礼道歉，得到王家谅解。如果案件事实清楚，证据确实、充分，双方当事人自愿和解，可以适用刑事和解程序。

专题66 刑事和解诉讼程序的具体规定

一、和解主体

被害人	（1）被害人死亡的，其近亲属可以与被告人和解。近亲属有多人的，达成和解协议，应当经处于最先继承顺序的所有近亲属同意。 （2）被害人系无行为能力或者限制行为能力人的，其法定代理人、近亲属可以代为和解。 【考点提示】注意区分被害人死亡和丧失行为能力的差异。
犯罪嫌疑人、被告人	（1）被告人的近亲属经被告人同意，可以代为和解； （2）被告人系限制行为能力人的，其法定代理人可以代为和解。 【名师点睛】被告人的法定代理人、近亲属依照上述规定代为和解的，和解协议约定的赔礼道歉等事项，应当由被告人本人履行。

【名师点睛】人民法院和人民检察院并不是参与和解的主体，只是促成和解。双方当事人和解的，公安机关、人民检察院、人民法院应当听取当事人和其他有关人员的意见，对和解的自愿性、合法性进行审查，并主持制作和解协议书。

【小试牛刀】
甲因邻里纠纷失手致乙死亡，甲被批准逮捕。案件起诉后，双方拟通过协商达成和解。对于此案的和解，下列哪一选项是正确的？[1]

A. 由于甲在押，其近亲属可自行与被害方进行和解
B. 由于乙已经死亡，可由其近亲属代为和解
C. 甲的辩护人和乙近亲属的诉讼代理人可参与和解协商
D. 由于甲在押，和解协议中约定的赔礼道歉可由其近亲属代为履行

二、和解事项

可协商	双方当事人可以就赔偿损失、赔礼道歉等民事责任事项进行和解，并且可以就被害人及其法定代理人或者近亲属是否要求或者同意公安机关、人民检察院、人民法院对犯罪嫌疑人依法从宽处理进行协商。
不可协商	不得对案件的事实认定、证据采信、法律适用和定罪量刑等依法属于公安机关、人民检察院、人民法院职权范围的事宜进行协商。

三、和解的阶段和效果

和解阶段	刑事和解可以适用于公安机关立案开始直至人民法院作出最终判决的<u>全部程序阶段</u>。在不同的诉讼阶段，由不同的办案机关负责刑事和解的具体工作。	
和解效果	公安机关	公安机关可以向人民检察院提出从宽处理的建议。 **名师点睛** 公安机关不能因为双方当事人的和解而撤销案件。
	检察院	（1）人民检察院可以向人民法院提出从宽处罚的建议； （2）对于犯罪情节轻微，不需要判处刑罚的，可以作出不起诉的决定。 **举案说法** 人民检察院提起公诉后，被告人罗某和被害人张某双方和解。人民检察院不能因为和解而撤回起诉，但是在起诉前认为犯罪情节轻微，不需要判处刑罚的，可以作出酌定不起诉的决定。
	法院	人民法院可以依法对被告人从宽处理。 **名师点睛** 共同犯罪案件，<u>部分被告人与被害人达成和解协议的，可以依法对该部分被告人从宽处罚，但应当注意全案的量刑平衡</u>。

小试牛刀

对于适用当事人和解的公诉案件诉讼程序而达成和解协议的案件，下列哪一做法是错误的？[2]

A. 公安机关可以撤销案件
B. 检察院可以向法院提出从宽处罚的建议

---

[1] C。被告人近亲属代为和解的前提是经过被告人同意，选项A错误。被害人死亡，近亲属就是和解一方当事人，可以直接和对方和解。如果被害人没有死亡，只是丧失行为能力或者限制行为能力，法定代理人或者近亲属可以代为和解，选项B错误。和解协议约定的赔礼道歉等事项，应当由被告人本人履行，选项D错误。

[2] A

C. 对于犯罪情节轻微，不需要判处刑罚的，检察院可以不起诉

D. 法院可以依法对被告人从宽处罚

四、和解协议

和解协议的制作与审查	双方当事人和解的，公安机关、人民检察院、人民法院应当听取当事人和其他有关人员的意见，对和解的自愿性、合法性进行审查，并主持制作和解协议书。 **[关联法条]**《刑诉解释》第 590 条：对公安机关、人民检察院主持制作的和解协议书，当事人提出异议的，人民法院应当审查。经审查，和解自愿、合法的，予以确认，无需重新制作和解协议书；和解违反自愿、合法原则的，<u>应当认定无效</u>。和解协议被认定无效后，双方当事人重新达成和解的，人民法院应当主持制作新的和解协议书。
和解协议的签名	根据《刑诉解释》第 592 条第 2、3 款的规定，和解协议书应当由双方当事人和审判人员签名，但不加盖人民法院印章。和解协议书一式三份，双方当事人各持一份，另一份交人民法院附卷备查。 **[关联法条]**《高检规则》第 498 条第 3 款：和解协议书应当由双方当事人签字，可以写明和解协议书系在人民检察院主持下制作。<u>检察人员不在当事人和解协议书上签字，也不加盖人民检察院印章</u>。
和解协议的履行	根据《刑诉解释》第 593 条第 1 款的规定，和解协议约定的赔偿损失内容，被告人<u>应当在协议签署后即时履行</u>。 **[关联法条]**《高检规则》第 499 条：和解协议书约定的赔偿损失内容，<u>应当在双方签署协议后立即履行，至迟在人民检察院作出从宽处理决定前履行</u>。确实难以一次性履行的，在提供有效担保并且被害人同意的情况下，也可以分期履行。
和解协议的无效	根据《高检规则》第 504 条的规定，犯罪嫌疑人或者其亲友等以暴力、威胁、欺骗或者其他非法方法强迫、引诱被害人和解，或者在协议履行完毕之后威胁、报复被害人的，应当认定和解协议无效。已经作出不批准逮捕或者不起诉决定的，人民检察院根据案件情况可以撤销原决定，对犯罪嫌疑人批准逮捕或者提起公诉。
和解协议的反悔	根据《刑诉解释》第 593 条第 2 款的规定，和解协议已经<u>全部履行</u>，当事人反悔的，人民法院不予支持，但有证据证明和解违反自愿、合法原则的除外。
刑事和解与附带民事诉讼	**[关联法条]**《刑诉解释》 第 594 条：双方当事人在侦查、审查起诉期间已经达成和解协议并全部履行，被害人或者其法定代理人、近亲属又提起附带民事诉讼的，人民法院不予受理，但有证据证明和解违反自愿、合法原则的除外。 第 595 条：被害人或者其法定代理人、近亲属提起附带民事诉讼后，双方愿意和解，但被告人不能即时履行全部赔偿义务的，人民法院应当制作附带民事调解书。

小试牛刀

甲因琐事与乙发生口角进而厮打，推搡之间，不慎致乙死亡。检察院以甲涉嫌过失致人死亡提起公诉，乙母丙向法院提起附带民事诉讼。关于本案的处理，下列哪些选项是正

确的?[1]

　　A. 法院可对附带民事部分进行调解
　　B. 如甲与丙经法院调解达成协议,调解协议中约定的赔偿损失内容可分期履行
　　C. 如甲提出申请,法院可组织甲与丙协商以达成和解
　　D. 如甲与丙达成刑事和解,其约定的赔偿损失内容可分期履行

---

[1] ABC。和解协议约定的赔偿损失内容,被告人应当在协议签署后即时履行,选项 D 错误。注意选项 BD 的区别,民事赔偿的调解内容是可以约定分期的,但是刑事和解的赔偿内容法律规定应当即时履行。

第22讲 缺席审判程序

本讲导读

复习提要

为了加强反腐败国际追逃追赃的工作力度，丰富反腐败和国际追逃追赃的手段，2018年《刑事诉讼法》修正的一个重要内容就是建立刑事缺席审判制度。这次确定的缺席审判制度对于贪污贿赂的案件，以及需要及时进行审判，经过最高人民检察院核准的严重危害国家安全的犯罪和恐怖活动犯罪的案件，犯罪嫌疑人、被告人在境外的，可以缺席审判。基于法考新增必考的规律，本讲将是近几年考试的重点章节，考生需要重点掌握缺席审判程序的案件范围、缺席审判程序中被告人的权利保障以及缺席审判程序与普通程序的切换。

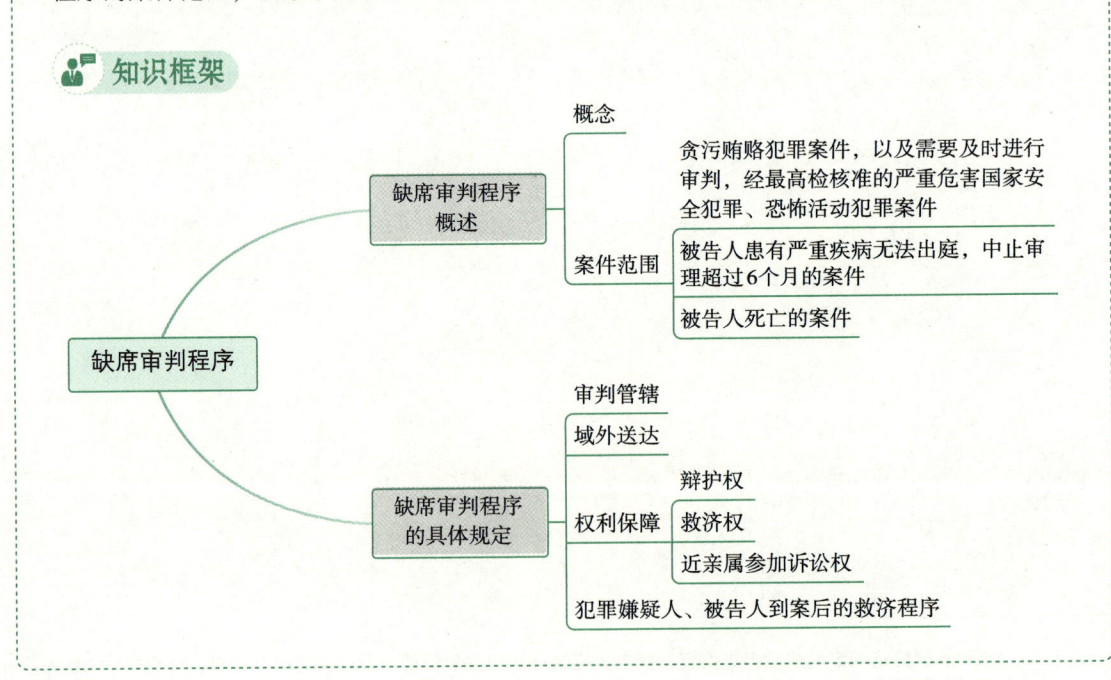

知识框架

缺席审判程序
- 缺席审判程序概述
  - 概念
  - 案件范围
    - 贪污贿赂犯罪案件，以及需要及时进行审判，经最高检核准的严重危害国家安全犯罪、恐怖活动犯罪案件
    - 被告人患有严重疾病无法出庭，中止审理超过6个月的案件
    - 被告人死亡的案件
- 缺席审判程序的具体规定
  - 审判管辖
  - 域外送达
  - 权利保障
    - 辩护权
    - 救济权
    - 近亲属参加诉讼权
  - 犯罪嫌疑人、被告人到案后的救济程序

专题 67 缺席审判程序概述

一、概念

缺席审判制度，是指人民法院在审理案件过程中，一方当事人非因法定事由缺席法庭，在满足法定条件的情形下，法庭继续审理并依法作出判决或裁定的诉讼制度。

二、缺席审判程序的案件范围

从整个刑事诉讼的制度来讲，被告人出庭的对席审判是一个常态，缺席审判实际是作为被告人审判时应当在场的例外的补充性规定。我国又是第一次在刑事法律中规定刑事缺席审判制度，为了确保这一制度的正确和公正实施，这次增加缺席审判时，对案件的适用范围作了严格的限制。根据《刑事诉讼法》第291、296、297条的规定，有三种类型的案件可以适用缺席审判程序：

（一）贪污贿赂犯罪案件，以及需要及时进行审判，经最高检核准的严重危害国家安全犯罪、恐怖活动犯罪案件

根据《刑事诉讼法》第291条第1款的规定，对于贪污贿赂犯罪案件，以及需要及时进行审判，经最高人民检察院核准的严重危害国家安全犯罪、恐怖活动犯罪案件，犯罪嫌疑人、被告人在境外，监察机关、公安机关移送起诉，人民检察院认为犯罪事实已经查清，证据确实、充分，依法应当追究刑事责任的，可以向人民法院提起公诉。人民法院进行审查后，对于起诉书中有明确的指控犯罪事实，符合缺席审判程序适用条件的，应当决定开庭审判。

考点提示

❶ 此类案件适用缺席审判的前提条件是犯罪嫌疑人、被告人在境外，如果犯罪嫌疑人、被告人在境内潜逃，则不能适用缺席审判程序。根据《高检规则》第505条第4款的规定，人民检察院提起公诉的，应当向人民法院提交被告人已出境的证据。

❷ 并非所有潜逃境外的案件都能适用缺席审判程序。上述案件范围和条件可以概括为："贪贿只要在境外；危恐境外及时审，还要最高检核准"。

举案说法 罗某强奸张某后，连夜潜逃至柬埔寨。本案在罗某未到庭的情况下，不能对其缺席审判，因为强奸罪不符合此类缺席审判的案件范围。

关联法条《刑诉解释》第604条：对人民检察院依照刑事诉讼法第291条第1款的规定提起公诉的案件，人民法院审理后应当参照本解释第295条的规定作出判决、裁定。

作出有罪判决的，应当达到证据确实、充分的证明标准。

经审理认定的罪名不属于刑事诉讼法第291条第1款规定的罪名的，应当终止审理。

适用缺席审判程序审理案件，可以对违法所得及其他涉案财产一并作出处理。

• 举案说法　罗某涉嫌贪污，潜逃至柬埔寨。检察院认为本案犯罪事实已经查清，证据确实、充分，依法应当追究刑事责任，向法院提起公诉。法院决定缺席审理，经审理，法院认定罗某构成的并非贪污罪而是诈骗罪。法院应当裁定本案终止审理。

（二）被告人患有严重疾病无法出庭，中止审理超过6个月的案件

根据《刑事诉讼法》第 296 条的规定，因被告人患有严重疾病无法出庭，中止审理超过 6 个月，被告人仍无法出庭，被告人及其法定代理人、近亲属申请或者同意恢复审理的，人民法院可以在被告人不出庭的情况下缺席审理，依法作出判决。

考点提示　此类案件的适用条件是：①因被告人患有严重疾病无法出庭，中止审理超过 6 个月，被告人仍无法出庭；②被告人及其法定代理人、近亲属申请或者同意恢复审理。此类情形，被告人无法表达意愿的，其法定代理人、近亲属可以代为申请或者同意恢复审理。

（三）被告人死亡的案件

1. 被告人死亡的，人民法院应当裁定终止审理，但有证据证明被告人无罪，人民法院经缺席审理确认无罪的，应当依法作出判决。

关联法条　《刑诉解释》第 606 条第 2 款：前款所称"有证据证明被告人无罪，经缺席审理确认无罪"，包括案件事实清楚，证据确实、充分，依据法律认定被告人无罪的情形，以及证据不足，不能认定被告人有罪的情形。

• 举案说法　罗某强奸一案，一审审理中罗某咬舌自尽。即使有充分证据证明罗某构成犯罪，法院也不能对罗某缺席判决，只能裁定终止审理。除非有证据证明罗某无罪，方可缺席判决宣告无罪。

2. 人民法院按照审判监督程序重新审判的案件，被告人死亡的，人民法院可以缺席审理，依法作出判决。

关联法条　《刑诉解释》第 607 条：人民法院按照审判监督程序重新审判的案件，被告人死亡的，可以缺席审理。有证据证明被告人无罪，经缺席审理确认被告人无罪的，应当判决宣告被告人无罪；虽然构成犯罪，但原判量刑畸重的，应当依法作出判决。

• 举案说法　罗某强奸一案，原审法院认定罗某构成强奸罪，判决罗某死刑。经罗某不断申诉，该案启动审判监督程序。再审中，罗某为证清白咬舌自尽，法院仍可以对此案缺席审理。如果法院认定罗某构成强制猥亵罪，也应当依法改判。

专题 68　缺席审判程序的具体规定

一、审判管辖

根据《刑事诉讼法》第 291 条第 2 款的规定，对于贪污贿赂犯罪案件，以及需要及时进行审判，经最高人民检察院核准的严重危害国家安全犯罪、恐怖活动犯罪案件，如果适

用缺席审判程序，由犯罪地、被告人离境前居住地或者最高人民法院指定的中级人民法院组成合议庭进行审理。

地域管辖	由犯罪地、被告人离境前居住地或者最高人民法院指定的人民法院管辖。
级别管辖	由中级人民法院管辖。
审判组织	由合议庭进行审理。

[名师点睛] 上述管辖的特别规定，仅限于贪污贿赂犯罪案件，以及需要及时进行审判，经最高人民检察院核准的严重危害国家安全犯罪、恐怖活动犯罪案件，对于其他两类缺席审判的案件并不适用。

二、域外送达

根据《刑事诉讼法》第292条的规定，人民法院应当通过有关国际条约规定的或者外交途径提出的司法协助方式，或者被告人所在地法律允许的其他方式，将传票和人民检察院的起诉书副本送达被告人。传票和起诉书副本送达后，被告人未按要求到案的，人民法院应当开庭审理，依法作出判决，并对违法所得及其他涉案财产作出处理。

[名师点睛] 要求法院将传票和起诉书副本送达境外被告人，保证被告人的知情权。

送达方式	通过有关国际条约规定的或者外交途径提出的司法协助方式，或者被告人所在地法律允许的其他方式。
送达内容	传票和人民检察院的起诉书副本。
送达对象	被告人。 [考点提示] 根据《刑诉解释》第600条的规定，还应当将起诉书副本送达被告人近亲属，告知其有权代为委托辩护人，并通知其敦促被告人归案。
送达效果	送达后，被告人未按要求到案的，人民法院应当开庭审理，依法作出判决，并对违法所得及其他涉案财产作出处理。

三、权利保障

建立缺席审判制度需充分保障当事人的诉讼权利。立法对委托辩护、法律援助辩护作出了相关规定，同时赋予了被告人近亲属上诉权以及罪犯异议权。

（一）辩护权

根据《刑事诉讼法》第293条的规定，人民法院缺席审判案件，被告人有权委托辩护人，被告人的近亲属可以代为委托辩护人。被告人及其近亲属没有委托辩护人的，人民法院应当通知法律援助机构指派律师为其提供辩护。

委托辩护	被告人有权委托辩护人，被告人的近亲属可以代为委托辩护人。
法援辩护	被告人及其近亲属没有委托辩护人的，人民法院应当通知法律援助机构指派律师为其提供辩护。

关联法条《刑诉解释》第601条第1款：人民法院审理人民检察院依照刑事诉讼法第291条第1款的规定提起公诉的案件，被告人有权委托或者由近亲属代为委托1~2名辩护人。委托律师担任辩护人的，应当委托具有中华人民共和国律师资格并依法取得执业证书的律师；在境外委托的，应当依照本解释第486条的规定对授权委托进行公证、认证。

（二）救济权

根据《刑事诉讼法》第294条的规定，人民法院应当将判决书送达被告人及其近亲属、辩护人。被告人或者其近亲属不服判决的，有权向上一级人民法院上诉。辩护人经被告人或者其近亲属同意，可以提出上诉。人民检察院认为人民法院的判决确有错误的，应当向上一级人民法院提出抗诉。

独立上诉权	被告人或者其近亲属不服判决的，有权向上一级人民法院上诉。
非独立上诉权	辩护人经被告人或者其近亲属同意，可以提出上诉。
抗诉权	人民检察院认为法院的判决确有错误的，应当向上一级人民法院提出抗诉。

·举案说法 罗某涉嫌贪污，潜逃境外。法院经缺席审判，判处罗某无期徒刑。一审判决后，罗某的妻子殷某不服，无需经过罗某同意即可提出上诉。

（三）近亲属参加诉讼权

根据《刑诉解释》第602条的规定，人民法院审理人民检察院依照《刑事诉讼法》第291条第1款的规定提起公诉的案件，被告人的近亲属申请参加诉讼的，应当在收到起诉书副本后、第一审开庭前提出，并提供与被告人关系的证明材料。有多名近亲属的，应当推选1~2人参加诉讼。对被告人的近亲属提出申请的，人民法院应当及时审查决定。

根据《刑诉解释》第603条的规定，被告人的近亲属参加诉讼的，可以发表意见，出示证据，申请法庭通知证人、鉴定人等出庭，进行辩论。

四、犯罪嫌疑人、被告人到案后的救济程序

审查起诉中	根据《高检规则》第509条第1款的规定，审查起诉期间，犯罪嫌疑人自动投案或者被抓获的，人民检察院应当重新审查。
报请核准中	根据《高检规则》第509条第2款的规定，对严重危害国家安全犯罪、恐怖活动犯罪案件报请核准期间，犯罪嫌疑人自动投案或者被抓获的，报请核准的人民检察院应当及时撤回报请，重新审查案件。
法院审理中	根据《刑事诉讼法》第295条第1款的规定，在审理过程中，被告人自动投案或者被抓获的，人民法院应当重新审理。 **关联法条**《高检规则》第510条：提起公诉后被告人到案，人民法院拟重新审理的，人民检察院应当商人民法院将案件撤回并重新审查。 **名师点睛** 此情形下，无需被告人提出异议，人民法院就应当重新审理本案。
裁判生效后	根据《刑事诉讼法》第295条第2、3款的规定，罪犯在判决、裁定发生法律效力后到案的，人民法院应当将罪犯交付执行刑罚。交付执行刑罚前，人民法院应当告知罪犯

裁判生效后	有权对判决、裁定提出异议。罪犯对判决、裁定提出异议的，人民法院应当重新审理。依照生效判决、裁定对罪犯的财产进行的处理确有错误的，应当予以返还、赔偿。 **名师点睛** 一方面，此条文保障了缺席审判的被告人在裁判生效后、交付执行前具有无条件提出异议的权利。只要罪犯到案，无论自动投案还是被抓获的，他都有无条件提出异议的权利，并直接引发重新审判的司法效果。另一方面，此条文要求法院保障被告人的知情权，法院有告知义务。

小试牛刀

向某涉嫌受贿一案，但已潜逃至美国。人民检察院认为本案犯罪事实已经查清，证据确实、充分，依法向人民法院提起公诉。人民法院进行审查后，决定开庭审判。关于本案的诉讼程序，下列说法正确的是：[1]

A. 向某及其近亲属没有委托辩护人的，人民法院可以通知法援机构指派律师为其提供辩护

B. 在审理过程中，被告人自动投案或者被抓获的，人民法院应当重新审理

C. 被告人或者其辩护人不服本案一审判决的，有独立上诉权

D. 交付执行刑罚前，向某对判决、裁定提出异议的，人民法院应当重新审理

---

[1] BD

第23讲
违法所得的没收程序

本讲导读

复习提要

犯罪嫌疑人、被告人逃匿、死亡案件违法所得的没收程序，也是 2012 年《刑事诉讼法》新增的四大特别程序之一。本讲要重点掌握该程序的适用条件、公安机关如何提出没收建议、检察院如何审查和申请、法院如何审理和处理。尤其要注意法院在审理犯罪嫌疑人、被告人逃匿、死亡案件违法所得的没收程序和审理普通公诉案件上的差异。注意，该程序并不是针对被追诉人刑事责任的追究程序，而是仅仅针对违法所得的处置程序。

知识框架

违法所得的没收程序
- 犯罪嫌疑人、被告人逃匿、死亡案件违法所得没收程序概述
  - 基本概念
  - 适用条件★★★
  - 没收对象★★
- 犯罪嫌疑人、被告人逃匿、死亡案件违法所得没收程序的具体规定
  - 程序的启动★
  - 审理程序★★★
  - 审理结果★★
  - 二审程序★★★
  - 法院审理程序中的转换★★
  - 没收程序的审限
  - 裁定生效后的救济措施★

专题 69

犯罪嫌疑人、被告人逃匿、死亡案件违法所得没收程序概述

一、基本概念

犯罪嫌疑人、被告人逃匿、死亡案件违法所得的没收程序，是指当某些案件中犯罪嫌疑人、被告人逃匿或者死亡时，追缴其违法所得及其他涉案财产所特有的方式、方法和步骤。

考点提示 要区分本讲中的没收程序和前面执行程序中所涉及的没收财产刑的刑罚。犯罪嫌疑人、被告人逃匿、死亡案件违法所得的没收程序并不以定罪为前提，而没收财产刑的刑罚是以定罪为前提。

二、适用条件

根据《刑事诉讼法》第 298 条第 1 款的规定，对于贪污贿赂犯罪、恐怖活动犯罪等重大犯罪案件，犯罪嫌疑人、被告人逃匿，在通缉 1 年后不能到案，或者犯罪嫌疑人、被告人死亡，依照《刑法》规定应当追缴其违法所得及其他涉案财产的，人民检察院可以向人民法院提出没收违法所得的申请。根据上述条文规定，没收程序主要概括为两种情形：

逃匿	对于贪污贿赂犯罪、恐怖活动犯罪等重大犯罪案件，犯罪嫌疑人、被告人逃匿，在通缉 1 年后不能到案，依照《刑法》规定应当追缴其违法所得及其他涉案财产的。 **关联法条**《刑诉解释》 第 609 条：刑事诉讼法第 298 条规定的"贪污贿赂犯罪、恐怖活动犯罪等"犯罪案件，是指下列案件： （一）贪污贿赂、失职渎职等职务犯罪案件； （二）刑法分则第二章规定的相关恐怖活动犯罪案件，以及恐怖活动组织、恐怖活动人员实施的杀人、爆炸、绑架等犯罪案件； （三）危害国家安全、走私、洗钱、金融诈骗、黑社会性质组织、毒品犯罪案件； （四）电信诈骗、网络诈骗犯罪案件。 第 610 条：在省、自治区、直辖市或者全国范围内具有较大影响的犯罪案件，或者犯罪嫌疑人、被告人逃匿境外的犯罪案件，应当认定为刑事诉讼法第 298 条第 1 款规定的"重大犯罪案件"。
死亡	对于犯罪嫌疑人、被告人死亡，依照《刑法》规定应当追缴其违法所得及其他涉案财产的。 **名师点睛** 当犯罪嫌疑人、被告人死亡时，案件范围不限于贪污贿赂犯罪、恐怖活动犯罪，也不限于重大犯罪案件，只要有违法所得及其他涉案财产需要追缴的，均可适用违法所得没收程序。

名师点睛 上述条件可以概括为："贪、恐、重大逃 1 年；死了直接收脏钱"。

举案说法 罗某涉嫌盗窃，潜逃泰国，通缉 3 年还不能到案。本案不能适用没收违法所得程序，因为盗窃罪并不属于贪污贿赂犯罪、恐怖活动犯罪等重大犯罪。

三、没收对象

实施犯罪行为所取得的财物及其孳息,以及被告人非法持有的违禁品、供犯罪所用的本人财物,都应当认定为"违法所得及其他涉案财产"。

> **小试牛刀**
>
> 下列哪一选项不属于犯罪嫌疑人、被告人逃匿、死亡案件违法所得没收程序中的"违法所得及其他涉案财产"?[1]
> A. 罗某恐怖活动犯罪案件中从其住处搜出的管制刀具
> B. 赵某贪污案赃款存入银行所得的利息
> C. 王某恐怖活动犯罪案件中制造爆炸装置使用的所在单位的仪器和设备
> D. 周某贿赂案受贿所得的古玩

专题 70 犯罪嫌疑人、被告人逃匿、死亡案件违法所得没收程序的具体规定

一、程序的启动

(一) 侦查机关(调查机关)提出意见书

监察机关或者公安机关向人民检察院移送没收违法所得意见书,应当由有管辖权的人民检察院的同级监察机关或者公安机关移送。

关联法条《高检规则》第 527 条第 1、3、4 款:人民检察院直接受理侦查的案件,犯罪嫌疑人死亡而撤销案件,符合刑事诉讼法第 298 条第 1 款规定条件的,负责侦查的部门应当启动违法所得没收程序进行调查。

负责侦查的部门认为符合刑事诉讼法第 298 条第 1 款规定条件的,应当写出没收违法所得意见书,连同案卷材料一并移送有管辖权的人民检察院负责侦查的部门,并由有管辖权的人民检察院负责侦查的部门移送本院负责捕诉的部门。

负责捕诉的部门对没收违法所得意见书进行审查,作出是否提出没收违法所得申请的决定,具体程序按照本规则第 522 条、第 523 条的规定办理。

(二) 检察院审查意见书

主管部门	人民检察院审查监察机关或者公安机关移送的没收违法所得意见书,向人民法院提出没收违法所得的申请以及对违法所得没收程序中调查活动、审判活动的监督,由负责捕诉的部门办理。

---

[1] C

续表

审查程序	（1）人民检察院应当在接到监察机关或者公安机关移送的没收违法所得意见书后30日以内作出是否提出没收违法所得申请的决定。30日以内不能作出决定的，可以延长15日。 （2）对于监察机关或者公安机关移送的没收违法所得案件，经审查认为不符合《刑事诉讼法》第298条第1款规定条件的，应当作出不提出没收违法所得申请的决定，并向监察机关或者公安机关书面说明理由；认为需要补充证据的，应当书面要求监察机关或者公安机关补充证据，必要时也可以自行调查。监察机关或者公安机关补充证据的时间不计入人民检察院办案期限。
监督程序	（1）人民检察院发现公安机关应当启动违法所得没收程序而不启动的，可以要求公安机关在7日以内书面说明不启动的理由。经审查，认为公安机关不启动理由不能成立的，应当通知公安机关启动程序。 （2）人民检察院发现公安机关在违法所得没收程序的调查活动中有违法情形的，应当向公安机关提出纠正意见。 名师点睛 上述监督步骤可以概括为："先要求说理，后通知启动"。

程序切换	没收转公诉	在审查公安机关移送的没收违法所得意见书的过程中，在逃的犯罪嫌疑人、被告人自动投案或者被抓获的，人民检察院应当终止审查，并将案卷退回公安机关处理。
	公诉转没收	在人民检察院审查起诉过程中，犯罪嫌疑人死亡，或者贪污贿赂犯罪、恐怖活动犯罪等重大犯罪案件的犯罪嫌疑人逃匿，在通缉1年后不能到案，依照《刑法》规定应当追缴其违法所得及其他涉案财产的，人民检察院可以直接提出没收违法所得的申请。

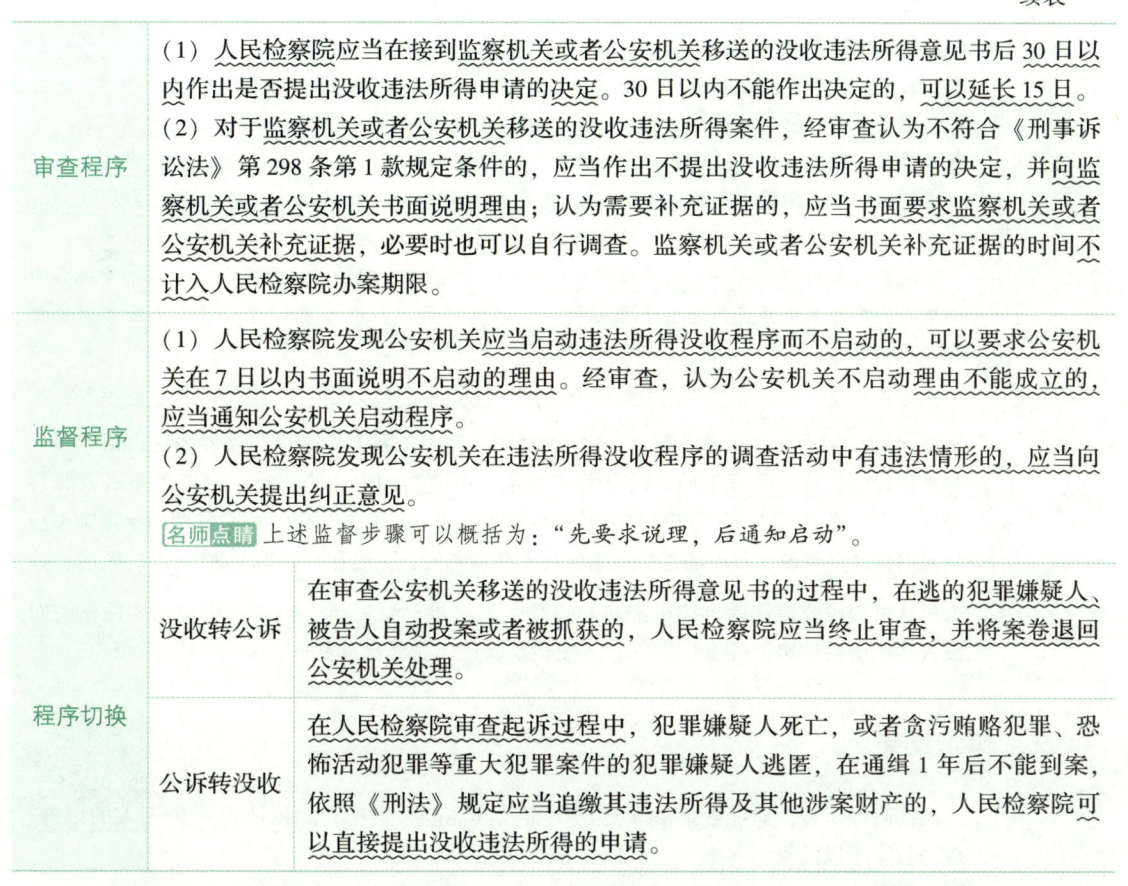

名师点睛 人民法院不能主动启动违法所得没收程序。被告人逃匿的，人民法院应当根据《刑事诉讼法》第206条第1款第2项的规定中止审理；被告人死亡的，人民法院应当根据《刑事诉讼法》第16条第5项的规定终止审理。符合没收违法所得条件的，应当再由人民检察院提出没收违法所得的申请，人民法院不能直接作出没收违法所得的裁定。

二、审理程序

管辖法院	由犯罪地或者犯罪嫌疑人、被告人居住地的中级人民法院进行审理。
审判组织	合议庭。
财产保全	人民检察院尚未查封、扣押、冻结申请没收的财产或者查封、扣押、冻结期限即将届满，涉案财产有被隐匿、转移或者毁损、灭失危险的，人民法院可以查封、扣押、冻结申请没收的财产。
公告程序	人民法院受理没收违法所得的申请后，应当在15日内发出公告。公告期为6个月，公告期间不适用中止、中断、延长的规定。
申请参诉	犯罪嫌疑人、被告人的近亲属和其他利害关系人有权申请参加诉讼，也可以委托诉讼代理人参加诉讼。

续表

申请参诉	**关联法条**《刑诉解释》 第616条：刑事诉讼法第299条第2款、第300条第2款规定的"其他利害关系人"，是指除犯罪嫌疑人、被告人的近亲属以外的，对申请没收的财产主张权利的自然人和单位。 第617条：犯罪嫌疑人、被告人的近亲属和其他利害关系人申请参加诉讼的，应当在公告期间内提出。犯罪嫌疑人、被告人的近亲属应当提供其与犯罪嫌疑人、被告人关系的证明材料，其他利害关系人应当提供证明其对违法所得及其他涉案财产主张权利的证据材料。 利害关系人可以委托诉讼代理人参加诉讼。委托律师担任诉讼代理人的，应当委托具有中华人民共和国律师资格并依法取得执业证书的律师；在境外委托的，应当依照本解释第486条的规定对授权委托进行公证、认证。 利害关系人在公告期满后申请参加诉讼，能够合理说明理由的，人民法院应当准许。
审理方式	根据《刑诉解释》第619条第2、3款的规定，利害关系人申请参加或者委托诉讼代理人参加诉讼的，应当开庭审理。没有利害关系人申请参加诉讼的，或者利害关系人及其诉讼代理人无正当理由拒不到庭的，可以不开庭审理。人民法院确定开庭日期后，通知书应当至迟在开庭审理3日以前送达；受送达人在境外的，至迟在开庭审理30日以前送达。
举证责任	人民法院对没收违法所得的申请进行审理，人民检察院应当承担举证责任。人民法院对没收违法所得的申请开庭审理的，人民检察院应当派员出席法庭。

三、审理结果

裁定没收	人民法院经审理，对经查证属于违法所得及其他涉案财产，除依法返还被害人的以外，应当裁定予以没收。 **名师点睛** 申请没收的财产具有高度可能属于违法所得及其他涉案财产的，应当认定为"申请没收的财产属于违法所得及其他涉案财产"。巨额财产来源不明犯罪案件中，没有利害关系人对违法所得及其他涉案财产主张权利，或者利害关系人对违法所得及其他涉案财产虽然主张权利但提供的证据没有达到相应证明标准的，应当视为"申请没收的财产属于违法所得及其他涉案财产"。
裁定驳回	对不属于应当追缴的财产的，应当裁定驳回申请，解除查封、扣押、冻结措施。

四、二审程序

上诉、抗诉	对于人民法院作出的裁定，犯罪嫌疑人、被告人的近亲属和其他利害关系人或者人民检察院可以在5日以内提出上诉、抗诉。
二审结果	（1）根据《刑诉解释》第623条第1款的规定，对不服第一审没收违法所得或者驳回申请裁定的上诉、抗诉案件，第二审人民法院经审理，应当按照下列情形分别处理：①第一审裁定认定事实清楚和适用法律正确的，应当驳回上诉或者抗诉，维持原裁定；②第一审裁定认定事实清楚，但适用法律有错误的，应当改变原裁定；③第一审裁定认定事实不清的，可以在查清事实后改变原裁定，也可以撤销原裁定，发回原审人民法院重新审判；④第一审裁定违反法定诉讼程序，可能影响公正审判的，应当撤销原裁定，发回原审人民法院重新审判。

	续表
二审结果	（2）根据《刑诉解释》第 623 条第 2 款的规定，第一审人民法院对发回重新审判的案件作出裁定后，第二审人民法院对不服第一审人民法院裁定的上诉、抗诉，应当依法作出裁定，不得再发回原审人民法院重新审判；但是，第一审人民法院在重新审判过程中违反法定诉讼程序，可能影响公正审判的除外。 **关联法条**《刑诉解释》第 624 条：利害关系人非因故意或者重大过失在第一审期间未参加诉讼，在第二审期间申请参加诉讼的，人民法院应当准许，并撤销原裁定，发回原审人民法院重新审判。

五、法院审理程序中的转换

没收程序转公诉程序	根据《刑诉解释》第 625 条的规定，在审理申请没收违法所得的案件过程中，在逃的犯罪嫌疑人、被告人到案的，人民法院应当裁定终止审理。人民检察院向原受理申请的人民法院提起公诉的，可以由同一审判组织审理。 **名师点睛** 人民法院不能主动将没收程序转换为公诉程序，需要由人民检察院向人民法院提起公诉。
公诉程序转没收程序或缺席程序	根据《刑诉解释》第 626 条第 1 款的规定，在审理案件过程中，被告人脱逃或者死亡： （1）符合《刑事诉讼法》第 298 条第 1 款规定的，人民检察院可以向人民法院提出没收违法所得的申请。 **名师点睛** 人民法院也不能主动将公诉程序转换为没收程序，需要由人民检察院向人民法院提起申请。人民检察院向原受理案件的人民法院提出没收违法所得申请的，可以由同一审判组织审理。 （2）符合《刑事诉讼法》第 291 条第 1 款规定的，人民检察院可以按照缺席审判程序向人民法院提起公诉。

小试牛刀

A 市原副市长马某，涉嫌收受贿赂 2000 余万元。为保证公正审判，上级法院指令与本案无关的 B 市中级法院一审。B 市中级法院受理此案后，马某突发心脏病不治身亡。此案该如何处理？

参考答案：B 市中级法院应当作出终止审理的裁定。①如果依照《刑法》规定应当追缴其违法所得及其他涉案财产，B 市检察院可以向 B 市中级法院申请没收违法所得；②如果有证据证明被告人无罪，B 市中级法院经缺席审理确认无罪，应当依法作出判决。

六、没收程序的审限

审理申请没收违法所得案件的期限，参照公诉案件第一审普通程序和第二审程序的审理期限执行。公告期间和请求刑事司法协助的时间不计入审理期限。

七、裁定生效后的救济措施

1. 犯罪嫌疑人、被告人到案，被提起公诉的

没收违法所得裁定生效后，犯罪嫌疑人、被告人到案并对没收裁定提出异议，人民检

察院向原作出裁定的人民法院提起公诉的，可以由同一审判组织审理。人民法院经审理，应当按照下列情形分别处理：

（1）原裁定正确的，予以维持，不再对涉案财产作出判决；

（2）原裁定确有错误的，应当撤销原裁定，并在判决中对有关涉案财产一并作出处理。

2. 犯罪嫌疑人、被告人没有到案的

人民法院生效的没收裁定确有错误的，应当依照审判监督程序予以纠正。

第24讲 精神病人的强制医疗程序

本讲导读

复习提要

依法不负刑事责任的精神病人的强制医疗程序，也是2012年《刑事诉讼法》新增的四大特别程序之一。重点掌握强制医疗程序的适用条件、启动程序、决定程序、救济程序、执行程序、解除程序、监督程序。

知识框架

精神病人的强制医疗程序
- 依法不负刑事责任的精神病人的强制医疗程序概述
  - 概念和特征
  - 适用条件★★★
- 依法不负刑事责任的精神病人的强制医疗程序具体规定
  - 启动程序★★
  - 审理决定程序★★
  - 法院对检察院申请强制医疗程序案件的处理结果★★
  - 法院在检察院提起的公诉案件中作出强制医疗的决定★
  - 对强制医疗决定的救济方式★★
  - 强制医疗决定的执行
  - 强制医疗的解除★
  - 检察院对强制医疗决定的监督★

专题 71 依法不负刑事责任的精神病人的强制医疗程序概述

一、概念和特征

强制医疗是出于避免社会危害和保障精神疾病患者健康利益的目的而采取的一项对精神疾病患者的人身自由予以一定限制并对其所患精神疾病进行治疗的特殊保安处分措施。

强制医疗程序有以下三个特征：

适用对象的特殊性	我国强制医疗的适用对象是实施暴力行为，危害公共安全或者严重危害公民人身安全，经法定程序鉴定依法不负刑事责任的精神病人。
适用措施的强制性	如果行为人符合强制医疗的法定适用条件，不论本人或其家属是否同意，只要经人民法院决定都应强制入院，在专门的医疗机构中接受监护隔离和康复治疗。
适用目的的双重性	（1）通过积极康复治疗，使被强制对象恢复健康、改善精神状况，从而达到维护精神病人身体健康利益的目的； （2）通过强制性医疗，消除被强制对象的人身危险性，使其不再对社会公众构成威胁，实现保障公众安全、维护社会和谐有序的目的。

【名师点睛】从性质上说，强制医疗是针对精神病人的一种社会防卫措施，而非刑罚措施。

二、适用条件

1. 实施了危害公共安全或者严重危害公民人身安全的暴力行为。

【名师点睛】立法将强制医疗的适用对象局限于具有暴力倾向以及主动攻击意识的精神病人，这在客观上要求行为人实施了暴力行为并造成了一定的危害结果，即对公共安全造成了危害或者严重危害了公民的人身安全。

2. 经法定程序鉴定属依法不负刑事责任的精神病人。

【名师点睛】在侦查、审查起诉阶段，公安机关、人民检察院有权启动精神病鉴定程序。在审判阶段，针对控辩双方有争议的鉴定意见进行核实时，人民法院可以启动重新鉴定或者补充鉴定程序。犯罪嫌疑人的辩护人、近亲属有权申请启动精神病鉴定程序。

3. 有继续危害社会的可能。

【举案说法】公安机关在案件侦查中，发现打砸多辆机动车的犯罪嫌疑人何某神情呆滞、精神恍惚。经鉴定，何某属于依法不负刑事责任的精神病人。本案中，虽然何某有精神病不需要承担刑事责任，但何某并不符合强制医疗的适用条件，该行为并非危害公共安全或者严重危害公民人身安全的暴力行为，因此公安机关应当撤销案件，将何某交付其亲属并要求其积极治疗。

专题72 依法不负刑事责任的精神病人的强制医疗程序具体规定

一、启动程序

公安机关		公安机关发现精神病人符合强制医疗条件的，**应当写出强制医疗意见书，移送人民检察院**。 **名师点睛** 公安机关没有直接启动强制医疗程序的权力，只是提出意见书，**移送人民检察院**。对实施暴力行为的精神病人，在人民法院决定强制医疗前，公安机关可以采取临时的保护性约束措施。
人民检察院	主管部门	人民检察院审查公安机关移送的强制医疗意见书，向人民法院提出强制医疗的申请以及对强制医疗决定的监督，由捕诉部门办理。
	审查程序	（1）人民检察院应当在接到公安机关移送的强制医疗意见书后 **30 日以内**作出是否提出强制医疗申请的决定。 （2）对于公安机关移送的强制医疗案件，经审查认为不符合《刑事诉讼法》第 302 条规定条件的，应当作出不提出强制医疗申请的决定，并向公安机关书面说明理由。 （3）认为需要补充证据的，应当书面要求公安机关补充证据，必要时也可以自行调查。公安机关补充证据的时间不计入人民检察院办案期限。
	监督程序	人民检察院发现公安机关应当启动强制医疗程序而不启动的，可以要求公安机关在 **7 日以内**书面说明不启动的理由。经审查，认为公安机关不启动理由不能成立的，应当通知公安机关启动程序。 **名师点睛** 上述监督步骤可以概括为："先要求说理，后通知启动"。
	申请程序	对于公安机关移送的或者在审查起诉过程中发现的精神病人符合强制医疗条件的，**人民检察院应当向人民法院提出强制医疗的申请**。 **举案说法** 人民检察院在对罗某故意杀人案的审查起诉中，经鉴定发现罗某系依法不负刑事责任的精神病人的，人民检察院应当作出不起诉决定。认为符合强制医疗条件的，应当向人民法院提出强制医疗的申请。
人民法院		人民法院在审理案件过程中发现被告人符合强制医疗条件的，**可以作出强制医疗的决定**。 **名师点睛** 人民法院不能主动开启审判程序，不能主动开启没收程序，但是可以主动作出强制医疗的决定。 **举案说法** 人民法院对人民检察院指控的罗某故意杀人案审理后，认为罗某系依法不负刑事责任的精神病人，依法判决罗某不负刑事责任，同时对罗某作出强制医疗的决定。

名师点睛 启动强制医疗程序的方式有两个：检察院申请和法院决定。公安机关只是提出强制医疗的意见书，并不能向法院申请启动该程序。

二、审理决定程序

管辖法院	根据《刑诉解释》第631条的规定，人民检察院申请对依法不负刑事责任的精神病人强制医疗的案件，由被申请人实施暴力行为所在地的基层人民法院管辖；由被申请人居住地的人民法院审判更为适宜的，可以由被申请人居住地的基层人民法院管辖。
审判组织	人民法院受理强制医疗的申请后，应当组成合议庭进行审理。
对申请的审查处理	根据《刑诉解释》第633条的规定，对人民检察院提出的强制医疗申请，人民法院应当在7日以内审查完毕，并按照下列情形分别处理：①属于强制医疗程序受案范围和本院管辖，且材料齐全的，应当受理。②不属于本院管辖的，应当退回人民检察院。③材料不全的，应当通知人民检察院在3日以内补送；3日以内不能补送的，应当退回人民检察院。
权利保障	（1）根据《刑诉解释》第634条第1款的规定，审理强制医疗案件，应当通知被申请人或者被告人的法定代理人到场；被申请人或者被告人的法定代理人经通知未到场的，可以通知被申请人或者被告人的其他近亲属到场。 （2）根据《刑诉解释》第634条第2款的规定，被申请人或者被告人没有委托诉讼代理人的，应当自受理强制医疗申请或者发现被告人符合强制医疗条件之日起3日以内，通知法律援助机构指派律师担任其诉讼代理人，为其提供法律帮助。 （3）根据《刑诉解释》第635条第2款的规定，审理强制医疗案件，应当会见被申请人。 （4）根据《刑诉解释》第635条第2款的规定，审理强制医疗案件，应当听取被害人及其法定代理人的意见。
审理方式	审理强制医疗案件，应当组成合议庭，开庭审理。 **名师点睛** 被申请人、被告人的法定代理人请求不开庭审理，并经人民法院审查同意的除外。 **关联法条**《高检规则》第544条：人民法院对强制医疗案件开庭审理的，人民检察院应当派员出席法庭。
审理期限	人民法院经审理，对被申请人或者被告人符合强制医疗条件的，应当在1个月以内作出强制医疗的决定。

三、法院对检察院申请强制医疗程序案件的处理结果

根据《刑诉解释》第637条的规定，对申请强制医疗的案件，人民法院审理后，应当按照下列情形分别处理：

符合强制医疗条件的	应当作出对被申请人强制医疗的决定。
被申请人属于依法不负刑事责任的精神病人，但不符合强制医疗条件的	应当作出驳回强制医疗申请的决定；被申请人已经造成危害结果的，应当同时责令其家属或者监护人严加看管和医疗。
被申请人具有完全或者部分刑事责任能力，依法应当追究刑事责任的	应当作出驳回强制医疗申请的决定，并退回人民检察院依法处理。

名师点睛 针对强制医疗的申请，法院应当作出"决定"。

举案说法 检察院在对罗某故意杀人案审查起诉中，经鉴定发现罗某系依法不负刑事责任的精神病人，于是向法院提出强制医疗的申请。法院经审理认为，罗某具有完全刑事责任能力，应当承担刑事责任，此时，法院不能直接判决罗某有罪，而是应当作出驳回强制医疗申请的决定，并退回检察院依法处理。

四、法院在检察院提起的公诉案件中作出强制医疗的决定

法院在审理过程中发现被告人可能符合强制医疗条件的，应当依照法定程序对被告人进行法医精神病鉴定。经鉴定，被告人属于依法不负刑事责任的精神病人的，应当适用强制医疗程序进行审理。根据《刑诉解释》第639条的规定，对强制医疗案件，人民法院审理后，应当按照下列情形分别处理：

被告人符合强制医疗条件的	应当判决宣告被告人不负刑事责任，同时作出对被告人强制医疗的决定。
被告人属于依法不负刑事责任的精神病人，但不符合强制医疗条件的	应当判决宣告被告人无罪或者不负刑事责任；被告人已经造成危害结果的，应当同时责令其家属或者监护人严加看管和医疗。
被告人具有完全或者部分刑事责任能力，依法应当追究刑事责任的	应当依照普通程序继续审理。

名师点睛 针对检察院提起的公诉，法院应当作出"判决"。

举案说法 检察院对罗某故意杀人案依法向法院提起公诉，法院审判阶段，依照法定程序对被告人进行法医精神病鉴定。经鉴定，被告人属于依法不负刑事责任的精神病人。此时，法院首先应当判决罗某不负刑事责任，同时可以决定对罗某强制医疗。

关联法条《高检规则》第548条第2款：人民法院作出宣告被告人无罪或者不负刑事责任的判决和强制医疗决定的，人民检察院应当进行审查。对判决确有错误的，应当依法提出抗诉；对强制医疗决定不当或者未作出强制医疗的决定不当的，应当提出纠正意见。

《刑诉解释》第640条：第二审人民法院在审理刑事案件过程中，发现被告人可能符合强制医疗条件的，可以依照强制医疗程序对案件作出处理，也可以裁定发回原审人民法院重新审判。

五、对强制医疗决定的救济方式

1. 被决定强制医疗的人、被害人及其法定代理人、近亲属对强制医疗决定不服的，可以自收到决定书第2日起5日以内向上一级人民法院申请复议。

关联法条《刑诉解释》第648条：人民检察院认为强制医疗决定或者解除强制医疗决定不当，在收到决定书后20日以内提出书面纠正意见的，人民法院应当另行组成合议庭审理，并在1个月以内作出决定。

名师点睛 被决定强制医疗的人、被害人及其法定代理人、近亲属不服法院强制医疗决定是申请复议，检察院认为决定不当是提出书面纠正意见，注意二者的区别。

2. 对不服强制医疗决定的复议申请，上一级人民法院应当组成合议庭审理，并在1个月

内，按照下列情形分别作出复议决定：

（1）被决定强制医疗的人符合强制医疗条件的，应当驳回复议申请，维持原决定；

（2）被决定强制医疗的人不符合强制医疗条件的，应当撤销原决定；

（3）原审违反法定诉讼程序，可能影响公正审判的，应当撤销原决定，发回原审人民法院重新审判。

[关联法条]《刑诉解释》第644条：对本解释第639条第1项规定的判决、决定，人民检察院提出抗诉，同时被决定强制医疗的人、被害人及其法定代理人、近亲属申请复议的，上一级人民法院应当依照第二审程序一并处理。

[小试牛刀]

法院受理叶某涉嫌故意杀害郭某案后，发现其可能符合强制医疗条件。经鉴定，叶某属于依法不负刑事责任的精神病人，法院审理后判决宣告叶某不负刑事责任，同时作出对叶某强制医疗的决定。关于此案的救济程序，下列哪一选项是错误的？[1]

A. 对叶某强制医疗的决定，检察院可以提出纠正意见

B. 叶某的法定代理人可以向上一级法院申请复议

C. 叶某对强制医疗决定可以向上一级法院提出上诉

D. 郭某的近亲属可以向上一级法院申请复议

六、强制医疗决定的执行

人民法院决定强制医疗的，应当在作出决定后5日内，向公安机关送达强制医疗决定书和强制医疗执行通知书，由公安机关将被决定强制医疗的人送交强制医疗。

[关联法条]《刑事诉讼法》第303条第3款：对实施暴力行为的精神病人，在人民法院决定强制医疗前，公安机关可以采取临时的保护性约束措施。

[名师点睛]注意临时保护性约束措施不属于刑事强制措施，因为它的适用对象并非犯罪嫌疑人、被告人。

七、强制医疗的解除

启动方式	建议解除	强制医疗机构应当定期对被强制医疗的人进行诊断评估。对于已不具有人身危险性，不需要继续强制医疗的，应当及时提出解除意见，报决定强制医疗的人民法院批准。
	申请解除	被强制医疗的人及其近亲属申请解除强制医疗的，应当向决定强制医疗的人民法院提出。被强制医疗的人及其近亲属提出的解除强制医疗申请被人民法院驳回，6个月后再次提出申请的，人民法院应当受理。
法院审查		人民法院应当组成合议庭进行审查，并在1个月内，按照下列情形分别处理： （1）被强制医疗的人已不具有人身危险性，不需要继续强制医疗的，应当作出解除强制医疗的决定，并可责令被强制医疗的人的家属严加看管和医疗；

---

[1] C

续表

法院审查	（2）被强制医疗的人仍具有人身危险性，需要继续强制医疗的，应当作出继续强制医疗的决定。 **名师点睛** 必要时，人民法院可以开庭审理，通知人民检察院派员出庭。 人民法院应当在作出决定后 5 日内，将决定书送达强制医疗机构、申请解除强制医疗的人、被决定强制医疗的人和人民检察院。决定解除强制医疗的，应当通知强制医疗机构在收到决定书的当日解除强制医疗。

八、检察院对强制医疗决定的监督

人民检察院认为强制医疗决定或者解除强制医疗决定不当，在收到决定书后 20 日内提出书面纠正意见的，人民法院应当另行组成合议庭审理，并在 1 个月内作出决定。

小试牛刀

犯罪嫌疑人罗某涉嫌故意杀人被公安机关立案侦查。在侦查过程中，侦查人员发现罗某行为异常。经鉴定，罗某属于依法不负刑事责任的精神病人，需要对其实施强制医疗。法院审理罗某强制医疗一案，下列做法不符合法律规定的有：[1]

A. 由审判员和人民陪审员共 3 人组成合议庭
B. 鉴于罗某自愿放弃委托诉讼代理人，法院只通知了罗某的法定代理人到场
C. 法院认为罗某符合强制医疗的条件，依法对罗某作出强制医疗的裁定
D. 本案受害人不服法院对罗某作出的强制医疗裁定，可申请检察院依法提起抗诉

---

[1] BCD

第 25 讲
涉外刑事诉讼程序与刑事司法协助制度

本讲导读

复习提要

本讲主要需要掌握涉外程序所适用的案件范围，涉外程序中的特有原则，刑事司法协助的主体、内容、程序。尤其需要掌握的内容为涉外诉讼与国内诉讼的差异。

知识框架

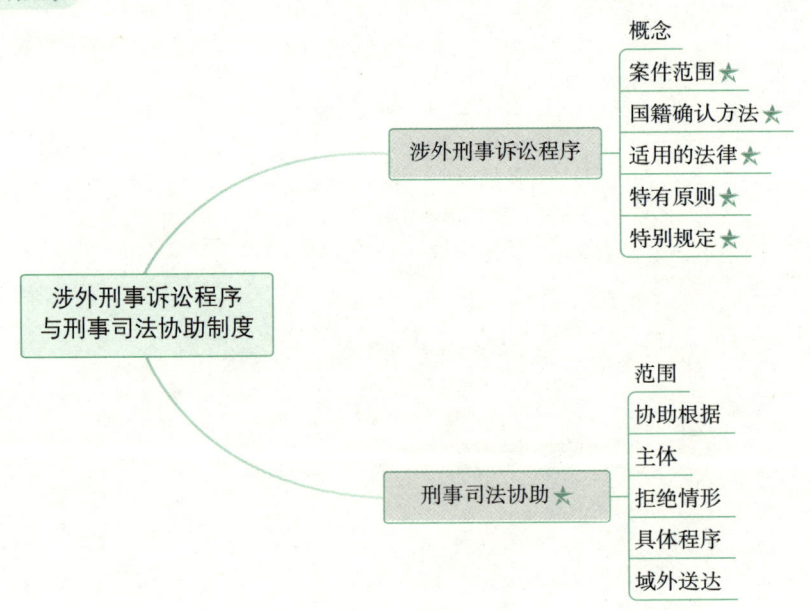

涉外刑事诉讼程序与刑事司法协助制度
- 涉外刑事诉讼程序
  - 概念
  - 案件范围 ★
  - 国籍确认方法 ★
  - 适用的法律 ★
  - 特有原则 ★
  - 特别规定 ★
- 刑事司法协助 ★
  - 范围
  - 协助根据
  - 主体
  - 拒绝情形
  - 具体程序
  - 域外送达

专题 73 涉外刑事诉讼程序

一、涉外刑事诉讼程序的概念

涉外刑事诉讼程序，是指诉讼活动涉及外国人（包括无国籍人）或需要在国外进行的刑事诉讼所特有的方式、方法和步骤。简言之，涉外刑事诉讼程序，就是涉外刑事诉讼所特有的方式、方法和步骤。

名师点睛 涉外刑事诉讼与涉外案件的刑事诉讼不同。涉外刑事诉讼是指刑事诉讼活动涉及外国人或者某些诉讼活动需要在国外进行这两种情况。涉外刑事诉讼包括涉外案件的刑事诉讼，但又不仅指涉外案件的刑事诉讼。在司法实践中，有些案件不是涉外案件，但由于案发时或案发后的一些特殊情况，使得这些案件的诉讼活动涉及外国人或者需要在国外进行。例如，目击案件发生的证人是外国人或虽是中国人，但诉讼时已身在国外；案件发生后，犯罪嫌疑人、被告人潜逃国外等。

二、案件范围

涉外刑事诉讼程序所适用的案件范围包括两类：

1. 涉外刑事案件	根据《刑诉解释》第475条的规定，本解释所称的涉外刑事案件是指：①在中华人民共和国领域内，外国人犯罪或者我国公民对外国、外国人犯罪的案件；②符合《刑法》第7、10条规定情形的我国公民在中华人民共和国领域外犯罪的案件；③符合《刑法》第8、10条规定情形的外国人犯罪的案件；④符合《刑法》第9条规定情形的中华人民共和国在所承担国际条约义务范围内行使管辖权的案件。 **举案说法** 在公海航行的我国货轮被索马里海盗抢劫的案件，就属于涉外刑事案件，适用涉外刑事诉讼程序。
2. 某些诉讼活动需要在国外进行的案件	（1）某些刑事诉讼活动需要在国外进行的非涉外刑事案件； （2）外国司法机关管辖的，根据国际条约或者互惠原则，外国司法机关请求中国司法机关为其提供刑事司法协助的案件；等等。 **举案说法** 我国国内罗伯特·翔强奸一案的关键目击证人在诉讼时身处加拿大，此案虽然并非涉外案件，但也适用涉外刑事诉讼程序。

三、国籍确认方法

根据《刑诉解释》第477条的规定，按照下列方法确定外国人的国籍：
1. 根据其入境时持用的有效证件确认。
名师点睛 实践中存在被告人通过海关进入我国境内，但持有两国甚至多国护照或身份证明的情形。此种情形下，应当以其通关时所持用的国籍证件为认定国籍的依据。
2. 国籍不明的，根据公安机关或者有关国家驻华使领馆出具的证明确认。

3. 国籍无法查明的，以无国籍人对待，适用《刑诉解释》第二十章的有关规定，在裁判文书中写明"国籍不明"。

四、涉外刑事诉讼所适用的法律

涉外刑事诉讼是中国刑事诉讼活动的一个组成部分，因而它所适用的实体法和程序法都应是中国的法律以及中国参加或者缔结的国际条约或国际公约，不存在适用外国实体法和程序法的问题。即使中国司法机关接受外国司法机关的请求，协助他们调查取证、查缉罪犯，也应按照中国刑事诉讼法规定的方法、步骤进行。

五、涉外刑事诉讼的特有原则

涉外刑事诉讼的特有原则，是指司法机关及诉讼参与人进行涉外刑事诉讼时所应遵守的行为准则。

（一）适用中国刑事法律和信守国际条约相结合的原则

司法机关及诉讼参与人在进行涉外刑事诉讼时，除了要遵守中国刑法和刑事诉讼法外，还应当遵守中国缔结或者参加的国际条约中有关刑事诉讼程序的具体规定，除非中国对该条款有保留。

（二）外国籍犯罪嫌疑人、被告人享有中国法定的诉讼权利并承担诉讼义务的原则

具有外国籍的犯罪嫌疑人、被告人（包括无国籍人及外国籍法人）在涉外刑事诉讼中，依照中国刑事诉讼法和其他法律的有关规定，享有诉讼权利，承担诉讼义务。既不享有本国法规定的诉讼权利，也不遵循本国法所规定的诉讼义务。

（三）使用中国通用的语言文字进行诉讼的原则（《刑诉解释》第484条）

人民法院审判涉外刑事案件，使用中华人民共和国通用的语言、文字，应当为外国籍当事人提供翻译。翻译人员应当在翻译文件上签名。

人民法院的诉讼文书为中文本。外国籍当事人不通晓中文的，应当附有外文译本，译本不加盖人民法院印章，以中文本为准。

外国籍当事人通晓中国语言、文字，拒绝他人翻译，或者不需要诉讼文书外文译本的，应当由其本人出具书面声明。拒绝出具书面声明的，应当记录在案；必要时，应当录音录像。

【名师点睛】不能以使用中国通用的语言文字进行诉讼为理由，强迫外国籍当事人尤其是懂中国通用的语言文字的外国籍当事人使用中国通用的语言文字来回答司法人员的讯问、询问和书写诉讼文书、发表辩护等意见；应当允许他们使用国籍国通用的或他们通晓的语言文字。也不能在使用中国通用的语言文字方面无原则地迁就外国籍犯罪嫌疑人、被告人，如果外国籍当事人以不懂中国通用的语言文字为由拒收诉讼文书，送达人应当在有见证人在场的情况下，把文件留在他的住处或者羁押场所，并记录在卷。该诉讼文书即认为已经送达。

【举案说法】加拿大人罗伯特·翔在中国涉嫌强奸罪，诉讼中，办案机关应当为罗伯特·翔提供翻译。如果罗伯特·翔拒绝他人翻译，应当由其本人出具书面声明。拒绝出具书面声明的，应当记录在案；必要时，应当录音录像。

（四）外国籍当事人委托中国律师辩护或代理的原则

1. 外国籍被告人委托律师辩护，或者外国籍附带民事诉讼原告人、自诉人委托律师代理诉讼的，应当委托具有中华人民共和国律师资格并依法取得执业证书的律师。

2. 外国籍被告人在押的，其监护人、近亲属或者其国籍国驻华使领馆可以代为委托辩护人。其监护人、近亲属代为委托的，应当提供与被告人关系的有效证明。

3. 外国籍当事人委托其监护人、近亲属担任辩护人、诉讼代理人的，被委托人应当提供与当事人关系的有效证明。经审查，符合《刑事诉讼法》、有关司法解释规定的，人民法院应当准许。

4. 外国籍被告人没有委托辩护人的，人民法院可以通知法律援助机构为其指派律师提供辩护。被告人拒绝辩护人辩护的，应当由其出具书面声明，或者将其口头声明记录在案；必要时，应当录音录像。被告人属于应当提供法律援助情形的，依照《刑诉解释》第50条的规定处理。

【名师点睛】此处不等于必须委托中国辩护人或者代理人，如果外国人以非律师身份出现，是可以的，但是不能享有律师的相关权利，只能享有一般的辩护人、代理人的权利。

【小试牛刀】

加拿大人罗伯特·翔涉嫌强奸一案，侦查阶段罗伯特·翔能否委托其母亲（加拿大籍律师）担任其辩护人？

参考答案：不能。因为罗伯特·翔母亲作为外籍律师，只能以非律师身份担任其辩护人，而侦查阶段只能委托律师担任辩护人。

六、涉外刑事诉讼的特别规定

（一）管辖

第一审涉外刑事案件，除《刑事诉讼法》第21~23条规定的以外，由基层人民法院管辖。

必要时，中级人民法院可以指定辖区内若干基层人民法院集中管辖第一审涉外刑事案件，也可以依照《刑事诉讼法》第24条的规定，审理基层人民法院管辖的第一审涉外刑事案件。

（二）特定事项通知有关国家驻华使领馆

【关联法条】《刑诉解释》第479条：涉外刑事案件审判期间，人民法院应当将下列事项及时通报同级人民政府外事主管部门，并依照有关规定通知有关国家驻华使领馆：

（一）人民法院决定对外国籍被告人采取强制措施的情况，包括外国籍当事人的姓名（包括译名）、性别、入境时间、护照或者证件号码、采取的强制措施及法律依据、羁押地点等；

（二）开庭的时间、地点、是否公开审理等事项；

（三）宣判的时间、地点。

涉外刑事案件宣判后，应当将处理结果及时通报同级人民政府外事主管部门。

对外国籍被告人执行死刑的，死刑裁决下达后执行前，应当通知其国籍国驻华使领馆。

外国籍被告人在案件审理中死亡的，应当及时通报同级人民政府外事主管部门，并通知有关国家驻华使领馆。

（三）探视、会见与旁听

关联法条《刑诉解释》第 481 条：人民法院受理涉外刑事案件后，应当告知在押的外国籍被告人享有与其国籍国驻华使领馆联系，与其监护人、近亲属会见、通信，以及请求人民法院提供翻译的权利。

1. 外国籍被告人在押，其国籍国驻华使领馆官员要求探视的，可以向受理案件的法院所在地的高级人民法院提出。

2. 外国籍被告人在押，其监护人、近亲属申请会见的，可以向受理案件的人民法院所在地的高级人民法院提出。

名师点睛 被告人拒绝接受探视、会见的，应当由其本人出具书面声明。拒绝出具书面声明的，应当记录在案；必要时，应当录音录像。

3. 公开审理，外国籍当事人国籍国驻华使领馆官员要求旁听的，可以向受理案件的法院所在地的高级人民法院提出申请，人民法院应当安排。

（四）限制出境

1. 对涉外刑事案件的被告人，可以决定限制出境。

2. 对开庭审理案件时必须到庭的证人，可以要求暂缓出境。

3. 限制外国人出境的，应当同时通报同级人民政府外事主管部门和当事人国籍国驻华使领馆。

4. 人民法院决定限制外国人和中国公民出境的，应当书面通知被限制出境的人在案件审理终结前不得离境，并可以采取扣留护照或者其他出入境证件的办法限制其出境；扣留证件的，应当履行必要手续，并发给本人扣留证件的证明。

5. 需要对外国人和中国公民在口岸采取边控措施的，受理案件的人民法院应当按照规定制作边控对象通知书，并附有关法律文书，层报高级人民法院办理交控手续。紧急情况下，需要采取临时边控措施的，受理案件的人民法院可以先向有关口岸所在地出入境边防检查机关交控，但应当在 7 日以内按照规定层报高级人民法院办理手续。

（五）跨国委托书的程序要求

根据《刑诉解释》第 486 条的规定，外国籍当事人从中华人民共和国领域外寄交或者托交给中国律师或者中国公民的委托书，以及外国籍当事人的监护人、近亲属提供的与当事人关系的证明，必须经所在国公证机关证明，所在国中央外交主管机关或者其授权机关认证，并经中华人民共和国驻该国使领馆认证，或者履行中华人民共和国与该所在国订立的有关条约中规定的证明手续，但我国与该国之间有互免认证协定的除外。

小试牛刀

W 国人约翰涉嫌在我国某市 A 区从事间谍活动被立案侦查并提起公诉。关于本案的诉讼程序，下列哪一选项是正确的?[1]

A. 约翰可通过 W 国驻华使馆委托 W 国律师为其辩护

---

[1] D

B. 本案由 A 区法院一审
C. 约翰精通汉语，开庭时法院可不为其配备翻译人员
D. 给约翰送达的法院判决书应为中文本

专题 74 刑事司法协助

刑事司法协助，是指一国的法院或其他的司法机关，根据另一国的法院或其他司法机关的请求，代为或者协助实行与刑事诉讼有关的司法行为。

一、范围

狭义	狭义的刑事司法协助是指与审判有关的刑事司法协助，包括送达刑事司法文书、询问证人和鉴定人、搜查、扣押、有关物品的移交以及提供有关法律资料等。
广义	广义的刑事司法协助除了狭义上的刑事司法协助以外，还包括引渡等内容。

🐂 小试牛刀

关于检察院进行刑事司法协助的范围，下列哪些选项是正确的?[1]
A. 受别国委托暂时扣押逃往我国的别国犯罪嫌疑人
B. 送达刑事诉讼文书
C. 通报刑事诉讼结果
D. 移交物证、书证和视听资料

二、协助依据

根据《刑诉解释》第491条的规定，请求和提供司法协助，应当依照《国际刑事司法协助法》、我国与有关国家、地区签订的刑事司法协助条约、移管被判刑人条约和有关法律规定进行。对请求书的签署机关、请求书及所附材料的语言文字、有关办理期限和具体程序等事项，在不违反中华人民共和国法律的基本原则的情况下，可以按照刑事司法协助条约规定或者双方协商办理。

三、主体

刑事司法协助的主体，是指请求提供刑事司法协助和接受请求提供刑事司法协助的司法机关，包括请求国的司法机关和接受请求国的司法机关。在主张刑事司法协助狭义说的国家，刑事司法协助的主体仅指人民法院；在主张刑事司法协助广义说的国家，刑事司法协助的主体除了法院外，还包括检察机关、公安机关。

---

[1] BCD

我国主张刑事司法协助广义说。因此，我国的公安机关、检察机关和人民法院都是刑事司法协助的主体。

四、拒绝情形

根据《刑诉解释》第492条的规定，外国法院请求的事项有损中华人民共和国的主权、安全、社会公共利益以及违反中华人民共和国法律的基本原则的，人民法院不予协助；属于有关法律规定的可以拒绝提供刑事司法协助情形的，可以不予协助。

五、具体程序

我国请求外国	根据《刑诉解释》第493条第1款的规定，人民法院请求外国提供司法协助的，应当层报最高人民法院，经最高人民法院审核同意后交由有关对外联系机关及时向外国提出请求。 [关联法条]《刑诉解释》第494条第1款：人民法院请求外国提供司法协助的请求书，应当依照刑事司法协助条约的规定提出；没有条约或者条约没有规定的，应当载明法律规定的相关信息并附相关材料。请求书及其所附材料应当以中文制作，并附有被请求国官方文字的译本。
外国请求我国	根据《刑诉解释》第493条第2款的规定，外国法院请求我国提供司法协助，有关对外联系机关认为属于人民法院职权范围的，经最高人民法院审核同意后转有关人民法院办理。 [关联法条]《刑诉解释》第494条第2款：外国请求我国法院提供司法协助的请求书，应当依照刑事司法协助条约的规定提出；没有条约或者条约没有规定的，应当载明我国法律规定的相关信息并附相关材料。请求书及所附材料应当附有中文译本。

六、域外送达

根据《刑诉解释》第495条的规定，人民法院向在中华人民共和国领域外居住的当事人送达刑事诉讼文书，可以采用下列方式：

1. 根据受送达人所在国与中华人民共和国缔结或者共同参加的国际条约规定的方式送达。

2. 通过外交途径送达。

3. 对中国籍当事人，所在国法律允许或者经所在国同意的，可以委托我国驻受送达人所在国的使领馆代为送达。

4. 当事人是自诉案件的自诉人或者附带民事诉讼原告人的，可以向有权代其接受送达的诉讼代理人送达。

5. 当事人是外国单位的，可以向其在中华人民共和国领域内设立的代表机构或者有权接受送达的分支机构、业务代办人送达。

6. 受送达人所在国法律允许的，可以邮寄送达；自邮寄之日起满3个月，送达回证未退回，但根据各种情况足以认定已经送达的，视为送达。

7. 受送达人所在国法律允许的，可以采用传真、电子邮件等能够确认受送达人收悉的方式送达。

声　明　　1. 版权所有，侵权必究。

　　　　　2. 如有缺页、倒装问题，由出版社负责退换。

图书在版编目（CIP）数据

刑诉法74专题. 理论卷/向高甲编著. —北京：中国政法大学出版社，2023.11
ISBN 978-7-5764-1176-8

Ⅰ.①刑… Ⅱ.①向… Ⅲ.①中华人民共和国刑事诉讼法—资格考试—自学参考资料 Ⅳ.①D925.24

中国国家版本馆CIP数据核字(2023)第214339号

出版者	中国政法大学出版社
地　址	北京市海淀区西土城路25号
邮寄地址	北京100088 信箱8034分箱　邮编100088
网　址	http://www.cuplpress.com（网络实名：中国政法大学出版社）
电　话	010-58908285(总编室) 58908433（编辑部） 58908334(邮购部)
承　印	三河市华润印刷有限公司
开　本	787mm×1092mm　1/16
印　张	25
字　数	605千字
版　次	2023年11月第1版
印　次	2023年11月第1次印刷
定　价	83.00元

厚大法考

HOUDAFAKAO

法考生备考一站式服务平台

官方微博

扫码关注官方微博@厚大法考培训官博
获取更全、更新、更多的法考资料&信息库

公众号

扫码关注微信公众号"厚大法考"
获取法考资讯、干货、备考技巧、学习方法

POPULARIZING LAW
[普法平台]

抖音	B站	小红书	今日头条
厚大教育官方	厚大教育	厚大法考咨询	厚大法考

认真是我们的底色,优质是我们的常态!

让法律学习不再晦涩难懂,每一次探索都是为了让你的学习之路更加顺畅!

面授咨询:4009-900-600-1　　在线网课:4009-900-600-2　　学习包咨询:4009-900-600-3

地址:北京市海淀区花园东路15号旷怡大厦10层

厚大法考官网 全国免费法律教育共享平台　　　　　http://www.houdafk.com

厚大法考APP 随时随地，我的专属法考学习阵地

厚大法考APP
随时随地，我的专属法考学习阵地

扫码下载立即听课

厚大法考（北京）2024年客观题面授教学计划

班次名称		授课时间	标准学费（元）	阶段优惠(元)				备注
				11.10前	12.10前	1.10前	2.10前	
尊享系列	九五至尊班	3.21~主观题	168000	主客一体，协议保障，终身免费重读。私人订制，建立学习档案，专属辅导，高强度、多轮次、高效率系统学习；强力打造学习氛围，定期家访，联合督学，备考无忧。				本班次配套图书及随堂内部讲义
	尊享荣耀班	3.21~主观题	69800	主客一体，协议保障。全程享受VIP高端服务，量身打造个性化学习方案，让备考更科学、复习更高效、提分更轻松，全方位"轰炸式"学习，环环相扣不留死角。2024年客观题成绩合格，凭成绩单读主观题短训班；2024年客观题未通过，退费30000元；2024年主观题未通过，退费20000元。				
高端系列	大成VIP主客一体班	3.21~主观题	39800	主客一体，无优惠。定期纠偏、抽背，布置课后作业。2024年客观题成绩合格，凭成绩单读主观题短训班；2024年客观题未通过，退费20000元。				
	大成VIP班	3.21~8.31	39800	26800	27800	28800	29800	
	大成特训主客一体班	4.9~主观题	35800	主客一体，无优惠。定期纠偏、抽背，布置课后作业。2024年客观题成绩合格，凭成绩单读主观题短训班；2024年客观题未通过，退费18000元。				
	大成特训班	4.9~8.31	35800	22800	23800	24800	25800	
	大成集训主客一体班	5.8~主观题	29800	主客一体，无优惠。定期纠偏、抽背，布置课后作业。2024年客观题成绩合格，凭成绩单读主观题短训班；2024年客观题未通过，退费15000元。				
	大成集训班	5.8~8.31	29800	16800	17800	18800	19800	
暑期系列	暑期主客一体班	7.5~主观题	15800	主客一体，无优惠。2024年客观题成绩合格，凭成绩单读主观题短训班；2024年客观题未通过，全额退费。				
	暑期全程班	7.5~8.31	13800	7300	7800	8300	8800	
冲刺系列	考前密训班A班	8.12~8.31	8800	2024年客观题成绩合格，凭成绩单读主观题密训班；2024年客观题未通过，退8000元。				
	考前密训班B班	8.12~8.31	6980		4300		4500	

其他优惠：

1. 多人报名可在优惠价格基础上再享团报优惠：2人（含）以上报名，每人优惠200元；3人（含）以上报名，每人优惠300元。
2. 厚大老学员在阶段优惠基础上再优惠500元，不再享受其他优惠，密训班和协议班除外。

【总部及北京分校】北京市海淀区花园东路15号旷怡大厦10层　　免费咨询电话：4009-900-600-1-1

厚大法考服务号

扫码咨询客服
免费领取2024年备考资料

厚大法考（上海）2024年客观题面授教学计划

班次名称		授课时间	标准学费（元）	阶段优惠(元)			备注
				11.10前	12.10前	1.10前	
至尊系列	至尊私塾班	全年招生，随报随学	199000	自报名之日至通关之时，报名后专业讲师一对一私教，学员全程、全方位享受厚大专业服务，导师全程规划，私人定制、小组辅导、大班面授、专属自习室，多轮次、高效率系统学习，主客一体，签订协议，让你法考无忧。			专属10人自习室，小组辅导，量身打造个性化学习方案
	至尊主客一体班	3.22~主观题考前	69800	主客一体，签订协议，无优惠。2024年客观成绩合格，凭客观题成绩单上2024年主观题决胜VIP班；2024年客观题意外未通过，退30000元；2024年主观题意外未通过，退20000元。			
	至尊班	3.22~9.5	59800	40000		45000	
大成系列	大成长训主客一体班	3.22~主观题考前	32800	主客一体，签订协议，无优惠。2024年客观成绩合格，凭客观题成绩单上2024年主观题决胜班；2024年客观题意外未通过，退10000元。			本班配套图书及内部资料
	大成长训班	3.22~9.5	32800	23800	24800	25800	
	大成特训班	4.18~9.5	28800	18800	19800	20800	
	大成集训主客一体班	5.15~主观题考前	25800	主客一体，签订协议，无优惠。2024年客观成绩合格，凭客观题成绩单上2024年主观题决胜班；2024年客观题意外未通过，退15000元。			
	大成集训班	5.15~9.5	25800	15800	16800	17800	
	轩成集训班	6.10~9.5	18800	12800	13800	14800	
暑期系列	暑期主客一体尊享班	7.9~主观题考前	18800	主客一体，签订协议，无优惠。专业班主任跟踪辅导，个性学习规划。2024年客观成绩合格，凭客观成绩单上2024年主观题决胜班（赠送专属辅导，一对一批阅）；2024年客观题意外未通过，退10000元。			
	暑期主客一体班	7.9~主观题考前	13800	主客一体，签订协议，无优惠。2024年客观成绩合格，凭客观题成绩单上2024年主观题决胜班；2024年客观题意外未通过，退8000元。			
	暑期全程班	7.9~9.5	11800	6480	6980	7480	
	暑期特训班	8.11~9.5	7980	4980	5480	5980	
	大二长训班	7.9~9.5(2024年) 7.9~9.5(2025年)	15800	7480	7980	8480	一年学费读2年，本班次只针对在校法本大二学生
周末系列	周末主客一体班	3.16~主观题考前	13800	主客一体，签订协议，无优惠。2024年客观成绩合格，凭客观题成绩单上2024年主观题决胜班；2024年客观题意外未通过，退6000元。			本班配套图书及内部资料
	周末VIP班	3.16~9.5	16800	VIP模式无优惠，座位前三排，专业班主任跟踪辅导，个性学习规划。			
	周末全程班	3.16~9.5	11800	6480	6980	7480	
	周末精英班	3.16~8.18	7980	4980	5480	5980	
	周末强化班	3.16~6.16	5980	3280	3580	3880	
	周末特训班	6.24~9.5	7980	4180	4580	4980	
	周末长训班	3.16~6.16(周末) 7.9~9.5(脱产)	15800	7980	8480	8980	
冲刺系列	点睛冲刺班	8.26~9.5	4580	2980			本班内部资料

其他优惠：

1. 多人报名可在优惠价格基础上再享团报优惠（协议班次除外）：3人（含）以上报名，每人优惠200元；5人（含）以上报名，每人优惠300元；8人（含）以上报名，每人优惠500元。
2. 厚大面授老学员报名（2024年3月10日前）再享9折优惠（VIP班次和协议班次除外）。

备注：面授教室按照学员报名先后顺序安排座位。部分面授班次时间将根据2024年司法部公布的考试时间进行微调。

【松江教学基地】上海市松江大学城文汇路1128弄双创集聚区三楼301室　咨询热线：021-67663517

【市区办公室】上海市静安区汉中路158号汉中广场1204室　咨询热线：021-60730859

厚大法考APP　　厚大法考官博　　上海厚大法考官博　　上海厚大法考官微

厚大法考（成都）2024年客观题面授教学计划

系列	班次名称	授课模式	授课时间	标准学费(元)	阶段优惠(元) 11.10前	12.10前	1.10前	配套资料
大成系列	尊享班	线下视频+面授	3.30~10.7	28800	主客一体、协议保障；座位优先，全程享受VIP高端服务；量身打造个性化学习方案，一对一抽背，学科个性化规划，让备考更科学、复习更高效、提分更轻松。2024年客观题成绩合格，凭成绩单免学费读主观题短训班；2024年客观题意外未通过，免学费重读2025年大成集训班；2024年主观题意外未通过，免学费重读2025年主观题短训班。限招10人！			理论卷 真题卷 随堂内部讲义
	大成集训班	线上直播+面授	5.18~9.1	19800	12080	12280	12580	
	主客一体集训班	线上直播+面授	5.18~10.7	22800	主客一体、协议保障、无优惠。2024年客观题成绩合格，赠送2024年主观题短训班；2024年客观题意外未通过，免学费重读2025年客观题大成集训班。限招20人！			
暑期系列	大三先锋班	线上视频+面授	3.25~9.1	15800	3~6月每周一至周五，晚上线上授课，厚大内部精品课程，内部讲义。			
					7900	8500	8700	
	暑期全程班	面授	7.11~9.1	12800	7280	7580	7780	
	暑期主客一体冲关班	面授	7.11~9.1 / 9.19~10.7	15800	主客一体、协议保障、无优惠。2024年客观题成绩合格，凭成绩单免学费读主观题短训班；2024年客观题意外未通过，免学费重读2025年暑期全程班。限招30人！			
	私塾班	线下视频+面授	3.30~6.30(周末) / 7.11~9.1(全日制)	14800	8580	8780	8980	
周末系列	周末长训班A模式	线下视频+面授	3.30~9.1	11800	7280	7580	7780	
	周末长训班B模式	线下视频+面授	3.30~10.7	15800	主客一体、协议保障、无优惠。2024年客观题成绩合格，凭成绩单免学费读主观题短训班；2024年客观题意外未通过，免学费重读2025年周末长训班A模式。限招30人！			

其他优惠：
1. 3人以上报名，每人优惠200元；5人以上报名，每人优惠300元；8人以上报名，每人优惠400元。
2. 厚大老学员（直属面授）报名享9折优惠，协议班除外；厚大老学员（非直属面授）报名优惠200元。
3. 公、检、法工作人员凭工作证报名享阶段性优惠500元。

【成都分校地址】四川省成都市成华区锦绣大道5547号梦魔方广场1栋1318室
咨询热线：028-83533213

厚大法考APP　　　　厚大法考官博　　　　成都厚大法考官微

2024年主客一体私教九对一

2024年3月上旬-主观题考前

厚大网授

◎ 针对答疑　◎ 私教小群　◎ 严格督学　◎ 个性规划

私教服务天花板

专属档案　专业导师一对一问诊，定制专属个性学习计划，建立个人档案

私教小群　你一个人的专属学习群，静心备考，学习氛围浓厚，想不学习都难

个性规划　专业班主任电话深度辅导学习、重难点科目指导，使督学更具针对性

讲师答疑　复习规划及时调，学习疑问不过夜，学习质量有保证

严格督学　班主任根据听课数据及复习情况进行督学，保障学习不掉队

主观指导　针对掌握情况，结合主观题的考查方式，指导复习方法和计划

测试评估　检测学习效果，根据作答情况动态调整学习方案，不留漏洞

一对一抽背　科目老师一小时的科目抽查，帮助及时发现问题，巩固复习成果

一对一批改　就作答给出批改反馈，针对性辅导，帮助了解主观题考查方式

厚大法考 2024年主客一体
私教九对一
九位讲师　辅导你一人
· 定制个性规划　· 专业私辅团队
· 讲师贴心督学　· 主客一体备考
9V1　综合通过率 85% 内部高端网授
2024年3月上旬-主观题考前

主客一体普通模式
扫码购买了解详情

主客一体重读模式
扫码购买了解详情

私教九对一	班型	课程阶段		学习模式	定价
		客观	主观		
	主客一体私教九对一	客观	主观	普通模式	25800
	主客一体私教九对一	客观	主观	重读模式	29800

备注：报名 2024 年主客一体私教九对一班重读模式，若 2024 年客观题未过，可免费重读 2025 年客观题在职全程班。具体重读细则与要求，请见重读协议。

在职周末主客一体直播班

（仅需5980元，不过重读）

在职考生 体系不完整，没有固定学习时间，做题训练少

零基础考生 对考试不了解莫名恐惧无从下手，没有方向

屡考不过 难突破瓶颈、缺乏应试技巧想成功上岸的考生

全职妈妈 时间碎片化，学习效率低，学习动力欠缺

初入职场 缺少一纸证书，抓不住心仪的工作机会

在校学生 毕业事情多，准备多个考试，需要最大化有效备考

课程包含

客观阶段	时间	学习效果
基础导学	报名~3月初	三实两诉夯实基础，细致梳理，让专业的知识通俗化、简单化；专业的指导以及学习习惯的养成，让备考有计划、有底气
系统精讲	3月中旬~7月初	搭建知识框架，名师直播授课与答疑，抽丝剥茧、重点突出；真题训练，即时检测学习成果
刷题强训	7月初~8月中旬	名师亲编黄金模拟题，将知识转化为分数，让你会做题、做对题
点睛押题	8月底~9月初	学院派名师精心打造，考前临门一脚，快速提分50+

主观阶段	时间	学习效果
主观三位一体阶段	出成绩后2天	主观重要科目考点梳理，帮助考生从客观到主观答题思维与答题方法的转变
主观考前密训阶段	10月1~10月7日	高质量模拟大案例的讲解，让考生掌握主观考试重点的同时，锻炼主观答题逻辑思维，有效掌握答题技巧
主观民事融合课程	10月8日	讲授民事融合的高频考点，训练答题技巧，定向突破民法、商法、民诉50多分的案例综合题，有效提高综合性题目得分

课程服务

- ■ 入学调查
- ■ 专业答疑
- ■ 学科导学
- ■ 名师直播
- ■ 布置任务
- ■ 跟踪督学
- ■ 阶段班会
- ■ 考前抽背

扫码即可报名